지식
정보
법전 09

지식정보법전

법률·판례·상담사례를 같이보는

소방관련
지식정보법전

'저 : 대한법률편찬연구회

KB057424

법문 북스

지식
정보 09
법전

지식정보법전

법률·판례·상담사례를 같이보는

소방관련
지식정보법전

편저 : 대한법률편찬연구회

법문 북스

머리말

최근 정부에서 2022년까지 소방관을 확충하겠다는 정책을 내놓아 관련법인 소방법에 대한 수험생과 일반인들의 관심이 높아지고 있습니다.

소방법은 다수의 사람이 출입하거나 근무하거나 거주하는 건축물, 선박 등에 화재가 발생하는 것을 예방하고 경계, 진압해서 국민의 생명, 재산을 화재로부터 보호하여 사회의 안녕과 질서를 유지하고 공공복리 증진에 기여할 목적으로 1958년에 처음 제정되었습니다.

최근에는 석유류 등의 위험물이 일반적으로 사용되고, 큰 빌딩이 많아 대형화재, 폭발이 심심치 않게 발생하고 있다. 따라서 최근에 소방관계법은 이러한 화재를 예방하는 법들이 많이 제정되고 있습니다(위험물안전관리법, 다중이용업소의 안전관리에 대한 특별법 등).

소방관계법은 화재의 진압뿐만이 아니라 예방조치, 소방대상의 개수명령, 건축허가의 동의, 특수 장소의 방화관리, 공공방화관리, 방화성능의 검사 등과 같은 화재의 예방까지를 규정해놓고 있다. 화재는 대규모 인명피해를 야기할 수도 있기 때문에, 무엇보다도 예방이 중요하다. 화재사고는 '소 잃고 외양간 고치는 일'이 불가능하기 때문이다. 따라서 소방관계법은 이러한 화재가 일어나지 않도록 예방차원의 규정이 많습니다.

본서는 각종 시험(소방공무원 시험, 소방승진시험 등)에 자주 출제되는 법을 우선적으로 수록하였습니다. 그리고 법에 대한 이해를 돕기 위하여 최신판례와 상담사례들을 실어서 법조문이 실제 적용되는 모습도 파악할 수 있게 하였습니다.

또한 소방관계법을 공부하며 접하게 될 각종 행정용어에 대한 이해를 돕기 위하여, 소방행정 법률용어를 수록하였습니다. 아무쪼록 소방관계법 공부에 많은 도움이 되시기를 바라며, 공부하는 분들의 건승을 기원하겠습니다.

2019年　8月

편저자 드림

소방공무원법 · 5

소방기본법

소방기본법 시행령 · 45

소방기본법 시행규칙 · 58

화재예방,소방시설 설치 유지 및 안전관리에 관한 법률

화재예방,소방시설 설치 유지 및 안전관리에 관한 법률 시행령 · 114

화재예방,소방시설 설치 유지 및 안전관리에 관한 법률 시행규칙 · 155

위험물안전관리법

위험물안전관리법 시행령 · 203

위험물안전관리법 시행규칙 · 214

다중이용업소의 안전관리에 관한 특별법

**다중이용업소의 안전관리에 관한 특별법
시행령 · 262**

**다중이용업소의 안전관리에 관한 특별법
시행규칙 · 274**

소방행정 법률용어 · 287

소방공무원법

[시행 2019.2.15.]
[법률 제15715호, 2018.8.14, 일부개정]

제1조(목적) 이 법은 소방공무원의 책임 및 직무의 중요성과 신분 및 근무조건의 특수성에 비추어 그 임용, 교육훈련, 복무, 신분보장 등에 관하여 「국가공무원법」 및 「지방공무원법」에 대한 특례를 규정하는 것을 목적으로 한다.
[전문개정 2014.6.11.]

제1조의2(정의) 이 법에서 사용하는 용어의 정의는 다음과 같다.
  1. "임용"이란 신규채용·승진·전보·파견·강임·휴직·직위해제·정직·강등·복직·면직·해임 및 파면을 말한다.
  2. "전보"란 소방공무원의 동일 직위 및 자격 내에서의 근무기관이나 부서를 달리하는 임용을 말한다.
  3. "강임"이란 동종의 직무 내에서 하위의 직위에 임명하는 것을 말한다.
  4. "복직"이란 휴직·직위해제 또는 정직(강등에 따른 정직을 포함한다) 중에 있는 소방공무원을 직위에 복귀시키는 것을 말한다.
[본조신설 2010.3.22.]

제2조(계급 구분) 소방공무원(국가소방공무원과 지방소방공무원을 말한다. 이하 같다)의 계급은 다음과 같이 구분한다.
  1. 국가소방공무원
    소방총감(消防總監)
    소방정감(消防正監)
    소방감(消防監)
    소방준감(消防准監)
    소방정(消防正)
    소방령(消防領)
    소방경(消防警)
    소방위(消防尉)

　　　　소방장(消防長)
　　　　소방교(消防校)
　　　　소방사(消防士)
　　2. 지방소방공무원
　　　　지방소방정감
　　　　지방소방감
　　　　지방소방준감
　　　　지방소방정
　　　　지방소방령
　　　　지방소방경
　　　　지방소방위
　　　　지방소방장
　　　　지방소방교
　　　　지방소방사
[전문개정 2014.6.11.]

제3조(소방공무원인사위원회의 설치) ① 소방공무원의 인사(人事)에 관한 중요 사항에 대하여 소방청장 및 특별시장·광역시장·특별자치시장·도지사·특별자치도지사(이하 "시·도지사"라 한다)의 자문에 응하게 하기 위하여 소방청과 특별시·광역시·특별자치시·도·특별자치도(이하 "시·도"라 한다)에 소방공무원인사위원회(이하 "인사위원회"라 한다)를 둔다. <개정 2014.11.19., 2017.7.26.>
② 인사위원회의 구성 및 운영에 필요한 사항은 대통령령으로 정한다.
[전문개정 2014.6.11.]

제4조(인사위원회의 기능) 인사위원회는 다음 각 호의 사항을 심의한다. <개정 2014.11.19., 2017.7.26.>
　　1. 소방공무원의 인사행정에 관한 방침과 기준 및 기본계획
　　2. 소방공무원의 인사에 관한 법령의 제정·개정 또는 폐지에 관한 사항
　　3. 그 밖에 소방청장과 시·도지사가 해당 인사위원회의 회의에 부치는 사항
[전문개정 2014.6.11.]

제5조(임용권자) ① 국가소방공무원은 다음 각 호의 구분에 따라 임용한다. <개정 2014.11.19., 2017.7.26.>
　1. 소방령 이상의 국가소방공무원은 소방청장의 제청으로 국무총리를 거쳐 대통령이 임용한다. 다만, 소방총감은 대통령이 임명하고, 소방준감 이하의 국가소방공무원에 대한 전보, 휴직, 직위해제, 강등, 정직 및 복직은 소방청장이 한다.

2. 소방경 이하의 국가소방공무원은 소방청장이 임용한다.

② 지방소방공무원은 시·도지사가 임용한다.

③ 대통령은 대통령령으로 정하는 바에 따라 제1항에 따른 임용권의 일부를 소방청장에게 위임할 수 있으며, 소방청장 또는 시·도지사는 대통령령으로 정하는 바에 따라 제1항과 제2항에 따른 임용권의 일부를 관계 하급기관 또는 소방기관의 장에게 위임할 수 있다. <개정 2014.11.19., 2017.7.26.>

④ 임용권자(임용권을 위임받은 사람을 포함한다. 이하 같다)는 대통령령으로 정하는 바에 따라 소속 소방공무원의 인사기록을 작성·보관하여야 한다.

[전문개정 2014.6.11.]

제6조(신규채용) ① 소방공무원의 신규채용은 공개경쟁시험으로 한다. 다만, 소방위·지방소방위의 신규채용은 대통령령으로 정하는 자격을 갖추고 공개경쟁시험으로 선발된 사람(이하 "소방간부후보생"이라 한다)으로서 정하여진 교육훈련을 마친 사람 중에서 한다. <개정 2014.6.11.>

② 다음 각 호의 어느 하나에 해당하는 경우에는 경력 등 응시요건을 정하여 같은 사유에 해당하는 다수인을 대상으로 경쟁의 방법으로 채용하는 시험(이하 "경력경쟁채용시험"이라 한다)으로 소방공무원을 채용할 수 있다. 다만, 다수인을 대상으로 시험을 실시하는 것이 적당하지 아니하여 대통령령으로 정하는 경우에는 다수인을 대상으로 하지 아니한 시험으로 소방공무원을 채용할 수 있다. <개정 2014.6.11.>

1. 「국가공무원법」 제70조제1항제3호 또는 「지방공무원법」 제62조제1항제1호에 따라 직위가 없어지거나 과원이 되어 퇴직한 소방공무원이나 「국가공무원법」 제71조제1항제1호 또는 「지방공무원법」 제63조제1항제1호에 따라 신체·정신상의 장애로 장기 요양이 필요하여 휴직하였다가 휴직기간이 만료되어 퇴직한 소방공무원을 퇴직한 날부터 3년 이내에 퇴직 시에 재직하였던 계급 또는 그에 상응하는 계급의 소방공무원으로 재임용하는 경우
2. 공개경쟁시험으로 임용하는 것이 부적당한 경우에 임용예정 직무에 관련된 자격증 소지자를 임용하는 경우
3. 임용예정직에 상응하는 근무실적 또는 연구실적이 있거나 소방에 관한 전문기술교육을 받은 사람을 임용하는 경우
4. 「국가공무원법」 또는 「지방공무원법」에 따른 5급 공무원의 공개경쟁채용시험이나 「사법시험법」에 따른 사법시험 또는 「변호사시험법」에 따른 변호사시험에 합격한 사람을 소방령 또는 지방소방령 이하의 소방공무원으로 임용하는 경우
5. 「국가공무원법」 제85조 또는 「지방공무원법」 제41조의4에 따라 재학 중에 장학금을 받고 졸업한 사람을 임용하는 경우
6. 외국어에 능통한 사람을 임용하는 경우
7. 경찰공무원을 그 계급에 상응하는 소방공무원으로 임용하는 경우

8. 소방 업무에 경험이 있는 의용소방대원을 해당 시·도의 지방소방사 계급
의 지방소방공무원으로 임용하는 경우
③ 삭제 <2004.12.30.>
④ 삭제 <2014.6.11.>
⑤ 제1항 단서에 따른 소방간부후보생의 교육훈련, 제2항 각 호 외의 부분 본
문 및 단서에 따른 채용시험(이하 "경력경쟁채용시험등"이라 한다)을 통하여
채용할 수 있는 소방공무원의 계급, 임용예정직에 관련된 자격증의 구분, 근
무실적 또는 연구실적, 의용소방대원을 지방소방공무원으로 임용할 수 있는
지역과 그 승진 및 전보 등에 관하여 필요한 사항은 대통령령으로 정한다.
<개정 2014.6.11.>
[제목개정 2014.6.11.]

제6조의2(시험 또는 임용 방해 행위의 금지) 누구든지 소방공무원의 시험 또는
임용에 관하여 고의로 방해하거나 부당한 영향을 미치는 행위를 하여서는 아
니 된다.
[본조신설 2012.10.22.]

제7조(국가소방공무원과 지방소방공무원의 교류 등) ① 국가소방공무원 또는 지
방소방공무원을 그 계급에 상응하는 지방소방공무원 또는 국가소방공무원으
로 임용할 때에는 경력경쟁채용시험등을 거치지 아니하고 임용할 수 있다.
② 임용권자는 소방공무원의 결원을 보충할 때 신규채용후보자명부 또는 승진
후보자명부(심사승진후보자명부 및 시험승진후보자명부를 포함한다. 이하 이
항에서 같다)에 등재(登載)된 후보자 수가 결원보다 적고, 인사행정 운영을 위
하여 특히 필요하다고 인정할 때에는 그 결원된 계급에 관하여 다른 임용권
자가 작성한 소방공무원의 신규채용후보자명부 또는 승진후보자명부를 해당
기관의 임용후보자명부로 보아 해당 소방공무원을 임용할 수 있다. 이 경우
임용권자는 해당 소방공무원의 임용권자와 협의하여야 한다.
[전문개정 2014.6.11.]

제8조(시보임용) ① 소방공무원을 신규채용 할 때에는 소방장·지방소방장 이하
는 6개월간 시보로 임용하고, 소방위·지방소방위 이상은 1년간 시보로 임용
하며, 그 기간이 만료된 다음 날에 정규 소방공무원으로 임용한다. 다만, 대통
령령으로 정하는 경우에는 시보임용을 면제하거나 그 기간을 단축할 수 있다.
② 휴직기간, 직위해제기간 및 징계에 의한 정직처분 또는 감봉처분을 받은
기간은 제1항의 시보임용 기간에 포함하지 아니한다.
③ 소방공무원으로 임용되기 전에 그 임용과 관련하여 소방공무원 교육훈련기
관에서 교육훈련을 받은 기간은 제1항의 시보임용 기간에 포함한다.
④ 시보임용 기간 중에 있는 소방공무원이 근무성적 또는 교육훈련성적이 불

량할 때에는 「국가공무원법」 제68조 또는 제70조 및 「지방공무원법」 제60조 또는 제62조에도 불구하고 면직시키거나 면직을 제청할 수 있다.
[전문개정 2014.6.11.]

제9조(시험실시기관) ① 국가소방공무원의 신규채용시험 및 승진시험과 국가소방간부후보생 선발시험은 소방청장이 실시한다. 다만, 소방청장이 필요하다고 인정할 때에는 대통령령으로 정하는 바에 따라 그 권한의 일부를 관계 하급기관 또는 소방기관의 장에게 위임할 수 있다. <개정 2014.11.19., 2017.7.26.>
② 지방소방령 이상의 지방소방공무원의 신규채용시험, 지방소방간부후보생 선발시험은 임용권자의 요구에 의하여 소방청장이 실시한다. 다만, 소방청장이 필요하다고 인정할 때에는 제15조제1항에 따른 소방학교의 장에게 위임하여 실시하게 할 수 있다. <개정 2014.11.19., 2017.7.26.>
③ 지방소방경 이하의 신규채용시험과 지방소방령 이하 계급으로의 승진시험은 시·도지사가 실시한다. 이 경우 시·도지사는 소방청장과 협의하여 지방소방령·지방소방경 및 지방소방위로의 승진시험 실시를 제15조제1항에 따른 소방학교의 장에게 위탁할 수 있다. <개정 2014.11.19., 2017.7.26.>
④ 소방청장은 우수인력을 확보하기 위하여 제2항에 따른 지방소방간부후보생 선발시험이 필요하다고 인정할 때에는 지방소방위 결원의 일정 비율에 대하여 제2항에 따라 선발시험의 실시를 요구할 것을 해당 임용권자에게 권고할 수 있다. 이 경우 권고를 받은 임용권자는 정당한 사유가 없으면 그 권고에 따라야 한다. <개정 2014.11.19., 2017.7.26.>
⑤ 제4항에 따른 지방소방간부후보생 선발시험의 선발인원은 해당 지방자치단체의 지방소방공무원의 수, 지방소방위의 정원, 결원 상황 및 승진 상황을 고려하여 소방청장이 정한다. <개정 2014.11.19., 2017.7.26.>
[전문개정 2014.6.11.]

제10조(임용시험의 응시 자격 및 방법) 소방공무원의 신규채용시험 및 승진시험과 소방간부후보생 선발시험의 응시 자격, 시험방법, 그 밖에 시험 실시에 필요한 사항은 대통령령으로 정한다.
[전문개정 2014.6.11.]

제11조(임용후보자명부) ① 제9조에 따른 시험실시기관의 장은 시험 합격자의 명단을 임용권자에게 보내야 한다.
② 임용권자는 신규채용시험에 합격한 사람(소방간부후보생 선발시험에 합격하여 정하여진 교육훈련을 마친 사람을 포함한다)과 승진시험에 합격한 사람을 대통령령으로 정하는 바에 따라 성적순으로 각각 신규채용후보자명부 또는 시험승진후보자명부에 등재하여야 한다.
③ 제2항에 따른 명부의 유효기간은 2년의 범위에서 대통령령으로 정한다. 다

만, 임용권자는 필요에 따라 1년의 범위에서 그 기간을 연장할 수 있다.
④ 제2항에 따른 명부의 작성 및 운영에 필요한 사항은 대통령령으로 정한다.
[전문개정 2014.6.11.]

제12조(승진) ① 소방공무원은 바로 아래 하위계급에 있는 소방공무원 중에서 근무성적, 경력평정, 그 밖의 능력을 실증(實證)하여 승진임용한다. <개정 2014.6.11.>
② 소방준감·지방소방준감 이하 계급으로의 승진은 승진심사에 의하여 한다. 다만, 소방령·지방소방령 이하 계급으로의 승진은 대통령령으로 정하는 비율에 따라 승진심사와 승진시험을 병행할 수 있다. <개정 2014.6.11.>
③ 소방정·지방소방정 이하 계급의 소방공무원에 대해서는 대통령령으로 정하는 바에 따라 계급별로 승진심사대상자명부를 작성하여야 한다. <개정 2014.6.11.>
④ 소방준감·지방소방준감 이하 계급으로의 승진은 제13조제3항에 따른 심사승진후보자명부의 순위에 따른다. 다만, 소방령·지방소방령 이하 계급으로의 승진 중 시험에 의한 승진은 제11조제2항에 따른 시험승진후보자명부 순위에 따른다. <개정 2014.6.11.>
⑤ 삭제 <2004.12.30.>
⑥ 소방공무원의 승진에 필요한 계급별 최저근무연수, 승진의 제한, 그 밖에 승진에 필요한 사항은 대통령령으로 정한다. <개정 2014.6.11.>
[제목개정 2014.6.11.]

제12조의2(근속승진) ① 제12조제2항에도 불구하고 해당 계급에서 다음 각 호의 기간 동안 재직한 사람은 소방교·지방소방교, 소방장·지방소방장, 소방위·지방소방위, 소방경·지방소방경으로 근속승진임용을 할 수 있다. <개정 2017.9.19.>
  1. 소방사·지방소방사를 소방교·지방소방교로 근속승진임용하려는 경우: 해당 계급에서 4년 이상 근속자
  2. 소방교·지방소방교를 소방장·지방소방장으로 근속승진임용하려는 경우: 해당 계급에서 5년 이상 근속자
  3. 소방장·지방소방장을 소방위·지방소방위로 근속승진임용하려는 경우: 해당 계급에서 6년 6개월 이상 근속자
  4. 소방위·지방소방위를 소방경·지방소방경으로 근속승진임용하려는 경우: 해당 계급에서 10년 이상 근속자
② 제1항에 따라 근속승진한 소방공무원이 근무하는 기간에는 그에 해당하는 직급의 정원이 따로 있는 것으로 보고, 종전 직급의 정원은 감축된 것으로 본다.
③ 제1항의 따른 근속승진임용의 기준, 절차 등에 관하여 필요한 사항은 대통령령으로 정한다.
[전문개정 2011.8.4.]

제13조(승진심사위원회) ① 제12조제2항에 따른 승진심사를 하기 위하여 소방
청에 중앙승진심사위원회를 두고, 소방청, 시·도 및 대통령령으로 정하는 소
속 기관에 보통승진심사위원회를 둔다. <개정 2014.11.19., 2017.7.26.>
② 제1항에 따라 설치된 승진심사위원회는 제12조제3항에 따라 작성된 계급별
승진심사대상자명부의 선순위자(先順位者) 순으로 승진임용하려는 결원의 5배
수의 범위에서 승진후보자를 심사·선발한다.
③ 제2항에 따라 승진후보자로 선발된 사람에 대해서는 승진심사위원회가 설
치된 소속 기관의 장이 각 계급별로 심사승진후보자명부를 작성한다.
④ 승진심사위원회의 구성·관할 및 운영에 필요한 사항은 대통령령으로 정한다.
[전문개정 2014.6.11.]

제14조(특별유공자 등의 특별승진) ① 소방공무원으로서 다음 각 호의 어느 하나
에 해당되는 사람에 대하여는 제12조에도 불구하고 1계급 특별승진시킬 수 있
다. 다만, 소방위·지방소방위 이하의 소방공무원으로서 모든 소방공무원의 귀감
이 되는 공을 세우고 순직한 사람에 대하여는 2계급 특별승진시킬 수 있다.
  1. 「국가공무원법」 제40조의4제1항제1호부터 제4호까지 또는 「지방공무원법」
     제39조의3제1항제1호부터 제4호까지의 규정 중 어느 하나에 해당되는 사람
  2. 순직한 사람
  3. 직무 수행 중 현저한 공적을 세운 사람
② 특별승진의 요건과 그 밖에 필요한 사항은 대통령령으로 정한다.
[전문개정 2014.6.11.]

제14조의2(보훈) 소방공무원으로서 교육훈련 또는 직무수행 중 사망한 사람(공
무상의 질병으로 사망한 사람을 포함한다) 및 상이(공무상의 질병을 포함한
다)를 입고 퇴직한 사람과 그 유족 또는 가족은 「국가유공자 등 예우 및 지원
에 관한 법률」 또는 「보훈보상대상자 지원에 관한 법률」에 따른 예우 또는
지원을 받는다.
[전문개정 2012.10.22.]

■판례-순직군경유족등록거부처분취소■
[대법원 2010.12.9., 선고, 2010두17915, 판결]
【판시사항】
소방공무원인 甲이 화재를 진압하기 위하여 소방차에 탑승하여 출동하였다가 소방서
로 복귀하는 과정에서 사고로 사망한 사안에서, 위 행위는 소방공무원법 제14조의2 제
1항 제3호에서 규정하는 '화재진압 업무와 관련된 업무'에 해당하고 甲과 그 유족들은
국가유공자 등 예우 및 지원에 관한 법률 제4조 제1항 제5호에 의한 순직군경과 그
유족으로 보아야 한다고 본 원심판결을 수긍한 사례

【참조조문】
소방공무원법 제14조의2 제1항 제3호, 제2항, 국가유공자 등 예우 및 지원에 관한 법
률 제4조 제1항 제5호

【전문】

【원고, 피상고인】

【피고, 상고인】
강릉보훈지청장

【원심판결】
서울고법 2010. 7. 21. 선고 (춘천) 2010누80 판결

【주 문】
상고를 모두 기각한다. 상고비용은 피고가 부담한다.

【이 유】
상고이유를 판단한다.
국가유공자 등 예우 및 지원에 관한 법률(이하 '국가유공자예우법'이라 한다) 제4조 제
1항은 "다음 각호의 어느 하나에 해당하는 국가유공자와 그 유족 등(다른 법률에서
이 법에 규정된 예우 등을 받도록 규정된 자를 포함한다)은 이 법에 따른 예우를 받
는다."고 규정하면서, 그 제5호 (가)목에서 "군인 또는 경찰공무원으로서 교육훈련 또
는 직무수행 중 사망한 자(공무상의 질병으로 사망한 자를 포함한다)" 등을 순직군경
으로 들고 있다.
한편 구 소방공무원법(2007. 7. 27. 법률 제8554호로 개정되기 전의 것) 제14조의2 제1
항은 소방공무원으로서 화재진압, 구조·구급 업무수행 또는 이와 관련된 교육훈련 중
사망한 자와 그 유족은 국가유공자예우법에 의한 예우를 받는다고 규정하고, 같은 조
제2항은 제1항의 경우 사망한 자와 그 유족은 국가유공자예우법 제4조 제1항 제5호의
규정에 의한 순직군경과 그 유족으로 본다고 규정하였는데, 소방공무원의 사기를 진작
시키고 처우개선을 도모할 취지 등에 기하여 2007. 7. 27. 법률 제8554호로 개정된 현
행 소방공무원법 제14조의2 제1항에서는, 소방공무원으로서 화재진압 업무(제1호), 구
조·구급 업무(제2호), ' 제1호 또는 제2호와 관련된 업무(제3호)', 제1호 또는 제2호
와 관련된 교육훈련(제4호)에 해당하는 업무의 수행 중 사망한 자와 그 유족은 국가
유공자예우법에 따른 예우를 받는다고 규정하고 있다.
또한 2009. 12. 31. 법률 제9905호로 개정된 공무원연금법은 비록 그 적용범위를 법률
시행일인 2010. 1. 1. 이후 최초로 직무를 수행하다가 입은 위해로 인하여 사망한 경우
에 한정하고 있지만, 소방공무원이 재난·재해 현장에서 화재진압이나 인명구조작업(그
업무수행을 위한 긴급한 출동·복귀 및 부수활동을 포함한다) 중 입은 위해가 직접적인
원인이 되어 사망한 경우에 공무원연금법상의 순직공무원으로 인정하면서[공무원연
금법 제3조 제1항 제2호 (라)목], 그 순직공무원과 유족에 대하여는 국가유공자예우법
제4조 제1항 제5호에 따른 순직군경과 그 유족으로 보아 국가유공자예우법에 따른 예
우를 하도록 규정하고 있다(공무원연금법 제87조의2).
원심판결 이유에 의하면 원심은, 화재진압, 구조·구급업무뿐만 아니라 그와 관련된 업
무수행 중 사망한 소방공무원도 국가유공자예우법의 순직군경으로서 보훈혜택을 받을
수 있도록 한 소방공무원법의 개정 취지, 국가보훈처가 개정된 소방공무원법을 적용함
에 있어서 위 '관련된 업무'의 범위에 '출동대기, 출동장비 점검·정비, 화재·구조구급
순찰 등'을 포함하는 점, 화재진압 후 소방서로 복귀하는 행위는 화재진압 등의 업무
에 필연적으로 수반되는 업무일 뿐만 아니라 장차의 화재진압 등을 위한 필요불가결
한 준비행위로서의 성격도 가지며 복귀과정에서의 정보교신 등으로 인하여 그 위험성
도 적지 않은 점, 위험직무 종사 공무원의 사기제고 및 유족의 처우개선을 도모한다는
취지 아래 공무원연금법이 개정되어 소방공무원이 재난·재해 현장에서 화재진압이나

인명구조작업 중에 입은 위해뿐만 아니라 그 업무수행을 위한 긴급한 출동·복귀 및 부수활동 중에 입은 위해로 인하여 사망한 경우에도 그 소방공무원을 국가유공자예우법상의 '순직군경'으로 예우하게 된 점 등을 종합하여 보면, 이 사건에서 소방공무원인 망인이 화재를 진압하기 위하여 소방차에 탑승하여 출동하였다가 다시 그 소방차에 탑승하여 소방서로 복귀하는 행위는 소방공무원법 제14조의2 제1항 제3호에서 규정하는 '화재진압 업무와 관련된 업무'에 해당한다고 봄이 상당하고, 망인이 위 업무의 수행 중 사고로 인하여 사망하였다면 같은 조 제2항에 의하여 망인과 그 유족인 원고들은 국가유공자예우법 제4조 제1항 제5호에 의한 순직군경과 그 유족으로 보아야 할 것이므로, 원고들의 순직군경유족 등록신청을 받아들이지 아니한 이 사건 거부처분은 위법하다는 취지로 판단하였다.
위와 같은 법률들의 내용 및 그 개정경과, 원심이 들고 있는 제반 사정에 비추어 보면 원심의 위와 같은 판단은 옳은 것으로서 수긍할 수 있고, 거기에 상고이유 주장과 같이 국가유공자예우법 내지 소방공무원법상의 순직군경 인정에 관한 법리를 오해한 위법 등이 없다.
그러므로 상고를 모두 기각하고 상고비용은 패소자가 부담하도록 하여 관여 대법관의 일치된 의견으로 주문과 같이 판결한다.

대법관 안대희(재판장) 박시환 차한성 신영철(주심)

■판례-순직공무원유족결정취소등■
[대법원 2010.11.11., 선고, 2009두17551, 판결]
【판시사항】
[1] 소방공무원법 제14조의2 제1항의 개정 취지
[2] 소방공무원이 고장으로 고속도로 갓길에 정차해 있는 물탱크 소방차를 수리·점검 후 이동할 수 있도록 하라는 명령을 받고 출동하여, 순찰차량을 소방차 뒤에 세우고 하차하던 중 뒤따라오던 화물차에 치어 사망한 사안에서, 위 소방공무원이 구 국가유공자 등 예우 및 지원에 관한 법률 제4조 제1항 제5호의 '순직군경'에 해당한다고 본 원심판단을 수긍한 사례

【판결요지】
[1] 구 소방공무원법(2007. 7. 27. 법률 제8554호로 개정되기 전의 것) 제14조의2 제1항은 '소방공무원으로서 화재진압, 구조·구급 업무수행 또는 이와 관련된 교육훈련 중 사망한 자(상이로 인하여 사망한 자 포함)와 그 유족'의 경우에만 구 국가유공자 등 예우 및 지원에 관한 법률(2008. 3. 23. 법률 제9079호로 개정되기 전의 것)이 정한 '순직군경과 그 유족'에 해당하는 것으로 규정하고 있었으나, 2007. 7. 27. 소방공무원법이 개정되면서 '화재진압 또는 구조·구급업무와 관련된 업무'를 수행하던 중 사망한 소방공무원(상이로 인하여 사망한 자 포함)도 위 '순직군경'에 해당하게 되었는바, 이는 소방공무원의 국가에 대한 공헌과 희생의 정도, 업무의 위험성과 그 정도, 국가의 재정상태 등을 종합적으로 고려하여 합리적인 범위 내에서 보훈혜택의 범위를 확대하고자 하는 데에 그 취지가 있다.
[2] 화재진압활동을 마치고 소방서로 돌아오던 물탱크 소방차가 고장으로 고속도로 갓길에 정차해 있으니 긴급출동하여 위 소방차를 수리·점검 후 이동할 수 있도록 하라는 명령을 받고, 소방공무원이 출동하여 순찰차량을 위 소방차 뒤에 세우고 하차하던 중 뒤따라오던 화물차에 치어 사망한 사안에서, 물탱크 소방차는 화재진압 등에 반드시 필요한 장비로서 화재발생 등 위난발생시 언제라도 출동할 수 있도록 상시 정비·점검하여 만일의 사태에 대비해야 하고, 구 소방공무원법(2007. 7. 27. 법률 제8554호로 개정되기 전의 것)과 달리 화재진압 또는 구조·구급업무와 관련된 업무로 사망한 소방공무원에게도 구 국가유공자 등 예우 및 지원에 관한 법률

(2008. 3. 23. 법률 제9079호로 개정되기 전의 것)의 순직군경 등으로서의 보훈혜택을 받을 수 있도록 확대한 소방공무원법의 개정 취지 등에 비추어 보면 위 소방공무원이 물탱크 소방차의 정비·점검을 위하여 출동한 행위는 소방공무원법 제14조의2 제1항 제3호 소정의 화재진압 또는 구조·구급업무와 관련된 업무라고 할 것이므로, 구 국가유공자 등 예우 및 지원에 관한 법률 제4조 제1항 제5호 소정의 '순직군경'에 해당한다고 본 원심판단을 수긍한 사례.

제14조의3(특별위로금) ① 소방공무원이 공무상 질병 또는 부상으로 인하여 치료 등의 요양을 하는 경우에는 특별위로금을 지급할 수 있다.
② 제1항에 따른 특별위로금의 지급 기준 및 방법 등은 대통령령으로 정한다.
[본조신설 2014.6.11.]

제15조(교육훈련) ① 소방청장은 모든 소방공무원에게 균등한 교육훈련의 기회가 주어지도록 교육훈련에 관한 종합적인 기획 및 조정을 하여야 하며, 소방공무원의 교육훈련을 위한 소방학교를 설치·운영하여야 한다. <개정 2014.11.19., 2017.7.26.>
② 시·도지사는 관할구역 소방공무원의 교육훈련을 위한 교육훈련기관을 설치·운영할 수 있다.
③ 소방청장 또는 시·도지사는 교육훈련을 위하여 필요할 때에는 大統領令으로 정하는 바에 따라 소방공무원을 국내외의 교육기관에 위탁하여 일정 기간 교육훈련을 받게 할 수 있다. <개정 2014.11.19., 2017.7.26.>
④ 제1항과 제2항에 따른 소방공무원의 교육훈련에 관한 기획·조정, 교육훈련기관의 설치·운영에 필요한 사항과 제3항에 따라 교육훈련을 받은 소방공무원의 복무에 관한 사항은 대통령령으로 정한다.
[전문개정 2014.6.11.]

제16조(거짓 보고 등의 금지) ① 소방공무원은 직무에 관한 보고나 통보를 거짓으로 하여서는 아니 된다.
② 소방공무원은 직무를 게을리하거나 유기(遺棄)해서는 아니 된다.
[전문개정 2014.6.11.]

제17조(지휘권 남용 등의 금지) 화재 진압 또는 구조·구급 활동을 할 때 소방공무원을 지휘·감독하는 사람은 정당한 이유 없이 그 직무수행을 거부 또는 유기하거나 소방공무원을 지정된 근무지에서 진출·후퇴 또는 이탈하게 하여서는 아니 된다.
[전문개정 2014.6.11.]

제18조(복제) ① 소방공무원은 제복을 착용하여야 한다.
② 소방공무원의 복제(服制)에 관한 사항은 행정안전부령으로 정한다. <개정

2014.11.19., 2017.7.26.>
[전문개정 2014.6.11.]

제19조(복무규정) 소방공무원의 복무에 관하여는 이 법이나 「국가공무원법」 또는 「지방공무원법」에 규정된 것을 제외하고는 대통령령으로 정한다.
[전문개정 2014.6.11.]

제20조(정년) ① 소방공무원의 정년은 다음과 같다.
  1. 연령정년: 60세
  2. 계급정년
     소방감·지방소방감: 4년
     소방준감·지방소방준감: 6년
     소방정·지방소방정: 11년
     소방령·지방소방령: 14년
② 제1항제2호의 계급정년을 산정(算定)할 때에는 근속 여부와 관계없이 국가소방공무원, 지방소방공무원 또는 경찰공무원으로서 그 계급에 상응하는 계급으로 근무한 연수(年數)를 포함한다.
③ 징계로 인하여 강등(소방경·지방소방경으로 강등된 경우를 포함한다)된 소방공무원의 계급정년은 제1항제2호에도 불구하고 다음 각 호에 따른다.
  1. 강등된 계급의 계급정년은 강등되기 전 계급 중 가장 높은 계급의 계급정년으로 한다.
  2. 계급정년을 산정할 때에는 강등되기 전 계급의 근무연수와 강등 이후의 근무연수를 합산한다.
④ 소방청장 또는 시·도지사는 전시, 사변, 그 밖에 이에 준하는 비상사태에서는 2년의 범위에서 제1항제2호에 따른 계급정년을 연장할 수 있다. 이 경우 소방령 이상의 국가소방공무원에 대해서는 행정안전부장관의 제청으로 국무총리를 거쳐 대통령의 승인을 받아야 한다. <개정 2014.11.19., 2017.7.26.>
⑤ 소방공무원은 그 정년이 되는 날이 1월에서 6월 사이에 있는 경우에는 6월 30일에 당연히 퇴직하고, 7월에서 12월 사이에 있는 경우에는 12월 31일에 당연히 퇴직한다.
[전문개정 2014.6.11.]

제21조(심사청구) 소방공무원이 다음 각 호의 어느 하나에 해당하는 경우에는 그 구분에 따른 기간에 국가소방공무원은 소방청장을 거쳐 「국가공무원법」에 따라 설치된 소청심사위원회에, 지방소방공무원은 「지방공무원법」에 따라 설치된 지방공무원소청심사위원회에 해당 처분에 대한 불복심사를 청구할 수 있다. 이 경우 변호사를 대리인으로 선임할 수 있다. <개정 2014.11.19., 2017.7.26.>
  1. 「국가공무원법」 제75조 또는 「지방공무원법」 제67조제1항에 따라 처분사유설명서를 받고 그 처분에 불복하는 경우: 설명서를 받은 날부터 30일 이내
  2. 「국가공무원법」 제75조 또는 「지방공무원법」 제67조제1항에서 정한 처분

외에 그 의사에 반하는 불리한 처분을 받은 경우: 처분이 있음을 알게 된
날부터 30일 이내
[전문개정 2014.6.11.]

제22조(고충심사위원회) ① 소방공무원의 인사상담 및 고충을 심사하기 위하여
소방청, 시·도 및 대통령령으로 정하는 소방기관에 소방공무원 고충심사위원
회를 둔다. <개정 2014.11.19., 2017.7.26.>
② 소방공무원 고충심사위원회의 심사를 거친 국가소방공무원의 재심청구와
소방령 이상의 국가소방공무원의 인사상담 및 고충은 「국가공무원법」에 따라
설치된 중앙고충심사위원회에서 심사한다.
③ 소방공무원 고충심사위원회의 심사를 거친 지방소방공무원의 재심청구와
지방소방령 이상의 지방소방공무원의 인사상담 및 고충은 「지방공무원법」에
따라 설치된 시·도인사위원회에서 심사한다.
④ 소방공무원 고충심사위원회의 구성, 심사 절차 및 운영에 필요한 사항은
대통령령으로 정한다.
[전문개정 2014.6.11.]

제23조(징계위원회) ① 소방준감 이상의 국가소방공무원에 대한 징계의결은 「
국가공무원법」에 따라 국무총리 소속으로 설치된 징계위원회에서 한다.
② 소방정 이하의 국가소방공무원과 지방소방공무원에 대한 징계의결을 하도
록 하기 위하여 소방청, 시·도 및 대통령령으로 정하는 소방기관에 소방공무
원 징계위원회를 둔다. <개정 2014.11.19., 2017.7.26.>
③ 소방공무원 징계위원회의 구성·관할·운영, 징계의결의 요구 절차, 징계
대상자의 진술권, 그 밖에 필요한 사항은 대통령령으로 정한다.
[전문개정 2014.6.11.]

제24조(징계 절차) ① 국가소방공무원의 징계는 관할 징계위원회의 의결을 거
쳐 그 징계위원회가 설치된 기관의 장이 하되, 「국가공무원법」에 따라 국무총
리 소속으로 설치된 징계위원회에서 의결한 징계는 소방청장이 한다. 다만,
파면과 해임은 관할 징계위원회의 의결을 거쳐 그 소방공무원의 임용권자(임
용권을 위임받은 사람은 제외한다)가 한다. <개정 2014.11.19., 2017.7.26.>
② 지방소방공무원의 징계는 관할 징계위원회의 의결을 거쳐 임용권자가 한
다. 다만, 소방서에 설치된 소방공무원 징계위원회에서 의결한 정직·감봉 및
견책은 소방서장이 한다.
③ 소방공무원의 징계의결을 요구한 기관의 장은 관할 징계위원회의 의결이
경(輕)하다고 인정할 때에는 그 처분을 하기 전에 직근(直近) 상급기관에 설치
된 징계위원회(다음 각 호의 어느 하나에 해당하는 징계위원회의 의결에 대해
서는 그 구분에 따른 징계위원회를 말한다)에 심사 또는 재심사를 청구할 수

있다. 이 경우 소속 공무원을 대리인으로 지정할 수 있다. <개정 2014.11.19., 2017.7.26.>

1. 소방청에 설치된 소방공무원 징계위원회 및 「국가공무원법」에 따라 국무총리 소속으로 설치된 징계위원회의 의결: 국무총리 소속으로 설치된 징계위원회

2. 시·도에 설치된 소방공무원 징계위원회의 의결: 소방청에 설치된 소방공무원 징계위원회

3. 소방서에 설치된 소방공무원 징계위원회의 의결: 시·도에 설치된 소방공무원 징계위원회

[전문개정 2014.6.11.]

■판례-파면처분취소■

[대법원 1984.2.28., 선고, 83누236, 판결]

【판시사항】
징계제청업무담당자가 징계혐의자에 대해서 직접 징계회의의 개최사실을 고지한 경우 소방공무원징계령 제12조 제1항 소정의 출석통지로서 유효한지의 여부(적극)

【판결요지】
소방공무원징계령 제12조 제1항의 규정은 징계혐의자가 징계위원회에 출석할 기회를 주었다는 점을 확실하게 함을 보장하는 취지에서 나온 것이라 할 것이므로 징계위원회 개최사실을 통지한 것이 확실하다면 동조 소정 이외의 방법으로 하여도 무방할 것이므로, 피고(서울특별시장) 산하 소방본부 감찰계 주임(소방관의 징계제청등 업무담당)이 징계심의가 있던 날 징계혐의자를 만나 징계심의 개최사실을 알리면서 출석여부를 물은 즉 그가 출석하지 않겠다고 답변하면서 소정 서식에 의해 진술된 포기서를 작성 제출한 사실이 인정된다면 징계심의기일의 통지는 제대로 되었다고 봄이 상당하다.

제25조(행정소송의 피고) 징계처분이나 휴직처분, 면직처분, 그 밖에 의사에 반하는 불리한 처분에 대한 행정소송에서 국가소방공무원의 경우에는 소방청장을 피고로 하고, 지방소방공무원의 경우에는 해당 시·도지사를 피고로 한다. 다만, 제5조제3항에 따라 국가소방공무원의 임용권을 위임한 경우에는 관할 시·도지사를 피고로 한다. <개정 2014.11.19., 2017.7.26.>
[전문개정 2014.6.11.]

제26조(소방간부후보생의 보수 등) 교육 중인 소방간부후보생에게는 대통령령으로 정하는 바에 따라 보수와 그 밖의 실비(實費)를 지급한다.
[전문개정 2014.6.11.]

제27조(소방청장의 지휘·감독) 소방청장은 소방공무원의 인사행정이 이 법과 「국가공무원법」 및 「지방공무원법」에 따라 운영되도록 지휘·감독한다. <개정 2014.11.19., 2017.7.26.>
[전문개정 2014.6.11.]
[제목개정 2014.11.19., 2017.7.26.]

제28조(「국가공무원법」 및 「지방공무원법」과의 관계) ① 「국가공무원법」을 소방
공무원에게 적용할 때에는 다음 각 호에 따른다. <개정 2014.11.19., 2017.7.26.>

1. 「국가공무원법」 제32조의5제1항 및 제43조 중 "직급"은 "계급"으로 본다.
2. 「국가공무원법」 제71조제2항제3호 중 "중앙인사관장기관의 장"은 "소방청
   장"으로 본다.
3. 「국가공무원법」 제73조의4제2항 중 "제40조·제40조의2 및 제41조"는 "이
   법 제12조 및 제13조"로, "직급"은 "계급"으로 본다.
4. 「국가공무원법」 제68조, 제78조제1항제1호 및 같은 조 제2항, 제80조제7항
   및 제8항 중 "이 법"은 "이 법 및 「국가공무원법」"으로 본다.

② 「지방공무원법」을 소방공무원에게 적용할 때에는 다음 각 호에 따른다.
<개정 2014.11.19., 2017.7.26.>

1. 「지방공무원법」 제30조의5제1항 및 제41조 중 "직급"은 "계급"으로 본다.
2. 「지방공무원법」 제41조의4제1항 중 "지방자치단체의 장"은 "소방청장"으
   로 본다.
3. 「지방공무원법」 제65조의4제2항 중 "제38조, 제39조 및 제39조의2"는 "이
   법 제12조 및 제13조"로, "직급"은 "계급"으로 본다.
4. 「지방공무원법」 제60조, 제69조제1항제1호 및 같은 조 제2항, 제71조제7항
   및 제8항 중 "이 법"은 "이 법 및 「지방공무원법」"으로 본다.

③ 제1항제4호 및 제2항제4호에도 불구하고 국가소방공무원 중 소방총감과 소
방정감에 대해서는 「국가공무원법」 제68조 본문을 적용하지 아니하고, 지방소
방공무원 중 지방소방정감에 대해서는 「지방공무원법」 제60조 본문을 적용하
지 아니한다. <신설 2018.8.14.>
[전문개정 2014.6.11.]

제29조(벌칙) ① 소방공무원이 화재 진압 업무에 동원된 경우에 제16조를 위반
하거나 「국가공무원법」 제57조 또는 제58조제1항(지방공무원의 경우에는 「지
방공무원법」 제49조 또는 제50조제1항을 말한다)을 위반하였을 때에는 5년 이
하의 징역 또는 금고에 처한다.
② 소방공무원이 제17조를 위반하였을 때에는 10년 이하의 징역 또는 금고에
처한다.
[전문개정 2014.6.11.]

부칙

<제15715호, 2018.8.14.>

이 법은 공포 후 6개월이 경과한 날부터 시행한다.

소방기본법

[시행 2018.12.27]
[법률 제15301호, 2017.12.26, 타법개정]

제1장 총칙
<개정 2011.5.30.>

제1조(목적) 이 법은 화재를 예방·경계하거나 진압하고 화재, 재난·재해, 그 밖의 위급한 상황에서의 구조·구급 활동 등을 통하여 국민의 생명·신체 및 재산을 보호함으로써 공공의 안녕 및 질서 유지와 복리증진에 이바지함을 목적으로 한다.
[전문개정 2011.5.30.]

제2조(정의) 이 법에서 사용하는 용어의 뜻은 다음과 같다. <개정 2007.8.3., 2010.2.4., 2011.5.30., 2014.1.28., 2014.12.30.>
1. "소방대상물"이란 건축물, 차량, 선박(「선박법」 제1조의2제1항에 따른 선박으로서 항구에 매어둔 선박만 해당한다), 선박 건조 구조물, 산림, 그 밖의 인공 구조물 또는 물건을 말한다.
2. "관계지역"이란 소방대상물이 있는 장소 및 그 이웃 지역으로서 화재의 예방·경계·진압, 구조·구급 등의 활동에 필요한 지역을 말한다.
3. "관계인"이란 소방대상물의 소유자·관리자 또는 점유자를 말한다.
4. "소방본부장"이란 특별시·광역시·특별자치시·도 또는 특별자치도(이하 "시·도"라 한다)에서 화재의 예방·경계·진압·조사 및 구조·구급 등의 업무를 담당하는 부서의 장을 말한다.
5. "소방대(消防隊)"란 화재를 진압하고 화재, 재난·재해, 그 밖의 위급한 상황에서 구조·구급 활동 등을 하기 위하여 다음 각 목의 사람으로 구성된 조직체를 말한다.
   가. 「소방공무원법」에 따른 소방공무원
   나. 「의무소방대설치법」 제3조에 따라 임용된 의무소방원(義務消防員)

다. 「의용소방대 설치 및 운영에 관한 법률」에 따른 의용소방대원(義勇消防隊員)
6. "소방대장(消防隊長)"이란 소방본부장 또는 소방서장 등 화재, 재난·재해, 그 밖의 위급한 상황이 발생한 현장에서 소방대를 지휘하는 사람을 말한다.

▣판례-소방법위반▣
[대법원 2004.7.9. 선고 2004도2682 판결]

【판시사항】
소방법상 소방대상 건물의 소유자 이외에 점유·사용자가 따로 있는 경우, 소유자가 방화관리자를 선임할 의무가 있는지 여부(소극) 및 이미 방화관리자가 선임되어 있는 상태에서 소방대상 건물의 소유권을 경매로 취득한 경우, 소유자가 방화관리자를 새로 선임할 의무가 있는지 여부(소극)

【판결요지】
구 소방법(2003. 5. 29. 법률 제6893호 소방기본법 부칙 제2조에 의하여 폐지되기 전의 것) 제2조, 제9조, 같은법시행령(2004. 4. 24. 대통령령 제18374호로 폐지되기 전의 것) 제3조, 제6조, 제10조, 같은법 시행규칙(2004. 5. 28. 행정자치부령 제229호로 폐지되기 전의 것) 제4조 등 관련 규정을 종합하여 보면, 소방법 및 그 시행령이 규정하고 있는 방화관리자의 처리업무의 내용에 비추어 그 업무처리는 현실적으로 건물을 사용하는 자가 따로 있는 경우에는 그 사용자(점유자)가 취하여야 할 조치라고 봄이 상당하고 이렇게 해석하는 것이 소방법 제2조 제7호에서 방화관리자를 선임할 관계인은 소방대상 건물의 소유자, 관리자 또는 점유자로 규정한 법의 취지에도 부합한다 할 것이므로, 소유자 이외에 현실적으로 소방대상 건물을 점유·사용하는 자가 따로 있는 경우에는 그 점유·사용자가 방화관리자를 선임하는 것이 마땅하다.

제3조(소방기관의 설치 등) ① 시·도의 화재 예방·경계·진압 및 조사, 소방안전교육·홍보와 화재, 재난·재해, 그 밖의 위급한 상황에서의 구조·구급 등의 업무(이하 "소방업무"라 한다)를 수행하는 소방기관의 설치에 필요한 사항은 대통령령으로 정한다. <개정 2015.7.24.>
② 소방업무를 수행하는 소방본부장 또는 소방서장은 그 소재지를 관할하는 특별시장·광역시장·특별자치시장·도지사 또는 특별자치도지사(이하 "시·도지사"라 한다)의 지휘와 감독을 받는다. <개정 2014.12.30.>
[전문개정 2011.5.30.]

제4조(119종합상황실의 설치와 운영) ① 소방청장, 소방본부장 및 소방서장은 화재, 재난·재해, 그 밖에 구조·구급이 필요한 상황이 발생하였을 때에 신속한 소방활동(소방업무를 위한 모든 활동을 말한다. 이하 같다)을 위한 정보의 수집·분석과 판단·전파, 상황관리, 현장 지휘 및 조정·통제 등의 업무를 수행하기 위하여 119종합상황실을 설치·운영하여야 한다. <개정 2014.11.19., 2014.12.30., 2017.7.26.>
② 제1항에 따른 119종합상황실의 설치·운영에 필요한 사항은 행정안전부령으로 정한다. <개정 2013.3.23., 2014.11.19., 2014.12.30., 2017.7.26.>
[전문개정 2011.5.30.]
[제목개정 2014.12.30.]

제5조(소방박물관 등의 설립과 운영) ① 소방의 역사와 안전문화를 발전시키고 국민의 안전의식을 높이기 위하여 소방청장은 소방박물관을, 시·도지사는 소방체험관(화재 현장에서의 피난 등을 체험할 수 있는 체험관을 말한다. 이하 이 조에서 같다)을 설립하여 운영할 수 있다. <개정 2014.11.19., 2017.7.26.>
② 제1항에 따른 소방박물관의 설립과 운영에 필요한 사항은 행정안전부령으로 정하고, 소방체험관의 설립과 운영에 필요한 사항은 행정안전부령으로 정하는 기준에 따라 시·도의 조례로 정한다. <개정 2013.3.23., 2014.11.19., 2015.7.24., 2017.7.26.>
[전문개정 2011.5.30.]

제6조(소방업무에 관한 종합계획의 수립·시행 등) ① 소방청장은 화재, 재난·재해, 그 밖의 위급한 상황으로부터 국민의 생명·신체 및 재산을 보호하기 위하여 소방업무에 관한 종합계획(이하 이 조에서 "종합계획"이라 한다)을 5년마다 수립·시행하여야 하고, 이에 필요한 재원을 확보하도록 노력하여야 한다. <개정 2015.7.24., 2017.7.26.>
② 종합계획에는 다음 각 호의 사항이 포함되어야 한다. <신설 2015.7.24.>
  1. 소방서비스의 질 향상을 위한 정책의 기본방향
  2. 소방업무에 필요한 체계의 구축, 소방기술의 연구·개발 및 보급
  3. 소방업무에 필요한 장비의 구비
  4. 소방전문인력 양성
  5. 소방업무에 필요한 기반조성
  6. 소방업무의 교육 및 홍보(제21조에 따른 소방자동차의 우선 통행 등에 관한 홍보를 포함한다)
  7. 그 밖에 소방업무의 효율적 수행을 위하여 필요한 사항으로서 대통령령으로 정하는 사항
③ 소방청장은 제1항에 따라 수립한 종합계획을 관계 중앙행정기관의 장, 시·도지사에게 통보하여야 한다. <신설 2015.7.24., 2017.7.26.>
④ 시·도지사는 관할 지역의 특성을 고려하여 종합계획의 시행에 필요한 세부계획(이하 이 조에서 "세부계획"이라 한다)을 매년 수립하여 소방청장에게 제출하여야 하며, 세부계획에 따른 소방업무를 성실히 수행하여야 한다. <개정 2015.7.24., 2017.7.26.>
⑤ 소방청장은 소방업무의 체계적 수행을 위하여 필요한 경우 제4항에 따라 시·도지사가 제출한 세부계획의 보완 또는 수정을 요청할 수 있다. <신설 2015.7.24., 2017.7.26.>
⑥ 그 밖에 종합계획 및 세부계획의 수립·시행에 필요한 사항은 대통령령으로 정한다. <신설 2015.7.24.>
[전문개정 2011.7.14.]

제7조(소방의 날 제정과 운영 등) ① 국민의 안전의식과 화재에 대한 경각심을 높이고 안전문화를 정착시키기 위하여 매년 11월 9일을 소방의 날로 정하여 기념행사를 한다.

② 소방의 날 행사에 관하여 필요한 사항은 소방청장 또는 시·도지사가 따로 정하여 시행할 수 있다. <개정 2014.11.19., 2017.7.26.>

③ 소방청장은 다음 각 호에 해당하는 사람을 명예직 소방대원으로 위촉할 수 있다. <개정 2014.11.19., 2017.7.26.>

  1. 「의사상자 등 예우 및 지원에 관한 법률」 제2조에 따른 의사상자(義死傷者)로서 같은 법 제3조제3호 또는 제4호에 해당하는 사람

  2. 소방행정 발전에 공로가 있다고 인정되는 사람

[전문개정 2011.5.30.]

제2장 소방장비 및 소방용수시설 등

제8조(소방력의 기준 등) ① 소방기관이 소방업무를 수행하는 데에 필요한 인력과 장비 등[이하 "소방력(消防力)"이라 한다]에 관한 기준은 행정안전부령으로 정한다. <개정 2013.3.23., 2014.11.19., 2017.7.26.>

② 시·도지사는 제1항에 따른 소방력의 기준에 따라 관할구역의 소방력을 확충하기 위하여 필요한 계획을 수립하여 시행하여야 한다.

③ 소방자동차 등 소방장비의 분류·표준화와 그 관리 등에 필요한 사항은 따로 법률에서 정한다. <개정 2013.3.23., 2014.11.19., 2017.7.26., 2017.12.26.>

[전문개정 2011.5.30.]

제9조(소방장비 등에 대한 국고보조) ① 국가는 소방장비의 구입 등 시·도의 소방업무에 필요한 경비의 일부를 보조한다.

② 제1항에 따른 보조 대상사업의 범위와 기준보조율은 대통령령으로 정한다.

[전문개정 2011.5.30.]

제10조(소방용수시설의 설치 및 관리 등) ① 시·도지사는 소방활동에 필요한 소화전(消火栓)·급수탑(給水塔)·저수조(貯水槽)(이하 "소방용수시설"이라 한다)를 설치하고 유지·관리하여야 한다. 다만, 「수도법」 제45조에 따라 소화전을 설치하는 일반수도사업자는 관할 소방서장과 사전협의를 거친 후 소화전을 설치하여야 하며, 설치 사실을 관할 소방서장에게 통지하고, 그 소화전을 유지·관리하여야 한다. <개정 2007.4.11., 2011.3.8.>

② 시·도지사는 제21조제1항에 따른 소방자동차의 진입이 곤란한 지역 등 화재발생 시에 초기 대응이 필요한 지역으로서 대통령령으로 정하는 지역에 소방호스 또는 호스 릴 등을 소방용수시설에 연결하여 화재를 진압하는 시설이나

장치(이하 "비상소화장치"라 한다)를 설치하고 유지·관리할 수 있다. <개정 2017.12.26.>

③ 제1항에 따른 소방용수시설과 제2항에 따른 비상소화장치의 설치기준은 행정안전부령으로 정한다. <신설 2017.12.26.>

제11조(소방업무의 응원) ① 소방본부장이나 소방서장은 소방활동을 할 때에 긴급한 경우에는 이웃한 소방본부장 또는 소방서장에게 소방업무의 응원(應援)을 요청할 수 있다.

② 제1항에 따라 소방업무의 응원 요청을 받은 소방본부장 또는 소방서장은 정당한 사유 없이 그 요청을 거절하여서는 아니 된다.

③ 제1항에 따라 소방업무의 응원을 위하여 파견된 소방대원은 응원을 요청한 소방본부장 또는 소방서장의 지휘에 따라야 한다.

④ 시·도지사는 제1항에 따라 소방업무의 응원을 요청하는 경우를 대비하여 출동 대상지역 및 규모와 필요한 경비의 부담 등에 관하여 필요한 사항을 행정안전부령으로 정하는 바에 따라 이웃하는 시·도지사와 협의하여 미리 규약(規約)으로 정하여야 한다. <개정 2013.3.23., 2014.11.19., 2017.7.26.>

[전문개정 2011.5.30.]

제11조의2(소방력의 동원) ① 소방청장은 해당 시·도의 소방력만으로는 소방활동을 효율적으로 수행하기 어려운 화재, 재난·재해, 그 밖의 구조·구급이 필요한 상황이 발생하거나 특별히 국가적 차원에서 소방활동을 수행할 필요가 인정될 때에는 각 시·도지사에게 행정안전부령으로 정하는 바에 따라 소방력을 동원할 것을 요청할 수 있다. <개정 2013.3.23., 2014.11.19., 2017.7.26.>

② 제1항에 따라 동원 요청을 받은 시·도지사는 정당한 사유 없이 요청을 거절하여서는 아니 된다.

③ 소방청장은 시·도지사에게 제1항에 따라 동원된 소방력을 화재, 재난·재해 등이 발생한 지역에 지원·파견하여 줄 것을 요청하거나 필요한 경우 직접 소방대를 편성하여 화재진압 및 인명구조 능 소방에 필요한 활동을 하게 할 수 있다. <개정 2014.11.19., 2017.7.26.>

④ 제1항에 따라 동원된 소방대원이 다른 시·도에 파견·지원되어 소방활동을 수행할 때에는 특별한 사정이 없으면 화재, 재난·재해 등이 발생한 지역을 관할하는 소방본부장 또는 소방서장의 지휘에 따라야 한다. 다만, 소방청장이 직접 소방대를 편성하여 소방활동을 하게 하는 경우에는 소방청장의 지휘에 따라야 한다. <개정 2014.11.19., 2017.7.26.>

⑤ 제3항 및 제4항에 따른 소방활동을 수행하는 과정에서 발생하는 경비 부담에 관한 사항, 제3항 및 제4항에 따라 소방활동을 수행한 민간 소방 인력이 사망하거나 부상을 입었을 경우의 보상주체·보상기준 등에 관한 사항, 그 밖에 동원된 소방력의 운용과 관련하여 필요한 사항은 대통령령으로 정한다.

[본조신설 2011.5.30.]

제3장 화재의 예방과 경계(警戒)

제12조(화재의 예방조치 등) ① 소방본부장이나 소방서장은 화재의 예방상 위험하다고 인정되는 행위를 하는 사람이나 소화(消火) 활동에 지장이 있다고 인정되는 물건의 소유자·관리자 또는 점유자에게 다음 각 호의 명령을 할 수 있다. <개정 2017.12.26.>

  1. 불장난, 모닥불, 흡연, 화기(火氣) 취급, 풍등 등 소형 열기구 날리기, 그 밖에 화재예방상 위험하다고 인정되는 행위의 금지 또는 제한
  2. 타고 남은 불 또는 화기가 있을 우려가 있는 재의 처리
  3. 함부로 버려두거나 그냥 둔 위험물, 그 밖에 불에 탈 수 있는 물건을 옮기거나 치우게 하는 등의 조치

② 소방본부장이나 소방서장은 제1항제3호에 해당하는 경우로서 그 위험물 또는 물건의 소유자·관리자 또는 점유자의 주소와 성명을 알 수 없어서 필요한 명령을 할 수 없을 때에는 소속 공무원으로 하여금 그 위험물 또는 물건을 옮기거나 치우게 할 수 있다.

③ 소방본부장이나 소방서장은 제2항에 따라 옮기거나 치운 위험물 또는 물건을 보관하여야 한다.

④ 소방본부장이나 소방서장은 제3항에 따라 위험물 또는 물건을 보관하는 경우에는 그 날부터 14일 동안 소방본부 또는 소방서의 게시판에 그 사실을 공고하여야 한다.

⑤ 제3항에 따라 소방본부장이나 소방서장이 보관하는 위험물 또는 물건의 보관기간 및 보관기간 경과 후 처리 등에 대하여는 대통령령으로 정한다.
[전문개정 2011.5.30.]

제13조(화재경계지구의 지정 등) ① 시·도지사는 다음 각 호의 어느 하나에 해당하는 지역 중 화재가 발생할 우려가 높거나 화재가 발생하는 경우 그로 인하여 피해가 클 것으로 예상되는 지역을 화재경계지구(火災警戒地區)로 지정할 수 있다. <개정 2016.1.27., 2017.7.26.>
  1. 시장지역
  2. 공장·창고가 밀집한 지역
  3. 목조건물이 밀집한 지역
  4. 위험물의 저장 및 처리 시설이 밀집한 지역
  5. 석유화학제품을 생산하는 공장이 있는 지역
  6. 「산업입지 및 개발에 관한 법률」 제2조제8호에 따른 산업단지
  7. 소방시설·소방용수시설 또는 소방출동로가 없는 지역
  8. 그 밖에 제1호부터 제7호까지에 준하는 지역으로서 소방청장·소방본부장 또는 소방서장이 화재경계지구로 지정할 필요가 있다고 인정하는 지역

② 제1항에도 불구하고 시·도지사가 화재경계지구로 지정할 필요가 있는 지역을 화재경계지구로 지정하지 아니하는 경우 소방청장은 해당 시·도지사에게 해당 지역의 화재경계지구 지정을 요청할 수 있다. <신설 2016.1.27., 2017.7.26.>

③ 소방본부장이나 소방서장은 대통령령으로 정하는 바에 따라 제1항에 따른 화재경계지구 안의 소방대상물의 위치·구조 및 설비 등에 대하여「화재예방, 소방시설 설치·유지 및 안전관리에 관한 법률」제4조에 따른 소방특별조사를 하여야 한다. <개정 2011.8.4., 2016.1.27., 2017.12.26.>

④ 소방본부장이나 소방서장은 제3항에 따른 소방특별조사를 한 결과 화재의 예방과 경계를 위하여 필요하다고 인정할 때에는 관계인에게 소방용수시설, 소화기구, 그 밖에 소방에 필요한 설비의 설치를 명할 수 있다. <개정 2011.8.4., 2016.1.27.>

⑤ 소방본부장이나 소방서장은 화재경계지구 안의 관계인에 대하여 대통령령으로 정하는 바에 따라 소방에 필요한 훈련 및 교육을 실시할 수 있다. <개정 2016.1.27.>

⑥ 시·도지사는 대통령령으로 정하는 바에 따라 제1항에 따른 화재경계지구의 지정 현황, 제3항에 따른 소방특별조사의 결과, 제4항에 따른 소방설비 설치 명령 현황, 제5항에 따른 소방교육의 현황 등이 포함된 화재경계지구에서의 화재예방 및 경계에 필요한 자료를 매년 작성·관리하여야 한다. <신설 2016.1.27.>

[전문개정 2011.5.30.]

[제목개정 2016.1.27.]

제14조(화재에 관한 위험경보) 소방본부장이나 소방서장은「기상법」제13조제1항에 따른 이상기상(異常氣象)의 예보 또는 특보가 있을 때에는 화재에 관한 경보를 발령하고 그에 따른 조치를 할 수 있다.

[전문개정 2011.5.30.]

제15조(불을 사용하는 설비 등의 관리와 특수가연물의 저장·취급) ① 보일러, 난로, 건조설비, 가스·전기시설, 그 밖에 화재 발생 우려가 있는 설비 또는 기구 등의 위치·구조 및 관리와 화재 예방을 위하여 불을 사용할 때 지켜야 하는 사항은 대통령령으로 정한다.

② 화재가 발생하는 경우 불길이 빠르게 번지는 고무류·면화류·석탄 및 목탄 등 대통령령으로 정하는 특수가연물(特殊可燃物)의 저장 및 취급 기준은 대통령령으로 정한다.

[전문개정 2011.5.30.]

Q. 용접작업으로 인한 화재발생 책임

질문

소방방재청 민원접수-651(2011.02.14.)호 「용접작업 화재발생 과태료납부 의무자 질의」와 관련된 질문입니다.

답변

용접작업 중 용접작업자의 과실로 화재가 발생한 경우 화재발생에 대한 책임을 누구에게 물어야 하는지에 대하여 내용 검토한 바 법령의 근거는 「소방기본법」 제15조이며 구체적인 기준은 각 시·도의 화재예방조례로 제정되어 운영 중에 있으므로 화재발생 장소 소재지 소방본부로 문의하여 화재예방조례에서 과태료부과처분 당사자가 누구인지를 판단 받아야 합니다.

Q. 시·도 화재예방조례 관련 질의

질문

시·도의 화재예방조례로 불을 사용하는 설비의 세부관리기준을 정하고 이의 위반사항에 대하여 상위법에 과태료 부과근거가 없음에도 불구하고 조례로 과태료 부과 근거를 신설 가능한지요?

답변

소방기본법 제15조 제1항 및 같은 법 시행령 제5조에 따라 불을 사용하는 설비의 세부기준을 정하고 이를 위반하는 경우에 조례로 과태료를 부과할 수 있으나, 그 밖의 행위에 대하여 조례로 과태료를 부과하는 것은 법적 근거가 없으므로 불가합니다.

제4장 소방활동 등

<개정 2011.3.8.>

제16조(소방활동) ① 소방청장, 소방본부장 또는 소방서장은 화재, 재난·재해, 그 밖의 위급한 상황이 발생하였을 때에는 소방대를 현장에 신속하게 출동시켜 화재진압과 인명구조·구급 등 소방에 필요한 활동을 하게 하여야 한다. <개정 2014.11.19., 2017.7.26.>

② 누구든지 정당한 사유 없이 제1항에 따라 출동한 소방대의 화재진압 및 인명구조·구급 등 소방활동을 방해하여서는 아니 된다.
[전문개정 2011.5.30.]

제16조의2(소방지원활동) ① 소방청장·소방본부장 또는 소방서장은 공공의 안녕질서 유지 또는 복리증진을 위하여 필요한 경우 소방활동 외에 다음 각 호의 활동(이하 "소방지원활동"이라 한다)을 하게 할 수 있다. <개정 2013.3.23., 2014.11.19., 2017.7.26.>
  1. 산불에 대한 예방·진압 등 지원활동
  2. 자연재해에 따른 급수·배수 및 제설 등 지원활동
  3. 집회·공연 등 각종 행사 시 사고에 대비한 근접대기 등 지원활동
  4. 화재, 재난·재해로 인한 피해복구 지원활동
  5. 삭제 <2015.7.24.>
  6. 그 밖에 행정안전부령으로 정하는 활동
② 소방지원활동은 제16조의 소방활동 수행에 지장을 주지 아니하는 범위에서 할 수 있다.
③ 유관기관·단체 등의 요청에 따른 소방지원활동에 드는 비용은 지원요청을 한 유관기관·단체 등에게 부담하게 할 수 있다. 다만, 부담금액 및 부담방법에 관하여는 지원요청을 한 유관기관·단체 등과 협의하여 결정한다.
[본조신설 2011.3.8.]

제16조의3(생활안전활동) ① 소방청장·소방본부장 또는 소방서장은 신고가 접수된 생활안전 및 위험제거 활동(화재, 재난·재해, 그 밖의 위급한 상황에 해당하는 것은 제외한다)에 대응하기 위하여 소방대를 출동시켜 다음 각 호의 활동(이하 "생활안전활동"이라 한다)을 하게 하여야 한다. <개정 2017.7.26.>
  1. 붕괴, 낙하 등이 우려되는 고드름, 나무, 위험 구조물 등의 제거활동
  2. 위해동물, 벌 등의 포획 및 퇴치 활동
  3. 끼임, 고립 등에 따른 위험제거 및 구출 활동
  4. 단전사고 시 비상전원 또는 조명의 공급
  5. 그 밖에 방치하면 급박해질 우려가 있는 위험을 예방하기 위한 활동
② 누구든지 정당한 사유 없이 제1항에 따라 출동하는 소방대의 생활안전활동을 방해하여서는 아니 된다.
③ 삭제 <2017.12.26.>
[본조신설 2015.7.24.]

제16조의4(소방자동차의 보험 가입 등) ① 시·도지사는 소방자동차의 공무상 운행 중 교통사고가 발생한 경우 그 운전자의 법률상 분쟁에 소요되는 비용을 지원할 수 있는 보험에 가입하여야 한다.

② 국가는 제1항에 따른 보험 가입비용의 일부를 지원할 수 있다.
[본조신설 2016.1.27.]

제16조의5(소방활동에 대한 면책) 소방공무원이 제16조제1항에 따른 소방활동으로 인하여 타인을 사상(死傷)에 이르게 한 경우 그 소방활동이 불가피하고 소방공무원에게 고의 또는 중대한 과실이 없는 때에는 그 정상을 참작하여 사상에 대한 형사책임을 감경하거나 면제할 수 있다.
[본조신설 2017.12.26.]

제16조의6(소송지원) 소방청장, 소방본부장 또는 소방서장은 소방공무원이 제16조제1항에 따른 소방활동, 제16조의2제1항에 따른 소방지원활동, 제16조의3제1항에 따른 생활안전활동으로 인하여 민·형사상 책임과 관련된 소송을 수행할 경우 변호인 선임 등 소송수행에 필요한 지원을 할 수 있다.
[본조신설 2017.12.26.]

제17조(소방교육·훈련) ① 소방청장, 소방본부장 또는 소방서장은 소방업무를 전문적이고 효과적으로 수행하기 위하여 소방대원에게 필요한 교육·훈련을 실시하여야 한다. <개정 2014.11.19., 2017.7.26.>
② 소방청장, 소방본부장 또는 소방서장은 화재를 예방하고 화재 발생 시 인명과 재산피해를 최소화하기 위하여 다음 각 호에 해당하는 사람을 대상으로 행정안전부령으로 정하는 바에 따라 소방안전에 관한 교육과 훈련을 실시할 수 있다. 이 경우 소방청장, 소방본부장 또는 소방서장은 해당 어린이집·유치원·학교의 장과 교육일정 등에 관하여 협의하여야 한다. <개정 2011.6.7., 2013.3.23., 2014.11.19., 2017.7.26.>
  1. 「영유아보육법」 제2조에 따른 어린이집의 영유아
  2. 「유아교육법」 제2조에 따른 유치원의 유아
  3. 「초·중등교육법」 제2조에 따른 학교의 학생
③ 소방청장, 소방본부장 또는 소방서장은 국민의 안전의식을 높이기 위하여 화재 발생 시 피난 및 행동 방법 등을 홍보하여야 한다. <개정 2014.11.19., 2017.7.26.>
④ 제1항에 따른 교육·훈련의 종류 및 대상자, 그 밖에 교육·훈련의 실시에 필요한 사항은 행정안전부령으로 정한다. <개정 2013.3.23., 2014.11.19., 2017.7.26.>
[전문개정 2011.5.30.]

제17조의2(소방안전교육사) ① 소방청장은 제17조제2항에 따른 소방안전교육을 위하여 소방청장이 실시하는 시험에 합격한 사람에게 소방안전교육사 자격을 부여한다. <개정 2014.11.19., 2017.7.26.>
② 소방안전교육사는 소방안전교육의 기획·진행·분석·평가 및 교수업무를

수행한다.

③ 제1항에 따른 소방안전교육사 시험의 응시자격, 시험방법, 시험과목, 시험위원, 그 밖에 소방안전교육사 시험의 실시에 필요한 사항은 대통령령으로 정한다.

④ 제1항에 따른 소방안전교육사 시험에 응시하려는 사람은 대통령령으로 정하는 바에 따라 수수료를 내야 한다.

[전문개정 2011.5.30.]

제17조의3(소방안전교육사의 결격사유) 다음 각 호의 어느 하나에 해당하는 사람은 소방안전교육사가 될 수 없다. <개정 2016.1.27.>

1. 피성년후견인 또는 피한정후견인
2. 금고 이상의 실형을 선고받고 그 집행이 끝나거나(집행이 끝난 것으로 보는 경우를 포함한다) 집행이 면제된 날부터 2년이 지나지 아니한 사람
3. 금고 이상의 형의 집행유예를 선고받고 그 유예기간 중에 있는 사람
4. 법원의 판결 또는 다른 법률에 따라 자격이 정지되거나 상실된 사람

[전문개정 2011.5.30.]

제17조의4(부정행위자에 대한 조치) ① 소방청장은 제17조의2에 따른 소방안전교육사 시험에서 부정행위를 한 사람에 대하여는 해당 시험을 정지시키거나 무효로 처리한다. <개정 2017.7.26.>

② 제1항에 따라 시험이 정지되거나 무효로 처리된 사람은 그 처분이 있은 날부터 2년간 소방안전교육사 시험에 응시하지 못한다.

[본조신설 2016.1.27.]

[종전 제17조의4는 제17조의5로 이동 <2016.1.27.>]

제17조의5(소방안전교육사의 배치) ① 제17조의2제1항에 따른 소방안전교육사를 소방청, 소방본부 또는 소방서, 그 밖에 대통령령으로 정하는 대상에 배치할 수 있다. <개정 2014.11.19., 2017.7.26.>

② 제1항에 따른 소방안전교육사의 배치대상 및 배치기준, 그 밖에 필요한 사항은 대통령령으로 정한다.

[전문개정 2011.5.30.]

[제17조의4에서 이동 <2016.1.27.>]

제18조(소방신호) 화재예방, 소방활동 또는 소방훈련을 위하여 사용되는 소방신호의 종류와 방법은 행정안전부령으로 정한다. <개정 2013.3.23., 2014.11.19., 2017.7.26.>

[전문개정 2011.5.30.]

제19조(화재 등의 통지) ① 화재 현장 또는 구조·구급이 필요한 사고 현장을 발견한 사람은 그 현장의 상황을 소방본부, 소방서 또는 관계 행정기관에 지체 없이 알려야 한다.

② 다음 각 호의 어느 하나에 해당하는 지역 또는 장소에서 화재로 오인할 만한 우려가 있는 불을 피우거나 연막(煙幕) 소독을 하려는 자는 시·도의 조례로 정하는 바에 따라 관할 소방본부장 또는 소방서장에게 신고하여야 한다.

1. 시장지역
2. 공장·창고가 밀집한 지역
3. 목조건물이 밀집한 지역
4. 위험물의 저장 및 처리시설이 밀집한 지역
5. 석유화학제품을 생산하는 공장이 있는 지역
6. 그 밖에 시·도의 조례로 정하는 지역 또는 장소

[전문개정 2011.5.30.]

제20조(관계인의 소방활동) 관계인은 소방대상물에 화재, 재난·재해, 그 밖의 위급한 상황이 발생한 경우에는 소방대가 현장에 도착할 때까지 경보를 울리거나 대피를 유도하는 등의 방법으로 사람을 구출하는 조치 또는 불을 끄거나 불이 번지지 아니하도록 필요한 조치를 하여야 한다.

[전문개정 2011.5.30.]

◼판례-소방기본법위반◼
[대전지법 2007.5.2., 선고, 2006고정1527, 판결 : 확정]

【판시사항】
[1] 소방기본법 제20조에 따른 조치의무 위반을 이유로 소방대상물의 관계인을 처벌하기 위한 요건
[2] 소방대상물의 관계인이 화재진압조치를 이행하였지만 화재진압에 성공하지 못하여 사람들이 사망하거나 상해를 입은 경우, 소방기본법 제54조 제2호, 제20조에 의하여 처벌할 수 있는 여부(소극)
[3] 소방기본법 제20조에 정한 소방대상물의 관계인으로서 '점유자'의 의미

【판결요지】
[1] 소방기본법 제54조 제2호는 '제20조의 규정을 위반하여 정당한 사유 없이 소방대가 현장에 도착할 때까지 사람을 구출하는 조치 또는 불을 끄거나 불이 번지지 아니하도록 하는 조치를 하지 아니한 자'를 처벌하도록 규정하고 있는바, 소방기본법 제20조에서 소방대상물의 관계인에게 선택적으로 인명구출조치 또는 화재진압조치를 취하도록 규정하고 있는 취지에 더하여 위 법규정의 문리적 해석에 의하더라도 '사람을 구출하는 조치 또는 불을 끄거나 불이 번지지 아니하도록 하는 조치'를 하지 아니한 자를 처벌하는 것으로 보일 뿐 '사람을 구출하는 조치를 하지 아니한 자' 또는 '불을 끄거나 불이 번지지 아니하도록 하는 조치를 하지 아니한 자'를 처벌하는 것으로 보이지는 않으므로, 소방대상물의 관계인이 위와 같은 조치를 전혀 이행하지 아니한 경우에 한하여 소방기본법상의 조치위반을 이유로 형사처벌을 하도록 규정하고 있다고 해석하여야 한다.

[2] 소방대상물의 관계인이 화재 당시 자신의 판단에 따라 화재진압조치를 이행하였다면, 비록 화재진압조치에 성공하지 못하였고 또 그와 같은 과정에서 더 높은 가치의 의무인 인명구출조치를 이행하지 못하여 결과적으로 건물 안에 남아 있던 사람들이 사망하거나 상해를 입었다고 하더라도 이에 대한 도의적 책임을 별론으로 하고, 소방기본법 제54조 제2호, 제20조에 의하여 처벌할 수는 없다.

[3] 소방기본법 제20조는 소방대상물의 관리자·소유자 또는 점유자에 대하여 인명구출조치 또는 화재진압조치를 할 것으로 규정하고 있는데, 소방기본법의 목적 및 위 규정이 위급한 재해의 발생원인과 관련있는지 여부와는 무관하게 관계인에 대하여 인명구출조치 또는 화재진압조치를 부과하고 있는 취지에 비추어 보면, 위 법조항 소정의 점유자는 소방대상물을 사실상 지배하면서 소방대상물을 보존, 관리할 권한과 책임이 있는 자로 한정하여 해석하여야 한다.

제21조(소방자동차의 우선 통행 등) ① 모든 차와 사람은 소방자동차(지휘를 위한 자동차와 구조·구급차를 포함한다. 이하 같다)가 화재진압 및 구조·구급 활동을 위하여 출동을 할 때에는 이를 방해하여서는 아니 된다.

② 소방자동차가 화재진압 및 구조·구급 활동을 위하여 출동하거나 훈련을 위하여 필요할 때에는 사이렌을 사용할 수 있다. <개정 2017.12.26.>

③ 모든 차와 사람은 소방자동차가 화재진압 및 구조·구급 활동을 위하여 제2항에 따라 사이렌을 사용하여 출동하는 경우에는 다음 각 호의 행위를 하여서는 아니 된다. <신설 2017.12.26.>

  1. 소방자동차에 진로를 양보하지 아니하는 행위
  2. 소방자동차 앞에 끼어들거나 소방자동차를 가로막는 행위
  3. 그 밖에 소방자동차의 출동에 지장을 주는 행위

④ 제3항의 경우를 제외하고 소방자동차의 우선 통행에 관하여는 「도로교통법」에서 정하는 바에 따른다. <신설 2017.12.26.>
[전문개정 2011.5.30.]

제21조의2(소방자동차 전용구역 등) ① 「건축법」 제2조제2항제2호에 따른 공동주택 중 대통령령으로 정하는 공동주택의 건축주는 제16조제1항에 따른 소방활동의 원활한 수행을 위하여 공동주택에 소방자동차 전용구역(이하 "전용구역"이라 한다)을 설치하여야 한다.

② 누구든지 전용구역에 차를 주차하거나 전용구역에의 진입을 가로막는 등의 방해행위를 하여서는 아니 된다.

③ 전용구역의 설치 기준·방법, 제2항에 따른 방해행위의 기준, 그 밖의 필요한 사항은 대통령령으로 정한다.
[본조신설 2018.2.9.]

제22조(소방대의 긴급통행) 소방대는 화재, 재난·재해, 그 밖의 위급한 상황이 발생한 현장에 신속하게 출동하기 위하여 긴급할 때에는 일반적인 통행에 쓰이지 아니하는 도로·빈터 또는 물 위로 통행할 수 있다.
[전문개정 2011.5.30.]

제23조(소방활동구역의 설정) ① 소방대장은 화재, 재난·재해, 그 밖의 위급한 상황이 발생한 현장에 소방활동구역을 정하여 소방활동에 필요한 사람으로서 대통령령으로 정하는 사람 외에는 그 구역에 출입하는 것을 제한할 수 있다.
② 경찰공무원은 소방대가 제1항에 따른 소방활동구역에 있지 아니하거나 소방대장의 요청이 있을 때에는 제1항에 따른 조치를 할 수 있다.
[전문개정 2011.5.30.]

제24조(소방활동 종사 명령) ① 소방본부장, 소방서장 또는 소방대장은 화재, 재난·재해, 그 밖의 위급한 상황이 발생한 현장에서 소방활동을 위하여 필요할 때에는 그 관할구역에 사는 사람 또는 그 현장에 있는 사람으로 하여금 사람을 구출하는 일 또는 불을 끄거나 불이 번지지 아니하도록 하는 일을 하게 할 수 있다. 이 경우 소방본부장, 소방서장 또는 소방대장은 소방활동에 필요한 보호장구를 지급하는 등 안전을 위한 조치를 하여야 한다.
② 삭제 <2017.12.26.>
③ 제1항에 따른 명령에 따라 소방활동에 종사한 사람은 시·도지사로부터 소방활동의 비용을 지급받을 수 있다. 다만, 다음 각 호의 어느 하나에 해당하는 사람의 경우에는 그러하지 아니하다.
  1. 소방대상물에 화재, 재난·재해, 그 밖의 위급한 상황이 발생한 경우 그 관계인
  2. 고의 또는 과실로 화재 또는 구조·구급 활동이 필요한 상황을 발생시킨 사람
  3. 화재 또는 구조·구급 현장에서 물건을 가져간 사람
[전문개정 2011.5.30.]

제25조(강제처분 등) ① 소방본부장, 소방서장 또는 소방대장은 사람을 구출하거나 불이 번지는 것을 막기 위하여 필요할 때에는 화재가 발생하거나 불이 번질 우려가 있는 소방대상물 및 토지를 일시적으로 사용하거나 그 사용의 제한 또는 소방활동에 필요한 처분을 할 수 있다.
② 소방본부장, 소방서장 또는 소방대장은 사람을 구출하거나 불이 번지는 것을 막기 위하여 긴급하다고 인정할 때에는 제1항에 따른 소방대상물 또는 토지 외의 소방대상물과 토지에 대하여 제1항에 따른 처분을 할 수 있다.
③ 소방본부장, 소방서장 또는 소방대장은 소방활동을 위하여 긴급하게 출동할 때에는 소방자동차의 통행과 소방활동에 방해가 되는 주차 또는 정차된 차량 및 물건 등을 제거하거나 이동시킬 수 있다.
④ 소방본부장, 소방서장 또는 소방대장은 제3항에 따른 소방활동에 방해가 되는 주차 또는 정차된 차량의 제거나 이동을 위하여 관할 지방자치단체 등 관련 기관에 견인차량과 인력 등에 대한 지원을 요청할 수 있고, 요청을 받은 관련 기관의 장은 정당한 사유가 없으면 이에 협조하여야 한다. <신설 2018.3.27.>

⑤ 시·도지사는 제4항에 따라 견인차량과 인력 등을 지원한 자에게 시·도의 조례로 정하는 바에 따라 비용을 지급할 수 있다. <신설 2018.3.27.>
[전문개정 2011.5.30.]

제26조(피난 명령) ① 소방본부장, 소방서장 또는 소방대장은 화재, 재난·재해, 그 밖의 위급한 상황이 발생하여 사람의 생명을 위험하게 할 것으로 인정할 때에는 일정한 구역을 지정하여 그 구역에 있는 사람에게 그 구역 밖으로 피난할 것을 명할 수 있다.
② 소방본부장, 소방서장 또는 소방대장은 제1항에 따른 명령을 할 때 필요하면 관할 경찰서장 또는 자치경찰단장에게 협조를 요청할 수 있다.
[전문개정 2011.5.30.]

제27조(위험시설 등에 대한 긴급조치) ① 소방본부장, 소방서장 또는 소방대장은 화재 진압 등 소방활동을 위하여 필요할 때에는 소방용수 외에 댐·저수지 또는 수영장 등의 물을 사용하거나 수도(水道)의 개폐장치 등을 조작할 수 있다.
② 소방본부장, 소방서장 또는 소방대장은 화재 발생을 막거나 폭발 등으로 화재가 확대되는 것을 막기 위하여 가스·전기 또는 유류 등의 시설에 대하여 위험물질의 공급을 차단하는 등 필요한 조치를 할 수 있다.
③ 삭제 <2017.12.26.>
[전문개정 2011.5.30.]

제28조(소방용수시설 또는 비상소화장치의 사용금지 등) 누구든지 다음 각 호의 어느 하나에 해당하는 행위를 하여서는 아니 된다. <개정 2017.12.26.>
  1. 정당한 사유 없이 소방용수시설 또는 비상소화장치를 사용하는 행위
  2. 정당한 사유 없이 손상·파괴, 철거 또는 그 밖의 방법으로 소방용수시설 또는 비상소화장치의 효용(效用)을 해치는 행위
  3. 소방용수시설 또는 비상소화장치의 정당한 사용을 방해하는 행위
[전문개정 2011.5.30.]
[제목개정 2017.12.26.]

제5장 화재의 조사

제29조(화재의 원인 및 피해 조사) ① 소방청장, 소방본부장 또는 소방서장은 화재가 발생하였을 때에는 화재의 원인 및 피해 등에 대한 조사(이하 "화재조사"라 한다)를 하여야 한다. <개정 2014.11.19., 2017.7.26.>
② 제1항에 따른 화재조사의 방법 및 전담조사반의 운영과 화재조사자의 자격 등 화재조사에 필요한 사항은 행정안전부령으로 정한다. <개정 2013.3.23., 2014.11.19., 2017.7.26.>
[전문개정 2011.5.30.]

제30조(출입·조사 등) ① 소방청장, 소방본부장 또는 소방서장은 화재조사를 하기 위하여 필요하면 관계인에게 보고 또는 자료 제출을 명하거나 관계 공무원으로 하여금 관계 장소에 출입하여 화재의 원인과 피해의 상황을 조사하거나 관계인에게 질문하게 할 수 있다. <개정 2014.11.19., 2017.7.26.>
② 제1항에 따라 화재조사를 하는 관계 공무원은 그 권한을 표시하는 증표를 지니고 이를 관계인에게 보여 주어야 한다.
③ 제1항에 따라 화재조사를 하는 관계 공무원은 관계인의 정당한 업무를 방해하거나 화재조사를 수행하면서 알게 된 비밀을 다른 사람에게 누설하여서는 아니 된다.
[전문개정 2011.5.30.]

제31조(수사기관에 체포된 사람에 대한 조사) 소방청장, 소방본부장 또는 소방서장은 수사기관이 방화(放火) 또는 실화(失火)의 혐의가 있어서 이미 피의자를 체포하였거나 증거물을 압수하였을 때에 화재조사를 위하여 필요한 경우에는 수사에 지장을 주지 아니하는 범위에서 그 피의자 또는 압수된 증거물에 대한 조사를 할 수 있다. 이 경우 수사기관은 소방청장, 소방본부장 또는 소방서장의 신속한 화재조사를 위하여 특별한 사유가 없으면 조사에 협조하여야 한다. <개정 2014.11.19., 2017.7.26.>
[전문개정 2011.5.30.]

제32조(소방공무원과 국가경찰공무원의 협력 등) ① 소방공무원과 국가경찰공무원은 화재조사를 할 때에 서로 협력하여야 한다.
② 소방본부장이나 소방서장은 화재조사 결과 방화 또는 실화의 혐의가 있다고 인정하면 지체 없이 관할 경찰서장에게 그 사실을 알리고 필요한 증거를 수집·보존하여 그 범죄수사에 협력하여야 한다.
[전문개정 2011.5.30.]

제33조(소방기관과 관계 보험회사의 협력) 소방본부, 소방서 등 소방기관과 관계 보험회사는 화재가 발생한 경우 그 원인 및 피해상황을 조사할 때 필요한 사항에 대하여 서로 협력하여야 한다.
[전문개정 2011.5.30.]

제6장 구조 및 구급

제34조(구조대 및 구급대의 편성과 운영) 구조대 및 구급대의 편성과 운영에 관하여는 별도의 법률로 정한다.
[전문개정 2011.3.8.]

제35조 삭제 <2011.3.8.>
제36조 삭제 <2011.3.8.>

제7장 의용소방대

제37조(의용소방대의 설치 및 운영) 의용소방대의 설치 및 운영에 관하여는 별도의 법률로 정한다.
[전문개정 2014.1.28.]

제38조 삭제 <2014.1.28.>
제39조 삭제 <2014.1.28.>
제39조의2 삭제 <2014.1.28.>

제7장의2 소방산업의 육성 · 진흥 및 지원 등
<신설 2008.1.17.>

제39조의3(국가의 책무) 국가는 소방산업(소방용 기계·기구의 제조, 연구·개발 및 판매 등에 관한 일련의 산업을 말한다. 이하 같다)의 육성·진흥을 위하여 필요한 계획의 수립 등 행정상·재정상의 지원시책을 마련하여야 한다.
[전문개정 2011.5.30.]

제39조의4 삭제 <2008.6.5.>

제39조의5(소방산업과 관련된 기술개발 등의 지원) ① 국가는 소방산업과 관련된 기술(이하 "소방기술"이라 한다)의 개발을 촉진하기 위하여 기술개발을 실시하는 자에게 그 기술개발에 드는 자금의 전부나 일부를 출연하거나 보조할 수 있다.
② 국가는 우수소방제품의 전시·홍보를 위하여 「대외무역법」 제4조제2항에 따른 무역전시장 등을 설치한 자에게 다음 각 호에서 정한 범위에서 재정적인 지원을 할 수 있다.
  1. 소방산업전시회 운영에 따른 경비의 일부
  2. 소방산업전시회 관련 국외 홍보비
  3. 소방산업전시회 기간 중 국외의 구매자 초청 경비
[전문개정 2011.5.30.]

제39조의6(소방기술의 연구·개발사업 수행) ① 국가는 국민의 생명과 재산을

보호하기 위하여 다음 각 호의 어느 하나에 해당하는 기관이나 단체로 하여
금 소방기술의 연구·개발사업을 수행하게 할 수 있다. <개정 2016.3.22.>
  1. 국공립 연구기관
  2. 「과학기술분야 정부출연연구기관 등의 설립·운영 및 육성에 관한 법률」
     에 따라 설립된 연구기관
  3. 「특정연구기관 육성법」 제2조에 따른 특정연구기관
  4. 「고등교육법」에 따른 대학·산업대학·전문대학 및 기술대학
  5. 「민법」이나 다른 법률에 따라 설립된 소방기술 분야의 법인인 연구기관
     또는 법인 부설 연구소
  6. 「기초연구진흥 및 기술개발지원에 관한 법률」 제14조의2제1항에 따라 인
     정받은 기업부설연구소
  7. 「소방산업의 진흥에 관한 법률」 제14조에 따른 한국소방산업기술원
  8. 그 밖에 대통령령으로 정하는 소방에 관한 기술개발 및 연구를 수행하는
     기관·협회
② 국가가 제1항에 따른 기관이나 단체로 하여금 소방기술의 연구·개발사업
을 수행하게 하는 경우에는 필요한 경비를 지원하여야 한다.
[전문개정 2011.5.30.]

제39조의7(소방기술 및 소방산업의 국제화사업) ① 국가는 소방기술 및 소방산
업의 국제경쟁력과 국제적 통용성을 높이는 데에 필요한 기반 조성을 촉진하
기 위한 시책을 마련하여야 한다.
② 소방청장은 소방기술 및 소방산업의 국제경쟁력과 국제적 통용성을 높이기
위하여 다음 각 호의 사업을 추진하여야 한다. <개정 2014.11.19., 2017.7.26.>
  1. 소방기술 및 소방산업의 국제 협력을 위한 조사·연구
  2. 소방기술 및 소방산업에 관한 국제 전시회, 국제 학술회의 개최 등 국제
     교류
  3. 소방기술 및 소방산업의 국외시장 개척
  4. 그 밖에 소방기술 및 소방산업의 국제경쟁력과 국제적 통용성을 높이기
     위하여 필요하다고 인정하는 사업
[전문개정 2011.5.30.]

제8장 한국소방안전원
<개정 2017.12.26.>

제40조(한국소방안전원의 설립 등) ① 소방기술과 안전관리기술의 향상 및 홍
보, 그 밖의 교육·훈련 등 행정기관이 위탁하는 업무의 수행과 소방 관계 종
사자의 기술 향상을 위하여 한국소방안전원(이하 "안전원"이라 한다)을 소방

청장의 인가를 받아 설립한다. <개정 2017.12.26.>
② 제1항에 따라 설립되는 안전원은 법인으로 한다. <개정 2017.12.26.>
③ 안전원에 관하여 이 법에 규정된 것을 제외하고는 「민법」 중 재단법인에
관한 규정을 준용한다. <개정 2017.12.26.>
[전문개정 2011.5.30.]
[제목개정 2017.12.26.]

제40조의2(교육계획의 수립 및 평가 등) ① 안전원의 장(이하 "안전원장"이라
한다)은 소방기술과 안전관리의 기술향상을 위하여 매년 교육 수요조사를 실
시하여 교육계획을 수립하고 소방청장의 승인을 받아야 한다.
② 안전원장은 소방청장에게 해당 연도 교육결과를 평가·분석하여 보고하여야
하며, 소방청장은 교육평가 결과를 제1항의 교육계획에 반영하게 할 수 있다.
③ 안전원장은 제2항의 교육결과를 객관적이고 정밀하게 분석하기 위하여 필
요한 경우 교육 관련 전문가로 구성된 위원회를 운영할 수 있다.
④ 제3항에 따른 위원회의 구성·운영에 필요한 사항은 대통령령으로 정한다.
[본조신설 2017.12.26.]

제41조(안전원의 업무) 안전원은 다음 각 호의 업무를 수행한다. <개정 2017.12.26.>
1. 소방기술과 안전관리에 관한 교육 및 조사·연구
2. 소방기술과 안전관리에 관한 각종 간행물 발간
3. 화재 예방과 안전관리의식 고취를 위한 대국민 홍보
4. 소방업무에 관하여 행정기관이 위탁하는 업무
5. 소방안전에 관한 국제협력
6. 그 밖에 회원에 대한 기술지원 등 정관으로 정하는 사항
[전문개정 2011.5.30.]
[제목개정 2017.12.26.]

제42조(회원의 관리) 안전원은 소방기술과 안전관리 역량의 향상을 위하여 다
음 각 호의 사람을 회원으로 관리할 수 있다. <개정 2011.8.4., 2017.12.26.>
1. 「화재예방, 소방시설 설치·유지 및 안전관리에 관한 법률」, 「소방시설공사
업법」 또는 「위험물안전관리법」에 따라 등록을 하거나 허가를 받은 사람으
로서 회원이 되려는 사람
2. 「화재예방, 소방시설 설치·유지 및 안전관리에 관한 법률」, 「소방시설공사
업법」 또는 「위험물안전관리법」에 따라 소방안전관리자, 소방기술자 또는
위험물안전관리자로 선임되거나 채용된 사람으로서 회원이 되려는 사람
3. 그 밖에 소방 분야에 관심이 있거나 학식과 경험이 풍부한 사람으로서 회
원이 되려는 사람
[전문개정 2011.5.30.]
[제목개정 2017.12.26.]

제43조(안전원의 정관) ① 안전원의 정관에는 다음 각 호의 사항이 포함되어야 한다. <개정 2017.12.26.>

1. 목적
2. 명칭
3. 주된 사무소의 소재지
4. 사업에 관한 사항
5. 이사회에 관한 사항
6. 회원과 임원 및 직원에 관한 사항
7. 재정 및 회계에 관한 사항
8. 정관의 변경에 관한 사항

② 안전원은 정관을 변경하려면 소방청장의 인가를 받아야 한다. <개정 2014.11.19., 2017.7.26., 2017.12.26.>
[전문개정 2011.5.30.]
[제목개정 2017.12.26.]

제44조(안전원의 운영 경비) 안전원의 운영 및 사업에 소요되는 경비는 다음 각 호의 재원으로 충당한다.

1. 제41조제1호 및 제4호의 업무 수행에 따른 수입금
2. 제42조에 따른 회원의 회비
3. 자산운영수익금
4. 그 밖의 부대수입

[전문개정 2017.12.26.]

제44조의2(안전원의 임원) ① 안전원에 임원으로 원장 1명을 포함한 9명 이내의 이사와 1명의 감사를 둔다.
② 제1항에 따른 원장과 감사는 소방청장이 임명한다.
[본조신설 2017.12.26.]

제44조의3(유사명칭의 사용금지) 이 법에 따른 안전원이 아닌 자는 한국소방안전원 또는 이와 유사한 명칭을 사용하지 못한다.
[본조신설 2017.12.26.]

제45조 삭제 <2008.6.5.>
제46조 삭제 <2008.6.5.>
제47조 삭제 <2008.6.5.>

제9장 보칙

<개정 2011.5.30.>

제48조(감독) ① 소방청장은 안전원의 업무를 감독한다. <개정 2005.8.4., 2008.6.5., 2014.11.19., 2017.7.26., 2017.12.26.>
② 소방청장은 안전원에 대하여 업무·회계 및 재산에 관하여 필요한 사항을 보고하게 하거나, 소속 공무원으로 하여금 안전원의 장부·서류 및 그 밖의 물건을 검사하게 할 수 있다. <신설 2017.12.26.>
③ 소방청장은 제2항에 따른 보고 또는 검사의 결과 필요하다고 인정되면 시정명령 등 필요한 조치를 할 수 있다. <신설 2017.12.26.>

제49조(권한의 위임) 소방청장은 이 법에 따른 권한의 일부를 대통령령으로 정하는 바에 따라 시·도지사, 소방본부장 또는 소방서장에게 위임할 수 있다. <개정 2014.11.19., 2017.7.26.>
[전문개정 2011.5.30.]

제49조의2(손실보상) ① 소방청장 또는 시·도지사는 다음 각 호의 어느 하나에 해당하는 자에게 제3항의 손실보상심의위원회의 심사·의결에 따라 정당한 보상을 하여야 한다.
  1. 제16조의3제1항에 따른 조치로 인하여 손실을 입은 자
  2. 제24조제1항 전단에 따른 소방활동 종사로 인하여 사망하거나 부상을 입은 자
  3. 제25조제2항 또는 제3항에 따른 처분으로 인하여 손실을 입은 자. 다만, 같은 조 제3항에 해당하는 경우로서 법령을 위반하여 소방자동차의 통행과 소방활동에 방해가 된 경우는 제외한다.
  4. 제27조제1항 또는 제2항에 따른 조치로 인하여 손실을 입은 자
  5. 그 밖에 소방기관 또는 소방대의 적법한 소방업무 또는 소방활동으로 인하여 손실을 입은 자
② 제1항에 따라 손실보상을 청구할 수 있는 권리는 손실이 있음을 안 날부터 3년, 손실이 발생한 날부터 5년간 행사하지 아니하면 시효의 완성으로 소멸한다.
③ 제1항에 따른 손실보상청구 사건을 심사·의결하기 위하여 손실보상심의위원회를 둔다.
④ 제1항에 따른 손실보상의 기준, 보상금액, 지급절차 및 방법, 제3항에 따른 손실보상심의위원회의 구성 및 운영, 그 밖에 필요한 사항은 대통령령으로 정한다.
[본조신설 2017.12.26.]

제49조의3(벌칙 적용에서 공무원 의제) 제41조제4호에 따라 위탁받은 업무에 종사하는 안전원의 임직원은 「형법」 제129조부터 제132조까지를 적용할 때에는 공무원으로 본다.
[본조신설 2017.12.26.]

제10장 벌칙

<개정 2011.5.30.>

제50조(벌칙) 다음 각 호의 어느 하나에 해당하는 사람은 5년 이하의 징역 또는 5천만원 이하의 벌금에 처한다. <개정 2017.12.26., 2018.3.27.>
 1. 제16조제2항을 위반하여 다음 각 목의 어느 하나에 해당하는 행위를 한 사람
  가. 위력(威力)을 사용하여 출동한 소방대의 화재진압·인명구조 또는 구급활동을 방해하는 행위
  나. 소방대가 화재진압·인명구조 또는 구급활동을 위하여 현장에 출동하거나 현장에 출입하는 것을 고의로 방해하는 행위
  다. 출동한 소방대원에게 폭행 또는 협박을 행사하여 화재진압·인명구조 또는 구급활동을 방해하는 행위
  라. 출동한 소방대의 소방장비를 파손하거나 그 효용을 해하여 화재진압·인명구조 또는 구급활동을 방해하는 행위
 2. 제21조제1항을 위반하여 소방자동차의 출동을 방해한 사람
 3. 제24조제1항에 따른 사람을 구출하는 일 또는 불을 끄거나 불이 번지지 아니하도록 하는 일을 방해한 사람
 4. 제28조를 위반하여 정당한 사유 없이 소방용수시설 또는 비상소화장치를 사용하거나 소방용수시설 또는 비상소화장치의 효용을 해치거나 그 정당한 사용을 방해한 사람
[전문개정 2011.5.30.]

제51조(벌칙) 제25조제1항에 따른 처분을 방해한 자 또는 정당한 사유 없이 그 처분에 따르지 아니한 자는 3년 이하의 징역 또는 3천만원 이하의 벌금에 처한다. <개정 2018.3.27.>
[전문개정 2011.5.30.]

제52조(벌칙) 다음 각 호의 어느 하나에 해당하는 자는 300만원 이하의 벌금에 처한다.
 1. 제25조제2항 및 제3항에 따른 처분을 방해한 자 또는 정당한 사유 없이 그 처분에 따르지 아니한 자
 2. 제30조제3항을 위반하여 관계인의 정당한 업무를 방해하거나 화재조사를 수행하면서 알게 된 비밀을 다른 사람에게 누설한 사람
[전문개정 2011.5.30.]

제53조(벌칙) 다음 각 호의 어느 하나에 해당하는 자는 200만원 이하의 벌금에 처한다. <개정 2010.2.4., 2011.5.30.>

1. 정당한 사유 없이 제12조제1항 각 호의 어느 하나에 따른 명령에 따르지 아니하거나 이를 방해한 자
2. 정당한 사유 없이 제30조제1항에 따른 관계 공무원의 출입 또는 조사를 거부·방해 또는 기피한 자

제54조(벌칙) 다음 각 호의 어느 하나에 해당하는 자는 100만원 이하의 벌금에 처한다. <개정 2011.8.4., 2015.7.24., 2016.1.27.>

1. 제13조제3항에 따른 화재경계지구 안의 소방대상물에 대한 소방특별조사를 거부·방해 또는 기피한 자
1의2. 제16조의3제2항을 위반하여 정당한 사유 없이 소방대의 생활안전활동을 방해한 자
2. 제20조를 위반하여 정당한 사유 없이 소방대가 현장에 도착할 때까지 사람을 구출하는 조치 또는 불을 끄거나 불이 번지지 아니하도록 하는 조치를 하지 아니한 사람
3. 제26조제1항에 따른 피난 명령을 위반한 사람
4. 제27조제1항을 위반하여 정당한 사유 없이 물의 사용이나 수도의 개폐장치의 사용 또는 조작을 하지 못하게 하거나 방해한 자
5. 제27조제2항에 따른 조치를 정당한 사유 없이 방해한 자

[전문개정 2011.5.30.]

제55조(양벌규정) 법인의 대표자나 법인 또는 개인의 대리인, 사용인, 그 밖의 종업원이 그 법인 또는 개인의 업무에 관하여 제50조부터 제54조까지의 어느 하나에 해당하는 위반행위를 하면 그 행위자를 벌하는 외에 그 법인 또는 개인에게도 해당 조문의 벌금형을 과(科)한다. 다만, 법인 또는 개인이 그 위반행위를 방지하기 위하여 해당 업무에 관하여 상당한 주의와 감독을 게을리하지 아니한 경우에는 그러하지 아니하다.

[전문개정 2011.5.30.]

제56조(과태료) ① 다음 각 호의 어느 하나에 해당하는 자에게는 200만원 이하의 과태료를 부과한다. <개정 2016.1.27., 2017.12.26.>

1. 제13조제4항에 따른 소방용수시설, 소화기구 및 설비 등의 설치 명령을 위반한 자
2. 제15조제1항에 따른 불을 사용할 때 지켜야 하는 사항 및 같은 조 제2항에 따른 특수가연물의 저장 및 취급 기준을 위반한 자
3. 제19조제1항을 위반하여 화재 또는 구조·구급이 필요한 상황을 거짓으로 알린 사람
3의2. 제21조제3항을 위반하여 소방자동차의 출동에 지장을 준 자
4. 제23조제1항을 위반하여 소방활동구역을 출입한 사람

 5. 제30조제1항에 따른 명령을 위반하여 보고 또는 자료 제출을 하지 아니하
　거나 거짓으로 보고 또는 자료 제출을 한 자
 6. 제44조의3을 위반하여 한국소방안전원 또는 이와 유사한 명칭을 사용한 자
② 제21조의2제2항을 위반하여 전용구역에 차를 주차하거나 전용구역에의 진
입을 가로막는 등의 방해행위를 한 자에게는 100만원 이하의 과태료를 부과
한다. <신설 2018.2.9.>
③ 제1항 및 제2항에 따른 과태료는 대통령령으로 정하는 바에 따라 관할 시
・도지사, 소방본부장 또는 소방서장이 부과・징수한다. <개정 2018.2.9.>
[전문개정 2011.5.30.]

제57조(과태료) ① 제19조제2항에 따른 신고를 하지 아니하여 소방자동차를 출
동하게 한 자에게는 20만원 이하의 과태료를 부과한다.
② 제1항에 따른 과태료는 조례로 정하는 바에 따라 관할 소방본부장 또는 소
방서장이 부과・징수한다.
[전문개정 2011.5.30.]

부칙

<제15532호, 2018.3.27.>

이 법은 2018년 6월 27일부터 시행한다.

소방기본법 시행령

[시행 2018.8.10]
[대통령령 제29082호, 2018.8.7, 일부개정]

제1조(목적) 이 영은 「소방기본법」에서 위임된 사항과 그 시행에 관하여 필요한 사항을 규정함을 목적으로 한다. <개정 2005.10.20.>

제1조의2(소방업무에 관한 종합계획 및 세부계획의 수립 · 시행) ① 소방청장은 「소방기본법」(이하 "법"이라 한다) 제6조제1항에 따른 소방업무에 관한 종합계획을 관계 중앙행정기관의 장과의 협의를 거쳐 계획 시행 전년도 10월 31일까지 수립하여야 한다. <개정 2017.7.26.>
② 법 제6조제2항제7호에서 "대통령령으로 정하는 사항"이란 다음 각 호의 사항을 말한다.
  1. 재난·재해 환경 변화에 따른 소방업무에 필요한 대응 체계 마련
  2. 장애인, 노인, 임산부, 영유아 및 어린이 등 이동이 어려운 사람을 대상으로 한 소방활동에 필요한 조치
③ 특별시장·광역시장·특별자치시장·도지사 또는 특별자치도지사(이하 "시·도지사"라 한다)는 법 제6조제4항에 따른 종합계획의 시행에 필요한 세부계획을 계획 시행 전년도 12월 31일까지 수립하여 소방청장에게 제출하여야 한다. <개정 2017.7.26., 2018.6.26.>
[본조신설 2016.10.25.]

제2조(국고보조 대상사업의 범위와 기준보조율) ① 법 제9조제2항에 따른 국고보조 대상사업의 범위는 다음 각 호와 같다. <개정 2005.10.20., 2011.11.30., 2016.10.25.>
  1. 다음 각 목의 소방활동장비와 설비의 구입 및 설치
    가. 소방자동차
    나. 소방헬리콥터 및 소방정
    다. 소방전용통신설비 및 전산설비
    라. 그 밖에 방화복 등 소방활동에 필요한 소방장비
  2. 소방관서용 청사의 건축(「건축법」 제2조제1항제8호에 따른 건축을 말한다)

② 제1항제1호에 따른 소방활동장비 및 설비의 종류와 규격은 행정안전부령으로 정한다. <개정 2011.11.30., 2013.3.23., 2014.11.19., 2017.7.26.>

③ 제1항에 따른 국고보조 대상사업의 기준보조율은 「보조금 관리에 관한 법률 시행령」에서 정하는 바에 따른다. <개정 2011.11.30.>

[제목개정 2011.11.30.]

제2조의2(비상소화장치의 설치대상 지역) 법 제10조제2항에서 "대통령령으로 정하는 지역"이란 다음 각 호의 어느 하나에 해당하는 지역을 말한다.

1. 법 제13조제1항에 따라 지정된 화재경계지구
2. 시·도지사가 법 제10조제2항에 따른 비상소화장치의 설치가 필요하다고 인정하는 지역

[본조신설 2018.6.26.]

[종전 제2조의2는 제2조의3으로 이동 <2018.6.26.>]

제2조의3(소방력의 동원) ① 법 제11조의2제3항 및 제4항에 따라 동원된 소방력의 소방활동 수행 과정에서 발생하는 경비는 화재, 재난·재해 또는 그 밖의 구조·구급이 필요한 상황이 발생한 특별시·광역시·도 또는 특별자치도(이하 "시·도"라 한다)에서 부담하는 것을 원칙으로 하되, 구체적인 내용은 해당 시·도가 서로 협의하여 정한다.

② 법 제11조의2제3항 및 제4항에 따라 동원된 민간 소방 인력이 소방활동을 수행하다가 사망하거나 부상을 입은 경우 화재, 재난·재해 또는 그 밖의 구조·구급이 필요한 상황이 발생한 시·도가 해당 시·도의 조례로 정하는 바에 따라 보상한다.

③ 제1항 및 제2항에서 규정한 사항 외에 법 제11조의2에 따라 동원된 소방력의 운용과 관련하여 필요한 사항은 소방청장이 정한다. <개정 2014.11.19., 2017.7.26.>

[본조신설 2011.11.30.]

[제2조의2에서 이동 <2018.6.26.>]

제3조(위험물 또는 물건의 보관기간 및 보관기간 경과후 처리 등) ① 법 제12조제5항의 규정에 의한 위험물 또는 물건의 보관기간은 법 제12조제4항의 규정에 의하여 소방본부 또는 소방서의 게시판에 공고하는 기간의 종료일 다음 날부터 7일로 한다.

② 소방본부장 또는 소방서장은 제1항의 규정에 의한 보관기간이 종료되는 때에는 보관하고 있는 위험물 또는 물건을 매각하여야 한다. 다만, 보관하고 있는 위험물 또는 물건이 부패·파손 또는 이와 유사한 사유로 소정의 용도에 계

속 사용할 수 없는 경우에는 폐기할 수 있다.

③ 소방본부장 또는 소방서장은 보관하던 위험물 또는 물건을 제2항의 규정에 의하여 매각한 경우에는 지체없이 「국가재정법」에 의하여 세입조치를 하여야 한다. <개정 2005.10.20., 2006.12.29.>

④ 소방본부장 또는 소방서장은 제2항의 규정에 의하여 매각되거나 폐기된 위험물 또는 물건의 소유자가 보상을 요구하는 경우에는 보상금액에 대하여 소유자와 협의를 거쳐 이를 보상하여야 한다.

제4조(화재경계지구의 관리) ① 삭제 <2018.3.20.>

② 소방본부장 또는 소방서장은 법 제13조제3항에 따라 화재경계지구 안의 소방대상물의 위치·구조 및 설비 등에 대한 소방특별조사를 연 1회 이상 실시하여야 한다. <개정 2012.1.31., 2018.3.20.>

③ 소방본부장 또는 소방서장은 법 제13조제5항에 따라 화재경계지구 안의 관계인에 대하여 소방상 필요한 훈련 및 교육을 연 1회 이상 실시할 수 있다. <개정 2009.5.21., 2018.3.20.>

④ 소방본부장 또는 소방서장은 제3항의 규정에 의한 소방상 필요한 훈련 및 교육을 실시하고자 하는 때에는 화재경계지구 안의 관계인에게 훈련 또는 교육 10일 전까지 그 사실을 통보하여야 한다.

⑤ 시·도지사는 법 제13조제6항에 따라 다음 각 호의 사항을 행정안전부령으로 정하는 화재경계지구 관리대장에 작성하고 관리하여야 한다. <신설 2018.3.20.>

 1. 화재경계지구의 지정 현황
 2. 소방특별조사의 결과
 3. 소방설비의 설치 명령 현황
 4. 소방교육의 실시 현황
 5. 소방훈련의 실시 현황
 6. 그 밖에 화재예방 및 경계에 필요한 사항
[제목개정 2018.3.20.]

제5조(불을 사용하는 설비의 관리기준 등) ① 법 제15조제1항의 규정에 의한 보일러, 난로, 건조설비, 가스·전기시설 그 밖에 화재발생의 우려가 있는 설비 또는 기구 등의 위치·구조 및 관리와 화재예방을 위하여 불의 사용에 있어서 지켜야 하는 사항은 별표 1과 같다.

② 제1항에 규정된 것 외에 불을 사용하는 설비의 세부관리기준은 시·도의 조례로 정한다. <신설 2005.10.20., 2011.11.30.>

제6조(화재의 확대가 빠른 특수가연물) 법 제15조제2항에서 "대통령령으로 정하는 특수가연물(特殊可燃物)"이란 별표 2에 규정된 품명별 수량 이상의 가연물을 말한다. <개정 2012.7.10.>

제7조(특수가연물의 저장 및 취급의 기준) 법 제15조제2항에 따른 특수가연물의 저장 및 취급의 기준은 다음 각 호와 같다. <개정 2005.10.20., 2008.1.22.>
  1. 특수가연물을 저장 또는 취급하는 장소에는 품명·최대수량 및 화기취급의 금지표지를 설치할 것
  2. 다음 각 목의 기준에 따라 쌓아 저장할 것. 다만, 석탄·목탄류를 발전(發電)용으로 저장하는 경우에는 그러하지 아니하다.
    가. 품명별로 구분하여 쌓을 것
    나. 쌓는 높이는 10미터 이하가 되도록 하고, 쌓는 부분의 바닥면적은 50제곱미터(석탄·목탄류의 경우에는 200제곱미터) 이하가 되도록 할 것. 다만, 살수설비를 설치하거나, 방사능력 범위에 해당 특수가연물이 포함되도록 대형수동식소화기를 설치하는 경우에는 쌓는 높이를 15미터 이하, 쌓는 부분의 바닥면적을 200제곱미터(석탄·목탄류의 경우에는 300제곱미터) 이하로 할 수 있다.
    다. 쌓는 부분의 바닥면적 사이는 1미터 이상이 되도록 할 것

제7조의2(소방안전교육사시험의 응시자격) 법 제17조의2제3항에 따른 소방안전교육사시험의 응시자격은 별표 2의2와 같다.
[전문개정 2016.6.30.]

제7조의3(시험방법) ① 소방안전교육사시험은 제1차 시험 및 제2차 시험으로 구분하여 시행한다.
  ② 제1차 시험은 선택형을, 제2차 시험은 논술형을 원칙으로 한다. 다만, 제2차 시험에는 주관식 단답형 또는 기입형을 포함할 수 있다.
  ③ 제1차 시험에 합격한 사람에 대해서는 다음 회의 시험에 한정하여 제1차 시험을 면제한다.
[전문개정 2016.6.30.]

제7조의4(시험과목) ① 소방안전교육사시험의 제1차 시험 및 제2차 시험 과목은 다음 각 호와 같다.
  1. 제1차 시험: 소방학개론, 구급·응급처치론, 재난관리론 및 교육학개론 중 응시자가 선택하는 3과목

2. 제2차 시험: 국민안전교육 실무

② 제1항에 따른 시험 과목별 출제범위는 행정안전부령으로 정한다. <개정 2017.7.26.>

[전문개정 2016.6.30.]

제7조의5(시험위원 등) ① 소방청장은 소방안전교육사시험 응시자격심사, 출제 및 채점을 위하여 다음 각 호의 어느 하나에 해당하는 사람을 응시자격심사위원 및 시험위원으로 임명 또는 위촉하여야 한다. <개정 2009.5.21., 2014.11.19., 2016.6.30., 2017.7.26.>

1. 소방 관련 학과, 교육학과 또는 응급구조학과 박사학위 취득자
2. 「고등교육법」 제2조제1호부터 제6호까지의 규정 중 어느 하나에 해당하는 학교에서 소방 관련 학과, 교육학과 또는 응급구조학과에서 조교수 이상으로 2년 이상 재직한 자
3. 소방위 또는 지방소방위 이상의 소방공무원
4. 소방안전교육사 자격을 취득한 자

② 제1항에 따른 응시자격심사위원 및 시험위원의 수는 다음 각 호와 같다. <개정 2009.5.21., 2016.6.30.>

1. 응시자격심사위원: 3명
2. 시험위원 중 출제위원: 시험과목별 3명
3. 시험위원 중 채점위원: 5명
4. 삭제 <2016.6.30.>

③ 제1항에 따라 응시자격심사위원 및 시험위원으로 임명 또는 위촉된 자는 소방청장이 정하는 시험문제 등의 작성시 유의사항 및 서약서 등에 따른 준수사항을 성실히 이행해야 한다. <개정 2014.11.19., 2017.7.26.>

④ 제1항에 따라 임명 또는 위촉된 응시자격심사위원 및 시험위원과 시험감독업무에 종사하는 자에 대하여는 예산의 범위에서 수당 및 여비를 지급할 수 있다.

[본조신설 2007.2.1.]

제7조의6(시험의 시행 및 공고) ① 소방안전교육사시험은 2년마다 1회 시행함을 원칙으로 하되, 소방청장이 필요하다고 인정하는 때에는 그 횟수를 증감할 수 있다. <개정 2014.11.19., 2017.7.26.>

② 소방청장은 소방안전교육사시험을 시행하려는 때에는 응시자격·시험과목·일시·장소 및 응시절차 등에 관하여 필요한 사항을 모든 응시 희망자가 알 수 있도록 소방안전교육사시험의 시행일 90일 전까지 1개 이상의 일간신문(「신문 등의 진흥에 관한 법률」 제9조제1항제9호에 따라 전국을 보급지역으로 등록한 일

간신문으로서 같은 법 제2조제1호가목 또는 나목에 해당하는 것을 말한다. 이하 같다)·소방기관의 게시판 또는 인터넷 홈페이지 그 밖의 효과적인 방법에 따라 공고해야 한다. <개정 2010.1.27., 2012.5.1., 2014.11.19., 2017.7.26.>

[본조신설 2007.2.1.]

제7조의7(응시원서 제출 등) ① 소방안전교육사시험에 응시하려는 자는 행정안전부령으로 정하는 소방안전교육사시험응시원서를 소방청장에게 제출(정보통신망에 의한 제출을 포함한다. 이하 이 조에서 같다)하여야 한다. <개정 2008.12.31., 2013.3.23., 2014.11.19., 2016.6.30., 2017.7.26.>

② 소방안전교육사시험에 응시하려는 자는 행정안전부령으로 정하는 제7조의2에 따른 응시자격에 관한 증명서류를 소방청장이 정하는 기간 내에 제출해야 한다. <개정 2008.12.31., 2009.5.21., 2013.3.23., 2014.11.19., 2017.7.26.>

③ 소방안전교육사시험에 응시하려는 자는 행정안전부령으로 정하는 응시수수료를 납부해야 한다. <개정 2008.12.31., 2013.3.23., 2014.11.19., 2017.7.26.>

④ 제3항에 따라 납부한 응시수수료는 다음 각 호의 어느 하나에 해당하는 경우에는 해당 금액을 반환하여야 한다. <개정 2012.7.10.>

  1. 응시수수료를 과오납한 경우: 과오납한 응시수수료 전액
  2. 시험 시행기관의 귀책사유로 시험에 응시하지 못한 경우: 납입한 응시수수료 전액
  3. 시험시행일 20일 전까지 접수를 철회하는 경우: 납입한 응시수수료 전액
  4. 시험시행일 10일 전까지 접수를 철회하는 경우: 납입한 응시수수료의 100분의 50

[본조신설 2007.2.1.]

제7조의8(시험의 합격자 결정 등) ① 제1차 시험은 매과목 100점을 만점으로 하여 매과목 40점 이상, 전과목 평균 60점 이상 득점한 자를 합격자로 한다.

② 제2차 시험은 100점을 만점으로 하되, 시험위원의 채점점수 중 최고점수와 최저점수를 제외한 점수의 평균이 60점 이상인 사람을 합격자로 한다. <개정 2016.6.30.>

③ 소방청장은 제1항 및 제2항에 따라 소방안전교육사시험 합격자를 결정한 때에는 이를 일간신문·소방기관의 게시판 또는 인터넷 홈페이지 그 밖의 효과적인 방법에 따라 공고해야 한다. <개정 2009.5.21., 2014.11.19., 2016.6.30., 2017.7.26.>

④ 소방청장은 제3항에 따른 시험합격자 공고일부터 1개월 이내에 행정안전부령으로 정하는 소방안전교육사증을 시험합격자에게 발급하며, 이를 소방안전

교육사증 교부대장에 기재하고 관리하여야 한다. <개정 2008.12.31., 2009.5.21., 2013.3.23., 2014.11.19., 2016.6.30., 2017.7.26.>
[본조신설 2007.2.1.]

제7조의9 삭제 <2016.6.30.>

제7조의10(소방안전교육사의 배치대상) 법 제17조의5제1항에서 "그 밖에 대통령령으로 정하는 대상"이란 다음 각 호의 어느 하나에 해당하는 기관이나 단체를 말한다. <개정 2008.12.3., 2012.7.10., 2016.6.30., 2018.6.26.>
  1. 법 제40조에 따라 설립된 한국소방안전원(이하 "안전원"이라 한다)
  2. 「소방산업의 진흥에 관한 법률」 제14조에 따른 한국소방산업기술원
[본조신설 2007.2.1.]

제7조의11(소방안전교육사의 배치대상별 배치기준) 법 제17조의5제2항에 따른 소방안전교육사의 배치대상별 배치기준은 별표 2의3과 같다. <개정 2016.6.30.>
[본조신설 2007.2.1.]

제7조의12(소방자동차 전용구역 설치 대상) 법 제21조의2제1항에서 "대통령령으로 정하는 공동주택"이란 다음 각 호의 주택을 말한다.
  1. 「건축법 시행령」 별표 1 제2호가목의 아파트 중 세대수가 100세대 이상인 아파트
  2. 「건축법 시행령」 별표 1 제2호라목의 기숙사 중 3층 이상의 기숙사
[본조신설 2018.8.7.]

제7조의13(소방자동차 전용구역의 설치 기준·방법) ① 제7조의12에 따른 공동주택의 건축주는 소방자동차가 접근하기 쉽고 소방활동이 원활하게 수행될 수 있도록 각 동별 전면 또는 후면에 소방자동차 전용구역(이하 "전용구역"이라 한다)을 1개소 이상 설치하여야 한다. 다만, 하나의 전용구역에서 여러 동에 접근하여 소방활동이 가능한 경우로서 소방청장이 정하는 경우에는 각 동별로 설치하지 아니할 수 있다.
② 전용구역의 설치 방법은 별표 2의5와 같다.
[본조신설 2018.8.7.]

제7조의14(전용구역 방해행위의 기준) 법 제21조의2제2항에 따른 방해행위의 기준은 다음 각 호와 같다.

1. 전용구역에 물건 등을 쌓거나 주차하는 행위
2. 전용구역의 앞면, 뒷면 또는 양 측면에 물건 등을 쌓거나 주차하는 행위. 다만, 「주차장법」 제19조에 따른 부설주차장의 주차구획 내에 주차하는 경우는 제외한다.
3. 전용구역 진입로에 물건 등을 쌓거나 주차하여 전용구역으로의 진입을 가로막는 행위
4. 전용구역 노면표지를 지우거나 훼손하는 행위
5. 그 밖의 방법으로 소방자동차가 전용구역에 주차하는 것을 방해하거나 전용구역으로 진입하는 것을 방해하는 행위

[본조신설 2018.8.7.]

제8조(소방활동구역의 출입자) 법 제23조제1항에서 "대통령령으로 정하는 사람" 이란 다음 각 호의 사람을 말한다. <개정 2012.7.10.>

1. 소방활동구역 안에 있는 소방대상물의 소유자·관리자 또는 점유자
2. 전기·가스·수도·통신·교통의 업무에 종사하는 사람으로서 원활한 소방활동을 위하여 필요한 사람
3. 의사·간호사 그 밖의 구조·구급업무에 종사하는 사람
4. 취재인력 등 보도업무에 종사하는 사람
5. 수사업무에 종사하는 사람
6. 그 밖에 소방대장이 소방활동을 위하여 출입을 허가한 사람

제9조(교육평가심의위원회의 구성·운영) ① 안전원의 장(이하 "안전원장"이라 한다)은 법 제40조의2제3항에 따라 다음 각 호의 사항을 심의하기 위하여 교육평가심의위원회(이하 "평가위원회"라 한다)를 둔다.

1. 교육평가 및 운영에 관한 사항
2. 교육결과 분석 및 개선에 관한 사항
3. 다음 연도의 교육계획에 관한 사항

② 평가위원회는 위원장 1명을 포함하여 9명 이하의 위원으로 성별을 고려하여 구성한다.

③ 평가위원회의 위원장은 위원 중에서 호선(互選)한다.

④ 평가위원회의 위원은 다음 각 호의 어느 하나에 해당하는 사람 중에서 안전원장이 임명 또는 위촉한다.

1. 소방안전교육 업무 담당 소방공무원 중 소방청장이 추천하는 사람
2. 소방안전교육 전문가
3. 소방안전교육 수료자
4. 소방안전에 관한 학식과 경험이 풍부한 사람

⑤ 평가위원회에 참석한 위원에게는 예산의 범위에서 수당을 지급할 수 있다. 다만, 공무원인 위원이 소관 업무와 직접 관련되어 참석하는 경우에는 수당을 지급하지 아니한다.
⑥ 제1항부터 제5항까지에서 규정한 사항 외에 평가위원회의 운영 등에 필요한 사항은 안전원장이 정한다.
[본조신설 2018.6.26.]

제10조(감독 등) ① 소방청장은 법 제48조제1항에 따라 안전원의 다음 각 호의 업무를 감독하여야 한다. <개정 2008.12.3., 2014.11.19., 2017.7.26., 2018.6.26.>
  1. 이사회의 중요의결 사항
  2. 회원의 가입·탈퇴 및 회비에 관한 사항
  3. 사업계획 및 예산에 관한 사항
  4. 기구 및 조직에 관한 사항
  5. 그 밖에 소방청장이 위탁한 업무의 수행 또는 정관에서 정하고 있는 업무의 수행에 관한 사항
② 협회의 사업계획 및 예산에 관하여는 소방청장의 승인을 얻어야 한다. <개정 2005.10.20., 2008.12.3., 2014.11.19., 2017.7.26.>
③ 소방청장은 협회의 업무감독을 위하여 필요한 자료의 제출을 명하거나 「화재예방, 소방시설 설치·유지 및 안전관리에 관한 법률」 제45조, 「소방시설공사업법」 제33조 및 「위험물안전관리법」 제30조의 규정에 의하여 위탁된 업무와 관련된 규정의 개선을 명할 수 있다. 이 경우 협회는 정당한 사유가 없는 한 이에 따라야 한다. <개정 2005.10.20., 2008.12.3., 2014.11.19., 2017.1.26., 2017.7.26.>
[제18조에서 이동 <2018.6.26.>]

제11조(손실보상의 기준 및 보상금액) ① 법 제49조의2제1항에 따라 같은 항 각 호(제2호는 제외한다)의 어느 하나에 해당하는 자에게 물건의 멸실·훼손으로 인한 손실보상을 하는 때에는 다음 각 호의 기준에 따른 금액으로 보상한다. 이 경우 영업자가 손실을 입은 물건의 수리나 교환으로 인하여 영업을 계속할 수 없는 때에는 영업을 계속할 수 없는 기간의 영업이익액에 상당하는 금액을 더하여 보상한다.
  1. 손실을 입은 물건을 수리할 수 있는 때: 수리비에 상당하는 금액
  2. 손실을 입은 물건을 수리할 수 없는 때: 손실을 입은 당시의 해당 물건의 교환가액
② 물건의 멸실·훼손으로 인한 손실 외의 재산상 손실에 대해서는 직무집행과 상당한 인과관계가 있는 범위에서 보상한다.
③ 법 제49조의2제1항제2호에 따른 사상자의 보상금액 등의 기준은 별표 2의4와 같다.
[본조신설 2018.6.26.]

제12조(손실보상의 지급절차 및 방법) ① 법 제49조의2제1항에 따라 소방기관 또는 소방대의 적법한 소방업무 또는 소방활동으로 인하여 발생한 손실을 보상받으려는 자는 행정안전부령으로 정하는 보상금 지급 청구서에 손실내용과 손실금액을 증명할 수 있는 서류를 첨부하여 소방청장 또는 시·도지사(이하 "소방청장등"이라 한다)에게 제출하여야 한다. 이 경우 소방청장등은 손실보상금의 산정을 위하여 필요하면 손실보상을 청구한 자에게 증빙·보완 자료의 제출을 요구할 수 있다.

② 소방청장등은 제13조에 따른 손실보상심의위원회의 심사·의결을 거쳐 특별한 사유가 없으면 보상금 지급 청구서를 받은 날부터 60일 이내에 보상금 지급 여부 및 보상금액을 결정하여야 한다.

③ 소방청장등은 다음 각 호의 어느 하나에 해당하는 경우에는 그 청구를 각하(却下)하는 결정을 하여야 한다.

  1. 청구인이 같은 청구 원인으로 보상금 청구를 하여 보상금 지급 여부 결정을 받은 경우. 다만, 기각 결정을 받은 청구인이 손실을 증명할 수 있는 새로운 증거가 발견되었음을 소명(疎明)하는 경우는 제외한다.

  2. 손실보상 청구가 요건과 절차를 갖추지 못한 경우. 다만, 그 잘못된 부분을 시정할 수 있는 경우는 제외한다.

④ 소방청장등은 제2항 또는 제3항에 따른 결정일부터 10일 이내에 행정안전부령으로 정하는 바에 따라 결정 내용을 청구인에게 통지하고, 보상금을 지급하기로 결정한 경우에는 특별한 사유가 없으면 통지한 날부터 30일 이내에 보상금을 지급하여야 한다.

⑤ 소방청장등은 보상금을 지급받을 자가 지정하는 예금계좌(「우체국예금·보험에 관한 법률」에 따른 체신관서 또는 「은행법」에 따른 은행의 계좌를 말한다)에 입금하는 방법으로 보상금을 지급한다. 다만, 보상금을 지급받을 자가 체신관서 또는 은행이 없는 지역에 거주하는 등 부득이한 사유가 있는 경우에는 그 보상금을 지급받을 자의 신청에 따라 현금으로 지급할 수 있다.

⑥ 보상금은 일시불로 지급하되, 예산 부족 등의 사유로 일시불로 지급할 수 없는 특별한 사정이 있는 경우에는 청구인의 동의를 받아 분할하여 지급할 수 있다.

⑦ 제1항부터 제6항까지에서 규정한 사항 외에 보상금의 청구 및 지급에 필요한 사항은 소방청장이 정한다.

[본조신설 2018.6.26.]

제13조(손실보상심의위원회의 설치 및 구성) ① 소방청장등은 법 제49조의2제3항에 따라 손실보상청구 사건을 심사·의결하기 위하여 각각 손실보상심의위원회(이하 "보상위원회"라 한다)를 둔다.

② 보상위원회는 위원장 1명을 포함하여 5명 이상 7명 이하의 위원으로 구성한다.

③ 보상위원회의 위원은 다음 각 호의 어느 하나에 해당하는 사람 중에서 소방청장등이 위촉하거나 임명한다. 이 경우 위원의 과반수는 성별을 고려하여 소방공무원이 아닌 사람으로 하여야 한다.
  1. 소속 소방공무원
  2. 판사·검사 또는 변호사로 5년 이상 근무한 사람
  3. 「고등교육법」 제2조에 따른 학교에서 법학 또는 행정학을 가르치는 부교수 이상으로 5년 이상 재직한 사람
  4. 「보험업법」 제186조에 따른 손해사정사
  5. 소방안전 또는 의학 분야에 관한 학식과 경험이 풍부한 사람

④ 제3항에 따라 위촉되는 위원의 임기는 2년으로 하며, 한 차례만 연임할 수 있다.

⑤ 보상위원회의 사무를 처리하기 위하여 보상위원회에 간사 1명을 두되, 간사는 소속 소방공무원 중에서 소방청장등이 지명한다.
[본조신설 2018.6.26.]

제14조(보상위원회의 위원장) ① 보상위원회의 위원장(이하 "보상위원장"이라 한다)은 위원 중에서 호선한다.

② 보상위원장은 보상위원회를 대표하며, 보상위원회의 업무를 총괄한다.

③ 보상위원장이 부득이한 사유로 직무를 수행할 수 없는 때에는 보상위원장이 미리 지명한 위원이 그 직무를 대행한다.
[본조신설 2018.6.26.]

제15조(보상위원회의 운영) ① 보상위원장은 보상위원회의 회의를 소집하고, 그 의장이 된다.

② 보상위원회의 회의는 재적위원 과반수의 출석으로 개의(開議)하고, 출석위원 과반수의 찬성으로 의결한다.

③ 보상위원회는 심의를 위하여 필요한 경우에는 관계 공무원이나 관계 기관에 사실조사나 자료의 제출 등을 요구할 수 있으며, 관계 전문가에게 필요한 정보의 제공이나 의견의 진술 등을 요청할 수 있다.
[전문개정 2018.6.26.]

제16조(보상위원회 위원의 제척 · 기피 · 회피) ① 보상위원회의 위원이 다음 각 호의 어느 하나에 해당하는 경우에는 보상위원회의 심의·의결에서 제척(除斥)된다.
  1. 위원 또는 그 배우자나 배우자였던 사람이 심의 안건의 청구인인 경우
  2. 위원이 심의 안건의 청구인과 친족이거나 친족이었던 경우

　3. 위원이 심의 안건에 대하여 증언, 진술, 자문, 용역 또는 감정을 한 경우
　4. 위원이나 위원이 속한 법인(법무조합 및 공증인가합동법률사무소를 포함
　　한다)이 심의 안건 청구인의 대리인이거나 대리인이었던 경우
　5. 위원이 해당 심의 안건의 청구인인 법인의 임원인 경우
② 청구인은 보상위원회의 위원에게 공정한 심의·의결을 기대하기 어려운 사
정이 있는 때에는 보상위원회에 기피 신청을 할 수 있고, 보상위원회는 의결
로 이를 결정한다. 이 경우 기피 신청의 대상인 위원은 그 의결에 참여하지
못한다.
③ 보상위원회의 위원이 제1항 각 호에 따른 제척 사유에 해당하는 경우에는
스스로 해당 안건의 심의·의결에서 회피(回避)하여야 한다.
[전문개정 2018.6.26.]

제17조(보상위원회 위원의 해촉 및 해임) 소방청장등은 보상위원회의 위원이
다음 각 호의 어느 하나에 해당하는 경우에는 해당 위원을 해촉(解囑)하거나
해임할 수 있다.
　1. 심신장애로 인하여 직무를 수행할 수 없게 된 경우
　2. 직무태만, 품위손상이나 그 밖의 사유로 위원으로 적합하지 아니하다고
　　인정되는 경우
　3. 제16조제1항 각 호의 어느 하나에 해당하는 데에도 불구하고 회피하지 아
　　니한 경우
　4. 제17조의2를 위반하여 직무상 알게 된 비밀을 누설한 경우
[본조신설 2018.6.26.]

제17조의2(보상위원회의 비밀 누설 금지) 보상위원회의 회의에 참석한 사람은
직무상 알게 된 비밀을 누설해서는 아니 된다.
[본조신설 2018.6.26.]

제18조(보상위원회의 운영 등에 필요한 사항) 제13조부터 제17조까지 및 제17
조의2에서 규정한 사항 외에 보상위원회의 운영 등에 필요한 사항은 소방청
장등이 정한다.
[본조신설 2018.6.26.]
[종전 제18조는 제10조로 이동 <2018.6.26.>]

제18조의2(고유식별정보의 처리) 소방청장(해당 권한이 위임·위탁된 경우에는
그 권한을 위임·위탁받은 자를 포함한다), 시·도지사는 다음 각 호의 사무를
수행하기 위하여 불가피한 경우 「개인정보 보호법 시행령」 제19조제1호 또는

제4호에 따른 주민등록번호 또는 외국인등록번호가 포함된 자료를 처리할 수 있다. <개정 2014.11.19., 2017.7.26., 2018.6.26.>

1. 법 제17조의2에 따른 소방안전교육사 자격시험 운영·관리에 관한 사무
2. 법 제17조의3에 따른 소방안전교육사의 결격사유 확인에 관한 사무
3. 법 제49조의2에 따른 손실보상에 관한 사무

[본조신설 2014.9.30.]

제19조(과태료 부과기준) 법 제56조제1항 및 제2항에 따른 과태료의 부과기준은 별표 3과 같다. <개정 2018.8.7.>

[전문개정 2009.5.21.]

부칙

<제29082호, 2018.8.7.>

이 영은 2018년 8월 10일부터 시행한다.

소방기본법 시행규칙

[시행 2018.10.25]
[행정안전부령 제79호, 2018.10.25, 일부개정]

제1조(목적) 이 규칙은 「소방기본법」 및 같은 법 시행령에서 위임된 사항과 그 시행에 관하여 필요한 사항을 규정함을 목적으로 한다. <개정 2017.7.6.>

제2조(종합상황실의 설치·운영) ① 「소방기본법」(이하 "법"이라 한다) 제4조제 2항의 규정에 의한 종합상황실은 소방청과 특별시·광역시·특별자치시·도 또는 특별자치도(이하 "시·도"라 한다)의 소방본부 및 소방서에 각각 설치· 운영하여야 한다. <개정 2007.2.1., 2014.11.19., 2017.7.6., 2017.7.26.>
② 소방청장, 소방본부장 또는 소방서장은 신속한 소방활동을 위한 정보를 수 집·전파하기 위하여 종합상황실에 「소방력 기준에 관한 규칙」에 의한 전산· 통신요원을 배치하고, 소방청장이 정하는 유·무선통신시설을 갖추어야 한다. <개정 2007.2.1., 2014.11.19., 2017.7.26.>
③ 종합상황실은 24시간 운영체제를 유지하여야 한다.

제3조(종합상황실의 실장의 업무 등) ① 종합상황실의 실장[종합상황실에 근무 하는 자 중 최고직위에 있는 자(최고직위에 있는 자가 2인이상인 경우에는 선 임자)를 말한다. 이하 같다]은 다음 각호의 업무를 행하고, 그에 관한 내용을 기록·관리하여야 한다.
  1. 화재, 재난·재해 그 밖에 구조·구급이 필요한 상황(이하 "재난상황"이라 한다)의 발생의 신고접수
  2. 접수된 재난상황을 검토하여 가까운 소방서에 인력 및 장비의 동원을 요 청하는 등의 사고수습
  3. 하급소방기관에 대한 출동지령 또는 동급 이상의 소방기관 및 유관기관에 대한 지원요청
  4. 재난상황의 전파 및 보고

5. 재난상황이 발생한 현장에 대한 지휘 및 피해현황의 파악

6. 재난상황의 수습에 필요한 정보수집 및 제공

② 종합상황실의 실장은 다음 각호의 1에 해당하는 상황이 발생하는 때에는 그 사실을 지체없이 별지 제1호서식에 의하여 서면·모사전송 또는 컴퓨터통신 등으로 소방서의 종합상황실의 경우는 소방본부의 종합상황실에, 소방본부의 종합상황실의 경우는 소방청의 종합상황실에 각각 보고하여야 한다. <개정 2007.2.1., 2011.3.24., 2014.11.19., 2017.7.26.>

1. 다음 각목의 1에 해당하는 화재

　가. 사망자가 5인 이상 발생하거나 사상자가 10인 이상 발생한 화재

　나. 이재민이 100인 이상 발생한 화재

　다. 재산피해액이 50억원 이상 발생한 화재

　라. 관공서·학교·정부미도정공장·문화재·지하철 또는 지하구의 화재

　마. 관광호텔, 층수(「건축법 시행령」 제119조제1항제9호의 규정에 의하여 산정한 층수를 말한다. 이하 이 목에서 같다)가 11층 이상인 건축물, 지하상가, 시장, 백화점, 「위험물안전관리법」 제2조제2항의 규정에 의한 지정수량의 3천배 이상의 위험물의 제조소·저장소·취급소, 층수가 5층 이상이거나 객실이 30실 이상인 숙박시설, 층수가 5층 이상이거나 병상이 30개 이상인 종합병원·정신병원·한방병원·요양소, 연면적 1만5천제곱미터 이상인 공장 또는 소방기본법 시행령(이하 "영"이라 한다) 제4조제1항 각 목에 따른 화재경계지구에서 발생한 화재

　바. 철도차량, 항구에 매어둔 총 톤수가 1천톤 이상인 선박, 항공기, 발전소 또는 변전소에서 발생한 화재

　사. 가스 및 화약류의 폭발에 의한 화재

　아. 「다중이용업소의 안전관리에 관한 특별법」 제2조에 따른 다중이용업소의 화재

2. 「긴급구조대응활동 및 현장지휘에 관한 규칙」에 의한 통제단장의 현장지휘가 필요한 재난상황

3. 언론에 보도된 재난상황

4. 그 밖에 소방청장이 정하는 재난상황

③ 종합상황실 근무자의 근무방법 등 종합상황실의 운영에 관하여 필요한 사항은 종합상황실을 설치하는 소방청장, 소방본부장 또는 소방서장이 각각 정한다. <개정 2007.2.1., 2014.11.19., 2017.7.26.>

제4조(소방박물관의 설립과 운영) ① 소방청장은 법 제5조제2항의 규정에 의하여 소방박물관을 설립·운영하는 경우에는 소방박물관에 소방박물관장 1인과

부관장 1인을 두되, 소방박물관장은 소방공무원 중에서 소방청장이 임명한다. <개정 2007.2.1., 2014.11.19., 2017.7.26.>

② 소방박물관은 국내·외의 소방의 역사, 소방공무원의 복장 및 소방장비 등의 변천 및 발전에 관한 자료를 수집·보관 및 전시한다.

③ 소방박물관에는 그 운영에 관한 중요한 사항을 심의하기 위하여 7인 이내의 위원으로 구성된 운영위원회를 둔다.

④ 제1항의 규정에 의하여 설립된 소방박물관의 관광업무·조직·운영위원회의 구성 등에 관하여 필요한 사항은 소방청장이 정한다. <개정 2007.2.1., 2014.11.19., 2017.7.26.>

제4조의2(소방체험관의 설립 및 운영) ① 법 제5조제1항에 따라 설립된 소방체험관(이하 "소방체험관"이라 한다)은 다음 각 호의 기능을 수행한다.

1. 재난 및 안전사고 유형에 따른 예방, 대처, 대응 등에 관한 체험교육(이하 "체험교육"이라 한다)의 제공
2. 체험교육 프로그램의 개발 및 국민 안전의식 향상을 위한 홍보·전시
3. 체험교육 인력의 양성 및 유관기관·단체 등과의 협력
4. 그 밖에 체험교육을 위하여 시·도지사가 필요하다고 인정하는 사업의 수행

② 법 제5조제2항에서 "행정안전부령으로 정하는 기준"이란 별표 1에 따른 기준을 말한다. <개정 2017.7.26.>
[본조신설 2017.7.6.]

제5조(소방활동장비 및 설비의 규격 및 종류와 기준가격) ① 영 제2조제2항의 규정에 의한 국고보조의 대상이 되는 소방활동장비 및 설비의 종류 및 규격은 별표 1의2와 같다. <개정 2007.2.1., 2017.7.6.>

② 영 제2조제2항의 규정에 의한 국고보조산정을 위한 기준가격은 다음 각호와 같다.

1. 국내조달품 : 정부고시가격
2. 수입물품 : 조달청에서 조사한 해외시장의 시가
3. 정부고시가격 또는 조달청에서 조사한 해외시장의 시가가 없는 물품 : 2 이상의 공신력 있는 물가조사기관에서 조사한 가격의 평균가격

제6조(소방용수시설 및 비상소화장치의 설치기준) ① 특별시장·광역시장·특별자치시장·도지사 또는 특별자치도지사(이하 "시·도지사"라 한다)는 법 제10조제1항의 규정에 의하여 설치된 소방용수시설에 대하여 별표 2의 소방용수표지를 보기 쉬운 곳에 설치하여야 한다. <개정 2017.7.6.>

② 법 제10조제1항에 따른 소방용수시설의 설치기준은 별표 3과 같다. <개정 2018.6.26.>

③ 법 제10조제2항에 따른 비상소화장치의 설치기준은 다음 각 호와 같다. <신설 2018.6.26.>

1. 비상소화장치는 비상소화장치함, 소화전, 소방호스(소화전의 방수구에 연결하여 소화용수를 방수하기 위한 도관으로서 호스와 연결금속구로 구성되어 있는 소방용릴호스 또는 소방용고무내장호스를 말한다), 관창(소방호스용 연결금속구 또는 중간연결금속구 등의 끝에 연결하여 소화용수를 방수하기 위한 나사식 또는 차입식 토출기구를 말한다)을 포함하여 구성할 것

2. 소방호스 및 관창은 「화재예방, 소방시설 설치·유지 및 안전관리에 관한 법률」 제36조제5항에 따라 소방청장이 정하여 고시하는 형식승인 및 제품검사의 기술기준에 적합한 것으로 설치할 것

3. 비상소화장치함은 「화재예방, 소방시설 설치·유지 및 안전관리에 관한 법률」 제39조제4항에 따라 소방청장이 정하여 고시하는 성능인증 및 제품검사의 기술기준에 적합한 것으로 설치할 것

④ 제3항에서 규정한 사항 외에 비상소화장치의 설치기준에 관한 세부 사항은 소방청장이 정한다. <신설 2018.6.26.>

[제목개정 2018.6.26.]

제7조(소방용수시설 및 지리조사) ① 소방본부장 또는 소방서장은 원활한 소방활동을 위하여 다음 각호의 조사를 월 1회 이상 실시하여야 한다.

1. 법 제10조의 규정에 의하여 설치된 소방용수시설에 대한 조사

2. 소방대상물에 인접한 도로의 폭·교통상황, 도로주변의 토지의 고저·건축물의 개황 그 밖의 소방활동에 필요한 지리에 대한 조사

② 제1항의 조사결과는 전자적 처리가 불가능한 특별한 사유가 없으면 전자적 처리가 가능한 방법으로 작성·관리하여야 한다. <신설 2008.2.12.>

③제1항제1호의 조사는 별지 제2호서식에 의하고, 제1항제2호의 조사는 별지 제3호서식에 의하되, 그 조사결과를 2년간 보관하여야 한다. <개정 2008.2.12.>

제8조(소방업무의 상호응원협정) 법 제11조제4항의 규정에 의하여 시·도지사는 이웃하는 다른 시·도지사와 소방업무에 관하여 상호응원협정을 체결하고자 하는 때에는 다음 각호의 사항이 포함되도록 하여야 한다.

1. 다음 각목의 소방활동에 관한 사항

가. 화재의 경계·진압활동

나. 구조·구급업무의 지원

    다. 화재조사활동

  2. 응원출동대상지역 및 규모

  3. 다음 각목의 소요경비의 부담에 관한 사항

    가. 출동대원의 수당·식사 및 피복의 수선

    나. 소방장비 및 기구의 정비와 연료의 보급

    다. 그 밖의 경비

  4. 응원출동의 요청방법

  5. 응원출동훈련 및 평가

제8조의2(소방력의 동원 요청) ① 소방청장은 법 제11조의2제1항에 따라 각 시·도지사에게 소방력 동원을 요청하는 경우 동원 요청 사실과 다음 각 호의 사항을 팩스 또는 전화 등의 방법으로 통지하여야 한다. 다만, 긴급을 요하는 경우에는 시·도 소방본부 또는 소방서의 종합상황실장에게 직접 요청할 수 있다. <개정 2014.11.19., 2017.7.26.>

  1. 동원을 요청하는 인력 및 장비의 규모

  2. 소방력 이송 수단 및 집결장소

  3. 소방활동을 수행하게 될 재난의 규모, 원인 등 소방활동에 필요한 정보

② 제1항에서 규정한 사항 외에 그 밖의 시·도 소방력 동원에 필요한 사항은 소방청장이 정한다. <개정 2014.11.19., 2017.7.26.>

[본조신설 2011.11.30.]

제8조의3(화재경계지구 관리대장) 영 제4조제6항에 따른 화재경계지구 관리대장은 별지 제3호의2서식에 따른다.

[본조신설 2018.3.20.]

[종전 제8조의3은 제8조의4로 이동 <2018.3.20.>]

제8조의4(소방지원활동) 법 제16조의2제1항제6호에서 "그 밖에 행정안전부령으로 정하는 활동"이란 다음 각 호의 어느 하나에 해당하는 활동을 말한다. <개정 2013.3.23., 2014.11.19., 2017.7.26.>

  1. 군·경찰 등 유관기관에서 실시하는 훈련지원 활동

  2. 소방시설 오작동 신고에 따른 조치활동

  3. 방송제작 또는 촬영 관련 지원활동

[본조신설 2011.11.30.]

[제8조의3에서 이동 <2018.3.20.>]

제9조(소방교육·훈련의 종류 등) ① 법 제17조제1항에 따라 소방대원에게 실시할 교육·훈련의 종류, 해당 교육·훈련을 받아야 할 대상자 및 교육·훈련기간 등은 별표 3의2와 같다.

② 법 제17조제2항에 따른 소방안전에 관한 교육과 훈련(이하 "소방안전교육훈련"이라 한다)에 필요한 시설, 장비, 강사자격 및 교육방법 등의 기준은 별표 3의3과 같다.

③ 소방청장, 소방본부장 또는 소방서장은 소방안전교육훈련을 실시하려는 경우 매년 12월 31일까지 다음 해의 소방안전교육훈련 운영계획을 수립하여야 한다. <개정 2017.7.26.>

④ 소방청장은 제3항에 따른 소방안전교육훈련 운영계획의 작성에 필요한 지침을 정하여 소방본부장과 소방서장에게 매년 10월 31일까지 통보하여야 한다. <개정 2017.7.26.>

[전문개정 2017.7.6.]

제9조의2(시험 과목별 출제범위) 영 제7조의4제2항에 따른 소방안전교육사 시험 과목별 출제범위는 별표 3의4와 같다. <개정 2017.7.6.>

[전문개정 2017.2.3.]

제9조의3(응시원서 등) ① 영 제7조의7제1항에 따른 소방안전교육사시험 응시원서는 별지 제4호서식과 같다.

② 영 제7조의7제2항에 따라 응시자가 제출하여야 하는 증명서류는 다음 각호의 서류 중 응시자에게 해당되는 것으로 한다.

  1. 자격증 사본. 다만, 영 별표 2의2 제6호, 제8호 및 제9호에 해당하는 사람이 응시하는 경우 해당 자격증 사본은 제외한다.

  2. 교육과정 이수증명서 또는 수료증

  3. 교과목 이수증명서 또는 성적증명서

  4. 별지 제5호서식에 따른 경력(재직)증명서. 다만, 발행 기관에 별도의 경력(재직)증명서 서식이 있는 경우는 그에 따를 수 있다.

  5. 「화재예방, 소방시설 설치·유지 및 안전관리에 관한 법률 시행규칙」 제35조에 따른 소방안전관리자수첩 사본

③ 소방청장은 제2항제1호 단서에 따라 응시자가 제출하지 아니한 영 별표 2의2 제6호, 제8호 및 제9호에 해당하는 국가기술자격증에 대해서는 「전자정부법」 제36조제1항에 따른 행정정보의 공동이용을 통하여 확인하여야 한다. 다만, 응시자가 확인에 동의하지 아니하는 경우에는 해당 국가기술자격증 사본을 제출하도록 하여야 한다. <개정 2017.7.26.>

[본조신설 2017.2.3.]
[종전 제9조의3은 제9조의4로 이동 <2017.2.3.>]

제9조의4(응시수수료) ① 영 제7조의7제3항에 따른 응시수수료(이하 "수수료"라 한다)는 3만원으로 한다.
② 수수료는 수입인지 또는 정보통신망을 이용한 전자화폐·전자결제 등의 방법으로 납부하여야 한다. <신설 2012.5.25.>
③ 삭제 <2017.2.3.>
[전문개정 2011.3.24.]
[제9조의3에서 이동, 종전 제9조의4는 제9조의5로 이동 <2017.2.3.>]

제9조의5(소방안전교육사증 등의 서식) 영 제7조의8제4항에 따른 소방안전교육사증 및 소방안전교육사증 교부대장은 별지 제6호서식 및 별지 제7호서식과 같다. <개정 2017.2.3.>
[본조신설 2011.3.24.]
[제9조의4에서 이동 <2017.2.3.>]

제10조(소방신호의 종류 및 방법) ① 법 제18조의 규정에 의한 소방신호의 종류는 다음 각호와 같다.
　1. 경계신호 : 화재예방상 필요하다고 인정되거나 법 제14조의 규정에 의한 화재위험경보시 발령
　2. 발화신호 : 화재가 발생한 때 발령
　3. 해제신호 : 소화활동이 필요없다고 인정되는 때 발령
　4. 훈련신호 : 훈련상 필요하다고 인정되는 때 발령
② 제1항의 규정에 의한 소방신호의 종류별 소방신호의 방법은 별표 4와 같다.

제11조(화재조사의 방법 등) ① 법 제29조제1항에 따른 화재조사는 관계 공무원이 화재사실을 인지하는 즉시 제12조제4항에 따른 장비를 활용하여 실시되어야 한다. <개정 2018.10.25.>
② 화재조사의 종류 및 조사의 범위는 별표 5와 같다.

제12조(화재조사전담부서의 설치·운영 등) ① 법 제29조제2항의 규정에 의하여 화재의 원인과 피해 조사를 위하여 소방청, 시·도의 소방본부와 소방서에 화재조사를 전담하는 부서를 설치·운영한다. <개정 2007.2.1., 2014.11.19., 2017.7.26.>

② 화재조사전담부서의 장은 다음 각호의 업무를 관장한다.

1. 화재조사의 총괄·조정
2. 화재조사의 실시
3. 화재조사의 발전과 조사요원의 능력향상에 관한 사항
4. 화재조사를 위한 장비의 관리운영에 관한 사항
5. 그 밖의 화재조사에 관한 사항

③ 화재조사전담부서의 장은 소속 소방공무원 가운데 다음 각 호의 어느 하나에 해당하는 자로서 소방청장이 실시하는 화재조사에 관한 시험에 합격한 자로 하여금 화재조사를 실시하도록 하여야 한다. 다만, 화재조사에 관한 시험에 합격한 자가 없는 경우에는 소방공무원 중 「국가기술자격법」에 따른 건축·위험물·전기·안전관리(가스·소방·소방설비·전기안전·화재감식평가 종목에 한한다) 분야 산업기사 이상의 자격을 취득한 자 또는 소방공무원으로서 화재조사분야에서 1년 이상 근무한 자로 하여금 화재조사를 실시하도록 할 수 있다. <개정 2007.2.1., 2009.3.13., 2010.8.19., 2014.11.19., 2017.7.26., 2018.10.25.>

1. 소방교육기관(중앙·지방소방학교 및 시·도에서 설치·운영하는 소방교육대를 말한다. 이하 같다)에서 8주 이상 화재조사에 관한 전문교육을 이수한 자
2. 국립과학수사연구원 또는 외국의 화재조사관련 기관에서 8주 이상 화재조사에 관한 전문교육을 이수한 자

④ 화재조사전담부서에는 별표 6의 기준에 의한 장비 및 시설을 갖추어야 한다. <개정 2009.3.13.>

⑤ 소방청장·소방본부장 또는 소방서장은 화재조사전담부서에서 근무하는 자의 업무능력 향상을 위하여 국내·외의 소방 또는 안전에 관련된 전문기관에 위탁교육을 실시할 수 있다. <개정 2007.2.1., 2014.11.19., 2017.7.26.>

⑥ 제2항에 따른 화재전담부서의 운영 및 제3항에 따른 화재조사에 관한 시험의 응시자격, 시험방법, 시험과목, 그 밖에 시험의 시행에 필요한 사항은 소방청장이 정한다. <개정 2008.2.12., 2014.11.19., 2017.7.26.>

제13조(화재조사에 관한 전문교육 등) ① 제12조제3항제1호에 따른 전문교육과정의 교육과목은 별표 7과 같으며, 교육과목별 교육시간과 실습교육의 방법은 전문교육과정을 운영하는 소방교육기관에서 정한다. <개정 2009.3.13.>

② 소방청장은 화재조사에 관한 시험에 합격한 자에게 2년마다 전문보수교육을 실시하여야 한다. <개정 2007.2.1., 2014.11.19., 2017.7.26.>

③ 소방청장은 제2항에 따른 전문보수교육을 소방본부장 또는 소방교육기관에 위탁하여 실시할 수 있다. <신설 2018.10.25.>

④ 제2항의 규정에 의한 전문보수교육을 받지 아니한 자에 대하여는 전문보수교육을 이수하는 때까지 화재조사를 실시하게 하여서는 아니된다. <개정 2018.10.25.>

제14조(보상금 지급 청구서 등의 서식) ① 영 제12조제1항에 따른 보상금 지급 청구서는 별지 제8호서식에 따른다.

② 영 제12조제4항에 따라 결정 내용을 청구인에게 통지하는 경우에는 다음 각 호의 서식에 따른다.

1. 보상금을 지급하기로 결정한 경우: 별지 제9호서식의 보상금 지급 결정 통지서
2. 보상금을 지급하지 아니하기로 결정하거나 보상금 지급 청구를 각하한 경우: 별지 제10호서식의 보상금 지급 청구 (기각·각하) 통지서

[본조신설 2018.6.26.]

제15조(과태료의 징수절차) 영 제19조제4항의 규정에 의한 과태료의 징수절차에 관하여는 「국고금관리법 시행규칙」을 준용한다. 이 경우 납입고지서에는 이의방법 및 이의기간 등을 함께 기재하여야 한다. <개정 2007.2.1.>

부칙

<제79호, 2018.10.25.>

이 규칙은 공포한 날부터 시행한다

화재예방, 소방시설 설치·유지 및 안전관리에 관한 법률(약칭:소방시설법)

[시행 2019.4.17]
[법률 제15810호, 2018.10.16, 일부개정]

제1장 총칙
<개정 2011.8.4.>

제1조(목적) 이 법은 화재와 재난·재해, 그 밖의 위급한 상황으로부터 국민의 생명·신체 및 재산을 보호하기 위하여 화재의 예방 및 안전관리에 관한 국가와 지방자치단체의 책무와 소방시설등의 설치·유지 및 소방대상물의 안전관리에 관하여 필요한 사항을 정함으로써 공공의 안전과 복리 증진에 이바지함을 목적으로 한다. <개정 2015.1.20.>
[전문개정 2011.8.4.]

제2조(정의) ① 이 법에서 사용하는 용어의 뜻은 다음과 같다. <개정 2018.3.27.>
   1. "소방시설"이란 소화설비, 경보설비, 피난구조설비, 소화용수설비, 그 밖에 소화활동설비로서 대통령령으로 정하는 것을 말한다.
   2. "소방시설등"이란 소방시설과 비상구(非常口), 그 밖에 소방 관련 시설로서 대통령령으로 정하는 것을 말한다.
   3. "특정소방대상물"이란 소방시설을 설치하여야 하는 소방대상물로서 대통령령으로 정하는 것을 말한다.
   4. "소방용품"이란 소방시설등을 구성하거나 소방용으로 사용되는 제품 또는 기기로서 대통령령으로 정하는 것을 말한다.
② 이 법에서 사용하는 용어의 뜻은 제1항에서 규정하는 것을 제외하고는 「소방기본법」, 「소방시설공사업법」, 「위험물 안전관리법」 및 「건축법」에서 정하는 바에 따른다.
[전문개정 2011.8.4.]

제2조의2(국가 및 지방자치단체의 책무) ① 국가는 화재로부터 국민의 생명과 재산을 보호할 수 있도록 종합적인 화재안전정책을 수립·시행하여야 한다.
② 지방자치단체는 국가의 화재안전정책에 맞추어 지역의 실정에 부합하는 화재안전정책을 수립·시행하여야 한다.
③ 국가와 지방자치단체가 제1항 및 제2항에 따른 화재안전정책을 수립·시행할 때에는 과학적 합리성, 일관성, 사전 예방의 원칙이 유지되도록 하되, 국민의 생명·신체 및 재산보호를 최우선적으로 고려하여야 한다.
[본조신설 2015.1.20.]

제2조의3(화재안전정책기본계획 등의 수립·시행) ① 국가는 화재안전 기반 확충을 위하여 화재안전정책에 관한 기본계획(이하 "기본계획"이라 한다)을 5년마다 수립·시행하여야 한다.
② 기본계획은 대통령령으로 정하는 바에 따라 소방청장이 관계 중앙행정기관의 장과 협의하여 수립한다. <개정 2017.7.26.>
③ 기본계획에는 다음 각 호의 사항이 포함되어야 한다.
 1. 화재안전정책의 기본목표 및 추진방향
 2. 화재안전을 위한 법령·제도의 마련 등 기반 조성에 관한 사항
 3. 화재예방을 위한 대국민 홍보·교육에 관한 사항
 4. 화재안전 관련 기술의 개발·보급에 관한 사항
 5. 화재안전분야 전문인력의 육성·지원 및 관리에 관한 사항
 6. 화재안전분야 국제경쟁력 향상에 관한 사항
 7. 그 밖에 대통령령으로 정하는 화재안전 개선에 필요한 사항
④ 소방청장은 기본계획을 시행하기 위하여 매년 시행계획을 수립·시행하여야 한다. <개정 2017.7.26.>
⑤ 소방청장은 제1항 및 제4항에 따라 수립된 기본계획 및 시행계획을 관계 중앙행정기관의 장, 특별시장·광역시장·특별자치시장·도지사·특별자치도지사(이하 이 조에서 "시·도지사"라 한다)에게 통보한다. <개정 2017.7.26.>
⑥ 제5항에 따라 기본계획과 시행계획을 통보받은 관계 중앙행정기관의 장 또는 시·도지사는 소관 사무의 특성을 반영한 세부 시행계획을 수립하여 시행하여야 하고, 시행결과를 소방청장에게 통보하여야 한다. <개정 2017.7.26.>
⑦ 소방청장은 기본계획 및 시행계획을 수립하기 위하여 필요한 경우에는 관계 중앙행정기관의 장 또는 시·도지사에게 관련 자료의 제출을 요청할 수 있다. 이 경우 자료제출을 요청받은 관계 중앙행정기관의 장 또는 시·도지사는 특별한 사유가 없으면 이에 따라야 한다. <개정 2017.7.26.>
⑧ 기본계획, 시행계획 및 세부시행계획 등의 수립·시행에 관하여 필요한 사항은 대통령령으로 정한다.
[본조신설 2015.1.20.]

제3조(다른 법률과의 관계) 특정소방대상물 가운데 「위험물 안전관리법」에 따른 위험물 제조소등의 안전관리와 위험물 제조소등에 설치하는 소방시설등의 설치기준에 관하여는 「위험물 안전관리법」에서 정하는 바에 따른다.
[전문개정 2011.8.4.]

제2장 소방특별조사 등
<개정 2011.8.4.>

제4조(소방특별조사) ① 소방청장, 소방본부장 또는 소방서장은 관할구역에 있는 소방대상물, 관계 지역 또는 관계인에 대하여 소방시설등이 이 법 또는 소방 관계 법령에 적합하게 설치·유지·관리되고 있는지, 소방대상물에 화재, 재난·재해 등의 발생 위험이 있는지 등을 확인하기 위하여 관계 공무원으로 하여금 소방안전관리에 관한 특별조사(이하 "소방특별조사"라 한다)를 하게 할 수 있다. 다만, 개인의 주거에 대하여는 관계인의 승낙이 있거나 화재발생의 우려가 뚜렷하여 긴급한 필요가 있는 때에 한정한다. <개정 2014.11.19., 2017.7.26.>
② 소방특별조사는 다음 각 호의 어느 하나에 해당하는 경우에 실시한다.
 1. 관계인이 이 법 또는 다른 법령에 따라 실시하는 소방시설등, 방화시설, 피난시설 등에 대한 자체점검 등이 불성실하거나 불완전하다고 인정되는 경우
 2. 「소방기본법」 제13조에 따른 화재경계지구에 대한 소방특별조사 등 다른 법률에서 소방특별조사를 실시하도록 한 경우
 3. 국가적 행사 등 주요 행사가 개최되는 장소 및 그 주변의 관계 지역에 대하여 소방안전관리 실태를 점검할 필요가 있는 경우
 4. 화재가 자주 발생하였거나 발생할 우려가 뚜렷한 곳에 대한 점검이 필요한 경우
 5. 재난예측정보, 기상예보 등을 분석한 결과 소방대상물에 화재, 재난·재해의 발생 위험이 높다고 판단되는 경우
 6. 제1호부터 제5호까지에서 규정한 경우 외에 화재, 재난·재해, 그 밖의 긴급한 상황이 발생할 경우 인명 또는 재산 피해의 우려가 현저하다고 판단되는 경우
③ 소방청장, 소방본부장 또는 소방서장은 객관적이고 공정한 기준에 따라 소방특별조사의 대상을 선정하여야 하며, 소방본부장은 소방특별조사의 대상을 객관적이고 공정하게 선정하기 위하여 필요하면 소방특별조사위원회를 구성하여 소방특별조사의 대상을 선정할 수 있다. <개정 2014.11.19., 2015.7.24., 2017.7.26.>
④ 소방청장은 소방특별조사를 할 때 필요하면 대통령령으로 정하는 바에 따라 중앙소방특별조사단을 편성하여 운영할 수 있다. <신설 2015.7.24., 2017.7.26.>

⑤ 소방청장은 중앙소방특별조사단의 업무수행을 위하여 필요하다고 인정하는 경우 관계 기관의 장에게 그 소속 공무원 또는 직원의 파견을 요청할 수 있다. 이 경우 공무원 또는 직원의 파견요청을 받은 관계 기관의 장은 특별한 사유가 없으면 이에 협조하여야 한다. <신설 2015.7.24., 2017.7.26.>

⑥ 소방청장, 소방본부장 또는 소방서장은 소방특별조사를 실시하는 경우 다른 목적을 위하여 조사권을 남용하여서는 아니 된다. <개정 2014.11.19., 2015.7.24., 2017.7.26.>

⑦ 소방특별조사의 세부 항목, 제3항에 따른 소방특별조사위원회의 구성·운영에 필요한 사항은 대통령령으로 정한다. 이 경우 소방특별조사의 세부 항목에는 소방시설등의 관리 상황 및 소방대상물의 화재 등의 발생 위험과 관련된 사항이 포함되어야 한다. <개정 2015.7.24., 2016.1.27.>

[전문개정 2011.8.4.]

제4조의2(소방특별조사에의 전문가 참여) ① 소방청장, 소방본부장 또는 소방서장은 필요하면 소방기술사, 소방시설관리사, 그 밖에 소방·방재 분야에 관한 전문지식을 갖춘 사람을 소방특별조사에 참여하게 할 수 있다. <개정 2014.11.19., 2017.7.26.>

② 제1항에 따라 조사에 참여하는 외부 전문가에게는 예산의 범위에서 수당, 여비, 그 밖에 필요한 경비를 지급할 수 있다.

[본조신설 2011.8.4.]

제4조의3(소방특별조사의 방법·절차 등) ① 소방청장, 소방본부장 또는 소방서장은 소방특별조사를 하려면 7일 전에 관계인에게 조사대상, 조사기간 및 조사사유 등을 서면으로 알려야 한다. 다만, 다음 각 호의 어느 하나에 해당하는 경우에는 그러하지 아니하다. <개정 2014.11.19., 2017.7.26.>

  1. 화재, 재난·재해가 발생할 우려가 뚜렷하여 긴급하게 조사할 필요가 있는 경우
  2. 소방특별조사의 실시를 사전에 통지하면 조사목적을 달성할 수 없다고 인정되는 경우

② 소방특별조사는 관계인의 승낙 없이 해가 뜨기 전이나 해가 진 뒤에 할 수 없다. 다만, 제1항 각 호의 어느 하나에 해당하는 경우에는 그러하지 아니하다.

③ 제1항에 따른 통지를 받은 관계인은 천재지변이나 그 밖에 대통령령으로 정하는 사유로 소방특별조사를 받기 곤란한 경우에는 소방특별조사를 통지한 소방청장, 소방본부장 또는 소방서장에게 대통령령으로 정하는 바에 따라 소방특별조사를 연기하여 줄 것을 신청할 수 있다. <개정 2014.11.19., 2017.7.26.>

④ 제3항에 따라 연기신청을 받은 소방청장, 소방본부장 또는 소방서장은 연기
신청 승인 여부를 결정하고 그 결과를 조사 개시 전까지 관계인에게 알려주어
야 한다. <개정 2014.11.19., 2017.7.26.>
⑤ 소방청장, 소방본부장 또는 소방서장은 소방특별조사를 마친 때에는 그 조사
결과를 관계인에게 서면으로 통지하여야 한다. <개정 2014.11.19., 2017.7.26.>
⑥ 제1항부터 제5항까지에서 규정한 사항 외에 소방특별조사의 방법 및 절차
에 필요한 사항은 대통령령으로 정한다.
[본조신설 2011.8.4.]

제4조의4(증표의 제시 및 비밀유지 의무 등) ① 소방특별조사 업무를 수행하는
관계 공무원 및 관계 전문가는 그 권한 또는 자격을 표시하는 증표를 지니고
이를 관계인에게 내보여야 한다.
② 소방특별조사 업무를 수행하는 관계 공무원 및 관계 전문가는 관계인의 정
당한 업무를 방해하여서는 아니되며, 조사업무를 수행하면서 취득한 자료나
알게 된 비밀을 다른 자에게 제공 또는 누설하거나 목적 외의 용도로 사용하
여서는 아니 된다.
[본조신설 2011.8.4.]

제5조(소방특별조사 결과에 따른 조치명령) ① 소방청장, 소방본부장 또는 소방
서장은 소방특별조사 결과 소방대상물의 위치·구조·설비 또는 관리의 상황
이 화재나 재난·재해 예방을 위하여 보완될 필요가 있거나 화재가 발생하면
인명 또는 재산의 피해가 클 것으로 예상되는 때에는 행정안전부령으로 정하
는 바에 따라 관계인에게 그 소방대상물의 개수(改修)·이전·제거, 사용의
금지 또는 제한, 사용폐쇄, 공사의 정지 또는 중지, 그 밖의 필요한 조치를 명
할 수 있다. <개정 2013.3.23., 2014.11.19., 2017.7.26.>
② 소방청장, 소방본부장 또는 소방서장은 소방특별조사 결과 소방대상물이
법령을 위반하여 건축 또는 설비되었거나 소방시설등, 피난시설·방화구획,
방화시설 등이 법령에 적합하게 설치·유지·관리되고 있지 아니한 경우에는
관계인에게 제1항에 따른 조치를 명하거나 관계 행정기관의 장에게 필요한
조치를 하여 줄 것을 요청할 수 있다. <개정 2014.11.19., 2017.7.26.>
③ 소방청장, 소방본부장 또는 소방서장은 관계인이 제1항 및 제2항에 따른
조치명령을 받고도 이를 이행하지 아니한 때에는 그 위반사실 등을 인터넷
등에 공개할 수 있다. <개정 2014.11.19., 2017.7.26.>
④ 제3항에 따른 위반사실 등의 공개 절차, 공개 기간, 공개 방법 등 필요한
사항은 대통령령으로 정한다.
[전문개정 2011.8.4.]

Q. 노유자시설 소급 소방시설 적용 추진

질문

「소방시설법」 개정(시행 2014.2.5.)에 따라 노유자시설 간이스프링클러설비 소급적용 대상에 대하여 예산 부족 등의 이유로 4차에 걸친 시정보완명령 불이행으로 사법조치를 받았음에도 간이스프링클러설비를 설치하지 아니하고, 지속적으로 노유자시설을 운영하고 있어, 「소방시설법」 제5조 제1항(소방특별조사 결과에 따른 조치명령)에 따른 사용폐쇄 명령의 후속조치로 행정대집행이 가능한지요?

답변

사용폐쇄 명령은 가능하나 대집행은 곤란합니다. 「소방시설법」 제5조 제1항에 따라 "화재가 발생하면 인명 또는 재산의 피해가 클 것으로 예상"되는 경우 사용폐쇄 명령은 가능할 것으로 판단됩니다. 하지만, 법률에 의하여 직접 명령되어 행정청 스스로 의무자가 하여야 할 행위를 하거나 또는 제3자로 하여금 이를 하게 하여 그 비용을 의무자로부터 징수하도록 하는 행정대집행의 경우 그 목적을 달성하기에는 곤란한 상황이라 판단됩니다.

제6조(손실 보상) 소방청장, 특별시장·광역시장·특별자치시장·도지사 또는 특별자치도지사(이하 "시·도지사"라 한다)는 제5조제1항에 따른 명령으로 인하여 손실을 입은 자가 있는 경우에는 대통령령으로 정하는 바에 따라 보상하여야 한다. <개정 2014.1.7., 2014.11.19., 2017.7.26.>
[전문개정 2011.8.4.]

제3장 소방시설의 설치 및 유지·관리 등
<개정 2011.8.4.>
제1절 건축허가등의 동의 등
<개정 2011.8.4.>

제7조(건축허가등의 동의) ① 건축물 등의 신축·증축·개축·재축(再築)·이전·용도변경 또는 대수선(大修繕)의 허가·협의 및 사용승인(「주택법」 제15조에 따른 승인 및 같은 법 제49조에 따른 사용검사, 「학교시설사업 촉진법」 제4조에 따른 승인 및 같은 법 제13조에 따른 사용승인을 포함하며, 이하 "건축허가등"이라 한다)의 권한이 있는 행정기관은 건축허가등을 할 때 미리 그 건축물 등의 시공지(施工地) 또는 소재지를 관할하는 소방본부장이나 소방서장

의 동의를 받아야 한다. <개정 2014.1.7., 2016.1.19.>

② 건축물 등의 대수선·증축·개축·재축 또는 용도변경의 신고를 수리(受理)할 권한이 있는 행정기관은 그 신고를 수리하면 그 건축물 등의 시공지 또는 소재지를 관할하는 소방본부장이나 소방서장에게 지체 없이 그 사실을 알려야 한다. <개정 2014.1.7.>

③ 소방본부장이나 소방서장은 제1항에 따른 동의를 요구받으면 그 건축물 등이 이 법 또는 이 법에 따른 명령을 따르고 있는지를 검토한 후 행정안전부령으로 정하는 기간 이내에 해당 행정기관에 동의 여부를 알려야 한다. <개정 2013.3.23., 2014.11.19., 2017.7.26.>

④ 제1항에 따라 사용승인에 대한 동의를 할 때에는 「소방시설공사업법」 제14조제3항에 따른 소방시설공사의 완공검사증명서를 교부하는 것으로 동의를 갈음할 수 있다. 이 경우 제1항에 따른 건축허가등의 권한이 있는 행정기관은 소방시설공사의 완공검사증명서를 확인하여야 한다.

⑤ 제1항에 따른 건축허가등을 할 때에 소방본부장이나 소방서장의 동의를 받아야 하는 건축물 등의 범위는 대통령령으로 정한다.

⑥ 다른 법령에 따른 인가·허가 또는 신고 등(건축허가등과 제2항에 따른 신고는 제외하며, 이하 이 항에서 "인허가등"이라 한다)의 시설기준에 소방시설 등의 설치·유지 등에 관한 사항이 포함되어 있는 경우 해당 인허가등의 권한이 있는 행정기관은 인허가등을 할 때 미리 그 시설의 소재지를 관할하는 소방본부장이나 소방서장에게 그 시설이 이 법 또는 이 법에 따른 명령을 따르고 있는지를 확인하여 줄 것을 요청할 수 있다. 이 경우 요청을 받은 소방본부장 또는 소방서장은 행정안전부령으로 정하는 기간 이내에 확인 결과를 알려야 한다. <신설 2014.1.7., 2014.11.19., 2017.7.26.>

[전문개정 2011.8.4.]

제7조(건축허가등의 동의 등) ① 건축물 등의 신축·증축·개축·재축(再築)·이전·용도변경 또는 대수선(大修繕)의 허가·협의 및 사용승인(「주택법」 제15조에 따른 승인 및 같은 법 제49조에 따른 사용검사, 「학교시설사업 촉진법」 제4조에 따른 승인 및 같은 법 제13조에 따른 사용승인을 포함하며, 이하 "건축허가등"이라 한다)의 권한이 있는 행정기관은 건축허가등을 할 때 미리 그 건축물 등의 시공지(施工地) 또는 소재지를 관할하는 소방본부장이나 소방서장의 동의를 받아야 한다. <개정 2014.1.7., 2016.1.19.>

② 건축물 등의 대수선·증축·개축·재축 또는 용도변경의 신고를 수리(受理)할 권한이 있는 행정기관은 그 신고를 수리하면 그 건축물 등의 시공지 또는 는 소재지를 관할하는 소방본부장이나 소방서장에게 지체 없이 그 사실을 알

려야 한다. <개정 2014.1.7.>

③ 제1항에 따른 건축허가등의 권한이 있는 행정기관과 제2항에 따른 신고를 수리할 권한이 있는 행정기관은 제1항에 따라 건축허가등의 동의를 받거나 제2항에 따른 신고를 수리한 사실을 알릴 때 관할 소방본부장이나 소방서장에게 건축허가등을 하거나 신고를 수리할 때 건축허가등을 받으려는 자 또는 신고를 한 자가 제출한 설계도서 중 건축물의 내부구조를 알 수 있는 설계도면을 제출하여야 한다. 다만, 국가안보상 중요하거나 국가기밀에 속하는 건축물을 건축하는 경우로서 관계 법령에 따라 행정기관이 설계도면을 확보할 수 없는 경우에는 그러하지 아니하다. <신설 2018.10.16.>

④ 소방본부장이나 소방서장은 제1항에 따른 동의를 요구받으면 그 건축물 등이 이 법 또는 이 법에 따른 명령을 따르고 있는지를 검토한 후 행정안전부령으로 정하는 기간 이내에 해당 행정기관에 동의 여부를 알려야 한다. <개정 2013.3.23., 2014.11.19., 2017.7.26., 2018.10.16.>

⑤ 제1항에 따라 사용승인에 대한 동의를 할 때에는「소방시설공사업법」제14조제3항에 따른 소방시설공사의 완공검사증명서를 교부하는 것으로 동의를 갈음할 수 있다. 이 경우 제1항에 따른 건축허가등의 권한이 있는 행정기관은 소방시설공사의 완공검사증명서를 확인하여야 한다. <개정 2018.10.16.>

⑥ 제1항에 따른 건축허가등을 할 때에 소방본부장이나 소방서장의 동의를 받아야 하는 건축물 등의 범위는 대통령령으로 정한다. <개정 2018.10.16.>

⑦ 다른 법령에 따른 인가·허가 또는 신고 등(건축허가등과 제2항에 따른 신고는 제외하며, 이하 이 항에서 "인허가등"이라 한다)의 시설기준에 소방시설 등의 설치·유지 등에 관한 사항이 포함되어 있는 경우 해당 인허가등의 권한이 있는 행정기관은 인허가등을 할 때 미리 그 시설의 소재지를 관할하는 소방본부장이나 소방서장에게 그 시설이 이 법 또는 이 법에 따른 명령을 따르고 있는지를 확인하여 줄 것을 요청할 수 있다. 이 경우 요청을 받은 소방본부장 또는 소방서장은 행정안전부령으로 정하는 기간 이내에 확인 결과를 알려야 한다. <신설 2014.1.7., 2014.11.19., 2017.7.26., 2018.10.16.>

[전문개정 2011.8.4.]

[제목개정 2018.10.16.]

[시행일 : 2019.10.17.] 제7조

제7조의2(전산시스템 구축 및 운영) ① 소방청장, 소방본부장 또는 소방서장은 제7조제3항에 따라 제출받은 설계도면의 체계적인 관리 및 공유를 위하여 전산시스템을 구축·운영하여야 한다.

② 소방청장, 소방본부장 또는 소방서장은 전산시스템의 구축·운영에 필요한

자료의 제출 또는 정보의 제공을 관계 행정기관의 장에게 요청할 수 있다. 이 경우 자료의 제출이나 정보의 제공을 요청받은 관계 행정기관의 장은 정당한 사유가 없으면 이에 따라야 한다.
[본조신설 2018.10.16.]
[시행일 : 2019.10.17.] 제7조의2

제8조(주택에 설치하는 소방시설) ① 다음 각 호의 주택의 소유자는 대통령령으로 정하는 소방시설을 설치하여야 한다. <개정 2015.7.24.>
  1. 「건축법」 제2조제2항제1호의 단독주택
  2. 「건축법」 제2조제2항제2호의 공동주택(아파트 및 기숙사는 제외한다)
② 국가 및 지방자치단체는 제1항에 따라 주택에 설치하여야 하는 소방시설(이하 "주택용 소방시설"이라 한다)의 설치 및 국민의 자율적인 안전관리를 촉진하기 위하여 필요한 시책을 마련하여야 한다. <개정 2015.7.24.>
③ 주택용 소방시설의 설치기준 및 자율적인 안전관리 등에 관한 사항은 특별시·광역시·특별자치시·도 또는 특별자치도의 조례로 정한다. <개정 2014.1.7., 2015.7.24.>
[본조신설 2011.8.4.]

제2절 특정소방대상물에 설치하는 소방시설등의 유지·관리 등
<개정 2011.8.4.>

제9조(특정소방대상물에 설치하는 소방시설의 유지·관리 등) ① 특정소방대상물의 관계인은 대통령령으로 정하는 소방시설을 소방청장이 정하여 고시하는 화재안전기준에 따라 설치 또는 유지·관리하여야 한다. 이 경우 「장애인·노인·임산부 등의 편의증진 보장에 관한 법률」 제2조제1호에 따른 장애인등이 사용하는 소방시설(경보설비 및 피난구조설비를 말한다)은 대통령령으로 정하는 바에 따라 장애인등에 적합하게 설치 또는 유지·관리하여야 한다. <개정 2014.1.7., 2014.11.19., 2015.1.20., 2016.1.27., 2017.7.26., 2018.3.27.>
② 소방본부장이나 소방서장은 제1항에 따른 소방시설이 제1항의 화재안전기준에 따라 설치 또는 유지·관리되어 있지 아니할 때에는 해당 특정소방대상물의 관계인에게 필요한 조치를 명할 수 있다. <개정 2014.1.7.>
③ 특정소방대상물의 관계인은 제1항에 따라 소방시설을 유지·관리할 때 소방시설의 기능과 성능에 지장을 줄 수 있는 폐쇄(잠금을 포함한다. 이하 같다)·차단 등의 행위를 하여서는 아니 된다. 다만, 소방시설의 점검·정비를 위한 폐쇄·차단은 할 수 있다. <개정 2014.1.7.>
[전문개정 2011.8.4.]
[제목개정 2014.1.7.]

제9조의2(소방시설의 내진설계기준) 「지진·화산재해대책법」 제14조제1항 각
호의 시설 중 대통령령으로 정하는 특정소방대상물에 대통령령으로 정하는
소방시설을 설치하려는 자는 지진이 발생할 경우 소방시설이 정상적으로 작
동될 수 있도록 소방청장이 정하는 내진설계기준에 맞게 소방시설을 설치하
여야 한다. <개정 2014.11.19., 2015.7.24., 2017.7.26.>
[본조신설 2011.8.4.]

제9조의3(성능위주설계) ① 대통령령으로 정하는 특정소방대상물(신축하는 것만
해당한다)에 소방시설을 설치하려는 자는 그 용도, 위치, 구조, 수용 인원, 가
연물(可燃物)의 종류 및 양 등을 고려하여 설계(이하 "성능위주설계"라 한다)
하여야 한다.
② 성능위주설계의 기준과 그 밖에 필요한 사항은 소방청장이 정하여 고시한
다. <개정 2017.7.26.>
[본조신설 2014.12.30.]

제9조의4(특정소방대상물별로 설치하여야 하는 소방시설의 정비 등) ① 제9조
제1항에 따라 대통령령으로 소방시설을 정할 때에는 특정소방대상물의 규모
·용도 및 수용인원 등을 고려하여야 한다.
② 소방청장은 건축 환경 및 화재위험특성 변화사항을 효과적으로 반영할 수
있도록 제1항에 따른 소방시설 규정을 3년에 1회 이상 정비하여야 한다. <개
정 2017.7.26.>
③ 소방청장은 건축 환경 및 화재위험특성 변화 추세를 체계적으로 연구하여
제2항에 따른 정비를 위한 개선방안을 마련하여야 한다. <개정 2017.7.26.>
④ 제3항에 따른 연구의 수행 등에 필요한 사항은 행정안전부령으로 정한다. <개
정 2017.7.26.>
[본조신설 2016.1.27.]

제9조의5(소방용품의 내용연수 등) ① 특정소방대상물의 관계인은 내용연수가
경과한 소방용품을 교체하여야 한다. 이 경우 내용연수를 설정하여야 하는 소
방용품의 종류 및 그 내용연수 연한에 필요한 사항은 대통령령으로 정한다.
② 제1항에도 불구하고 행정안전부령으로 정하는 절차 및 방법 등에 따라 소
방용품의 성능을 확인받은 경우에는 그 사용기한을 연장할 수 있다. <개정
2017.7.26.>
[본조신설 2016.1.27.]

제10조(피난시설, 방화구획 및 방화시설의 유지 · 관리) ① 특정소방대상물의 관계인은 「건축법」 제49조에 따른 피난시설, 방화구획(防火區劃) 및 같은 법 제50조부터 제53조까지의 규정에 따른 방화벽, 내부 마감재료 등(이하 "방화시설"이라 한다)에 대하여 다음 각 호의 행위를 하여서는 아니 된다.

1. 피난시설, 방화구획 및 방화시설을 폐쇄하거나 훼손하는 등의 행위
2. 피난시설, 방화구획 및 방화시설의 주위에 물건을 쌓아두거나 장애물을 설치하는 행위
3. 피난시설, 방화구획 및 방화시설의 용도에 장애를 주거나 「소방기본법」 제16조에 따른 소방활동에 지장을 주는 행위
4. 그 밖에 피난시설, 방화구획 및 방화시설을 변경하는 행위

② 소방본부장이나 소방서장은 특정소방대상물의 관계인이 제1항 각 호의 행위를 한 경우에는 피난시설, 방화구획 및 방화시설의 유지 · 관리를 위하여 필요한 조치를 명할 수 있다.

[전문개정 2011.8.4.]

Q. 아파트 옥상출입문 열쇠 연결기구 설치 사용여부

질문

아파트 지상1층에서 최상층까지 도르레와 로프(3~5mm)를 설치하여 옥상출입문 열쇠를 전달하는 장치가 「소방시설 설치유지 및 안전관리에 관한 법률」 제 10조에 따른 옥상출입문에 적용이 가능한지 여부

답변

「소방시설 설치유지 및 안전관리에 관한 법률」 제10조 규정은 건축법에 의한 건축물에 설치되는 피난시설 및 방화시설 등의 유지·관리에 관한 규정입니다. 따라서 옥상출입문이 「동 규정」 제10조의 규정을 적용받을 경우 옥상문출입문을 폐쇄하여서는 안되며, 이 경우 KFI인증 비상자동문개폐장치 설치, 화재 또는 정전시 자동으로 개방되는 구조, 방재실 등에서 원격조정으로 개방이 가능한 구조로 설치·유지하여 화재 등 비상시 피난이 가능하여야 합니다.

따라서 질의하신 "옥상출입문 열쇠 전달 장치"를 「소방시설 설치유지 및 안전관리에 관한 법률」 제10조 규정을 적용받는 대상에 적용하여서는 안 됩니다.

Q. 공동주택 특별피난계단 출입문(방화문)의 폐쇄 및 유지관리

질문

지하 각층(1-3층)에서 특별피난계단으로 출입하는 방화문 2개중 1개를 폐쇄할 경우 어떠한 처벌의 대상인지요?

답변

「소방시설 설치유지 및 안전관리에 관한 법률 제10조」에 따라 특별피난계단의 출입문 (방화문)은 폐쇄할 수 없으므로 2개중 1개라도 폐쇄하시면 안됩니다. 만일, 1개라도 폐쇄할 경우 「같은 법 제53조」의 규정에 따라 200만원 이하 과태료를 부과하도록 되어 있습니다.
만일, 출입문(방화문)을 열어두고자 할 경우에는 「특별피난계단의 계단실 및 부속실의 제연설비의 화재안전기준 제21조」에 따라 옥내에 설치된 연기감지기의 작도오가 연동되어 즉시 닫히는 자동폐쇄장치를 설치하거나 정상적으로 닫히는 구조로 설치하여야 합니다.

제10조의2(특정소방대상물의 공사 현장에 설치하는 임시소방시설의 유지·관리 등)

① 특정소방대상물의 건축·대수선·용도변경 또는 설치 등을 위한 공사를 시공하는 자(이하 이 조에서 "시공자"라 한다)는 공사 현장에서 인화성(引火性) 물품을 취급하는 작업 등 대통령령으로 정하는 작업(이하 이 조에서 "화재위험작업"이라 한다)을 하기 전에 설치 및 철거가 쉬운 화재대비시설(이하 이 조에서 "임시소방시설"이라 한다)을 설치하고 유지·관리하여야 한다.

② 제1항에도 불구하고 시공자가 화재위험작업 현장에 소방시설 중 임시소방시설과 기능 및 성능이 유사한 것으로서 대통령령으로 정하는 소방시설을 제9조 제1항 전단에 따른 화재안전기준에 맞게 설치하고 유지·관리하고 있는 경우에는 임시소방시설을 설치하고 유지·관리한 것으로 본다. <개정 2016.1.27.>

③ 소방본부장 또는 소방서장은 제1항이나 제2항에 따라 임시소방시설 또는 소방시설이 설치 또는 유지·관리되지 아니할 때에는 해당 시공자에게 필요한 조치를 하도록 명할 수 있다.

④ 제1항에 따라 임시소방시설을 설치하여야 하는 공사의 종류와 규모, 임시소방시설의 종류 등에 관하여 필요한 사항은 대통령령으로 정하고, 임시소방시설의 설치 및 유지·관리 기준은 소방청장이 정하여 고시한다. <개정 2014.11.19., 2017.7.26.>
[본조신설 2014.1.7.]
[시행일 : 2015.1.8.] 제10조의2의 개정규정 중 임시소방시설의 유지·관리 등에 관한 규정

제11조(소방시설기준 적용의 특례) ① 소방본부장이나 소방서장은 제9조제1항 전단에 따른 대통령령 또는 화재안전기준이 변경되어 그 기준이 강화되는 경우 기존의 특정소방대상물(건축물의 신축·개축·재축·이전 및 대수선 중인 특정소방대상물을 포함한다)의 소방시설에 대하여는 변경 전의 대통령령 또는 화재안전기준을 적용한다. 다만, 다음 각 호의 어느 하나에 해당하는 소방시설의 경우에는 대통령령 또는 화재안전기준의 변경으로 강화된 기준을 적용한다. <개정 2014.1.7., 2016.1.27., 2018.3.27.>
 1. 다음 소방시설 중 대통령령으로 정하는 것
  가. 소화기구
  나. 비상경보설비
  다. 자동화재속보설비
  라. 피난구조설비
 2. 지하구 가운데 「국토의 계획 및 이용에 관한 법률」 제2조제9호에 따른 공동구에 설치하여야 하는 소방시설
 3. 노유자(老幼者)시설, 의료시설에 설치하여야 하는 소방시설 중 대통령령으로 정하는 것
② 소방본부장이나 소방서장은 특정소방대상물에 설치하여야 하는 소방시설 가운데 기능과 성능이 유사한 물 분무 소화설비, 간이 스프링클러 설비, 비상경보설비 및 비상방송설비 등의 소방시설의 경우에는 대통령령으로 정하는 바에 따라 유사한 소방시설의 설치를 면제할 수 있다.
③ 소방본부장이나 소방서장은 기존의 특정소방대상물이 증축되거나 용도변경되는 경우에는 대통령령으로 정하는 바에 따라 증축 또는 용도변경 당시의 소방시설의 설치에 관한 대통령령 또는 화재안전기준을 적용한다. <개정 2014.1.7.>
④ 다음 각 호의 어느 하나에 해당하는 특정소방대상물 가운데 대통령령으로 정하는 특정소방대상물에는 제9조제1항 전단에도 불구하고 대통령령으로 정하는 소방시설을 설치하지 아니할 수 있다. <개정 2016.1.27.>
 1. 화재 위험도가 낮은 특정소방대상물
 2. 화재안전기준을 적용하기 어려운 특정소방대상물
 3. 화재안전기준을 다르게 적용하여야 하는 특수한 용도 또는 구조를 가진 특정소방대상물
 4. 「위험물 안전관리법」 제19조에 따른 자체소방대가 설치된 특정소방대상물
⑤ 제4항 각 호의 어느 하나에 해당하는 특정소방대상물에 구조 및 원리 등에서 공법이 특수한 설계로 인정된 소방시설을 설치하는 경우에는 제11조의2제1항에 따른 중앙소방기술심의위원회의 심의를 거쳐 제9조제1항 전단에 따른 화재안전기준을 적용하지 아니 할 수 있다. <신설 2014.12.30., 2016.1.27.>
[전문개정 2011.8.4.]

Q. 소방대상물의 용도변경

질문

용도변경을 할 경우 소방시설 기준은 용도변경 당시의 기준인가요? 아니면 본래의 기준인가요?

답변

소방대상물이 용도변경되는 경우에는 그 용도변경되는 부분에 대해 용도변경 당시의 소방시설 설치 기준이 적용됩니다. 다만, 일정한 경우 소방대상물 전체에 대해 용도 변경되기 전에 해당 소방대상물에 적용되던 소방시설 설치 기준이 적용됩니다.

◇ 소방대상물이 용도변경되는 경우

☞ 소방대상물이 용도변경되는 경우에는 그 용도변경되는 부분에 대해 용도변경 당시의 소방시설 설치 기준이 적용됩니다.

☞ 다만, 다음의 어느 하나에 해당하면 소방대상물 전체에 대해 용도변경되기 전에 해당 소방대상물에 적용되던 소방시설 설치 기준이 적용됩니다.

1. 소방대상물의 구조·설비가 화재연소 확대 요인이 적어지거나 피난 또는 화재진 압활동이 쉬워지도록 변경되는 경우
2. 문화 및 집회시설 중 공연장·집회장·관람장, 판매시설, 운수시설, 창고시설 중 물류터미널이 불특정 다수인이 이용하는 것이 아닌 일정한 근무자가 이용하는 용도로 변경되는 경우
3. 용도변경으로 인해 천장·바닥·벽 등에 고정되어 있는 가연성 물질의 양이 줄어 드는 경우
4. 다중이용업, 문화 및 집회시설, 종교시설, 판매시설, 운수시설, 의료시설, 노유 자시설, 수련시설, 운동시설, 숙박시설, 위락시설, 창고시설 중 물류터미널, 위 험물 저장 및 처리 시설 중 가스시설, 장례식장이 각각 이 호에 규정된 시설 외의 용도로 변경되는 경우

Q. 설치기준 강화

질문

최근 법이 바뀌어서 소방시설에 대한 설치기준이 강화되었다고 합니다. 기존 건물에 대한 소방시설도 함께 강화해야 하나요?

답변

아닙니다. 법 개정으로 소방시설의 설치 기준이 강화된 경우 기존 소방대상물(신축·개축·재축·이전 및 대수선 중인 소방대상물을 포함)의 소방시설 설치 기준에 대해서는 강화되기 전의 기준이 적용됩니다. 다만, 소화기구·비상경보설비·자동화재속보설비 및 피난구조설비에 대해서는 새로운 기준이 적용됩니다.

◇ 기존 소방대상물에 대한 소방시설 설치 기준이 강화된 경우

☞ 소방시설의 설치 범위·방법 등 그 설치 기준이 강화된 경우 기존 소방대상물(신축·개축·재축·이전 및 대수선 중인 소방대상물을 포함)의 소방시설 설치 기준에 대해서는 강화되기 전의 기준이 적용됩니다.

☞ 다만, 소방시설 중 "소화기구·비상경보설비·자동화재속보설비 및 피난구조설비 등"의 설치에 대해서는 강화된 설치 기준이 적용됩니다.

제11조의2(소방기술심의위원회) ① 다음 각 호의 사항을 심의하기 위하여 소방청에 중앙소방기술심의위원회(이하 "중앙위원회"라 한다)를 둔다. <개정 2017.7.26.>

　1. 화재안전기준에 관한 사항

　2. 소방시설의 구조 및 원리 등에서 공법이 특수한 설계 및 시공에 관한 사항

　3. 소방시설의 설계 및 공사감리의 방법에 관한 사항

　4. 소방시설공사의 하자를 판단하는 기준에 관한 사항

　5. 그 밖에 소방기술 등에 관하여 대통령령으로 정하는 사항

② 다음 각 호의 사항을 심의하기 위하여 특별시·광역시·특별자치시·도 및 특별자치도에 지방소방기술심의위원회(이하 "지방위원회"라 한다)를 둔다.

　1. 소방시설에 하자가 있는지의 판단에 관한 사항

　2. 그 밖에 소방기술 등에 관하여 대통령령으로 정하는 사항

③ 제1항과 제2항에 따른 중앙위원회 및 지방위원회의 구성·운영에 필요한 사항은 대통령령으로 정한다.

[본조신설 2014.12.30.]

제3절 방염(防炎)

<개정 2011.8.4.>

제12조(소방대상물의 방염 등) ① 대통령령으로 정하는 특정소방대상물에 실내장식 등의 목적으로 설치 또는 부착하는 물품으로서 대통령령으로 정하는 물품(이하 "방염대상물품"이라 한다)은 방염성능기준 이상의 것으로 설치하여야 한다. <개정 2015.7.24.>

② 소방본부장이나 소방서장은 방염대상물품이 제1항에 따른 방염성능기준에

미치지 못하거나 제13조제1항에 따른 방염성능검사를 받지 아니한 것이면 소방대상물의 관계인에게 방염대상물품을 제거하도록 하거나 방염성능검사를 받도록 하는 등 필요한 조치를 명할 수 있다.

③ 제1항에 따른 방염성능기준은 대통령령으로 정한다.

[전문개정 2011.8.4.]

Q. 방염조치의무

질문

숙박시설을 개설하면서 객실 커튼을 저가의 커튼을 사용하려 하는데, 괜찮을까요?

답변

숙박시설의 소유자·관리자 또는 점유자는 그 시설에 커튼류, 카페트 등의 물품을 사용할 때에는 법령에서 정한 방염 성능 기준 이상인 물품을 사용해야 하며, 국민안전처장관으로부터 방염 성능 검사를 받은 물품을 사용해야 합니다.

◇ 소방대상물의 실내장식물 등에 대한 방염

☞ 근린생활시설 중 체력단련장, 숙박시설, 방송통신시설 중 방송국 및 촬영소, 건축물의 옥내에 있는 문화, 집회, 종교시설 및 수영장을 제외한 운동시설, 의료시설 중 종합병원, 요양병원 및 정신의료기관, 노유자(老幼者)시설, 숙박이 가능한 수련시설, 다중이용업의 영업장, 아파트가 아닌 시설 중 층수가 11층 이상인 경우 및 교육연구시설 중 합숙소 등 소방대상물의 소유자·관리자 또는 점유자는 그 소방대상물에 실내장식물과 그 밖에 이와 유사한 물품을 사용할 때에는 법령에서 정한 방염 성능 기준 이상인 물품을 사용해야 하며, 국민안전처장관으로부터 방염 성능 검사를 받은 물품을 사용해야 합니다.

☞ 방염 성능 기준 이하의 성능이거나 방염 성능 검사를 받지 않은 물품을 사용하면 개선조치에 관한 명령을 받을 수 있으며, 명령을 받고도 정당한 이유 없이 명령에 따른 조치를 이행하지 않으면 3년 이하의 징역 또는 3천만원 이하의 벌금에 처해집니다.

☞ 방염 성능 기준 이하의 물품을 사용하면 200만원의 과태료가 부과됩니다

◇ 방염 대상 물품

☞ 위 방염 조치를 해야하는 물품은 다음의 어느 하나에 해당하는 것을 말합니다.
  1. 제조 또는 가공 공정에서 방염처리를 한 물품(합판·목재류의 경우에는 설치 현장에서 방염처리를 한 것을 포함)으로서 다음의 어느 하나에 해당하는 것
     가. 창문에 설치하는 커튼류(블라인드를 포함)
     나. 카펫, 두께가 2밀리미터 미만인 벽지류(종이벽지는 제외)
     다. 전시용 합판 또는 섬유판, 무대용 합판 또는 섬유판

　　　라. 암막·무대막(영화상영관에 설치하는 스크린과 골프 연습장업에 설치하는 스크린을 포함)

　　　마. 섬유류 또는 합성수지류 등을 원료로 하여 제작된 소파·의자(단란주점영업, 유흥주점영업 및 노래연습장업의 영업장에 설치하는 것만 해당)

　2. 건축물 내부의 천장이나 벽에 부착하거나 설치하는 것으로서 다음의 어느 하나에 해당하는 것[다만, 가구류(옷장, 찬장, 식탁, 식탁용 의자, 사무용 책상, 사무용 의자 및 계산대, 그 밖에 이와 비슷한 것을 말함)와 너비 10센티미터 이하인 반자돌림대 등과 내부마감재료는 제외]

　　　가. 종이류(두께 2밀리미터 이상인 것을 말함)·합성수지류 또는 섬유류를 주원료로 한 물품

　　　나. 합판이나 목재

　　　다. 공간을 구획하기 위하여 설치하는 간이 칸막이(접이식 등 이동 가능한 벽체나 천장 또는 반자가 실내에 접하는 부분까지 구획하지 않는 벽체를 말함)

　　　라. 흡음(吸音)이나 방음(防音)을 위해 설치하는 흡음재(흡음용 커튼을 포함) 또는 방음재(방음용 커튼을 포함)

※ 소방본부장 또는 소방서장은 위 물품 외에 다중이용업소·숙박시설·의료시설 또는 노유자시설에서 사용하는 침구류·소파 및 의자에 대해 방염 처리가 필요하다고 인정되는 경우에는 방염 처리된 제품을 사용하도록 권장할 수 있습니다.

Q. 비닐벽지 및 천벽지의 방염처리 등 소방시설기준에 관한 질의

질문

가. 종이벽지 위에 코팅처리된 물품의 경우 「소방법시행령 제11조제2항제2호」의 규정에 의거 합성수지류로 보아 방염처리를 해야 하는지 아니면, 종이벽지류로 보아 방염처리를 하지 아니하여도 되는지?

나. 석고보드에 천벽지가 부착되었을 경우 방염처리하여 한국소방검정공사의 방염성능검사를 받으면 사용이 가능한지?

답변

<질의 가에 대하여> 비닐벽지도 합성수지류를 주원료로 한 물품으로 볼 수 있으며, 화재시 비닐벽지에서 발생하는 유독성가스로 인한 대형인명피해가 발생할 우려가 있어 방염선처리한 제품을 사용하는 것이 화제예방 등을 위하여 바람직할 것으로 사료되지만, 「소방법시행령」 제11조제4항의 규정에 의거 비닐벽지는 방염처리가 필요하다고 인정되는 경우 관할소방서장이 방염제품을 사용하도록 권장할 수 있도록 행정처리를 하심이 타당할 것으로 사료됩니다.

<질의 나에 대하여> 당해 장소는 건축법령상 등의 벽 및 반자의 실내에 접하는 부분의 최종마감을 석고보드로 보아야 하며 그 위에 부착하는 천벽지는 방염선처리 한 제품을 사용하여야 합니다.

제13조(방염성능의 검사) ① 제12조제1항에 따른 특정소방대상물에서 사용하는 방염대상물품은 소방청장(대통령령으로 정하는 방염대상물품의 경우에는 시·도지사를 말한다)이 실시하는 방염성능검사를 받은 것이어야 한다. <개정 2014.1.7., 2014.11.19., 2017.7.26.>
② 「소방시설공사업법」 제4조에 따라 방염처리업의 등록을 한 자는 제1항에 따른 방염성능검사를 할 때에 거짓 시료(試料)를 제출하여서는 아니 된다. <개정 2014.12.30.>
③ 제1항에 따른 방염성능검사의 방법과 검사 결과에 따른 합격 표시 등에 필요한 사항은 행정안전부령으로 정한다. <개정 2013.3.23., 2014.11.19., 2017.7.26.>
[전문개정 2011.8.4.]

제14조 삭제 <2014.12.30.>
제15조 삭제 <2014.12.30.>
제16조 삭제 <2014.12.30.>
제17조 삭제 <2014.12.30.>
제18조 삭제 <2014.12.30.>
제19조 삭제 <2014.12.30.>

제4장 소방대상물의 안전관리
<개정 2011.8.4.>

제20조(특정소방대상물의 소방안전관리) ① 특정소방대상물의 관계인은 그 특정소방대상물에 대하여 제6항에 따른 소방안전관리 업무를 수행하여야 한다.
② 대통령령으로 정하는 특정소방대상물(이하 이 조에서 "소방안전관리대상물"이라 한다)의 관계인은 소방안전관리 업무를 수행하기 위하여 대통령령으로 정하는 자를 행정안전부령으로 정하는 바에 따라 소방안전관리자 및 소방안전관리보조자로 선임하여야 한다. 이 경우 소방안전관리보조자의 최소인원 기준 등 필요한 사항은 대통령령으로 정하고, 제4항·제5항 및 제7항은 소방안전관리보조자에 대하여 준용한다. <개정 2013.3.23., 2014.1.7., 2014.11.19., 2017.7.26.>

③ 대통령령으로 정하는 소방안전관리대상물의 관계인은 제2항에도 불구하고 제29조제1항에 따른 소방시설관리업의 등록을 한 자(이하 "관리업자"라 한다)로 하여금 제1항에 따른 소방안전관리 업무 중 대통령령으로 정하는 업무를 대행하게 할 수 있으며, 이 경우 소방안전관리 업무를 대행하는 자를 감독할 수 있는 자를 소방안전관리자로 선임할 수 있다. <개정 2014.1.7., 2015.7.24.>

1. 삭제 <2015.7.24.>

2. 삭제 <2015.7.24.>

④ 소방안전관리대상물의 관계인이 소방안전관리자를 선임한 경우에는 행정안전부령으로 정하는 바에 따라 선임한 날부터 14일 이내에 소방본부장이나 소방서장에게 신고하고, 소방안전관리대상물의 출입자가 쉽게 알 수 있도록 소방안전관리자의 성명과 그 밖에 행정안전부령으로 정하는 사항을 게시하여야 한다. <개정 2013.3.23., 2014.11.19., 2016.1.27., 2017.7.26.>

⑤ 소방안전관리대상물의 관계인이 소방안전관리자를 해임한 경우에는 그 관계인 또는 해임된 소방안전관리자는 소방본부장이나 소방서장에게 그 사실을 알려 해임한 사실의 확인을 받을 수 있다.

⑥ 특정소방대상물(소방안전관리대상물은 제외한다)의 관계인과 소방안전관리대상물의 소방안전관리자의 업무는 다음 각 호와 같다. 다만, 제1호·제2호 및 제4호의 업무는 소방안전관리대상물의 경우에만 해당한다. <개정 2014.1.7., 2014.12.30.>

1. 제21조의2에 따른 피난계획에 관한 사항과 대통령령으로 정하는 사항이 포함된 소방계획서의 작성 및 시행

2. 자위소방대(自衛消防隊) 및 초기대응체계의 구성·운영·교육

3. 제10조에 따른 피난시설, 방화구획 및 방화시설의 유지·관리

4. 제22조에 따른 소방훈련 및 교육

5. 소방시설이나 그 밖의 소방 관련 시설의 유지·관리

6. 화기(火氣) 취급의 감독

7. 그 밖에 소방안전관리에 필요한 업무

⑦ 소방안전관리대상물의 관계인은 소방안전관리자가 소방안전관리 업무를 성실하게 수행할 수 있도록 지도·감독하여야 한다.

⑧ 소방안전관리자는 인명과 재산을 보호하기 위하여 소방시설·피난시설·방화시설 및 방화구획 등이 법령에 위반된 것을 발견한 때에는 지체 없이 소방안전관리대상물의 관계인에게 소방대상물의 개수·이전·제거·수리 등 필요한 조치를 할 것을 요구하여야 하며, 관계인이 시정하지 아니하는 경우 소방본부장 또는 소방서장에게 그 사실을 알려야 한다. 이 경우 소방안전관리자는 공정하고 객관적으로 그 업무를 수행하여야 한다. <개정 2016.1.27.>

⑨ 소방안전관리자로부터 제8항에 따른 조치요구 등을 받은 소방안전관리대상물의 관계인은 지체 없이 이에 따라야 하며 제8항에 따른 조치요구 등을 이유로 소방안전관리자를 해임하거나 보수(報酬)의 지급을 거부하는 등 불이익한 처우를 하여서는 아니 된다.

⑩ 제3항에 따라 소방안전관리 업무를 관리업자에게 대행하게 하는 경우의 대가(代價)는 「엔지니어링산업 진흥법」 제31조에 따른 엔지니어링사업의 대가 기준 가운데 행정안전부령으로 정하는 방식에 따라 산정한다. <신설 2014.1.7., 2014.11.19., 2017.7.26.>

⑪ 제6항제2호에 따른 자위소방대와 초기대응체계의 구성, 운영 및 교육 등에 관하여 필요한 사항은 행정안전부령으로 정한다. <신설 2014.1.7., 2014.11.19., 2017.7.26.>

⑫ 소방본부장 또는 소방서장은 제2항에 따른 소방안전관리자를 선임하지 아니한 소방안전관리대상물의 관계인에게 소방안전관리자를 선임하도록 명할 수 있다. <신설 2014.12.30.>

⑬ 소방본부장 또는 소방서장은 제6항에 따른 업무를 다하지 아니하는 특정소방대상물의 관계인 또는 소방안전관리자에게 그 업무를 이행하도록 명할 수 있다. <신설 2014.12.30.>

[전문개정 2011.8.4.]

[시행일 : 2015.1.8.] 제20조제2항, 제20조제6항의 개정규정 중 소방안전관리보조자 또는 초기대응체계에 관한 규정

Q. 방화관리자 선임의무

질문

저는 특정소방대상건물의 소유자입니다. 현재 해당 건물은 B가 임차하여 건물을 점유·사용하고 있습니다. 이 경우, 방화관리자 선임의무는 누구에게 있나요?

답변

특정소방대상물의 경우, 소유자 이외에 현실적으로 소방대상 건물을 점유·사용하는 자가 있는 경우에는 그 점유·사용자가 소방안전관리자를 선임해야 합니다(대법원 2004. 7. 9. 선고 2004도2682 판결). 따라서 소방안전관리자 선임의무는 건물을 실제적으로 점유·사용하고 있는 B에게 있습니다.

◇ 소방안전관리자의 선임 및 지도·감독

☞ 화재가 발생할 경우 대규모 피해가 우려되어 보다 전문적인 소방안전관리가 필요한

일부 소방대상물의 경우 그 소방대상물의 소유자·관리자 또는 점유자(이하 "관계인"이라 함)는 소방안전관리 관련 전문 자격을 가진 사람을 소방안전관리자로 선임하거나 법령에서 정하는 사람으로 하여금 소방안전관리업무를 대행하게 해야 합니다.

☞ 방화관리대상물의 관계인이 소방안전관리자를 선임하지 않으면 300만원 이하의 벌금에 처해집니다. 또한 법인의 대표자나 법인 또는 개인의 대리인, 사용인, 그 밖의 종업원이 해당 위반행위를 하면 그 행위자를 벌하는 외에 그 법인 또는 개인도 300만원 이하의 벌금에 처해집니다.

◇ 소방안전관리자의 업무
☞ 소방안전관리자의 업무는 다음과 같습니다.
1. 소방계획서의 작성
2. 자위소방대(自衛消防隊)의 조직
3. 「소방시설설치유지 및 안전관리에 관한 법률」제10조에 따른 피난시설 및 방화시설의 유지·관리
4. 「소방시설설치유지 및 안전관리에 관한 법률」제22조에 따른 소방훈련 및 교육
5. 소방시설이나 그 밖의 소방 관련 시설의 유지·관리
6. 화기(火氣) 취급의 감독
7. 그 밖에 소방안전관리상 필요한 업무

제20조의2(소방안전 특별관리시설물의 안전관리) ① 소방청장은 화재 등 재난이 발생할 경우 사회·경제적으로 피해가 큰 다음 각 호의 시설(이하 이 조에서 "소방안전 특별관리시설물"이라 한다)에 대하여 소방안전 특별관리를 하여야 한다. <개정 2017.7.26., 2017.12.26., 2018.3.2.>

1. 「공항시설법」제2조제7호의 공항시설
2. 「철도산업발전기본법」제3조제2호의 철도시설
3. 「도시철도법」제2조제3호의 도시철도시설
4. 「항만법」제2조제5호의 항만시설
5. 「문화재보호법」제2조제2항의 지정문화재인 시설(시설이 아닌 지정문화재를 보호하거나 소장하고 있는 시설을 포함한다)
6. 「산업기술단지 지원에 관한 특례법」제2조제1호의 산업기술단지
7. 「산업입지 및 개발에 관한 법률」제2조제8호의 산업단지
8. 「초고층 및 지하연계 복합건축물 재난관리에 관한 특별법」제2조제1호 및 제2호의 초고층 건축물 및 지하연계 복합건축물
9. 「영화 및 비디오물의 진흥에 관한 법률」제2조제10호의 영화상영관 중 수용인원 1,000명 이상인 영화상영관
10. 전력용 및 통신용 지하구
11. 「한국석유공사법」제10조제1항제3호의 석유비축시설

12. 「한국가스공사법」 제11조제1항제2호의 천연가스 인수기지 및 공급망

13. 「전통시장 및 상점가 육성을 위한 특별법」 제2조제1호의 전통시장으로서 대통령령으로 정하는 전통시장

14. 그 밖에 대통령령으로 정하는 시설물

② 소방청장은 제1항에 따른 특별관리를 체계적이고 효율적으로 하기 위하여 시·도지사와 협의하여 소방안전 특별관리기본계획을 수립하여 시행하여야 한다. <개정 2017.7.26.>

③ 시·도지사는 제2항에 따른 소방안전 특별관리기본계획에 저촉되지 아니하는 범위에서 관할 구역에 있는 소방안전 특별관리시설물의 안전관리에 적합한 소방안전 특별관리시행계획을 수립하여 시행하여야 한다.

④ 그 밖에 제2항 및 제3항에 따른 소방안전 특별관리기본계획 및 소방안전 특별관리시행계획의 수립·시행에 필요한 사항은 대통령령으로 정한다.

[본조신설 2015.7.24.]

제21조(공동 소방안전관리) 다음 각 호의 어느 하나에 해당하는 특정소방대상물로서 그 관리의 권원(權原)이 분리되어 있는 것 가운데 소방본부장이나 소방서장이 지정하는 특정소방대상물의 관계인은 행정안전부령으로 정하는 바에 따라 대통령령으로 정하는 자를 공동 소방안전관리자로 선임하여야 한다. <개정 2013.3.23., 2014.11.19., 2017.7.26.>

1. 고층 건축물(지하층을 제외한 층수가 11층 이상인 건축물만 해당한다)

2. 지하가(지하의 인공구조물 안에 설치된 상점 및 사무실, 그 밖에 이와 비슷한 시설이 연속하여 지하도에 접하여 설치된 것과 그 지하도를 합한 것을 말한다)

3. 그 밖에 대통령령으로 정하는 특정소방대상물

[전문개정 2011.8.4.]

Q. 특정소방대상물의 소방안전관리자 선임 자격

질문

□ 건축물 규모
○ 지하 7층 지상 35층, 높이 117.5m, 연면적 62,082.05㎡
○ 층별 용도 : 지하 7층(기계식), 지하 6층~지하 1층(주차장), 1층~2층(근린생활시설)
3층~9층(오피스텔), 10층(공원,녹지), 11층~35층(공동주택)

상기 건축물인 경우 소방안전관리자 선임 자격의 종류가 궁금합니다.

답변

상기 건축물은 복합 건축물로서 소방시설 설치·유지 및 안전관리에 관한 법률 시행령 제22조 제1항 제1호 가목에서 정한 30층 이상의 특급 소방안전관리대상물에 해당하므로 특급 소방안전관리자 자격을 보유한 사람을 소방안전관리자로 선임하여야 한다. 다만, 공동주택과 오피스텔 등의 관리 주체가 서로 다르고 공동주택의 소방시설과 오피스텔 등의 소방시설이 각각 독립적으로 설치 및 유지·관리되고 있는 경우에는 공동주택은 2급 소방안전관리자, 기타 부분은 면적 등에 따라 1급 또는 2급 소방안전관리자를 각각 선임할 수 있습니다.

제21조의2(피난계획의 수립 및 시행) ① 제20조제2항에 따른 소방안전관리대상물의 관계인은 그 장소에 근무하거나 거주 또는 출입하는 사람들이 화재가 발생한 경우에 안전하게 피난할 수 있도록 피난계획을 수립하여 시행하여야 한다.
② 제1항의 피난계획에는 그 특정소방대상물의 구조, 피난시설 등을 고려하여 설정한 피난경로가 포함되어야 한다.
③ 제1항의 소방안전관리대상물의 관계인은 피난시설의 위치, 피난경로 또는 대피요령이 포함된 피난유도 안내정보를 근무자 또는 거주자에게 정기적으로 제공하여야 한다.
④ 제1항에 따른 피난계획의 수립·시행, 제3항에 따른 피난유도 안내정보 제공에 필요한 사항은 행정안전부령으로 정한다. <개정 2017.7.26.>
[본조신설 2014.12.30.]

제22조(특정소방대상물의 근무자 및 거주자에 대한 소방훈련 등) ① 대통령령으로 정하는 특정소방대상물의 관계인은 그 장소에 상시 근무하거나 거주하는 사람에게 소화·통보·피난 등의 훈련(이하 "소방훈련"이라 한다)과 소방안전관리에 필요한 교육을 하여야 한다. 이 경우 피난훈련은 그 소방대상물에 출입

하는 사람을 안전한 장소로 대피시키고 유도하는 훈련을 포함하여야 한다.

② 소방본부장이나 소방서장은 제1항에 따라 특정소방대상물의 관계인이 실시하는 소방훈련을 지도·감독할 수 있다.

③ 제1항에 따른 소방훈련과 교육의 횟수 및 방법 등에 관하여 필요한 사항은 행정안전부령으로 정한다. <개정 2013.3.23., 2014.11.19., 2017.7.26.>

[전문개정 2011.8.4.]

제23조(특정소방대상물의 관계인에 대한 소방안전교육) ① 소방본부장이나 소방서장은 제22조를 적용받지 아니하는 특정소방대상물의 관계인에 대하여 특정소방대상물의 화재 예방과 소방안전을 위하여 행정안전부령으로 정하는 바에 따라 소방안전교육을 하여야 한다. <개정 2013.3.23., 2014.11.19., 2017.7.26.>

② 제1항에 따른 교육대상자 및 특정소방대상물의 범위 등에 관하여 필요한 사항은 행정안전부령으로 정한다. <개정 2013.3.23., 2014.11.19., 2017.7.26.>

[전문개정 2011.8.4.]

제24조(공공기관의 소방안전관리) ① 국가, 지방자치단체, 국공립학교 등 대통령령으로 정하는 공공기관의 장은 소관 기관의 근무자 등의 생명·신체와 건축물·인공구조물 및 물품 등을 화재로부터 보호하기 위하여 화재 예방, 자위소방대의 조직 및 편성, 소방시설의 자체점검과 소방훈련 등의 소방안전관리를 하여야 한다.

② 제1항에 따른 공공기관에 대한 다음 각 호의 사항에 관하여는 제20조부터 제23조까지의 규정에도 불구하고 대통령령으로 정하는 바에 따른다.

1. 소방안전관리자의 자격, 책임 및 선임 등
2. 소방안전관리의 업무대행
3. 자위소방대의 구성, 운영 및 교육
4. 근무자 등에 대한 소방훈련 및 교육
5. 그 밖에 소방안전관리에 필요한 사항

[전문개정 2014.1.7.]

Q. 방화관리자 선임

질문

유치원의 경우 원장을 방화관리자로 선임할 경우와 원장이 아닌 감독적 직위에 있는 자(원 감 또는 책임자급 직원)로 선임할 경우의 차이점과 공공기관 방화관리자 선임 관련 규정은 무엇인지요?

답변

유치원의 방화관리업무는 「소방시설설치유지 및 안전관리에 관한 법률」 제24조 제1 항에 따라 원장이 당연직으로 방화관리업무를 하여야 합니다. 다만, 기관장(원장)은 「공공기관의 방화관리에 관한 규정」 제5조에 따라 감독적 직위에 있는 자 중 일정한 자격을 취득한 자를 방화관리자로 선임하여 방화관리업무를 수행하게 할 수 있습니다. 이 경우 기관장이 방화관리업무를 직접 수행하는 경우와 감독적 직위에 있는 자가 방화관리업무를 수행할 경우 차이점은 기관장이 직접 방화관리업무를 수행하는 경우에는 소방관서에 별도의 신고 또는 통보 조치 의무가 없으며, 감독적 직위에 있는 자가 방화관리업무를 수행하는 경우에는 「공공기관의 방화관리에 관한 규정」 제6조에 따라 선임할 날부터 14일 이내에 관할 소방서장에게 선임 사실을 통보하여야 합니다. 공공기관의 방화관리에 관한 규정은 「소방시설 설치유지 및 안전관리에 관한 법률」 제24조와 「공공기관의 방화관리에 관한 규정」 제3조 내지 제8조를 참조하시기 바랍니다.

제25조(소방시설등의 자체점검 등) ① 특정소방대상물의 관계인은 그 대상물에 설치되어 있는 소방시설등에 대하여 정기적으로 자체점검을 하거나 관리업자 또는 행정안전부령으로 정하는 기술자격자로 하여금 정기적으로 점검하게 하여야 한다. <개정 2013.3.23., 2014.11.19., 2017.7.26.>
② 제1항에 따라 특정소방대상물의 관계인 등이 점검을 한 경우에는 관계인이 그 점검 결과를 행정안전부령으로 정하는 바에 따라 소방본부장이나 소방서장에게 보고하여야 한다. <개정 2013.3.23., 2014.11.19., 2016.1.27., 2017.7.26.>
③ 제1항에 따른 점검의 구분과 그 대상, 점검인력의 배치기준 및 점검자의 자격, 점검 장비, 점검 방법 및 횟수 등 필요한 사항은 행정안전부령으로 정한다. <개정 2013.3.23., 2014.11.19., 2017.7.26.>
④ 제1항에 따라 관리업자나 기술자격자로 하여금 점검하게 하는 경우의 점검 대가는 「엔지니어링산업 진흥법」 제31조에 따른 엔지니어링사업의 대가의 기준 가운데 행정안전부령으로 정하는 방식에 따라 산정한다. <개정 2013.3.23., 2014.1.7., 2014.11.19., 2017.7.26.>
[전문개정 2011.8.4.]

Q. 소방시설 점검 업무의 대가 기준

질문

소방시설 점검업무 대가 기준이 "엔지니어링사업 대가의 기준" 또는 "공사노임단가 기준" 중 어느 것을 기준으로 적용하여야 하는지요?

답변

「소방시설 설치유지 및 안전관리에 관한 법률」 제25조에서 「엔지니어링기술 진흥법」 제10조에 따른 "엔지니어링사업 대가의 기준" 중 행정안전부령이 정하는 방식에 따라 산정하도록 하고 있고 이에 따라 동법 시행규칙 제20조에서 정한 실비정액가산방식에 따라 점검수수료를 적용하시기 바랍니다.

Q. 상시 배치직원이 없는 건축물의 방화관리자 선임

질문

여객을 취급하는 역의 건축물에 상시 직원을 배치하지 않고 인접역에서 통합관리 하는 경우 그 인접역의 직원으로 방화관리자 선임 가능 여부와 소방시설관리업자에게 대행하는 경우 관리업자가 지정한 방화관리자 상주 여부 및 전문 경비업체 등에 의한 방화 관리업무 대행 가능 여부에 대해 궁금합니다.

답변

상시 직원이 배치되지 않는 역사에 인접역의 직원으로 방화관리자 선임은 「소방시설 설치유지 및 안전관리에 관한 법률 제25조 제3항」에 의거 대상물의 특성 등을 종합 적으로 고려하여 관할소방서장이 지정하는 경우 공동방화관리가 가능할 것으로 사료 되며, 소방시설관리업자가 방화관리업무를 대행하는 경우 방화관리자의 상주 여부는 야간 화재취약시간대 대처방법 등을 고려하여 당사자간 계약에 의해 결정할 사항으로 판단되며, 전문경비업체의 방화관리업무 대행은 상호 업무특성이 상이하고, 현행 규정 상 해당 조항이 없어 불가함을 알려드립니다.

제25조의2(우수 소방대상물 관계인에 대한 포상 등) ① 소방청장은 소방대상물의 자율적인 안전관리를 유도하기 위하여 안전관리 상태가 우수한 소방대상물을 선정하여 우수 소방대상물 표지를 발급하고, 소방대상물의 관계인을 포상할 수 있다. <개정 2014.11.19., 2017.7.26.>

② 제1항에 따른 우수 소방대상물의 선정 방법, 평가 대상물의 범위 및 평가 절차 등 필요한 사항은 행정안전부령으로 정한다. <개정 2013.3.23., 2014.11.19., 2017.7.26.>

[전문개정 2011.8.4.]

제5장 소방시설관리사 및 소방시설관리업
<개정 2011.8.4.>
제1절 소방시설관리사
<개정 2011.8.4.>

제26조(소방시설관리사) ① 소방시설관리사(이하 "관리사"라 한다)가 되려는 사람은 소방청장이 실시하는 관리사시험에 합격하여야 한다. <개정 2014.11.19., 2017.7.26.>

② 제1항에 따른 관리사시험의 응시자격, 시험 방법, 시험 과목, 시험 위원, 그 밖에 관리사시험에 필요한 사항은 대통령령으로 정한다.

③ 소방기술사 등 대통령령으로 정하는 사람에 대하여는 제2항에 따른 관리사 시험 과목 가운데 일부를 면제할 수 있다.

④ 소방청장은 제1항에 따른 관리사시험에 합격한 사람에게는 행정안전부령으로 정하는 바에 따라 소방시설관리사증을 발급하여야 한다. <개정 2014.11.19., 2015.7.24., 2017.7.26.>

⑤ 제4항에 따라 소방시설관리사증을 발급받은 사람은 소방시설관리사증을 잃어버렸거나 못 쓰게 된 경우에는 행정안전부령으로 정하는 바에 따라 소방시설관리사증을 재발급받을 수 있다. <신설 2015.7.24., 2017.7.26.>

⑥ 관리사는 제4항에 따라 받은 소방시설관리사증을 다른 자에게 빌려주어서는 아니 된다. <개정 2015.7.24.>

⑦ 관리사는 동시에 둘 이상의 업체에 취업하여서는 아니 된다. <개정 2015.7.24.>

⑧ 제25조제1항에 따른 기술자격자 및 제29조제2항에 따라 관리업의 기술 인력으로 등록된 관리사는 성실하게 자체점검 업무를 수행하여야 한다. <개정 2015.7.24.>

[전문개정 2011.8.4.]

제26조의2(부정행위자에 대한 제재) 소방청장은 시험에서 부정한 행위를 한 응시자에 대하여는 그 시험을 정지 또는 무효로 하고, 그 처분이 있은 날부터 2년간 시험 응시자격을 정지한다. <개정 2014.11.19., 2017.7.26.>

[본조신설 2011.8.4.]

제27조(관리사의 결격사유) 다음 각 호의 어느 하나에 해당하는 사람은 관리사가 될 수 없다. <개정 2015.7.24.>

1. 피성년후견인

2. 이 법, 「소방기본법」, 「소방시설공사업법」 또는 「위험물 안전관리법」에 따른 금고 이상의 실형을 선고받고 그 집행이 끝나거나(집행이 끝난 것으로 보는 경우를 포함한다) 집행이 면제된 날부터 2년이 지나지 아니한 사람

3. 이 법, 「소방기본법」, 「소방시설공사업법」 또는 「위험물 안전관리법」에 따른 금고 이상의 형의 집행유예를 선고받고 그 유예기간 중에 있는 사람

4. 제28조에 따라 자격이 취소(제27조제1호에 해당하여 자격이 취소된 경우는 제외한다)된 날부터 2년이 지나지 아니한 사람

[전문개정 2011.8.4.]

제28조(자격의 취소·정지) 소방청장은 관리사가 다음 각 호의 어느 하나에 해당할 때에는 행정안전부령으로 정하는 바에 따라 그 자격을 취소하거나 2년 이내의 기간을 정하여 그 자격의 정지를 명할 수 있다. 다만, 제1호, 제4호, 제5호 또는 제7호에 해당하면 그 자격을 취소하여야 한다. <개정 2013.3.23., 2014.1.7., 2014.11.19., 2015.7.24., 2017.7.26.>

1. 거짓이나 그 밖의 부정한 방법으로 시험에 합격한 경우

2. 제20조제6항에 따른 소방안전관리 업무를 하지 아니하거나 거짓으로 한 경우

3. 제25조에 따른 점검을 하지 아니하거나 거짓으로 한 경우

4. 제26조제6항을 위반하여 소방시설관리사증을 다른 자에게 빌려준 경우

5. 제26조제7항을 위반하여 동시에 둘 이상의 업체에 취업한 경우

6. 제26조제8항을 위반하여 성실하게 자체점검 업무를 수행하지 아니한 경우

7. 제27조 각 호의 어느 하나에 따른 결격사유에 해당하게 된 경우

8. 삭제 <2014.1.7.>

9. 삭제 <2014.1.7.>

[전문개정 2011.8.4.]

제2절 소방시설관리업
<개정 2011.8.4.>

제29조(소방시설관리업의 등록 등) ① 제20조에 따른 소방안전관리 업무의 대행 또는 소방시설등의 점검 및 유지·관리의 업을 하려는 자는 시·도지사에게 소방시설관리업(이하 "관리업"이라 한다)의 등록을 하여야 한다.

② 제1항에 따른 기술 인력, 장비 등 관리업의 등록기준에 관하여 필요한 사항은 대통령령으로 정한다.
③ 제1항에 따른 관리업의 등록신청과 등록증·등록수첩의 발급·재발급 신청, 그 밖에 관리업의 등록에 필요한 사항은 행정안전부령으로 정한다. <개정 2013.3.23., 2014.11.19., 2017.7.26.>
[전문개정 2011.8.4.]

제30조(등록의 결격사유) 다음 각 호의 어느 하나에 해당하는 자는 관리업의 등록을 할 수 없다. <개정 2015.7.24.>
 1. 피성년후견인
 2. 이 법, 「소방기본법」, 「소방시설공사업법」 또는 「위험물 안전관리법」에 따른 금고 이상의 실형을 선고받고 그 집행이 끝나거나(집행이 끝난 것으로 보는 경우를 포함한다) 집행이 면제된 날부터 2년이 지나지 아니한 사람
 3. 이 법, 「소방기본법」, 「소방시설공사업법」 또는 「위험물 안전관리법」에 따른 금고 이상의 형의 집행유예를 선고받고 그 유예기간 중에 있는 사람
 4. 제34조제1항에 따라 관리업의 등록이 취소(제30조제1호에 해당하여 등록이 취소된 경우는 제외한다)된 날부터 2년이 지나지 아니한 자
 5. 임원 중에 제1호부터 제4호까지의 어느 하나에 해당하는 사람이 있는 법인
[전문개정 2011.8.4.]

제31조(등록사항의 변경신고) 관리업자는 제29조에 따라 등록한 사항 중 행정안전부령으로 정하는 중요 사항이 변경되었을 때에는 행정안전부령으로 정하는 바에 따라 시·도지사에게 변경사항을 신고하여야 한다. <개정 2013.3.23., 2014.11.19., 2017.7.26.>
[전문개정 2011.8.4.]

제32조(소방시설관리업자의 지위승계) ① 다음 각 호의 어느 하나에 해당하는 자는 관리업자의 지위를 승계한다.
 1. 관리업자가 사망한 경우 그 상속인
 2. 관리업자가 그 영업을 양도한 경우 그 양수인
 3. 법인인 관리업자가 합병한 경우 합병 후 존속하는 법인이나 합병으로 설립되는 법인
② 「민사집행법」에 따른 경매, 「채무자 회생 및 파산에 관한 법률」에 따른 환가, 「국세징수법」, 「관세법」 또는 「지방세징수법」에 따른 압류재산의 매각과 그 밖에 이에 준하는 절차에 따라 관리업의 시설 및 장비의 전부를 인수한 자

는 그 관리업자의 지위를 승계한다. <개정 2016.12.27.>

③ 제1항이나 제2항에 따라 관리업자의 지위를 승계한 자는 행정안전부령으로 정하는 바에 따라 시·도지사에게 신고하여야 한다. <개정 2013.3.23., 2014.11.19., 2017.7.26.>

④ 제1항이나 제2항에 따른 지위승계에 관하여는 제30조를 준용한다. 다만, 상속인이 제30조 각 호의 어느 하나에 해당하는 경우에는 상속받은 날부터 3개월 동안은 그러하지 아니하다.

[전문개정 2011.8.4.]

제33조(관리업의 운영) ① 관리업자는 관리업의 등록증이나 등록수첩을 다른 자에게 빌려주어서는 아니 된다.

② 관리업자는 다음 각 호의 어느 하나에 해당하면 제20조에 따라 소방안전관리 업무를 대행하게 하거나 제25조제1항에 따라 소방시설등의 점검업무를 수행하게 한 특정소방대상물의 관계인에게 지체 없이 그 사실을 알려야 한다.

1. 제32조에 따라 관리업자의 지위를 승계한 경우
2. 제34조제1항에 따라 관리업의 등록취소 또는 영업정지처분을 받은 경우
3. 휴업 또는 폐업을 한 경우

③ 관리업자는 제25조제1항에 따라 자체점검을 할 때에는 행정안전부령으로 정하는 바에 따라 기술인력을 참여시켜야 한다. <개정 2014.1.7., 2014.11.19., 2017.7.26.>

[전문개정 2011.8.4.]

제33조의2(점검능력 평가 및 공시 등) ① 소방청장은 관계인 또는 건축주가 적정한 관리업자를 선정할 수 있도록 하기 위하여 관리업자의 신청이 있는 경우 해당 관리업자의 점검능력을 종합적으로 평가하여 공시할 수 있다. <개정 2014.11.19., 2017.7.26.>

② 제1항에 따라 점검능력 평가를 신청하려는 관리업자는 소방시설등의 점검실적을 증명하는 서류 등 행정안전부령으로 정하는 서류를 소방청장에게 제출하여야 한다. <신설 2014.1.7., 2014.11.19., 2017.7.26.>

③ 제1항에 따른 점검능력 평가 및 공시방법, 수수료 등 필요한 사항은 행정안전부령으로 정한다. <개정 2013.3.23., 2014.1.7., 2014.11.19., 2017.7.26.>

④ 소방청장은 제1항에 따른 점검능력을 평가하기 위하여 관리업자의 기술인력 및 장비 보유현황, 점검실적, 행정처분이력 등 필요한 사항에 대하여 데이터베이스를 구축할 수 있다. <개정 2014.1.7., 2014.11.19., 2017.7.26.>

[본조신설 2011.8.4.]

제33조의3(점검실명제) ① 관리업자가 소방시설등의 점검을 마친 경우 점검일시, 점검자, 점검업체 등 점검과 관련된 사항을 점검기록표에 기록하고 이를 해당 특정소방대상물에 부착하여야 한다.

② 제1항에 따른 점검기록표에 관한 사항은 행정안전부령으로 정한다. <개정 2013.3.23., 2014.11.19., 2017.7.26.>

[본조신설 2011.8.4.]

제34조(등록의 취소와 영업정지 등) ① 시·도지사는 관리업자가 다음 각 호의 어느 하나에 해당할 때에는 행정안전부령으로 정하는 바에 따라 그 등록을 취소하거나 6개월 이내의 기간을 정하여 이의 시정이나 그 영업의 정지를 명할 수 있다. 다만, 제1호·제4호 또는 제7호에 해당할 때에는 등록을 취소하여야 한다. <개정 2013.3.23., 2014.1.7., 2014.11.19., 2016.1.27., 2017.7.26.>

 1. 거짓이나 그 밖의 부정한 방법으로 등록을 한 경우
 2. 제25조제1항에 따른 점검을 하지 아니하거나 거짓으로 한 경우
 3. 제29조제2항에 따른 등록기준에 미달하게 된 경우
 4. 제30조 각 호의 어느 하나의 등록의 결격사유에 해당하게 된 경우. 다만, 제30조제5호에 해당하는 법인으로서 결격사유에 해당하게 된 날부터 2개월 이내에 그 임원을 결격사유가 없는 임원으로 바꾸어 선임한 경우는 제외한다.
 5. 삭제 <2014.1.7.>
 6. 삭제 <2014.1.7.>
 7. 제33조제1항을 위반하여 다른 자에게 등록증이나 등록수첩을 빌려준 경우
 8. 삭제 <2014.1.7.>
 9. 삭제 <2014.1.7.>
 10. 삭제 <2014.1.7.>

② 제32조에 따라 관리업자의 지위를 승계한 상속인이 제30조 각 호의 어느 하나에 해당하는 경우에는 상속을 개시한 날부터 6개월 동안은 제1항제4호를 적용하지 아니한다.

[전문개정 2011.8.4.]

제35조(과징금처분) ① 시·도지사는 제34조제1항에 따라 영업정지를 명하는 경우로서 그 영업정지가 국민에게 심한 불편을 주거나 그 밖에 공익을 해칠 우려가 있을 때에는 영업정지처분을 갈음하여 3천만원 이하의 과징금을 부과할 수 있다. <개정 2014.12.30.>

② 제1항에 따른 과징금을 부과하는 위반행위의 종류와 위반 정도 등에 따른 과징금의 금액, 그 밖의 필요한 사항은 행정안전부령으로 정한다. <개정 2013.3.23.,

2014.11.19., 2017.7.26.>

③ 시·도지사는 제1항에 따른 과징금을 내야 하는 자가 납부기한까지 내지 아니하면 「지방세외수입금의 징수 등에 관한 법률」에 따라 징수한다. <개정 2013.8.6.>

[전문개정 2011.8.4.]

제6장 소방용품의 품질관리

<개정 2011.8.4.>

제36조(소방용품의 형식승인 등) ① 대통령령으로 정하는 소방용품을 제조하거나 수입하려는 자는 소방청장의 형식승인을 받아야 한다. 다만, 연구개발 목적으로 제조하거나 수입하는 소방용품은 그러하지 아니하다. <개정 2014.1.7., 2014.11.19., 2017.7.26.>

② 제1항에 따른 형식승인을 받으려는 자는 행정안전부령으로 정하는 기준에 따라 형식승인을 위한 시험시설을 갖추고 소방청장의 심사를 받아야 한다. 다만, 소방용품을 수입하는 자가 판매를 목적으로 하지 아니하고 자신의 건축물에 직접 설치하거나 사용하려는 경우 등 행정안전부령으로 정하는 경우에는 시험시설을 갖추지 아니할 수 있다. <개정 2013.3.23., 2014.1.7., 2014.11.19., 2017.7.26.>

③ 제1항과 제2항에 따라 형식승인을 받은 자는 그 소방용품에 대하여 소방청장이 실시하는 제품검사를 받아야 한다. <개정 2014.11.19., 2017.7.26.>

④ 제1항에 따른 형식승인의 방법·절차 등과 제3항에 따른 제품검사의 구분·방법·순서·합격표시 등에 관한 사항은 행정안전부령으로 정한다. <개정 2013.3.23., 2014.11.19., 2017.7.26.>

⑤ 소방용품의 형상·구조·재질·성분·성능 등 (이하 "형상등"이라 한다)의 형식승인 및 제품검사의 기술기준 등에 관한 사항은 소방청장이 정하여 고시한다. <개정 2014.11.19., 2017.7.26.>

⑥ 누구든지 다음 각 호의 어느 하나에 해당하는 소방용품을 판매하거나 판매 목적으로 진열하거나 소방시설공사에 사용할 수 없다.

1. 형식승인을 받지 아니한 것
2. 형상등을 임의로 변경한 것
3. 제품검사를 받지 아니하거나 합격표시를 하지 아니한 것

⑦ 소방청장은 제6항을 위반한 소방용품에 대하여는 그 제조자·수입자·판매자 또는 시공자에게 수거·폐기 또는 교체 등 행정안전부령으로 정하는 필요한 조치를 명할 수 있다. <개정 2013.3.23., 2014.11.19., 2017.7.26.>

⑧ 소방청장은 소방용품의 작동기능, 제조방법, 부품 등이 제5항에 따라 소방

청장이 고시하는 형식승인 및 제품검사의 기술기준에서 정하고 있는 방법이 아닌 새로운 기술이 적용된 제품의 경우에는 관련 전문가의 평가를 거쳐 행정안전부령으로 정하는 바에 따라 제4항에 따른 방법 및 절차와 다른 방법 및 절차로 형식승인을 할 수 있으며, 외국의 공인기관으로부터 인정받은 신기술 제품은 형식승인을 위한 시험 중 일부를 생략하여 형식승인을 할 수 있다. <개정 2013.3.23., 2014.11.19., 2017.7.26.>

⑨ 다음 각 호의 어느 하나에 해당하는 소방용품의 형식승인 내용에 대하여 공인기관의 평가결과가 있는 경우 형식승인 및 제품검사 시험 중 일부만을 적용하여 형식승인 및 제품검사를 할 수 있다. <신설 2016.1.27., 2017.7.26.>

  1.「군수품관리법」제2조에 따른 군수품

  2. 주한외국공관 또는 주한외국군 부대에서 사용되는 소방용품

  3. 외국의 차관이나 국가 간의 협약 등에 의하여 건설되는 공사에 사용되는 소방용품으로서 사전에 합의된 것

  4. 그 밖에 특수한 목적으로 사용되는 소방용품으로서 소방청장이 인정하는 것

⑩ 하나의 소방용품에 두 가지 이상의 형식승인 사항 또는 형식승인과 성능인증 사항이 결합된 경우에는 두 가지 이상의 형식승인 또는 형식승인과 성능인증 시험을 함께 실시하고 하나의 형식승인을 할 수 있다. <신설 2016.1.27.>

⑪ 제9항 및 제10항에 따른 형식승인의 방법 및 절차 등에 관하여는 행정안전부령으로 정한다. <신설 2016.1.27., 2017.7.26.>

[전문개정 2011.8.4.]

제37조(형식승인의 변경) ① 제36조제1항 및 제10항에 따른 형식승인을 받은 자가 해당 소방용품에 대하여 형상등의 일부를 변경하려면 소방청장의 변경승인을 받아야 한다. <개정 2015.7.24., 2016.1.27., 2017.7.26.>

② 제1항에 따른 변경승인의 대상·구분·방법 및 절차 등에 관하여 필요한 사항은 행정안전부령으로 정한다. <개정 2013.3.23., 2014.11.19., 2017.7.26.>

[전문개정 2011.8.4.]

제38조(형식승인의 취소 등) ① 소방청장은 소방용품의 형식승인을 받았거나 제품검사를 받은 자가 다음 각 호의 어느 하나에 해당될 때에는 행정안전부령으로 정하는 바에 따라 그 형식승인을 취소하거나 6개월 이내의 기간을 정하여 제품검사의 중지를 명할 수 있다. 다만, 제1호·제3호 또는 제7호의 경우에는 형식승인을 취소하여야 한다. <개정 2013.3.23., 2014.1.7., 2014.11.19., 2016.1.27., 2017.7.26.>

  1. 거짓이나 그 밖의 부정한 방법으로 제36조제1항 및 제10항에 따른 형식승인

을 받은 경우

2. 제36조제2항에 따른 시험시설의 시설기준에 미달되는 경우

3. 거짓이나 그 밖의 부정한 방법으로 제36조제3항에 따른 제품검사를 받은 경우

4. 제품검사 시 제36조제5항에 따른 기술기준에 미달되는 경우

5. 삭제 <2014.1.7.>

6. 삭제 <2014.1.7.>

7. 제37조에 따른 변경승인을 받지 아니하거나 거짓이나 그 밖의 부정한 방법으로 변경승인을 받은 경우

8. 삭제 <2014.1.7.>

9. 삭제 <2014.1.7.>

② 제1항에 따라 소방용품의 형식승인이 취소된 자는 그 취소된 날부터 2년 이내에는 형식승인이 취소된 동일 품목에 대하여 형식승인을 받을 수 없다.

[전문개정 2011.8.4.]

제39조(소방용품의 성능인증 등) ① 소방청장은 제조자 또는 수입자 등의 요청이 있는 경우 소방용품에 대하여 성능인증을 할 수 있다. <개정 2014.11.19., 2017.7.26.>

② 제1항에 따라 성능인증을 받은 자는 그 소방용품에 대하여 소방청장의 제품검사를 받아야 한다. <개정 2014.11.19., 2017.7.26.>

③ 제1항에 따른 성능인증의 대상·신청·방법 및 성능인증서 발급에 관한 사항과 제2항에 따른 제품검사의 구분·대상·절차·방법·합격표시 및 수수료 등에 관한 사항은 행정안전부령으로 정한다. <개정 2013.3.23., 2014.1.7., 2014.11.19., 2017.7.26.>

④ 제1항에 따른 성능인증 및 제2항에 따른 제품검사의 기술기준 등에 관한 사항은 소방청장이 정하여 고시한다. <개정 2014.11.19., 2017.7.26.>

⑤ 제2항에 따른 제품검사에 합격하지 아니한 소방용품에는 성능인증을 받았다는 표시를 하거나 제품검사에 합격하였다는 표시를 하여서는 아니 되며, 제품검사를 받지 아니하거나 합격표시를 하지 아니한 소방용품을 판매 또는 판매 목적으로 진열하거나 소방시설공사에 사용하여서는 아니 된다. <개정 2014.1.7., 2015.7.24.>

⑥ 하나의 소방용품에 성능인증 사항이 두 가지 이상 결합된 경우에는 해당 성능인증 시험을 모두 실시하고 하나의 성능인증을 할 수 있다. <신설 2016.1.27.>

⑦ 제6항에 따른 성능인증의 방법 및 절차 등에 관하여는 행정안전부령으로 정한다. <신설 2016.1.27., 2017.7.26.>

[전문개정 2011.8.4.]

제39조의2(성능인증의 변경) ① 제39조제1항 및 제6항에 따른 성능인증을 받은 자가 해당 소방용품에 대하여 형상등의 일부를 변경하려면 소방청장의 변경인 증을 받아야 한다. <개정 2016.1.27., 2017.7.26.>

② 제1항에 따른 변경인증의 대상·구분·방법 및 절차 등에 필요한 사항은 행정안전부령으로 정한다. <개정 2017.7.26.>

[본조신설 2015.7.24.]

제39조의3(성능인증의 취소 등) ① 소방청장은 소방용품의 성능인증을 받았거 나 제품검사를 받은 자가 다음 각 호의 어느 하나에 해당되는 때에는 행정안 전부령으로 정하는 바에 따라 해당 소방용품의 성능인증을 취소하거나 6개월 이내의 기간을 정하여 해당 소방용품의 제품검사 중지를 명할 수 있다. 다만, 제1호·제2호 또는 제5호에 해당하는 경우에는 해당 소방용품의 성능인증을 취소하여야 한다. <개정 2017.7.26.>

1. 거짓이나 그 밖의 부정한 방법으로 제39조제1항 및 제6항에 따른 성능인증 을 받은 경우
2. 거짓이나 그 밖의 부정한 방법으로 제39조제2항에 따른 제품검사를 받은 경우
3. 제품검사 시 제39조제4항에 따른 기술기준에 미달되는 경우
4. 제39조제5항을 위반한 경우
5. 제39조의2에 따라 변경인증을 받지 아니하고 해당 소방용품에 대하여 형 상 등의 일부를 변경하거나 거짓이나 그 밖의 부정한 방법으로 변경인증 을 받은 경우

② 제1항에 따라 소방용품의 성능인증이 취소된 자는 그 취소된 날부터 2년 이내에 성능인증이 취소된 소방용품과 동일한 품목에 대하여는 성능인증을 받 을 수 없다.

[본조신설 2016.1.27.]

제40조(우수품질 제품에 대한 인증) ① 소방청장은 제36조에 따른 형식승인의 대상이 되는 소방용품 중 품질이 우수하다고 인정하는 소방용품에 대하여 인증 (이하 "우수품질인증"이라 한다)을 할 수 있다. <개정 2014.11.19., 2017.7.26.>

② 우수품질인증을 받으려는 자는 행정안전부령으로 정하는 바에 따라 소방청 장에게 신청하여야 한다. <개정 2014.11.19., 2017.7.26.>

③ 우수품질인증을 받은 소방용품에는 우수품질인증 표시를 할 수 있다.

④ 우수품질인증의 유효기간은 5년의 범위에서 행정안전부령으로 정한다. <개 정 2014.11.19., 2017.7.26.>

⑤ 소방청장은 다음 각 호의 어느 하나에 해당하는 경우에는 우수품질인증을 취소할 수 있다. 다만, 제1호에 해당하는 경우에는 우수품질인증을 취소하여야 한다. <개정 2014.11.19., 2017.7.26.>

1. 거짓이나 그 밖의 부정한 방법으로 우수품질인증을 받은 경우
2. 우수품질인증을 받은 제품이 「발명진흥법」 제2조제4호에 따른 산업재산권 등 타인의 권리를 침해하였다고 판단되는 경우

⑥ 제1항부터 제5항까지에서 규정한 사항 외에 우수품질인증을 위한 기술기준, 제품의 품질관리 평가, 우수품질인증의 갱신, 수수료, 인증표시 등 우수품질인증에 관하여 필요한 사항은 행정안전부령으로 정한다. <개정 2014.11.19., 2016.1.27., 2017.7.26.>

[전문개정 2014.1.7.]

제40조의2(우수품질인증 소방용품에 대한 지원 등) 다음 각 호의 어느 하나에 해당하는 기관 및 단체는 건축물의 신축·증축 및 개축 등으로 소방용품을 변경 또는 신규 비치하여야 하는 경우 우수품질인증 소방용품을 우선 구매·사용하도록 노력하여야 한다.

1. 중앙행정기관
2. 지방자치단체
3. 「공공기관의 운영에 관한 법률」 제4조에 따른 공공기관
4. 그 밖에 대통령령으로 정하는 기관

[본조신설 2016.1.27.]
[종전 제40조의2는 제40조의3으로 이동 <2016.1.27.>]

제40조의3(소방용품의 수집검사 등) ① 소방청장은 소방용품의 품질관리를 위하여 필요하다고 인정할 때에는 유통 중인 소방용품을 수집하여 검사할 수 있다. <개정 2014.11.19., 2017.7.26.>

② 소방청장은 제1항에 따른 수집검사 결과 행정안전부령으로 정하는 중대한 결함이 있다고 인정되는 소방용품에 대하여는 그 제조자 및 수입자에게 행정안전부령으로 정하는 바에 따라 회수·교환·폐기 또는 판매중지를 명하고, 형식승인 또는 성능인증을 취소할 수 있다. <개정 2014.1.7., 2014.11.19., 2017.7.26.>

③ 소방청장은 제2항에 따라 회수·교환·폐기 또는 판매중지를 명하거나 형식승인 또는 성능인증을 취소한 때에는 행정안전부령으로 정하는 바에 따라 그 사실을 소방청 홈페이지 등에 공표할 수 있다. <개정 2013.3.23., 2014.1.7., 2014.11.19., 2017.7.26.>

[본조신설 2011.8.4.]
[제40조의2에서 이동 <2016.1.27.>]

제7장 보칙
<개정 2011.8.4.>

제41조(소방안전관리자 등에 대한 교육) ① 다음 각 호의 어느 하나에 해당하는 자는 화재 예방 및 안전관리의 효율화, 새로운 기술의 보급과 안전의식의 향상을 위하여 행정안전부령으로 정하는 바에 따라 소방청장이 실시하는 강습 또는 실무교육을 받아야 한다. <개정 2013.3.23., 2014.1.7., 2014.11.19., 2015.7.24., 2017.7.26.>
  1. 제20조제2항에 따라 선임된 소방안전관리자 및 소방안전관리보조자
  2. 제20조제3항에 따라 선임된 소방안전관리자
  3. 소방안전관리자의 자격을 인정받으려는 자로서 대통령령으로 정하는 자
  ② 소방본부장이나 소방서장은 제1항제1호 또는 제2호에 따른 소방안전관리자나 소방안전관리 업무 대행자가 정하여진 교육을 받지 아니하면 교육을 받을 때까지 행정안전부령으로 정하는 바에 따라 그 소방안전관리자나 소방안전관리 업무 대행자에 대하여 제20조에 따른 소방안전관리 업무를 제한할 수 있다. <개정 2013.3.23., 2014.11.19., 2017.7.26.>
[전문개정 2011.8.4.]
[시행일 : 2015.1.8.] 제41조의 개정규정 중 소방안전관리보조자 또는 초기대응체계에 관한 규정

Q. 방화관리업무대행에 따른 방화관리자 실무교육관련

질문

방화관리자(감독적 지위 있는 자로 방화관리자로 선임된 자)도 「소방시설 설치유지 및 안전관리에 관한 법률」 제41조 제1항 제1호의 규정에 따른 방화관리자 실무교육을 받아야 하는지요?

답변

「소방시설 설치유지 및 안전관리에 관한 법률」 제41조 제1항의 규정에 따라 방화관리업무를 대행하는 자는 방화관리자 실무교육을 받아야 합니다. 다만, 대행업자가 방화관리업무를 수행함에 있어, 「동법」 제20조 제6항의 규정에 의한 방화관리 업무 전체를 수행할 수 없는 경우에는 방화관리자로 선임된 자가 실무교육을 이수하여 업무수행 또는 대행업체를 관리·감독 할 수 있도록 하여야 합니다.

제42조(제품검사 전문기관의 지정 등) ① 소방청장은 제36조제3항 및 제39조제2항에 따른 제품검사를 전문적·효율적으로 실시하기 위하여 다음 각 호의 요건을 모두 갖춘 기관을 제품검사 전문기관(이하 "전문기관"이라 한다)으로 지정할 수 있다. <개정 2014.1.7., 2014.11.19., 2014.12.30., 2017.7.26.>
  1. 다음 각 목의 어느 하나에 해당하는 기관일 것
    가. 「과학기술분야 정부출연연구기관 등의 설립·운영 및 육성에 관한 법률」 제8조에 따라 설립된 연구기관
    나. 「공공기관의 운영에 관한 법률」 제4조에 따라 지정된 공공기관
    다. 소방용품의 시험·검사 및 연구를 주된 업무로 하는 비영리 법인
  2. 「국가표준기본법」 제23조에 따라 인정을 받은 시험·검사기관일 것
  3. 행정안전부령으로 정하는 검사인력 및 검사설비를 갖추고 있을 것
  4. 기관의 대표자가 제27조제1호부터 제3호까지의 어느 하나에 해당하지 아니할 것
  5. 제43조에 따라 전문기관의 지정이 취소된 경우에는 지정이 취소된 날부터 2년이 경과하였을 것
② 전문기관 지정의 방법 및 절차 등에 관하여 필요한 사항은 행정안전부령으로 정한다. <개정 2013.3.23., 2014.1.7., 2014.11.19., 2017.7.26.>
③ 소방청장은 제1항에 따라 전문기관을 지정하는 경우에는 소방용품의 품질 향상, 제품검사의 기술개발 등에 드는 비용을 부담하게 하는 등 필요한 조건을 붙일 수 있다. 이 경우 그 조건은 공공의 이익을 증진하기 위하여 필요한 최소한도에 한정하여야 하며, 부당한 의무를 부과하여서는 아니 된다. <개정 2014.11.19., 2017.7.26.>
④ 전문기관은 행정안전부령으로 정하는 바에 따라 제품검사 실시 현황을 소방청장에게 보고하여야 한다. <개정 2013.3.23., 2014.11.19., 2017.7.26.>
⑤ 소방청장은 전문기관을 지정한 경우에는 행정안전부령으로 정하는 바에 따라 전문기관의 제품검사 업무에 대한 평가를 실시할 수 있으며, 제품검사를 받은 소방용품에 대하여 확인검사를 할 수 있다. <개정 2013.3.23., 2014.11.19., 2017.7.26.>
⑥ 소방청장은 제5항에 따라 전문기관에 대한 평가를 실시하거나 확인검사를 실시한 때에는 그 평가결과 또는 확인검사결과를 행정안전부령으로 정하는 바에 따라 공표할 수 있다. <개정 2013.3.23., 2014.11.19., 2017.7.26.>
⑦ 소방청장은 제5항에 따른 확인검사를 실시하는 때에는 행정안전부령으로 정하는 바에 따라 전문기관에 대하여 확인검사에 드는 비용을 부담하게 할 수 있다. <개정 2013.3.23., 2014.11.19., 2017.7.26.>
[전문개정 2011.8.4.]

제43조(전문기관의 지정취소 등) 소방청장은 전문기관이 다음 각 호의 어느 하나에 해당할 때에는 그 지정을 취소하거나 6개월 이내의 기간을 정하여 그 업무의 정지를 명할 수 있다. 다만, 제1호에 해당할 때에는 그 지정을 취소하여야 한다. <개정 2014.1.7., 2014.11.19., 2017.7.26.>

1. 거짓이나 그 밖의 부정한 방법으로 지정을 받은 경우
2. 정당한 사유 없이 1년 이상 계속하여 제품검사 또는 실무교육 등 지정받은 업무를 수행하지 아니한 경우
3. 제42조제1항 각 호의 요건을 갖추지 못하거나 제42조제3항에 따른 조건을 위반한 때
4. 제46조제1항제7호에 따른 감독 결과 이 법이나 다른 법령을 위반하여 전문기관으로서의 업무를 수행하는 것이 부적당하다고 인정되는 경우

[전문개정 2011.8.4.]

제44조(청문) 소방청장 또는 시·도지사는 다음 각 호의 어느 하나에 해당하는 처분을 하려면 청문을 하여야 한다. <개정 2014.1.7., 2014.11.19., 2016.1.27., 2017.7.26.>

1. 제28조에 따른 관리사 자격의 취소 및 정지
2. 제34조제1항에 따른 관리업의 등록취소 및 영업정지
3. 제38조에 따른 소방용품의 형식승인 취소 및 제품검사 중지
3의2. 제39조의3에 따른 성능인증의 취소
4. 제40조제5항에 따른 우수품질인증의 취소
5. 제43조에 따른 전문기관의 지정취소 및 업무정지

[전문개정 2011.8.4.]

제45조(권한의 위임·위탁 등) ① 이 법에 따른 소방청장 또는 시·도지사의 권한은 그 일부를 대통령령으로 정하는 바에 따라 시·도지사, 소방본부장 또는 소방서장에게 위임할 수 있다. <개정 2014.11.19., 2017.7.26.>
② 소방청장은 다음 각 호의 업무를 「소방산업의 진흥에 관한 법률」 제14조에 따른 한국소방산업기술원(이하 "기술원"이라 한다)에 위탁할 수 있다. 이 경우 소방청장은 기술원에 소방시설 및 소방용품에 관한 기술개발·연구 등에 필요한 경비의 일부를 보조할 수 있다. <개정 2014.11.19., 2015.7.24., 2016.1.27., 2017.7.26.>

1. 제13조에 따른 방염성능검사 중 대통령령으로 정하는 검사
2. 제36조제1항·제2항 및 제8항부터 제10항까지에 따른 소방용품의 형식승인
3. 제37조에 따른 형식승인의 변경승인

3의2. 제38조제1항에 따른 형식승인의 취소

4. 제39조제1항·제6항에 따른 성능인증 및 제39조의3에 따른 성능인증의 취소

5. 제39조의2에 따른 성능인증의 변경인증

6. 제40조에 따른 우수품질인증 및 그 취소

③ 소방청장은 제41조에 따른 소방안전관리자 등에 대한 교육 업무를 「소방기본법」 제40조에 따른 한국소방안전원(이하 "안전원"이라 한다)에 위탁할 수 있다. <개정 2014.11.19., 2017.7.26., 2017.12.26.>

④ 소방청장은 제36조제3항 및 제39조제2항에 따른 제품검사 업무를 기술원 또는 전문기관에 위탁할 수 있다. <개정 2014.11.19., 2017.7.26.>

⑤ 제2항부터 제4항까지의 규정에 따라 위탁받은 업무를 수행하는 안전원, 기술원 및 전문기관이 갖추어야 하는 시설기준 등에 관하여 필요한 사항은 행정안전부령으로 정한다. <개정 2013.3.23., 2014.11.19., 2017.7.26., 2017.12.26.>

⑥ 소방청장은 다음 각 호의 업무를 대통령령으로 정하는 바에 따라 소방기술과 관련된 법인 또는 단체에 위탁할 수 있다. <개정 2014.1.7., 2014.11.19., 2015.7.24., 2017.7.26.>

1. 제26조제4항 및 제5항에 따른 소방시설관리사증의 발급·재발급에 관한 업무

2. 제33조의2제1항에 따른 점검능력 평가 및 공시에 관한 업무

3. 제33조의2제4항에 따른 데이터베이스 구축에 관한 업무

⑦ 소방청장은 제9조의4제3항에 따른 건축 환경 및 화재위험특성 변화 추세 연구에 관한 업무를 대통령령이 정하는 바에 따라 화재안전 관련 전문 연구기관에 위탁할 수 있다. 이 경우 소방청장은 연구에 필요한 경비를 지원할 수 있다. <개정 2016.1.27., 2017.7.26.>

⑧ 제6항 및 제7항에 따라 위탁받은 업무에 종사하고 있거나 종사하였던 사람은 업무를 수행하면서 알게 된 비밀을 이 법에서 정한 목적 외의 용도로 사용하거나 다른 사람 또는 기관에 제공하거나 누설하여서는 아니 된다. <신설 2016.1.27.>

[전문개정 2011.8.4.]

제45조의2(벌칙 적용 시의 공무원 의제) 제4조제3항에 따른 소방특별조사위원회의 위원 중 공무원이 아닌 사람, 제4조의2제1항에 따라 소방특별조사에 참여하는 전문가, 제45조제2항부터 제6항까지의 규정에 따라 위탁받은 업무를 수행하는 안전원·기술원 및 전문기관, 법인 또는 단체의 담당 임직원은 「형법」 제129조부터 제132조까지의 규정을 적용할 때에는 공무원으로 본다. <개정 2014.12.30., 2015.7.24., 2017.12.26.>

[본조신설 2011.8.4.]

제46조(감독) ① 소방청장, 시·도지사, 소방본부장 또는 소방서장은 다음 각 호의 어느 하나에 해당하는 자, 사업체 또는 소방대상물 등의 감독을 위하여 필요하면 관계인에게 필요한 보고 또는 자료제출을 명할 수 있으며, 관계 공무원으로 하여금 소방대상물·사업소·사무소 또는 사업장에 출입하여 관계 서류·시설 및 제품 등을 검사하거나 관계인에게 질문하게 할 수 있다. <개정 2014.11.19., 2014.12.30., 2016.1.27., 2017.7.26.>
  1. 제29조제1항에 따른 관리업자
  2. 제25조에 따라 관리업자가 점검한 특정소방대상물
  3. 제26조에 따른 관리사
  4. 제36조제1항부터 제3항까지 및 제10항의 규정에 따른 소방용품의 형식승인, 제품검사 및 시험시설의 심사를 받은 자
  5. 제37조제1항에 따라 변경승인을 받은 자
  6. 제39조제1항, 제2항 및 제6항에 따라 성능인증 및 제품검사를 받은 자
  7. 제42조제1항에 따라 지정을 받은 전문기관
  8. 소방용품을 판매하는 자
② 제1항에 따라 출입·검사 업무를 수행하는 관계 공무원은 그 권한을 표시하는 증표를 지니고 이를 관계인에게 내보여야 한다.
③ 제1항에 따라 출입·검사 업무를 수행하는 관계 공무원은 관계인의 정당한 업무를 방해하거나 출입·검사 업무를 수행하면서 알게 된 비밀을 다른 사람에게 누설하여서는 아니 된다.
[전문개정 2011.8.4.]

제47조(수수료 등) 다음 각 호의 어느 하나에 해당하는 자는 행정안전부령으로 정하는 수수료 또는 교육비를 내야 한다. <개정 2013.3.23., 2014.1.7., 2014.11.19., 2015.7.24., 2016.1.27., 2017.7.26.>
  1. 제13조에 따른 방염성능검사를 받으려는 자
  2. 삭제 <2014.12.30.>
  3. 삭제 <2014.12.30.>
  4. 삭제 <2014.12.30.>
  5. 제26조제1항에 따른 관리사시험에 응시하려는 사람
  5의2. 제26조제4항 및 제5항에 따라 소방시설관리사증을 발급받거나 재발급받으려는 자
  6. 제29조제1항에 따른 관리업의 등록을 하려는 자
  7. 제29조제3항에 따라 관리업의 등록증이나 등록수첩을 재발급받으려는 자
  8. 제32조제3항에 따라 관리업자의 지위승계를 신고하는 자

9. 제36조제1항 및 제10항에 따라 소방용품의 형식승인을 받으려는 자
10. 제36조제2항에 따라 시험시설의 심사를 받으려는 자
11. 제36조제3항에 따라 형식승인을 받은 소방용품의 제품검사를 받으려는 자
12. 제37조제1항에 따라 형식승인의 변경승인을 받으려는 자
13. 제39조제1항 및 제6항에 따라 소방용품의 성능인증을 받으려는 자
14. 제39조제2항에 따라 성능인증을 받은 소방용품의 제품검사를 받으려는 자
15. 제39조의2제1항에 따른 성능인증의 변경인증을 받으려는 자
16. 제40조제1항에 따른 우수품질인증을 받으려는 자
17. 제41조에 따라 강습교육이나 실무교육을 받으려는 자
18. 제42조에 따라 전문기관으로 지정을 받으려는 자

[전문개정 2011.8.4.]

제47조의2(조치명령 등의 기간연장) ① 다음 각 호에 따른 조치명령·선임명령 또는 이행명령(이하 "조치명령 등"이라 한다)을 받은 관계인 등은 천재지변이나 그 밖에 대통령령으로 정하는 사유로 조치명령 등을 그 기간 내에 이행할 수 없는 경우에는 조치명령 등을 명령한 소방청장, 소방본부장 또는 소방서장에게 대통령령으로 정하는 바에 따라 조치명령 등을 연기하여 줄 것을 신청할 수 있다. <개정 2016.1.27., 2017.7.26.>

1. 제5조제1항 및 제2항에 따른 소방대상물의 개수·이전·제거, 사용의 금지 또는 제한, 사용폐쇄, 공사의 정지 또는 중지, 그 밖의 필요한 조치명령
2. 제9조제2항에 따른 소방시설에 대한 조치명령
3. 제10조제2항에 따른 피난시설, 방화구획 및 방화시설에 대한 조치명령
4. 제12조제2항에 따른 방염성대상물품의 제거 또는 방염성능검사 조치명령
5. 제20조제12항에 따른 소방안전관리자 선임명령
6. 제20조제13항에 따른 소방안전관리업무 이행명령
7. 제36조제7항에 따른 형식승인을 받지 아니한 소방용품의 수거·폐기 또는 교체 등의 조치명령
8. 제40조의3제2항에 따른 중대한 결함이 있는 소방용품의 회수·교환·폐기 조치명령

② 제1항에 따라 연기신청을 받은 소방청장, 소방본부장 또는 소방서장은 연기신청 승인 여부를 결정하고 그 결과를 조치명령 등의 이행 기간 내에 관계인 등에게 알려주어야 한다. <개정 2017.7.26.>

[본조신설 2014.12.30.]

제47조의3(위반행위의 신고 및 신고포상금의 지급) ① 누구든지 소방본부장 또

는 소방서장에게 다음 각 호의 어느 하나에 해당하는 행위를 한 자를 신고할 수 있다.

  1. 제9조제1항을 위반하여 소방시설을 설치 또는 유지·관리한 자
  2. 제9조제3항을 위반하여 폐쇄·차단 등의 행위를 한 자
  3. 제10조제1항 각 호의 어느 하나에 해당하는 행위를 한 자

② 소방본부장 또는 소방서장은 제1항에 따른 신고를 받은 경우 신고 내용을 확인하여 이를 신속하게 처리하고, 그 처리결과를 행정안전부령으로 정하는 방법 및 절차에 따라 신고자에게 통지하여야 한다. <신설 2018.10.16.>
③ 소방본부장 또는 소방서장은 제1항에 따른 신고를 한 사람에게 예산의 범위에서 포상금을 지급할 수 있다. <개정 2018.10.16.>
④ 제3항에 따른 신고포상금의 지급대상, 지급기준, 지급절차 등에 필요한 사항은 특별시·광역시·특별자치시·도 또는 특별자치도의 조례로 정한다. <개정 2018.10.16.>
[본조신설 2016.1.27.]
[제목개정 2018.10.16.]

제8장 벌칙
<개정 2011.8.4.>

제48조(벌칙) ① 제9조제3항 본문을 위반하여 소방시설에 폐쇄·차단 등의 행위를 한 자는 5년 이하의 징역 또는 5천만원 이하의 벌금에 처한다. <개정 2014.1.7., 2016.1.27.>
② 제1항의 죄를 범하여 사람을 상해에 이르게 한 때에는 7년 이하의 징역 또는 7천만원 이하의 벌금에 저하며, 사망에 이르게 한 때에는 10년 이하의 징역 또는 1억원 이하의 벌금에 처한다. <신설 2016.1.27.>
[전문개정 2011.8.4.]

제48조의2(벌칙) 다음 각 호의 어느 하나에 해당하는 자는 3년 이하의 징역 또는 3천만원 이하의 벌금에 처한다. <개정 2014.1.7., 2014.12.30., 2015.7.24., 2016.1.27.>

  1. 제5조제1항·제2항, 제9조제2항, 제10조제2항, 제10조의2제3항, 제12조제2항, 제20조제12항, 제20조제13항, 제36조제7항 또는 제40조의3제2항에 따른 명령을 정당한 사유 없이 위반한 자
  2. 제29조제1항을 위반하여 관리업의 등록을 하지 아니하고 영업을 한 자
  3. 제36조제1항, 제2항 및 제10항을 위반하여 소방용품의 형식승인을 받지

아니하고 소방용품을 제조하거나 수입한 자
4. 제36조제3항을 위반하여 제품검사를 받지 아니한 자
5. 제36조제6항을 위반하여 같은 항 각 호의 어느 하나에 해당하는 소방용품을 판매·진열하거나 소방시설공사에 사용한 자
6. 제39조제5항을 위반하여 제품검사를 받지 아니하거나 합격표시를 하지 아니한 소방용품을 판매·진열하거나 소방시설공사에 사용한 자
7. 거짓이나 그 밖의 부정한 방법으로 제42조제1항에 따른 전문기관으로 지정을 받은 자
[전문개정 2011.8.4.]
[시행일 : 2015.1.8.] 제48조의2제1호의 개정규정 중 임시소방시설의 유지·관리 등에 관한 규정

제49조(벌칙) 다음 각 호의 어느 하나에 해당하는 자는 1년 이하의 징역 또는 1천만원 이하의 벌금에 처한다. <개정 2014.12.30., 2015.7.24., 2017.12.26.>
1. 제4조의4제2항 또는 제46조제3항을 위반하여 관계인의 정당한 업무를 방해한 자, 조사·검사 업무를 수행하면서 알게 된 비밀을 제공 또는 누설하거나 목적 외의 용도로 사용한 자
2. 제33조제1항을 위반하여 관리업의 등록증이나 등록수첩을 다른 자에게 빌려준 자
3. 제34조제1항에 따라 영업정지처분을 받고 그 영업정지기간 중에 관리업의 업무를 한 자
4. 제25조제1항을 위반하여 소방시설등에 대한 자체점검을 하지 아니하거나 관리업자 등으로 하여금 정기적으로 점검하게 하지 아니한 자
5. 제26조제6항을 위반하여 소방시설관리사증을 다른 자에게 빌려주거나 같은 조 제7항을 위반하여 동시에 둘 이상의 업체에 취업한 사람
6. 제36조제3항에 따른 제품검사에 합격하지 아니한 제품에 합격표시를 하거나 합격표시를 위조 또는 변조하여 사용한 자
7. 제37조제1항을 위반하여 형식승인의 변경승인을 받지 아니한 자
8. 제39조제5항을 위반하여 제품검사에 합격하지 아니한 소방용품에 성능인증을 받았다는 표시 또는 제품검사에 합격하였다는 표시를 하거나 성능인증을 받았다는 표시 또는 제품검사에 합격하였다는 표시를 위조 또는 변조하여 사용한 자
9. 제39조의2제1항을 위반하여 성능인증의 변경인증을 받지 아니한 자
10. 제40조제1항에 따른 우수품질인증을 받지 아니한 제품에 우수품질인증 표시를 하거나 우수품질인증 표시를 위조하거나 변조하여 사용한 자
[전문개정 2011.8.4.]

Q. 공동주택의 종합정밀점검대상 해당여부

질문

지하주차장을 공동 사용하는 ○○월드타운아파트 2개동(15층 6,815.204㎡, 16층 4,074.873㎡)이 종합정밀점검대상에 해당하는지 여부와 포함될 경우 종합점검 미 실시에 대하여는 어떤 절차를 따르는지 여부

답변

완전구획 되지 않은 특정소방대상물의 지하1·2층 주차장을 아파트 2개동에서 공동으로 사용할 경우 하나의 소방대상물로 볼 수 있습니다. 따라서 질의하신 아파는 종합정밀점검 대상인 16층 이상 5천㎡ 이상에 해당하여 연1회 이상 종합정밀점검을 받아야 합니다. 관할소방서에서 특정소방대상물의 종합정밀점검대상 해당여부 안내는 최초 건축허가일(사용승인일 포함) 또는 소방시설 완공검사일에 실시하고 있습니다. 또한 종합정밀점검을 미 실시하였을 경우 「소방시설 설치유지 및 안전관리에 관한 법률」 제 49조 제2호 규정에 의한 벌칙을 받을 수 있습니다.

제50조(벌칙) 다음 각 호의 어느 하나에 해당하는 자는 300만원 이하의 벌금에 처한다. <개정 2014.1.7., 2016.1.27.>

1. 제4조제1항에 따른 소방특별조사를 정당한 사유 없이 거부·방해 또는 기피한 자
2. 삭제 <2017.12.26.>
3. 제13조를 위반하여 방염성능검사에 합격하지 아니한 물품에 합격표시를 하거나 합격표시를 위조하거나 변조하여 사용한 자
4. 제13조제2항을 위반하여 거짓 시료를 제출한 자
5. 제20조제2항을 위반하여 소방안전관리자 또는 소방안전관리보조자를 선임하지 아니한 자
5의2. 제21조를 위반하여 공동 소방안전관리자를 선임하지 아니한 자
6. 제20조제8항을 위반하여 소방시설·피난시설·방화시설 및 방화구획 등이 법령에 위반된 것을 발견하였음에도 필요한 조치를 할 것을 요구하지 아니한 소방안전관리자
7. 제20조제9항을 위반하여 소방안전관리자에게 불이익한 처우를 한 관계인
8. 제33조의3제1항을 위반하여 점검기록표를 거짓으로 작성하거나 해당 특정소방대상물에 부착하지 아니한 자
9. 삭제 <2017.12.26.>
9의2. 삭제 <2017.12.26.>

10. 삭제 <2017.12.26.>

11. 제45조제8항을 위반하여 업무를 수행하면서 알게 된 비밀을 이 법에서 정한 목적 외의 용도로 사용하거나 다른 사람 또는 기관에 제공하거나 누설한 사람

[전문개정 2011.8.4.]

[시행일 : 2015.1.8.] 제50조제5호의 개정규정 중 소방안전관리보조자 또는 초기대응체계에 관한 규정

제51조 삭제 <2011.8.4.>

제52조(양벌규정) 법인의 대표자나 법인 또는 개인의 대리인, 사용인, 그 밖의 종업원이 그 법인 또는 개인의 업무에 관하여 제48조부터 제51조까지의 어느 하나에 해당하는 위반행위를 하면 그 행위자를 벌하는 외에 그 법인 또는 개인에게도 해당 조문의 벌금형을 과(科)한다. 다만, 법인 또는 개인이 그 위반행위를 방지하기 위하여 해당 업무에 관하여 상당한 주의와 감독을 게을리하지 아니한 경우에는 그러하지 아니하다.

[전문개정 2008.12.26.]

제53조(과태료) ① 다음 각 호의 어느 하나에 해당하는 자에게는 300만원 이하의 과태료를 부과한다. <신설 2016.1.27.>

1. 제9조제1항 전단의 화재안전기준을 위반하여 소방시설을 설치 또는 유지·관리한 자

2. 제10조제1항을 위반하여 피난시설, 방화구획 또는 방화시설의 폐쇄·훼손·변경 등의 행위를 한 자

② 다음 각 호의 어느 하나에 해당하는 자에게는 200만원 이하의 과태료를 부과한다. <개정 2014.1.7., 2014.12.30., 2016.1.27.>

1. 제12조제1항을 위반한 자

2. 삭제 <2016.1.27.>

3. 제20조제4항, 제31조 또는 제32조제3항에 따른 신고를 하지 아니한 자 또는 거짓으로 신고한 자

3의2. 삭제 <2014.12.30.>

4. 삭제 <2014.12.30.>

5. 제20조제1항을 위반하여 소방안전관리 업무를 수행하지 아니한 자

6. 제20조제6항에 따른 소방안전관리 업무를 하지 아니한 특정소방대상물의 관계인 또는 소방안전관리대상물의 소방안전관리자

7. 제20조제7항을 위반하여 지도와 감독을 하지 아니한 자

7의2. 제21조의2제3항을 위반하여 피난유도 안내정보를 제공하지 아니한 자

8. 제22조제1항을 위반하여 소방훈련 및 교육을 하지 아니한 자

9. 제24조제1항을 위반하여 소방안전관리 업무를 하지 아니한 자

10. 제25조제2항을 위반하여 소방시설등의 점검결과를 보고하지 아니한 자 또는 거짓으로 보고한 자

11. 제33조제2항을 위반하여 지위승계, 행정처분 또는 휴업·폐업의 사실을 특정소방대상물의 관계인에게 알리지 아니하거나 거짓으로 알린 관리업자

12. 제33조제3항을 위반하여 기술인력의 참여 없이 자체점검을 한 자

12의2. 제33조의2제2항에 따른 서류를 거짓으로 제출한 자

13. 제46조제1항에 따른 명령을 위반하여 보고 또는 자료제출을 하지 아니하거나 거짓으로 보고 또는 자료제출을 한 자 또는 정당한 사유 없이 관계 공무원의 출입 또는 조사·검사를 거부·방해 또는 기피한 자

③ 제41조제1항제1호 또는 제2호를 위반하여 실무 교육을 받지 아니한 소방안전관리자 및 소방안전관리보조자에게는 100만원 이하의 과태료를 부과한다. <신설 2018.3.2.>

④ 제1항부터 제3항까지에 따른 과태료는 대통령령으로 정하는 바에 따라 소방청장, 관할 시·도지사, 소방본부장 또는 소방서장이 부과·징수한다. <개정 2014.1.7., 2014.11.19., 2016.1.27., 2017.7.26., 2018.3.2.>

[전문개정 2011.8.4.]

부칙

<제15810호, 2018.10.16.>

이 법은 공포 후 1년이 경과한 날부터 시행한다. 다만, 제47조의3의 개정규정은 공포 후 6개월이 경과한 날부터 시행한다.

화재예방, 소방시설 설치·유지 및 안전관리에 관한 법률 시행령
(약칭:소방시설법 시행령)

[시행 2018.9.3]
[대통령령 제29122호, 2018.8.28, 일부개정]

제1장 총칙

제1조(목적) 이 영은 「화재예방, 소방시설 설치·유지 및 안전관리에 관한 법률」에서 위임된 사항과 그 시행에 필요한 사항을 규정함을 목적으로 한다. <개정 2005.11.11., 2012.1.31., 2016.1.19.>

제2조(정의) 이 영에서 사용하는 용어의 뜻은 다음과 같다.
  1. "무창층(無窓層)"이란 지상층 중 다음 각 목의 요건을 모두 갖춘 개구부(건축물에서 채광·환기·통풍 또는 출입 등을 위하여 만든 창·출입구, 그 밖에 이와 비슷한 것을 말한다)의 면적의 합계가 해당 층의 바닥면적(「건축법 시행령」 제119조제1항제3호에 따라 산정된 면적을 말한다. 이하 같다)의 30분의 1 이하가 되는 층을 말한다.
    가. 크기는 지름 50센티미터 이상의 원이 내접(內接)할 수 있는 크기일 것
    나. 해당 층의 바닥면으로부터 개구부 밑부분까지의 높이가 1.2미터 이내일 것
    다. 도로 또는 차량이 진입할 수 있는 빈터를 향할 것
    라. 화재 시 건축물로부터 쉽게 피난할 수 있도록 창살이나 그 밖의 장애물이 설치되지 아니할 것
    마. 내부 또는 외부에서 쉽게 부수거나 열 수 있을 것
  2. "피난층"이란 곧바로 지상으로 갈 수 있는 출입구가 있는 층을 말한다.
[전문개정 2012.9.14.]

제3조(소방시설) 「화재예방, 소방시설 설치·유지 및 안전관리에 관한 법률」(이하 "법"이라 한다) 제2조제1항제1호에서 "대통령령으로 정하는 것"이란 별표 1의 설비를 말한다. <개정 2016.1.19.>
[전문개정 2012.9.14.]

제4조(소방시설등) 법 제2조제1항제2호에서 "그 밖에 소방 관련 시설로서 대통령령으로 정하는 것"이란 방화문 및 방화셔터를 말한다.
[본조신설 2014.7.7.]

제5조(특정소방대상물) 법 제2조제1항제3호에서 "대통령령으로 정하는 것"이란 별표 2의 소방대상물을 말한다.
[전문개정 2012.9.14.]

제6조(소방용품) 법 제2조제1항제4호에서 "대통령령으로 정하는 것"이란 별표 3의 제품 또는 기기를 말한다.
[전문개정 2012.9.14.]

제6조의2(화재안전정책기본계획의 협의 및 수립) 소방청장은 법 제2조의3에 따른 화재안전정책에 관한 기본계획(이하 "기본계획"이라 한다)을 계획 시행 전년도 8월 31일까지 관계 중앙행정기관의 장과 협의를 마친 후 계획 시행 전년도 9월 30일까지 수립하여야 한다. <개정 2017.7.26.>
[본조신설 2016.1.19.]

제6조의3(기본계획의 내용) 법 제2조의3제3항제7호에서 "대통령령으로 정하는 화재안전 개선에 필요한 사항"이란 다음 각 호의 사항을 말한다.
1. 화재현황, 화재발생 및 화재안전정책의 여건 변화에 관한 사항
2. 소방시설의 설치·유지 및 화재안전기준의 개선에 관한 사항
[본조신설 2016.1.19.]

제6조의4(화재안전정책시행계획의 수립·시행) ① 소방청장은 법 제2조의3제4항에 따라 기본계획을 시행하기 위한 시행계획(이하 "시행계획"이라 한다)을 계획 시행 전년도 10월 31일까지 수립하여야 한다. <개정 2017.7.26.>
② 시행계획에는 다음 각 호의 사항이 포함되어야 한다. <개정 2017.7.26.>
1. 기본계획의 시행을 위하여 필요한 사항
2. 그 밖에 화재안전과 관련하여 소방청장이 필요하다고 인정하는 사항
[본조신설 2016.1.19.]

제6조의5(화재안전정책 세부시행계획의 수립 · 시행) ① 관계 중앙행정기관의 장 또는 특별시장·광역시장·특별자치시장·도지사·특별자치도지사(이하 "시·도지사"라 한다)는 법 제2조의3제6항에 따른 세부 시행계획(이하 "세부시행계획"이라 한다)을 계획 시행 전년도 12월 31일까지 수립하여야 한다.

② 세부시행계획에는 다음 각 호의 사항이 포함되어야 한다.

1. 기본계획 및 시행계획에 대한 관계 중앙행정기관 또는 특별시·광역시·특별자치시·도·특별자치도(이하 "시·도"라 한다)의 세부 집행계획
2. 그 밖에 화재안전과 관련하여 관계 중앙행정기관의 장 또는 시·도지사가 필요하다고 결정한 사항

[본조신설 2016.1.19.]

제2장 소방특별조사 등
<개정 2012.1.31.>

제7조(소방특별조사의 항목) 법 제4조에 따른 소방특별조사(이하 "소방특별조사"라 한다)는 다음 각 호의 세부 항목에 대하여 실시한다. 다만, 소방특별조사의 목적을 달성하기 위하여 필요한 경우에는 법 제9조에 따른 소방시설, 법 제10조에 따른 피난시설·방화구획·방화시설 및 법 제10조의2에 따른 임시소방시설의 설치·유지 및 관리에 관한 사항을 조사할 수 있다. <개정 2014.7.7., 2015.1.6., 2017.1.26.>

1. 법 제20조 및 제24조에 따른 소방안전관리 업무 수행에 관한 사항
2. 법 제20조제6항제1호에 따라 작성한 소방계획서의 이행에 관한 사항
3. 법 제25조제1항에 따른 자체점검 및 정기적 점검 등에 관한 사항
4. 「소방기본법」 제12조에 따른 화재의 예방조치 등에 관한 사항
5. 「소방기본법」 제15조에 따른 불을 사용하는 설비 등의 관리와 특수가연물의 저장·취급에 관한 사항
6. 「다중이용업소의 안전관리에 관한 특별법」 제8조부터 제13조까지의 규정에 따른 안전관리에 관한 사항
7. 「위험물안전관리법」 제5조·제6조·제14조·제15조 및 제18조에 따른 안전관리에 관한 사항

[전문개정 2012.9.14.]

제7조의2(소방특별조사위원회의 구성 등) ① 법 제4조제3항에 따른 소방특별조사위원회(이하 이 조 및 제7조의3부터 제7조의5까지에서 "위원회"라 한다)는 위원장 1명을 포함한 7명 이내의 위원으로 성별을 고려하여 구성하고, 위원장

은 소방본부장이 된다. <개정 2013.1.9., 2014.11.19., 2016.1.19., 2017.1.26.>

② 위원회의 위원은 다음 각 호의 어느 하나에 해당하는 사람 중에서 소방본부장이 임명하거나 위촉한다. <개정 2014.11.19., 2016.1.19.>

  1. 과장급 직위 이상의 소방공무원

  2. 소방기술사

  3. 소방시설관리사

  4. 소방 관련 분야의 석사학위 이상을 취득한 사람

  5. 소방 관련 법인 또는 단체에서 소방 관련 업무에 5년 이상 종사한 사람

  6. 소방공무원 교육기관, 「고등교육법」 제2조의 학교 또는 연구소에서 소방과 관련한 교육 또는 연구에 5년 이상 종사한 사람

③ 위촉위원의 임기는 2년으로 하고, 한 차례만 연임할 수 있다.

④ 위원회에 출석한 위원에게는 예산의 범위에서 수당, 여비, 그 밖에 필요한 경비를 지급할 수 있다. 다만, 공무원인 위원이 그 소관 업무와 직접적으로 관련하여 위원회에 출석하는 경우는 그러하지 아니하다.

⑤ 삭제 <2013.1.9.>

[전문개정 2012.9.14.]

[제목개정 2016.1.19.]

제7조의3(위원의 제척 · 기피 · 회피) ① 위원회의 위원이 다음 각 호의 어느 하나에 해당하는 경우에는 위원회의 심의·의결에서 제척(除斥)된다.

  1. 위원, 그 배우자나 배우자였던 사람 또는 위원의 친족이거나 친족이었던 사람이 다음 각 목의 어느 하나에 해당하는 경우

    가. 해당 안건의 소방대상물 등(이하 이 조에서 "소방대상물등"이라 한다)의 관계인이거나 그 관계인과 공동권리자 또는 공동의무자인 경우

    나. 소방대상물등의 설계, 공사, 감리 등을 수행한 경우

    다. 소방대상물등에 대하여 제7조 각 호의 업무를 수행한 경우 등 소방대상물등과 직접적인 이해관계가 있는 경우

  2. 위원이 소방대상물등에 관하여 자문, 연구, 용역(하도급을 포함한다), 감정 또는 조사를 한 경우

  3. 위원이 임원 또는 직원으로 재직하고 있거나 최근 3년 내에 재직하였던 기업 등이 소방대상물등에 관하여 자문, 연구, 용역(하도급을 포함한다), 감정 또는 조사를 한 경우

② 소방대상물등의 관계인은 위원에게 공정한 심의·의결을 기대하기 어려운 사정이 있는 경우에는 위원회에 기피(忌避) 신청을 할 수 있고, 위원회는 의결로 이를 결정한다. 이 경우 기피 신청의 대상인 위원은 그 의결에 참여하지 못한다.

③ 위원이 제1항 각 호에 따른 제척 사유에 해당하는 경우에는 스스로 해당 안건의 심의·의결에서 회피(回避)하여야 한다.
[본조신설 2013.1.9.]

제7조의4(위원의 해임·해촉) 소방본부장은 위원회의 위원이 다음 각 호의 어느 하나에 해당하는 경우에는 해당 위원을 해임하거나 해촉(解囑)할 수 있다. <개정 2014.11.19., 2016.1.19.>
 1. 심신장애로 인하여 직무를 수행할 수 없게 된 경우
 2. 직무태만, 품위손상이나 그 밖의 사유로 위원으로 적합하지 아니하다고 인정된 경우
 3. 제7조의3제1항 각 호의 어느 하나에 해당함에도 불구하고 회피하지 아니한 경우
 4. 직무와 관련된 비위사실이 있는 경우
 5. 위원 스스로 직무를 수행하는 것이 곤란하다고 의사를 밝히는 경우
[본조신설 2013.1.9.]

제7조의5(운영 세칙) 제7조의2부터 제7조의4까지에서 규정한 사항 외에 위원회의 구성 및 운영에 필요한 사항은 소방청장이 정한다. <개정 2014.11.19., 2017.7.26.>
[본조신설 2013.1.9.]

제7조의6(중앙소방특별조사단의 편성·운영) ① 법 제4조제4항에 따른 중앙소방특별조사단(이하 "조사단"이라 한다)은 단장을 포함하여 21명 이내의 단원으로 성별을 고려하여 구성한다. <개정 2017.1.26.>
② 조사단의 단원은 다음 각 호의 어느 하나에 해당하는 사람 중에서 소방청장이 임명 또는 위촉하고, 단장은 단원 중에서 소방청장이 임명 또는 위촉한다. <개정 2017.7.26.>
 1. 소방공무원
 2. 소방업무와 관련된 단체 또는 연구기관 등의 임직원
 3. 소방 관련 분야에서 5년 이상 연구 또는 실무 경험이 풍부한 사람
[본조신설 2016.1.19.]

제8조(소방특별조사의 연기) ① 법 제4조의3제3항에서 "대통령령으로 정하는 사유"란 다음 각 호의 어느 하나에 해당하는 사유를 말한다.
 1. 태풍, 홍수 등 재난(「재난 및 안전관리 기본법」 제3조제1호에 해당하는 재난을 말한다)이 발생하여 소방대상물을 관리하기가 매우 어려운 경우

2. 관계인이 질병, 장기출장 등으로 소방특별조사에 참여할 수 없는 경우
3. 권한 있는 기관에 자체점검기록부, 교육·훈련일지 등 소방특별조사에 필요한 장부·서류 등이 압수되거나 영치(領置)되어 있는 경우
② 법 제4조의3제3항에 따라 소방특별조사의 연기를 신청하려는 관계인은 행정안전부령으로 정하는 연기신청서에 연기의 사유 및 기간 등을 적어 소방청장, 소방본부장 또는 소방서장에게 제출하여야 한다. <개정 2013.3.23., 2014.11.19., 2017.7.26.>
③ 소방청장, 소방본부장 또는 소방서장은 법 제4조의3제4항에 따라 소방특별조사의 연기를 승인한 경우라도 연기기간이 끝나기 전에 연기사유가 없어졌거나 긴급히 조사를 하여야 할 사유가 발생하였을 때에는 관계인에게 통보하고 소방특별조사를 할 수 있다. <개정 2014.11.19., 2017.7.26.>
[전문개정 2012.9.14.]

제9조(소방특별조사의 방법) ① 소방청장, 소방본부장 또는 소방서장은 법 제4조의3제6항에 따라 소방특별조사를 위하여 필요하면 관계 공무원으로 하여금 다음 각 호의 행위를 하게 할 수 있다. <개정 2014.11.19., 2017.7.26.>
1. 관계인에게 필요한 보고를 하도록 하거나 자료의 제출을 명하는 것
2. 소방대상물의 위치·구조·설비 또는 관리 상황을 조사하는 것
3. 소방대상물의 위치·구조·설비 또는 관리 상황에 대하여 관계인에게 질문하는 것
② 소방청장, 소방본부장 또는 소방서장은 필요하면 다음 각 호의 기관의 장과 합동조사반을 편성하여 소방특별조사를 할 수 있다. <개정 2014.11.19., 2017.7.26., 2018.6.26.>
1. 관계 중앙행정기관 및 시(행정시를 포함한다)·군·자치구
2. 「소방기본법」 제40조에 따른 한국소방안전원
3. 「소방산업의 진흥에 관한 법률」 제14조에 따른 한국소방산업기술원(이하 "기술원"이라 한다)
4. 「화재로 인한 재해보상과 보험가입에 관한 법률」 제11조에 따른 한국화재보험협회
5. 「고압가스 안전관리법」 제28조에 따른 한국가스안전공사
6. 「전기사업법」 제74조에 따른 한국전기안전공사
7. 그 밖에 소방청장이 정하여 고시한 소방 관련 단체
③ 제1항 및 제2항에서 규정한 사항 외에 소방특별조사계획의 수립 등 소방특별조사에 필요한 사항은 소방청장이 정한다. <개정 2014.11.19., 2017.7.26.>
[전문개정 2012.9.14.]

제10조(조치명령 미이행 사실 등의 공개) ① 소방청장, 소방본부장 또는 소방서장은 법 제5조제3항에 따라 소방특별조사 결과에 따른 조치명령(이하 "조치명령"이라 한다)의 미이행 사실 등을 공개하려면 공개내용과 공개방법 등을 공개대상 소방대상물의 관계인에게 미리 알려야 한다. <개정 2014.11.19., 2017.7.26.>
② 소방청장, 소방본부장 또는 소방서장은 조치명령 이행기간이 끝난 때부터 소방청, 소방본부 또는 소방서의 인터넷 홈페이지에 조치명령 미이행 소방대상물의 명칭, 주소, 대표자의 성명, 조치명령의 내용 및 미이행 횟수를 게재하고, 다음 각 호의 어느 하나에 해당하는 매체를 통하여 1회 이상 같은 내용을 알려야 한다. <개정 2014.11.19., 2017.7.26.>
 1. 관보 또는 해당 소방대상물이 있는 지방자치단체의 공보
 2. 「신문 등의 진흥에 관한 법률」 제9조제1항제9호에 따라 전국 또는 해당 소방대상물이 있는 지역을 보급지역으로 등록한 같은 법 제2조제1호가목 또는 나목에 해당하는 일간신문
 3. 유선방송
 4. 반상회보
 5. 해당 소방대상물이 있는 지방자치단체에서 지역 주민들에게 배포하는 소식지
③ 소방청장, 소방본부장 또는 소방서장은 소방대상물의 관계인이 조치명령을 이행하였을 때에는 즉시 제2항에 따른 공개내용을 해당 인터넷 홈페이지에서 삭제하여야 한다. <개정 2014.11.19., 2017.7.26.>
④ 조치명령 미이행 사실 등의 공개가 제3자의 법익을 침해하는 경우에는 제3자와 관련된 사실을 제외하고 공개하여야 한다.
[전문개정 2012.9.14.]

제11조(손실 보상) ① 법 제6조에 따라 시·도지사가 손실을 보상하는 경우에는 시가(時價)로 보상하여야 한다. <개정 2015.6.30., 2016.1.19.>
② 제1항에 따른 손실 보상에 관하여는 시·도지사와 손실을 입은 자가 협의하여야 한다.
③ 제2항에 따른 보상금액에 관한 협의가 성립되지 아니한 경우에는 시·도지사는 그 보상금액을 지급하거나 공탁하고 이를 상대방에게 알려야 한다.
④ 제3항에 따른 보상금의 지급 또는 공탁의 통지에 불복하는 자는 지급 또는 공탁의 통지를 받은 날부터 30일 이내에 관할 토지수용위원회에 재결(裁決)을 신청할 수 있다.
[전문개정 2012.9.14.]

제3장 소방시설의 설치 및 유지 · 관리 등

<개정 2012.1.31.>

제12조(건축허가등의 동의대상물의 범위 등) ① 법 제7조제5항에 따라 건축허가 등을 할 때 미리 소방본부장 또는 소방서장의 동의를 받아야 하는 건축물 등의 범위는 다음 각 호와 같다. <개정 2013.1.9., 2015.1.6., 2015.6.30., 2017.1.26., 2017.5.29.>

1. 연면적(「건축법 시행령」 제119조제1항제4호에 따라 산정된 면적을 말한다. 이하 같다)이 400제곱미터 이상인 건축물. 다만, 다음 각 목의 어느 하나에 해당하는 시설은 해당 목에서 정한 기준 이상인 건축물로 한다.
   가. 「학교시설사업 촉진법」 제5조의2제1항에 따라 건축등을 하려는 학교 시설: 100제곱미터
   나. 노유자시설(老幼者施設) 및 수련시설: 200제곱미터
   다. 「정신건강증진 및 정신질환자 복지서비스 지원에 관한 법률」 제3조제5호에 따른 정신의료기관(입원실이 없는 정신건강의학과 의원은 제외하며, 이하 "정신의료기관"이라 한다): 300제곱미터
   라. 「장애인복지법」 제58조제1항제4호에 따른 장애인 의료재활시설(이하 "의료재활시설"이라 한다): 300제곱미터
2. 차고·주차장 또는 주차용도로 사용되는 시설로서 다음 각 목의 어느 하나에 해당하는 것
   가. 차고·주차장으로 사용되는 바닥면적이 200제곱미터 이상인 층이 있는 건축물이나 주차시설
   나. 승강기 등 기계장치에 의한 주차시설로서 자동차 20대 이상을 주차할 수 있는 시설
3. 항공기격납고, 관망탑, 항공관제탑, 방송용 송수신탑
4. 지하층 또는 무창층이 있는 건축물로서 바닥면적이 150제곱미터(공연장의 경우에는 100제곱미터) 이상인 층이 있는 것
5. 별표 2의 특정소방대상물 중 위험물 저장 및 처리 시설, 지하구
6. 제1호에 해당하지 않는 노유자시설 중 다음 각 목의 어느 하나에 해당하는 시설. 다만, 나목부터 바목까지의 시설 중 「건축법 시행령」 별표 1의 단독주택 또는 공동주택에 설치되는 시설은 제외한다.
   가. 노인 관련 시설(「노인복지법」 제31조제3호 및 제5호에 따른 노인여가 복지시설 및 노인보호전문기관은 제외한다)
   나. 「아동복지법」 제52조에 따른 아동복지시설(아동상담소, 아동전용시설 및 지역아동센터는 제외한다)

　　다. 「장애인복지법」 제58조제1항제1호에 따른 장애인 거주시설

　　라. 정신질환자 관련 시설(「정신건강증진 및 정신질환자 복지서비스 지원
　　　 에 관한 법률」 제27조제1항제2호에 따른 공동생활가정을 제외한 재활
　　　 훈련시설과 같은 법 시행령 제16조제3호에 따른 종합시설 중 24시간
　　　 주거를 제공하지 아니하는 시설은 제외한다)

　　마. 별표 2 제9호마목에 따른 노숙인 관련 시설 중 노숙인자활시설, 노숙
　　　 인재활시설 및 노숙인요양시설

　　바. 결핵환자나 한센인이 24시간 생활하는 노유자시설

7. 「의료법」 제3조제2항제3호라목에 따른 요양병원(이하 "요양병원"이라 한
　 다). 다만, 정신의료기관 중 정신병원(이하 "정신병원"이라 한다)과 의료
　 재활시설은 제외한다.

② 제1항에도 불구하고 다음 각 호의 어느 하나에 해당하는 특정소방대상물은 소
방본부장 또는 소방서장의 건축허가등의 동의대상에서 제외된다. <개정 2014.7.7.,
2017.1.26., 2018.6.26.>

1. 별표 5에 따라 특정소방대상물에 설치되는 소화기구, 누전경보기, 피난기
　 구, 방열복·방화복·공기호흡기 및 인공소생기, 유도등 또는 유도표지가 법
　 제9조제1항 전단에 따른 화재안전기준(이하 "화재안전기준"이라 한다)에
　 적합한 경우 그 특정소방대상물

2. 건축물의 증축 또는 용도변경으로 인하여 해당 특정소방대상물에 추가로
　 소방시설이 설치되지 아니하는 경우 그 특정소방대상물

③ 법 제7조제1항에 따라 건축허가등의 권한이 있는 행정기관은 건축허가등의
동의를 받으려는 경우에는 동의요구서에 행정안전부령으로 정하는 서류를 첨
부하여 해당 건축물 등의 소재지를 관할하는 소방본부장 또는 소방서장에게
동의를 요구하여야 한다. 이 경우 동의 요구를 받은 소방본부장 또는 소방서
장은 첨부서류가 미비한 경우에는 그 서류의 보완을 요구할 수 있다. <개정
2013.3.23., 2014.11.19., 2017.7.26.>

[전문개정 2012.9.14.]

Q. 건축허가 시 건축허가 등의 동의 대상 해당여부

> **질문**
>
> 제2종 근린생활시설(고시원) 5/1층 300㎡ 건축물을 신축하는 경우 소방본부장 또는 소방
> 서장의 건축허가 등의 동의를 받아야 하는지요?

해당 건축물은 400㎡ 미만에 해당되어 소방본부장 또는 소방서장의 건축허가 등의 동의를 받아야 하는 대상에 해당하지 아니합니다. 다만, 고시원에 설치하여야 하는 안전시설 중, 비상구 설치를 위한 옥외계단 등은 건축물 설계 시 반영하여야 하는 사항으로, 건축허가 시 관할소방서를 방문하여 적법성 검토를 받아 고시원 영업에 차질이 없도록 하여야 합니다.

Q. 숙박시설 방염처리 관련

질문

오래된 숙박업소(여관·여인숙)의 경우 천정 반자가 합판으로 되어 있으며, 2004.5.29. 법 개정으로 인하여 실내장식물로 지정되었으나, 현재까지 방염처리하지 아니한 업소에 대해서 빠른 시일 내에 완료하도록 지침 시달 등을 하여야 하나요?

답변

숙박시설 천정 반자는 「소방시설 설치유지 및 안전관리에 관한 법률」 제12조 및 「다중이용업소의 안전관리에 관한 특별법」 제2조 제1항 제3호에 의거 방염처리를 하여야 할 실내장식물에 해당하지 않으므로, 질의하신 사항은 방염 소급적용 대상에 해당하지 않습니다.

제13조(주택용 소방시설) 법 제8조제1항 각 호 외의 부분에서 "대통령령으로 정하는 소방시설"이란 소화기 및 단독경보형감지기를 말한다.
[본조신설 2016.1.19.]

제14조 삭제 <2007.3.23.>

제15조(특정소방대상물의 규모 등에 따라 갖추어야 하는 소방시설) 법 제9조제1항 전단 및 제9조의4제1항에 따라 특정소방대상물의 관계인이 특정소방대상물의 규모·용도 및 별표 4에 따라 산정된 수용 인원(이하 "수용인원"이라 한다) 등을 고려하여 갖추어야 하는 소방시설의 종류는 별표 5와 같다. <개정 2014.7.7., 2017.1.26.>
[전문개정 2012.9.14.]
[제목개정 2014.7.7.]

Q. 건축물 사용승인 완료전 부분소방시설 사용 가능여부

질문

지하 8층 지상 27층 규모의 건축물 중 지하 1층~지하 4층에 위치한 한국전력 변전소를 가동하기 위하여 변전소 부분만 소방시설 사용검사 후 변전소 운영이 가능한지요?

답변

「소방시설 설치유지 및 안전관리에 관한 법률 시행령」 제 15조 및 별표 4에 따라 변전소에 대한 소방시설 등을 적법하게 갖추고, 해당부분에 대하여는 「소방시설 공사업법」 제 14조에 따라 "소방시설 부분완공검사신청시" 적합 할 경우 "소방시설부분완공검사필증"을 교부 받으실 수 있습니다.

따라서 변전소의 부분 임의사용 여부는 "소방시설부분완공검사필증"을 받은 후, 건축 관련 부서와 상의하여야 합니다.

제15조의2(소방시설의 내진설계) ① 법 제9조의2에서 "대통령령으로 정하는 특정소방대상물"이란 「건축법」 제2조제1항제2호에 따른 건축물로서 「지진·화산재해대책법 시행령」 제10조제1항 각 호에 해당하는 시설을 말한다.

② 법 제9조의2에서 "대통령령으로 정하는 소방시설"이란 소방시설 중 옥내소화전설비, 스프링클러설비, 물분무등소화설비를 말한다.

[전문개정 2016.1.19.]

제15조의3(성능위주설계를 하여야 하는 특정소방대상물의 범위) 법 제9조의3제1항에서 "대통령령으로 정하는 특정소방대상물"이란 다음 각 호의 어느 하나에 해당하는 특정소방대상물(신축하는 것만 해당한다)을 말한다.

  1. 연면적 20만제곱미터 이상인 특정소방대상물. 다만, 별표 2 제1호에 따른 공동주택 중 주택으로 쓰이는 층수가 5층 이상인 주택(이하 이 조에서 "아파트등"이라 한다)은 제외한다.
  2. 다음 각 목의 어느 하나에 해당하는 특정소방대상물. 다만, 아파트등은 제외한다.
     가. 건축물의 높이가 100미터 이상인 특정소방대상물
     나. 지하층을 포함한 층수가 30층 이상인 특정소방대상물
  3. 연면적 3만제곱미터 이상인 특정소방대상물로서 다음 각 목의 어느 하나에 해당하는 특정소방대상물
     가. 별표 2 제6호나목의 철도 및 도시철도 시설
     나. 별표 2 제6호다목의 공항시설

4. 하나의 건축물에 「영화 및 비디오물의 진흥에 관한 법률」 제2조제10호에
   따른 영화상영관이 10개 이상인 특정소방대상물
[본조신설 2015.6.30.]
[종전 제15조의3은 제15조의4로 이동 <2015.6.30.>]

제15조의4(내용연수 설정 대상 소방용품) ① 법 제9조의5제1항 후단에 따라 내
용연수를 설정하여야 하는 소방용품은 분말형태의 소화약제를 사용하는 소화
기로 한다.
② 제1항에 따른 소방용품의 내용연수는 10년으로 한다.
[본조신설 2017.1.26.]
[종전 제15조의4는 제15조의5로 이동 <2017.1.26.>]

제15조의5(임시소방시설의 종류 및 설치기준 등) ① 법 제10조의2제1항에서 "인
화성(引火性) 물품을 취급하는 작업 등 대통령령으로 정하는 작업"이란 다음
각 호의 어느 하나에 해당하는 작업을 말한다. <개정 2017.7.26., 2018.6.26.>
 1. 인화성·가연성·폭발성 물질을 취급하거나 가연성 가스를 발생시키는 작업
 2. 용접·용단 등 불꽃을 발생시키거나 화기(火氣)를 취급하는 작업
 3. 전열기구, 가열전선 등 열을 발생시키는 기구를 취급하는 작업
 4. 소방청장이 정하여 고시하는 폭발성 부유분진을 발생시킬 수 있는 작업
 5. 그 밖에 제1호부터 제4호까지와 비슷한 작업으로 소방청장이 정하여 고시
    하는 작업
② 법 제10조의2제1항에 따라 공사 현장에 설치하여야 하는 설치 및 철거가
쉬운 화재대비시설(이하 "임시소방시설"이라 한다)의 종류와 임시소방시설을
설치하여야 하는 공사의 종류 및 규모는 별표 5의2 제1호 및 제2호와 같다.
③ 법 제10조의2제2항에 따른 임시소방시설과 기능과 성능이 유사한 소방시설
은 별표 5의2 제3호와 같다.
[본조신설 2015.1.6.]
[제15조의4에서 이동, 종전 제15조의5는 제15조의6으로 이동 <2017.1.26.>]

제15조의6(강화된 소방시설기준의 적용대상) 법 제11조제1항제3호에서 "대통령
령으로 정하는 것"이란 다음 각 호의 어느 하나에 해당하는 설비를 말한다.
<개정 2018.6.26.>
 1. 노유자(老幼者)시설에 설치하는 간이스프링클러설비, 자동화재탐지설비 및
    단독경보형 감지기
 2. 의료시설에 설치하는 스프링클러설비, 간이스프링클러설비, 자동화재탐지

설비 및 자동화재속보설비
[전문개정 2015.6.30.]
[제15조의5에서 이동 <2017.1.26.>]

제16조(유사한 소방시설의 설치 면제의 기준) 법 제11조제2항에 따라 소방본부장 또는 소방서장은 특정소방대상물에 설치하여야 하는 소방시설 가운데 기능과 성능이 유사한 소방시설의 설치를 면제하려는 경우에는 별표 6의 기준에 따른다.
[전문개정 2012.9.14.]

제17조(특정소방대상물의 증축 또는 용도변경 시의 소방시설기준 적용의 특례)
① 법 제11조제3항에 따라 소방본부장 또는 소방서장은 특정소방대상물이 증축되는 경우에는 기존 부분을 포함한 특정소방대상물의 전체에 대하여 증축 당시의 소방시설의 설치에 관한 대통령령 또는 화재안전기준을 적용하여야 한다. 다만, 다음 각 호의 어느 하나에 해당하는 경우에는 기존 부분에 대해서는 증축 당시의 소방시설의 설치에 관한 대통령령 또는 화재안전기준을 적용하지 아니한다. <개정 2013.3.23., 2014.7.7.>
  1. 기존 부분과 증축 부분이 내화구조(耐火構造)로 된 바닥과 벽으로 구획된 경우
  2. 기존 부분과 증축 부분이 「건축법 시행령」 제64조에 따른 갑종 방화문(국토교통부장관이 정하는 기준에 적합한 자동방화셔터를 포함한다)으로 구획되어 있는 경우
  3. 자동차 생산공장 등 화재 위험이 낮은 특정소방대상물 내부에 연면적 33 제곱미터 이하의 직원 휴게실을 증축하는 경우
  4. 자동차 생산공장 등 화재 위험이 낮은 특정소방대상물에 캐노피(3면 이상에 벽이 없는 구조의 캐노피를 말한다)를 설치하는 경우
② 법 제11조제3항에 따라 소방본부장 또는 소방서장은 특정소방대상물이 용도변경되는 경우에는 용도변경되는 부분에 대해서만 용도변경 당시의 소방시설의 설치에 관한 대통령령 또는 화재안전기준을 적용한다. 다만, 다음 각 호의 어느 하나에 해당하는 경우에는 특정소방대상물 전체에 대하여 용도변경 전에 해당 특정소방대상물에 적용되던 소방시설의 설치에 관한 대통령령 또는 화재안전기준을 적용한다. <개정 2014.7.7.>
  1. 특정소방대상물의 구조·설비가 화재연소 확대 요인이 적어지거나 피난 또는 화재진압활동이 쉬워지도록 변경되는 경우
  2. 문화 및 집회시설 중 공연장·집회장·관람장, 판매시설, 운수시설, 창고시설

중 물류터미널이 불특정 다수인이 이용하는 것이 아닌 일정한 근무자가
이용하는 용도로 변경되는 경우
3. 용도변경으로 인하여 천장·바닥·벽 등에 고정되어 있는 가연성 물질의 양
이 줄어드는 경우
4. 「다중이용업소의 안전관리에 관한 특별법」에 따른 다중이용업소, 문화 및
집회시설, 종교시설, 판매시설, 운수시설, 의료시설, 노유자시설, 수련시설,
운동시설, 숙박시설, 위락시설, 창고시설 중 물류터미널, 위험물 저장 및
처리 시설 중 가스시설, 장례식장이 각각 이 호에 규정된 시설 외의 용도
로 변경되는 경우

[전문개정 2012.9.14.]

Q. 건물증축

질문

현재 4층짜리 빌딩을 관할 행정청의 허가를 받아 5층으로 증축하려 합니다. 이 경우 소방
시설은 기존 4층에 준해서 설치해도 되는 건가요?

답변

소방대상물이 증축되는 경우에는 기존 부분을 포함한 소방대상물 전체에 대해 증축
당시의 소방시설 설치 기준이 적용됩니다. 따라서 기존 4층에 대해서도 새로운 소방
기준에 따라 소방시설을 설치해야 합니다. 다만, 일정한 경우에는 기존부분에 대하여
는 기존 소방시설 그대로 두어도 됩니다.

◇ 소방대상물이 증축되는 경우
☞ 소방대상물이 증축되는 경우에는 기존 부분을 포함한 소방대상물 전체에 대해 증
축 당시의 소방시설 설치 기준이 적용됩니다.
☞ 다만, 다음의 어느 하나에 해당하면 기존 부분에 대해서는 증축 당시의 소방시설
설치 기준이 적용되지 않습니다.
1. 기존 부분과 증축 부분이 내화구조로 된 바닥과 벽으로 구획된 경우
2. 기존 부분과 증축 부분이 「건축법 시행령」 제64조에 따른 갑종 방화문[「자동방화
셔터 및 방화문의 기준」에 적합한 자동방화셔터를 포함]으로 구획되어 있는 경우
3. 자동차 생산공장 등 화재위험이 낮은 소방대상물 내부에 연면적 33제곱미터 이
하의 직원 휴게실을 증축하는 경우
4. 자동차 생산공장 등 화재 위험이 낮은 소방대상물에 캐노피(3면 이상에 벽이
없는 구조의 캐노피를 말함)를 설치하는 경우

Q. 증축으로 인한 기존부분과 증축부분 방화구획 질의 회신

질문

지상 4층 다가주택 건축물 1층 피로티 부분에 소매점을 증축하고 기존부분에 설치하여야 하는 소방시설 설치를 면제받기 위하여 기존부분과 증축부분을 방화구획하는 경우 벽과 창문 등을 내화구조로 설치하여야 하는지 목재 또는 일반 샌드위치패널도 설치가 가능한지요?

답변

기존부분 소방시설 설치면제를 위하여 「건축법 시행령」 제46조 제1항의 기준에 따라 내화구조의 바닥·벽 및 갑종방화문으로 구획하여야 하며 목조 또는 일반 샌드위치패널 설치는 기준에 적합하지 않습니다.

제18조(소방시설을 설치하지 아니하는 특정소방대상물의 범위) 법 제11조제4항에 따라 소방시설을 설치하지 아니할 수 있는 특정소방대상물 및 소방시설의 범위는 별표 7과 같다.
[전문개정 2012.9.14.]

제18조의2(소방기술심의위원회의 심의사항) ① 법 제11조의2제1항제5호에서 "대통령령으로 정하는 사항"이란 다음 각 호의 사항을 말한다. <개정 2017.7.26.>
  1. 연면적 10만제곱미터 이상의 특정소방대상물에 설치된 소방시설의 설계·시공·감리의 하자 유무에 관한 사항
  2. 새로운 소방시설과 소방용품 등의 도입 여부에 관한 사항
  3. 그 밖에 소방기술과 관련하여 소방청장이 심의에 부치는 사항
② 법 제11조의2제2항제2호에서 "대통령령으로 정하는 사항"이란 다음 각 호의 사항을 말한다. <개정 2017.1.26.>
  1. 연면적 10만제곱미터 미만의 특정소방대상물에 설치된 소방시설의 설계·시공·감리의 하자 유무에 관한 사항
  2. 소방본부장 또는 소방서장이 화재안전기준 또는 위험물 제조소등(「위험물안전관리법」 제2조제1항제6호에 따른 제조소등을 말한다. 이하 같다)의 시설기준의 적용에 관하여 기술검토를 요청하는 사항
  3. 그 밖에 소방기술과 관련하여 시·도지사가 심의에 부치는 사항
[본조신설 2015.6.30.]

제18조의3(소방기술심의위원회의 구성 등) ① 법 제11조의2제1항에 따른 중앙

소방기술심의위원회(이하 "중앙위원회"라 한다)는 위원장을 포함하여 60명 이내로 성별을 고려하여 구성한다. <개정 2017.1.26.>

② 법 제11조의2제2항에 따른 지방소방기술심의위원회(이하 "지방위원회"라 한다)는 위원장을 포함하여 5명 이상 9명 이하의 위원으로 구성한다.

③ 중앙위원회의 회의는 위원장이 회의마다 지정하는 13명으로 구성하고, 중앙위원회는 분야별 소위원회를 구성·운영할 수 있다.

[본조신설 2015.6.30.]

제18조의4(위원의 임명 · 위촉) ① 중앙위원회의 위원은 과장급 직위 이상의 소방공무원과 다음 각 호의 어느 하나에 해당하는 사람 중에서 소방청장이 임명하거나 성별을 고려하여 위촉한다. <개정 2017.7.26.>

1. 소방기술사
2. 석사 이상의 소방 관련 학위를 소지한 사람
3. 소방시설관리사
4. 소방 관련 법인·단체에서 소방 관련 업무에 5년 이상 종사한 사람
5. 소방공무원 교육기관, 대학교 또는 연구소에서 소방과 관련된 교육이나 연구에 5년 이상 종사한 사람

② 지방위원회의 위원은 해당 특별시·광역시·특별자치시·도 및 특별자치도 소속 소방공무원과 제1항 각 호의 어느 하나에 해당하는 사람 중에서 시·도지사가 임명하거나 성별을 고려하여 위촉한다.

③ 중앙위원회의 위원장은 소방청장이 해당 위원 중에서 위촉하고, 지방위원회의 위원장은 시·도지사가 해당 위원 중에서 위촉한다. <개정 2017.7.26.>

④ 중앙위원회 및 지방위원회의 위원 중 위촉위원의 임기는 2년으로 하되, 한 차례만 연임할 수 있다. <개정 2016.1.19.>

[본조신설 2015.6.30.]

제18조의5(위원장 및 위원의 직무) ① 중앙위원회 및 지방위원회(이하 "위원회"라 한다)의 위원장(이하 "위원장"이라 한다)은 위원회의 회의를 소집하고 그 의장이 된다.

② 위원장이 부득이한 사유로 직무를 수행할 수 없을 때에는 위원장이 지정한 위원이 그 직무를 대리한다.

[본조신설 2015.6.30.]

제18조의6(위원의 제척 · 기피 · 회피) ① 위원회의 위원이 다음 각 호의 어느 하나에 해당하는 경우에는 위원회의 심의·의결에서 제척(除斥)된다.

1. 위원이나 그 배우자 또는 배우자였던 사람이 해당 안건의 당사자(당사자가 법인·단체 등인 경우에는 그 임원을 포함한다. 이하 이 호 및 제2호에서 같다)가 되거나 그 안건의 당사자와 공동권리자 또는 공동의무자인 경우
2. 위원이 해당 안건의 당사자와 친족인 경우
3. 위원이 해당 안건에 관하여 증언, 진술, 자문, 연구, 용역 또는 감정을 한 경우
4. 위원이나 위원이 속한 법인·단체 등이 해당 안건의 당사자의 대리인이거나 대리인이었던 경우

② 해당 안건의 당사자는 위원에게 공정한 심의·의결을 기대하기 어려운 사정이 있는 경우에는 위원회에 기피신청을 할 수 있고, 위원회는 의결로 이를 결정한다. 이 경우 기피신청의 대상인 위원은 그 의결에 참여하지 못한다.
③ 위원이 제1항 각 호에 따른 제척사유에 해당하는 경우에는 스스로 해당 안건의 심의·의결에서 회피(回避)하여야 한다.
[본조신설 2016.1.19.]
[종전 제18조의6은 제18조의8로 이동 <2016.1.19.>]

제18조의7(위원의 해임 및 해촉) 소방청장 또는 시·도지사는 위원이 다음 각 호의 어느 하나에 해당하는 경우에는 해당 위원을 해임하거나 해촉(解囑)할 수 있다. <개정 2017.7.26.>
1. 심신장애로 인하여 직무를 수행할 수 없게 된 경우
2. 직무와 관련된 비위사실이 있는 경우
3. 직무태만, 품위손상이나 그 밖의 사유로 인하여 위원으로 적합하지 아니하다고 인정되는 경우
4. 제18조의6제1항 각 호의 어느 하나에 해당하는 데에도 불구하고 회피하지 아니한 경우
5. 위원 스스로 직무를 수행하는 것이 곤란하다고 의사를 밝히는 경우
[본조신설 2016.1.19.]
[종전 제18조의7은 제18조의9로 이동 <2016.1.19.>]

제18조의8(시설 등의 확인 및 의견청취) 소방청장 또는 시·도지사는 위원회의 원활한 운영을 위하여 필요하다고 인정하는 경우 위원회 위원으로 하여금 관련 시설 등을 확인하게 하거나 해당 분야의 전문가 또는 이해관계자 등으로부터 의견을 청취하게 할 수 있다. <개정 2017.7.26.>
[본조신설 2015.6.30.]
[제18조의6에서 이동, 종전 제18조의8은 제18조의10으로 이동 <2016.1.19.>]

제18조의9(위원의 수당) 위원회의 위원에게는 예산의 범위에서 참석 및 조사·연구 수당을 지급할 수 있다.

[본조신설 2015.6.30.]

[제18조의7에서 이동 <2016.1.19.>]

제18조의10(운영세칙) 이 영에서 정한 것 외에 위원회의 운영에 필요한 사항은 소방청장 또는 시·도지사가 정한다. <개정 2017.7.26.>

[본조신설 2015.6.30.]

[제18조의8에서 이동 <2016.1.19.>]

제19조(방염성능기준 이상의 실내장식물 등을 설치하여야 하는 특정소방대상물) 법 제12조제1항에서 "대통령령으로 정하는 특정소방대상물"이란 다음 각 호의 어느 하나에 해당하는 것을 말한다. <개정 2011.11.23., 2012.1.31., 2013.1.9., 2015.1.6.>

1. 근린생활시설 중 체력단련장, 숙박시설, 방송통신시설 중 방송국 및 촬영소
2. 건축물의 옥내에 있는 시설로서 다음 각 목의 시설
   가. 문화 및 집회시설
   나. 종교시설
   다. 운동시설(수영장은 제외한다)
3. 의료시설 중 종합병원, 요양병원 및 정신의료기관
3의2. 노유자시설 및 숙박이 가능한 수련시설
4. 「다중이용업소의 안전관리에 관한 특별법」 제2조제1항제1호에 따른 다중이용업의 영업장
5. 제1호부터 제4호까지의 시설에 해당하지 아니하는 것으로서 층수(「건축법 시행령」 제119조제1항제9호에 따라 산정한 층수를 말한다. 이하 같다)가 11층 이상인 것(아파트는 제외한다)
6. 별표 2 제8호에 따른 교육연구시설 중 합숙소

[전문개정 2011.4.6.]

Q. 스크린골프장 및 실내골프연습장 방염처리

질문

스크린골프매장의 부스·타석·벽면 시설물과 실내골프연습장 시설물의 방염처리 해당여부와 관련 규정은 무엇인가요?

답변

「소방시설설치유지 및 안전관리에 관한 법률 시행령」 제19조 및 제20조에 근거규정을 두고 있으며 스크린골프매장 및 실내골프연습장으로서 당해 용도로 사용하는 바닥면적의 합계 500㎡이상일 경우 운동시설에 해당되어 커텐류·카페트·직물벽지·합판에 방염처리를 하여야 하나, 바닥면적의 합계 500㎡ 미만일 경우에는 방염처리대상에 해당되지 않습니다.

제20조(방염대상물품 및 방염성능기준) ① 법 제12조제1항에서 "대통령령으로 정하는 물품"이란 다음 각 호의 어느 하나에 해당하는 것을 말한다. <개정 2016.1.19.>

1. 제조 또는 가공 공정에서 방염처리를 한 물품(합판·목재류의 경우에는 설치 현장에서 방염처리를 한 것을 포함한다)으로서 다음 각 목의 어느 하나에 해당하는 것

   가. 창문에 설치하는 커튼류(블라인드를 포함한다)

   나. 카펫, 두께가 2밀리미터 미만인 벽지류(종이벽지는 제외한다)

   다. 전시용 합판 또는 섬유판, 무대용 합판 또는 섬유판

   라. 암막·무대막(「영화 및 비디오물의 진흥에 관한 법률」 제2조제10호에 따른 영화상영관에 설치하는 스크린과 「다중이용업소의 안전관리에 관한 특별법 시행령」 제2조제7호의4에 따른 골프 연습장업에 설치하는 스크린을 포함한다)

   마. 섬유류 또는 합성수지류 등을 원료로 하여 제작된 소파·의자(「다중이용업소의 안전관리에 관한 특별법 시행령」 제2조제1호나목 및 같은 조 제6호에 따른 단란주점영업, 유흥주점영업 및 노래연습장업의 영업장에 설치하는 것만 해당한다)

2. 건축물 내부의 천장이나 벽에 부착하거나 설치하는 것으로서 다음 각 목의 어느 하나에 해당하는 것을 말한다. 다만, 가구류(옷장, 찬장, 식탁, 식탁용 의자, 사무용 책상, 사무용 의자 및 계산대, 그 밖에 이와 비슷한 것을 말한다)와 너비 10센티미터 이하인 반자돌림대 등과 「건축법」 제52조에 따른 내부마감재료는 제외한다.

   가. 종이류(두께 2밀리미터 이상인 것을 말한다)·합성수지류 또는 섬유류를 주원료로 한 물품

   나. 합판이나 목재

   다. 공간을 구획하기 위하여 설치하는 간이 칸막이(접이식 등 이동 가능한 벽체나 천장 또는 반자가 실내에 접하는 부분까지 구획하지 아니하는 벽체를 말한다)

　　라. 흡음(吸音)이나 방음(防音)을 위하여 설치하는 흡음재(흡음용 커튼을
　　　　포함한다) 또는 방음재(방음용 커튼을 포함한다)

② 법 제12조제3항에 따른 방염성능기준은 다음 각 호의 기준에 따르되, 제1항
에 따른 방염대상물품의 종류에 따른 구체적인 방염성능기준은 다음 각 호의
기준의 범위에서 소방청장이 정하여 고시하는 바에 따른다. <개정 2014.11.19.,
2017.7.26.>

　1. 버너의 불꽃을 제거한 때부터 불꽃을 올리며 연소하는 상태가 그칠 때까
　　　지 시간은 20초 이내일 것

　2. 버너의 불꽃을 제거한 때부터 불꽃을 올리지 아니하고 연소하는 상태가
　　　그칠 때까지 시간은 30초 이내일 것

　3. 탄화(炭化)한 면적은 50제곱센티미터 이내, 탄화한 길이는 20센티미터 이
　　　내일 것

　4. 불꽃에 의하여 완전히 녹을 때까지 불꽃의 접촉 횟수는 3회 이상일 것

　5. 소방청장이 정하여 고시한 방법으로 발연량(發煙量)을 측정하는 경우 최
　　　대연기밀도는 400 이하일 것

③ 소방본부장 또는 소방서장은 제1항에 따른 물품 외에 다중이용업소·의료시
설·노유자시설·숙박시설 또는 장례식장에서 사용하는 침구류·소파 및 의자에
대하여 방염처리가 필요하다고 인정되는 경우에는 방염처리된 제품을 사용하
도록 권장할 수 있다.

[전문개정 2012.9.14.]

Q. 호텔 레스토랑내 물품 방염처리관련

질문

고정적으로 설치되지 않고 바닥에 이동이 가능하게 펼쳐놓는 러그(100% 천연가죽, 100%
양모재질)를 호텔 레스토랑의 쇼파(의자) 아래 깔아 놓을 경우 방염성능 검사를 받아야 되
는 품목에 해당되는지의 여부

답변

호텔 레스토랑내 쇼파 아래에 깔고자 하는 러그도 「소방시설 설치유지 및 안전관리에
관한 법률 시행령」 제19조(방염성능 기준 이상의 실내장식물 등을 설치하여야 하는
특정소방대상물) 및 제20조(방염대상물품)에 해당하므로 방염처리를 하여야 합니다.

제20조의2(시·도지사가 실시하는 방염성능검사) 법 제13조제1항에서 "대통령령으로 정하는 방염대상물품"이란 제20조제1항에 따른 방염대상물품 중 설치현장에서 방염처리를 하는 합판·목재를 말한다.

[본조신설 2014.7.7.]

제21조 삭제 <2015.6.30.>

제4장 소방대상물의 안전관리

<신설 2012.1.31.>

제22조(소방안전관리자를 두어야 하는 특정소방대상물) ① 법 제20조제2항에 따라 소방안전관리자를 선임하여야 하는 특정소방대상물(이하 "소방안전관리대상물"이라 한다)은 다음 각 호의 어느 하나에 해당하는 특정소방대상물로 한다. 다만, 「공공기관의 소방안전관리에 관한 규정」을 적용받는 특정소방대상물은 제외한다. <개정 2015.6.30., 2017.1.26.>

1. 별표 2의 특정소방대상물 중 다음 각 목의 어느 하나에 해당하는 것으로서 동·식물원, 철강 등 불연성 물품을 저장·취급하는 창고, 위험물 저장 및 처리 시설 중 위험물 제조소등, 지하구를 제외한 것(이하 "특급 소방안전관리대상물"이라 한다)

   가. 50층 이상(지하층은 제외한다)이거나 지상으로부터 높이가 200미터 이상인 아파트

   나. 30층 이상(지하층을 포함한다)이거나 지상으로부터 높이가 120미터 이상인 특정소방대상물(아파트는 제외한다)

   다. 나목에 해당하지 아니하는 특정소방대상물로서 연면적이 20만제곱미터 이상인 특정소방대상물(아파트는 제외한다)

2. 별표 2의 특정소방대상물 중 특급 소방안전관리대상물을 제외한 다음 각 목의 어느 하나에 해당하는 것으로서 동·식물원, 철강 등 불연성 물품을 저장·취급하는 창고, 위험물 저장 및 처리 시설 중 위험물 제조소등, 지하구를 제외한 것(이하 "1급 소방안전관리대상물"이라 한다)

   가. 30층 이상(지하층은 제외한다)이거나 지상으로부터 높이가 120미터 이상인 아파트

   나. 연면적 1만5천제곱미터 이상인 특정소방대상물(아파트는 제외한다)

   다. 나목에 해당하지 아니하는 특정소방대상물로서 층수가 11층 이상인 특정소방대상물(아파트는 제외한다)

   라. 가연성 가스를 1천톤 이상 저장·취급하는 시설

3. 별표 2의 특정소방대상물 중 특급 소방안전관리대상물 및 1급 소방안전관리대상물을 제외한 다음 각 목의 어느 하나에 해당하는 것(이하 "2급 소방안전관리대상물"이라 한다)

가. 별표 5 제1호다목부터 바목까지의 규정에 해당하는 특정소방대상물 [호스릴(Hose Reel) 방식의 물분무등소화설비만을 설치한 경우는 제외한다]

나. 삭제 <2017.1.26.>

다. 가스 제조설비를 갖추고 도시가스사업의 허가를 받아야 하는 시설 또는 가연성 가스를 100톤 이상 1천톤 미만 저장·취급하는 시설

라. 지하구

마. 「공동주택관리법 시행령」 제2조 각 호의 어느 하나에 해당하는 공동주택

바. 「문화재보호법」 제23조에 따라 보물 또는 국보로 지정된 목조건축물

4. 별표 2의 특정소방대상물 중 이 항 제1호부터 제3호까지에 해당하지 아니하는 특정소방대상물로서 별표 5 제2호라목에 해당하는 특정소방대상물(이하 "3급 소방안전관리대상물"이라 한다)

② 제1항에도 불구하고 건축물대장의 건축물현황도에 표시된 대지경계선 안의 지역 또는 인접한 2개 이상의 대지에 제1항에 따라 소방안전관리자를 두어야 하는 특정소방대상물이 둘 이상 있고, 그 관리에 관한 권원(權原)을 가진 자가 동일인인 경우에는 이를 하나의 특정소방대상물로 보되, 그 특정소방대상물이 제1항제1호부터 제4호까지의 규정 중 둘 이상에 해당하는 경우에는 그 중에서 급수가 높은 특정소방대상물로 본다. <개정 2017.1.26.>

[전문개정 2012.9.14.]

Q. 아파트 지구별 소방시설 공동사용 가능여부

질문

관리주체가 동일하고 대지경계선으로 구별된 2개 지구 아파트 1지구에 가압송수장치실을 설치하고 1지구와 2지구간의 배관을 설치하여 공용으로 소방시설·수원등의 설치 및 1인의 방화관리자 선임이 가능한지요?

답변

특정소방대상물중 하나의 대상물로 보는 기준은 대지경계선을 기준으로 대지경계선안에 2개 이상의 동이 있는 경우에 소방시설의 겸용이 가능하고 1인의 방화관리자를 선임할 수 있으나, 대지경계선외의 지구에 있는 소방대상물에 대하여는 각각 지구별로 소방시설 설치 및 방화관리자를 선임하여야 합니다.

Q. 아파트 단지내 상가건물의 방화관리

질문

아파트(2동, 374세대) 단지내 상가건물(2/1층, 연면적 1,199㎡이 「소방시설 설치유지 및 안전관리에 관한 법률」 제20조 규정에 의한 방화관리자 선임대상인지 여부

답변

「소방시설 설치유지 및 안전관리에 관한 법률 시행령」 제22조 제2항의 규정에 의거 건축물대장의 건축물현황도에 표시된 대지경계선 안의 지역에 방화관리자를 두어야 하는 특정소방대상물이 2이상 있고, 그 관리의 권원을 가진 자가 동일인인 때에는 하나의 소방대상물로 보아 방화관리자 1인을 선임할 수 있습니다. 따라서 최초 건축허가 시 상가건물이 아파트 부속용도로 건축물대장에 표기되어 있고 아파트 관리사무소에서 방화관리업무를 수행하여 왔다면 별도로 선임하지 않을 수 있습니다.

제22조의2(소방안전관리보조자를 두어야 하는 특정소방대상물) ① 법 제20조제2항에 따라 소방안전관리보조자를 선임하여야 하는 특정소방대상물은 제22조에 따라 소방안전관리자를 두어야 하는 특정소방대상물 중 다음 각 호의 어느 하나에 해당하는 특정소방대상물(이하 "보조자선임대상 특정소방대상물"이라 한다)로 한다. 다만, 제3호에 해당하는 특정소방대상물로서 해당 특정소방대상물이 소재하는 지역을 관할하는 소방서장이 야간이나 휴일에 해당 특정소방대상물이 이용되지 아니한다는 것을 확인한 경우에는 소방안전관리보조자를 선임하지 아니할 수 있다. <개정 2015.6.30.>

1. 「건축법 시행령」 별표 1 제2호가목에 따른 아파트(300세대 이상인 아파트만 해당한다)
2. 제1호에 따른 아파트를 제외한 연면적이 1만5천제곱미터 이상인 특정소방대상물
3. 제1호 및 제2호에 따른 특정소방대상물을 제외한 특정소방대상물 중 다음 각 목의 어느 하나에 해당하는 특정소방대상물
   가. 공동주택 중 기숙사
   나. 의료시설
   다. 노유자시설
   라. 수련시설
   마. 숙박시설(숙박시설로 사용되는 바닥면적의 합계가 1천500제곱미터 미만이고 관계인이 24시간 상시 근무하고 있는 숙박시설은 제외한다)

② 보조자선임대상 특정소방대상물의 관계인이 선임하여야 하는 소방안전관리 보조자의 최소 선임기준은 다음 각 호와 같다. <개정 2015.6.30.>

1. 제1항제1호의 경우: 1명. 다만, 초과되는 300세대마다 1명 이상을 추가로 선임하여야 한다.

2. 제1항제2호의 경우: 1명. 다만, 초과되는 연면적 1만5천제곱미터마다 1명 이상을 추가로 선임하여야 한다.

3. 제1항제3호의 경우: 1명

[본조신설 2015.1.6.]

제23조(소방안전관리자 및 소방안전관리보조자의 선임대상자) ① 특급 소방안 전관리대상물의 관계인은 다음 각 호의 어느 하나에 해당하는 사람 중에서 소방안전관리자를 선임하여야 한다. <개정 2014.11.19., 2015.1.6., 2017.1.26., 2017.7.26., 2018.6.26.>

1. 소방기술사 또는 소방시설관리사의 자격이 있는 사람

2. 소방설비기사의 자격을 취득한 후 5년 이상 1급 소방안전관리대상물의 소방안전관리자로 근무한 실무경력(법 제20조제3항에 따라 소방안전관리자로 선임되어 근무한 경력은 제외한다. 이하 이 조에서 같다)이 있는 사람

3. 소방설비산업기사의 자격을 취득한 후 7년 이상 1급 소방안전관리대상물의 소방안전관리자로 근무한 실무경력이 있는 사람

4. 소방공무원으로 20년 이상 근무한 경력이 있는 사람

5. 소방청장이 실시하는 특급 소방안전관리대상물의 소방안전관리에 관한 시험에 합격한 사람. 이 경우 해당 시험은 다음 각 목의 어느 하나에 해당하는 사람만 응시할 수 있다.

   가. 1급 소방안전관리대상물의 소방안전관리자로 5년(소방설비기사의 경우 2년, 소방설비산업기사의 경우 3년) 이상 근무한 실무경력이 있는 사람

   나. 1급 소방안전관리대상물의 소방안전관리자로 선임될 수 있는 자격이 있는 사람으로서 특급 또는 1급 소방안전관리대상물의 소방안전관리보조자로 7년 이상 근무한 실무경력이 있는 사람

   다. 소방공무원으로 10년 이상 근무한 경력이 있는 사람

   라. 「고등교육법」 제2조제1호부터 제6호까지의 어느 하나에 해당하는 학교(이하 "대학"이라 한다)에서 소방안전관리학과(소방청장이 정하여 고시하는 학과를 말한다. 이하 같다)를 전공하고 졸업한 사람(법령에 따라 이와 같은 수준의 학력이 있다고 인정되는 사람을 포함한다)으로서 해당 학과를 졸업한 후 2년 이상 1급 소방안전관리대상물의 소방안전관리자로 근무한 실무경력이 있는 사람

마. 다음 1)부터 3)까지의 어느 하나에 해당하는 사람으로서 해당 요건을 갖춘 후 3년 이상 1급 소방안전관리대상물의 소방안전관리자로 근무한 실무경력이 있는 사람

　　1) 대학에서 소방안전 관련 교과목(소방청장이 정하여 고시하는 교과목을 말한다. 이하 같다)을 12학점 이상 이수하고 졸업한 사람

　　2) 법령에 따라 1)에 해당하는 사람과 같은 수준의 학력이 있다고 인정되는 사람으로서 해당 학력 취득 과정에서 소방안전 관련 교과목을 12학점 이상 이수한 사람

　　3) 대학에서 소방안전 관련 학과(소방청장이 정하여 고시하는 학과를 말한다. 이하 같다)를 전공하고 졸업한 사람(법령에 따라 이와 같은 수준의 학력이 있다고 인정되는 사람을 포함한다)

바. 소방행정학(소방학 및 소방방재학을 포함한다) 또는 소방안전공학(소방방재공학 및 안전공학을 포함한다) 분야에서 석사학위 이상을 취득한 후 2년 이상 1급 소방안전관리대상물의 소방안전관리자로 근무한 실무경력이 있는 사람

사. 특급 소방안전관리대상물의 소방안전관리보조자로 10년 이상 근무한 실무경력이 있는 사람

아. 법 제41조제1항제3호 및 이 영 제38조에 따라 특급 소방안전관리대상물의 소방안전관리에 대한 강습교육을 수료한 사람

6. 삭제 <2017.1.26.>

② 1급 소방안전관리대상물의 관계인은 다음 각 호의 어느 하나에 해당하는 사람 중에서 소방안전관리자를 선임하여야 한다. 다만, 제4호부터 제6호까지에 해당하는 사람은 안전관리자로 선임된 해당 소방안전관리대상물의 소방안전관리자로만 선임할 수 있다. <개정 2013.1.9., 2014.11.19., 2015.1.6., 2015.7.24., 2017.1.26., 2017.7.26., 2017.8.16., 2018.6.26.>

1. 소방설비기사 또는 소방설비산업기사의 자격이 있는 사람
2. 산업안전기사 또는 산업안전산업기사의 자격을 취득한 후 2년 이상 2급 소방안전관리대상물 또는 3급 소방안전관리대상물의 소방안전관리자로 근무한 실무경력이 있는 사람
3. 소방공무원으로 7년 이상 근무한 경력이 있는 사람
4. 위험물기능장·위험물산업기사 또는 위험물기능사 자격을 가진 사람으로서 「위험물안전관리법」 제15조제1항에 따라 위험물안전관리자로 선임된 사람
5. 「고압가스 안전관리법」 제15조제1항, 「액화석유가스의 안전관리 및 사업법」 제34조제1항 또는 「도시가스사업법」 제29조제1항에 따라 안전관리자로 선임된 사람

6. 「전기사업법」 제73조제1항 및 제2항에 따라 전기안전관리자로 선임된 사람
7. 소방청장이 실시하는 1급 소방안전관리대상물의 소방안전관리에 관한 시험
   에 합격한 사람. 이 경우 해당 시험은 다음 각 목의 어느 하나에 해당하는
   사람만 응시할 수 있다.
   가. 대학에서 소방안전관리학과를 전공하고 졸업한 사람(법령에 따라 이
       와 같은 수준의 학력이 있다고 인정되는 사람을 포함한다)으로서 해
       당 학과를 졸업한 후 2년 이상 2급 소방안전관리대상물 또는 3급 소
       방안전관리대상물의 소방안전관리자로 근무한 실무경력이 있는 사람
   나. 다음 1)부터 3)까지의 어느 하나에 해당하는 사람으로서 해당 요건을
       갖춘 후 3년 이상 2급 소방안전관리대상물 또는 3급 소방안전관리대
       상물의 소방안전관리자로 근무한 실무경력이 있는 사람
       1) 대학에서 소방안전 관련 교과목을 12학점 이상 이수하고 졸업한
          사람
       2) 법령에 따라 1)에 해당하는 사람과 같은 수준의 학력이 있다고 인정
          되는 사람으로서 해당 학력 취득 과정에서 소방안전 관련 교과목을
          12학점 이상 이수한 사람
       3) 대학에서 소방안전 관련 학과를 전공하고 졸업한 사람(법령에 따
          라 이와 같은 수준의 학력이 있다고 인정되는 사람을 포함한다)
   다. 소방행정학(소방학, 소방방재학을 포함한다) 또는 소방안전공학(소방방
       재공학, 안전공학을 포함한다) 분야에서 석사학위 이상을 취득한 사람
   라. 가목 및 나목에 해당하는 경우 외에 5년 이상 2급 소방안전관리대상
       물의 소방안전관리자로 근무한 실무경력이 있는 사람
   마. 법 제41조제1항제3호 및 이 영 제38조에 따라 특급 소방안전관리대상
       물 또는 1급 소방안전관리대상물의 소방안전관리에 대한 강습교육을
       수료한 사람
   바. 「공공기관의 소방안전관리에 관한 규정」 제5조제1항제2호나목에 따른
       강습교육을 수료한 사람
   사. 2급 소방안전관리대상물의 소방안전관리자로 선임될 수 있는 자격이
       있는 사람으로서 특급 또는 1급 소방안전관리대상물의 소방안전관리
       보조자로 5년 이상 근무한 실무경력이 있는 사람
   아. 2급 소방안전관리대상물의 소방안전관리자로 선임될 수 있는 자격이
       있는 사람으로서 2급 소방안전관리대상물의 소방안전관리보조자로 7
       년 이상 근무한 실무경력(특급 또는 1급 소방안전관리대상물의 소방
       안전관리보조자로 근무한 5년 미만의 실무경력이 있는 경우에는 이를
       포함하여 합산한다)이 있는 사람

8. 제1항에 따라 특급 소방안전관리대상물의 소방안전관리자 자격이 인정되는 사람

③ 2급 소방안전관리대상물의 관계인은 다음 각 호의 어느 하나에 해당하는 사람 중에서 소방안전관리자를 선임하여야 한다. 다만, 제3호에 해당하는 사람은 보안관리자 또는 보안감독자로 선임된 해당 소방안전관리대상물의 소방안전관리자로만 선임할 수 있다. <개정 2013.1.9., 2014.11.19., 2015.1.6., 2017.1.6., 2017.1.26., 2017.7.26., 2017.8.16.>

1. 건축사·산업안전기사·산업안전산업기사·건축기사·건축산업기사·일반기계기사·전기기능장·전기기사·전기산업기사·전기공사기사 또는 전기공사산업기사 자격을 가진 사람

2. 위험물기능장·위험물산업기사 또는 위험물기능사 자격을 가진 사람

3. 광산보안기사 또는 광산보안산업기사 자격을 가진 사람으로서 「광산안전법」 제13조에 따라 광산안전관리직원(안전관리자 또는 안전감독자만 해당한다)으로 선임된 사람

4. 소방공무원으로 3년 이상 근무한 경력이 있는 사람

5. 소방청장이 실시하는 2급 소방안전관리대상물의 소방안전관리에 관한 시험에 합격한 사람. 이 경우 해당 시험은 다음 각 목의 어느 하나에 해당하는 사람만 응시할 수 있다.

   가. 대학에서 소방안전관리학과를 전공하고 졸업한 사람(법령에 따라 이와 같은 수준의 학력이 있다고 인정되는 사람을 포함한다)

   나. 다음 1)부터 3)까지의 어느 하나에 해당하는 사람

      1) 대학에서 소방안전 관련 교과목을 6학점 이상 이수하고 졸업한 사람

      2) 법령에 따라 1)에 해당하는 사람과 같은 수준의 학력이 있다고 인정되는 사람으로서 해당 학력 취득 과정에서 소방안전 관련 교과목을 6학점 이상 이수한 사람

      3) 대학에서 소방안전 관련 학과를 전공하고 졸업한 사람(법령에 따라 이와 같은 수준의 학력이 있다고 인정되는 사람을 포함한다)

   다. 소방본부 또는 소방서에서 1년 이상 화재진압 또는 그 보조 업무에 종사한 경력이 있는 사람

   라. 의용소방대원으로 3년 이상 근무한 경력이 있는 사람

   마. 군부대(주한 외국군부대를 포함한다) 및 의무소방대의 소방대원으로 1년 이상 근무한 경력이 있는 사람

   바. 「위험물안전관리법」 제19조에 따른 자체소방대의 소방대원으로 3년 이상 근무한 경력이 있는 사람

   사. 「대통령 등의 경호에 관한 법률」에 따른 경호공무원 또는 별정직공무

원으로서 2년 이상 안전검측 업무에 종사한 경력이 있는 사람

아. 경찰공무원으로 3년 이상 근무한 경력이 있는 사람

자. 법 제41조제1항제3호 및 이 영 제38조에 따라 특급 소방안전관리대상물, 1급 소방안전관리대상물 또는 2급 소방안전관리대상물의 소방안전관리에 대한 강습교육을 수료한 사람

차. 제2항제7호바목에 해당하는 사람

카. 소방안전관리보조자로 선임될 수 있는 자격이 있는 사람으로서 특급 소방안전관리대상물, 1급 소방안전관리대상물, 2급 소방안전관리대상물 또는 3급 소방안전관리대상물의 소방안전관리보조자로 3년 이상 근무한 실무경력이 있는 사람

타. 3급 소방안전관리대상물의 소방안전관리자로 2년 이상 근무한 실무경력이 있는 사람

6. 제1항 및 제2항에 따라 특급 또는 1급 소방안전관리대상물의 소방안전관리자 자격이 인정되는 사람

④ 3급 소방안전관리대상물의 관계인은 다음 각 호의 어느 하나에 해당하는 사람 중에서 소방안전관리자를 선임하여야 한다. <신설 2017.1.26., 2017.7.26.>

1. 소방공무원으로 1년 이상 근무한 경력이 있는 사람

2. 소방청장이 실시하는 3급 소방안전관리대상물의 소방안전관리에 관한 시험에 합격한 사람. 이 경우 해당 시험은 다음 각 목의 어느 하나에 해당하는 사람만 응시할 수 있다.

가. 의용소방대원으로 2년 이상 근무한 경력이 있는 사람

나. 「위험물안전관리법」 제19조에 따른 자체소방대의 소방대원으로 1년 이상 근무한 경력이 있는 사람

다. 「대통령 등의 경호에 관한 법률」에 따른 경호공무원 또는 별정직공무원으로 1년 이상 안전검측 업무에 종사한 경력이 있는 사람

라. 경찰공무원으로 2년 이상 근무한 경력이 있는 사람

마. 법 제41조제1항제3호 및 이 영 제38조에 따라 특급 소방안전관리대상물, 1급 소방안전관리대상물, 2급 소방안전관리대상물 또는 3급 소방안전관리대상물의 소방안전관리에 대한 강습교육을 수료한 사람

바. 제2항제7호바목에 해당하는 사람

사. 소방안전관리보조자로 선임될 수 있는 자격이 있는 사람으로서 특급 소방안전관리대상물, 1급 소방안전관리대상물, 2급 소방안전관리대상물 또는 3급 소방안전관리대상물의 소방안전관리보조자로 2년 이상 근무한 실무경력이 있는 사람

3. 제1항부터 제3항까지의 규정에 따라 특급 소방안전관리대상물, 1급 소방

안전관리대상물 또는 2급 소방안전관리대상물의 소방안전관리자 자격이 인정되는 사람

⑤ 제22조의2제1항에 따라 소방안전관리보조자를 선임하여야 하는 특정소방대상물의 관계인은 다음 각 호의 어느 하나에 해당하는 사람을 소방안전관리보조자로 선임하여야 한다. <신설 2015.1.6., 2015.6.30., 2017.1.26., 2017.7.26., 2018.6.26.>

1. 제1항부터 제4항까지의 규정에 따라 특급 소방안전관리대상물, 1급 소방안전관리대상물, 2급 소방안전관리대상물 또는 3급 소방안전관리대상물의 소방안전관리자 자격이 있는 사람

2. 「국가기술자격법」 제9조제1항제1호에 따른 기술·기능 분야 국가기술자격 중에서 행정안전부령으로 정하는 국가기술자격이 있는 사람

3. 제2항제7호바목 또는 제4항제2호마목에 해당하는 사람

4. 소방안전관리대상물에서 소방안전 관련 업무에 2년 이상 근무한 경력이 있는 사람

⑥ 제1항제5호, 제2항제7호, 제3항제5호 및 제4항제2호에 따른 강습교육의 시간·기간·교과목 및 소방안전관리에 관한 시험 등에 관하여 필요한 사항은 행정안전부령으로 정한다. <개정 2013.3.23., 2014.11.19., 2015.1.6., 2017.1.26., 2017.7.26.>

[전문개정 2012.9.14.]

[제목개정 2015.1.6.]

제23조의2(소방안전관리 업무의 대행) ① 법 제20조제3항에서 "대통령령으로 정하는 소방안전관리대상물"이란 제22조제1항제2호다목 또는 같은 항 제3호·제4호에 해당하는 특정소방대상물을 말한다. <개정 2017.1.26.>

② 법 제20조제3항에서 "소방안전관리 업무 중 대통령령으로 정하는 업무"란 법 제20조제6항제3호 또는 제5호에 해당하는 업무를 말한다. <개정 2018.6.26.>

[본조신설 2014.7.7.]

제24조(소방안전관리대상물의 소방계획서 작성 등) ① 법 제20조제6항제1호에 따른 소방계획서에는 다음 각 호의 사항이 포함되어야 한다. <개정 2017.1.26., 2018.6.26.>

1. 소방안전관리대상물의 위치·구조·연면적·용도 및 수용인원 등 일반 현황

2. 소방안전관리대상물에 설치한 소방시설·방화시설(防火施設), 전기시설·가스시설 및 위험물시설의 현황

3. 화재 예방을 위한 자체점검계획 및 진압대책

4. 소방시설·피난시설 및 방화시설의 점검·정비계획

5. 피난층 및 피난시설의 위치와 피난경로의 설정, 장애인 및 노약자의 피난

계획 등을 포함한 피난계획

6. 방화구획, 제연구획, 건축물의 내부 마감재료(불연재료·준불연재료 또는 난연재료로 사용된 것을 말한다) 및 방염물품의 사용현황과 그 밖의 방화구조 및 설비의 유지·관리계획

7. 법 제22조에 따른 소방훈련 및 교육에 관한 계획

8. 법 제22조를 적용받는 특정소방대상물의 근무자 및 거주자의 자위소방대 조직과 대원의 임무(장애인 및 노약자의 피난 보조 임무를 포함한다)에 관한 사항

9. 화기 취급 작업에 대한 사전 안전조치 및 감독 등 공사 중 소방안전관리에 관한 사항

10. 공동 및 분임 소방안전관리에 관한 사항

11. 소화와 연소 방지에 관한 사항

12. 위험물의 저장·취급에 관한 사항(「위험물안전관리법」 제17조에 따라 예방규정을 정하는 제조소등은 제외한다)

13. 그 밖에 소방안전관리를 위하여 소방본부장 또는 소방서장이 소방안전관리대상물의 위치·구조·설비 또는 관리 상황 등을 고려하여 소방안전관리에 필요하여 요청하는 사항

② 소방본부장 또는 소방서장은 제1항에 따른 특정소방대상물의 소방계획의 작성 및 실시에 관하여 지도·감독한다.

[전문개정 2012.9.14.]

제24조의2(소방안전 특별관리시설물) ① 법 제20조의2제1항제13호에서 "대통령령으로 정하는 전통시장"이란 점포가 500개 이상인 전통시장을 말한다. <신설 2018.6.26.>

② 법 제20조의2제1항제14호에서 "대통령령으로 정하는 시설물"이란 「전기사업법」 제2조제4호에 따른 발전사업자가 가동 중인 발전소(발전원의 종류별로 「발전소주변지역 지원에 관한 법률 시행령」 제2조제2항에 따른 발전소는 제외한다)를 말한다. <개정 2018.6.26.>

[본조신설 2017.1.26.]

[종전 제24조의2는 제24조의3으로 이동 <2017.1.26.>]

제24조의3(소방안전 특별관리기본계획 · 시행계획의 수립 · 시행) ① 소방청장은 법 제20조의2제2항에 따른 소방안전 특별관리기본계획(이하 이 조에서 "특별관리기본계획"이라 한다)을 5년마다 수립·시행하여야 하고, 계획 시행 전년도 10월 31일까지 수립하여 시·도에 통보한다. <개정 2017.7.26.>

② 특별관리기본계획에는 다음 각 호의 사항이 포함되어야 한다.

1. 화재예방을 위한 중기·장기 안전관리정책

2. 화재예방을 위한 교육·홍보 및 점검·진단

3. 화재대응을 위한 훈련

4. 화재대응 및 사후조치에 관한 역할 및 공조체계

5. 그 밖에 화재 등의 안전관리를 위하여 필요한 사항

③ 시·도지사는 특별관리기본계획을 시행하기 위하여 매년 법 제20조의2제3항에 따른 소방안전 특별관리시행계획(이하 이 조에서 "특별관리시행계획"이라 한다)을 계획 시행 전년도 12월 31일까지 수립하여야 하고, 시행 결과를 계획 시행 다음 연도 1월 31일까지 소방청장에게 통보하여야 한다. <개정 2017.7.26.>

④ 특별관리시행계획에는 다음 각 호의 사항이 포함되어야 한다.

1. 특별관리기본계획의 집행을 위하여 필요한 사항

2. 시·도에서 화재 등의 안전관리를 위하여 필요한 사항

⑤ 소방청장 및 시·도지사는 특별관리기본계획 및 특별관리시행계획을 수립하는 경우 성별, 연령별, 재해약자(장애인·노인·임산부·영유아·어린이 등 이동이 어려운 사람을 말한다)별 화재 피해현황 및 실태 등에 관한 사항을 고려하여야 한다. <신설 2017.1.26., 2017.7.26.>

[본조신설 2016.1.19.]

[제24조의2에서 이동 <2017.1.26.>]

제24조의4(공동 소방안전관리자) 법 제21조 각 호 외의 부분에서 "대통령령으로 정하는 자"란 제23조제3항 각 호의 어느 하나에 해당하는 사람을 말한다.

[본조신설 2017.1.26.]

제25조(공동 소방안전관리자 선임대상 특정소방대상물) 법 제21조제3호에서 "대통령령으로 정하는 특정소방대상물"이란 다음 각 호의 어느 하나에 해당하는 특정소방대상물을 말한다.

1. 별표 2에 따른 복합건축물로서 연면적이 5천제곱미터 이상인 것 또는 층수가 5층 이상인 것

2. 별표 2에 따른 판매시설 중 도매시장 및 소매시장

3. 제22조제1항에 따른 특정소방대상물 중 소방본부장 또는 소방서장이 지정하는 것

[전문개정 2012.9.14.]

제26조(근무자 및 거주자에게 소방훈련·교육을 실시하여야 하는 특정소방대상물)
법 제22조제1항 전단에서 "대통령령으로 정하는 특정소방대상물"이란 제22조
제1항에 따른 특정소방대상물 중 상시 근무하거나 거주하는 인원(숙박시설의
경우에는 상시 근무하는 인원을 말한다)이 10명 이하인 특정소방대상물을 제
외한 것을 말한다.
[전문개정 2012.9.14.]

제5장 소방시설관리사 및 소방시설관리업

제27조(소방시설관리사시험의 응시자격) 법 제26조제2항에 따른 소방시설관리
사시험(이하 "관리사시험"이라 한다)에 응시할 수 있는 사람은 다음 각 호와
같다. <개정 2014.11.19., 2016.6.30., 2017.1.26., 2017.7.26.>
1. 소방기술사·위험물기능장·건축사·건축기계설비기술사·건축전기설비기술사
   또는 공조냉동기계기술사
2. 소방설비기사 자격을 취득한 후 2년 이상 소방청장이 정하여 고시하는 소
   방에 관한 실무경력(이하 "소방실무경력"이라 한다)이 있는 사람
3. 소방설비산업기사 자격을 취득한 후 3년 이상 소방실무경력이 있는 사람
4. 「국가과학기술 경쟁력 강화를 위한 이공계지원 특별법」 제2조제1호에 따
   른 이공계(이하 "이공계"라 한다) 분야를 전공한 사람으로서 다음 각 목
   의 어느 하나에 해당하는 사람
   가. 이공계 분야의 박사학위를 취득한 사람
   나. 이공계 분야의 석사학위를 취득한 후 2년 이상 소방실무경력이 있는 사람
   다. 이공계 분야의 학사학위를 취득한 후 3년 이상 소방실무경력이 있는 사람
5. 소방안전공학(소방방재공학, 안전공학을 포함한다) 분야를 전공한 후 다음
   각 목의 어느 하나에 해당하는 사람
   가. 해당 분야의 석사학위 이상을 취득한 사람
   나. 2년 이상 소방실무경력이 있는 사람
6. 위험물산업기사 또는 위험물기능사 자격을 취득한 후 3년 이상 소방실무
   경력이 있는 사람
7. 소방공무원으로 5년 이상 근무한 경력이 있는 사람
8. 소방안전 관련 학과의 학사학위를 취득한 후 3년 이상 소방실무경력이 있
   는 사람
9. 산업안전기사 자격을 취득한 후 3년 이상 소방실무경력이 있는 사람
10. 다음 각 목의 어느 하나에 해당하는 사람
    가. 특급 소방안전관리대상물의 소방안전관리자로 2년 이상 근무한 실무

경력이 있는 사람

나. 1급 소방안전관리대상물의 소방안전관리자로 3년 이상 근무한 실무경력
이 있는 사람

다. 2급 소방안전관리대상물의 소방안전관리자로 5년 이상 근무한 실무경력
이 있는 사람

라. 3급 소방안전관리대상물의 소방안전관리자로 7년 이상 근무한 실무경력
이 있는 사람

마. 10년 이상 소방실무경력이 있는 사람

[전문개정 2012.9.14.]

제28조(시험의 시행방법) ① 관리사시험은 제1차시험과 제2차시험으로 구분하여
시행한다. 다만, 소방청장은 필요하다고 인정하는 경우에는 제1차시험과 제2차시험
을 구분하되, 같은 날에 순서대로 시행할 수 있다. <개정 2014.11.19., 2017.7.26.>

② 제1차시험은 선택형을 원칙으로 하고, 제2차시험은 논문형을 원칙으로 하
되, 제2차시험의 경우에는 기입형을 포함할 수 있다.

③ 제1차시험에 합격한 사람에 대해서는 다음 회의 관리사시험에 한정하여 제1차
시험을 면제한다. 다만, 면제받으려는 시험의 응시자격을 갖춘 경우로 한정한다.

④ 제2차시험은 제1차시험에 합격한 사람만 응시할 수 있다. 다만, 제1항 단서
에 따라 제1차시험과 제2차시험을 병행하여 시행하는 경우에 제1차시험에 불
합격한 사람의 제2차시험 응시는 무효로 한다.

[전문개정 2012.9.14.]

제29조(시험 과목) 관리사시험의 제1차시험 및 제2차시험 과목은 다음 각 호와
같다. <개정 2017.1.26.>

1. 제1차시험

가. 소방안전관리론(연소 및 소화, 화재예방관리, 건축물소방안전기준, 인
원수용 및 피난계획에 관한 부분으로 한정한다) 및 화재역학[화재성
상, 화재하중(火災荷重), 열전달, 화염 확산, 연소속도, 구획화재, 연소
생성물 및 연기의 생성·이동에 관한 부분으로 한정한다]

나. 소방수리학, 약제화학 및 소방전기(소방 관련 전기공사재료 및 전기제
어에 관한 부분으로 한정한다)

다. 다음의 소방 관련 법령

1) 「소방기본법」, 같은 법 시행령 및 같은 법 시행규칙

2) 「소방시설공사업법」, 같은 법 시행령 및 같은 법 시행규칙

3) 「화재예방, 소방시설 설치·유지 및 안전관리에 관한 법률」, 같은

법 시행령 및 같은 법 시행규칙

　4) 「위험물안전관리법」, 같은 법 시행령 및 같은 법 시행규칙

　5) 「다중이용업소의 안전관리에 관한 특별법」, 같은 법 시행령 및 같은 법 시행규칙

　라. 위험물의 성상 및 시설기준

　마. 소방시설의 구조 원리(고장진단 및 정비를 포함한다)

2. 제2차시험

　가. 소방시설의 점검실무행정(점검절차 및 점검기구 사용법을 포함한다)

　나. 소방시설의 설계 및 시공

[전문개정 2012.9.14.]

제30조(시험위원) ① 소방청장은 법 제26조제2항에 따라 관리사시험의 출제 및 채점을 위하여 다음 각 호의 어느 하나에 해당하는 사람 중에서 시험위원을 임명하거나 위촉하여야 한다. <개정 2014.11.19., 2017.1.26., 2017.7.26.>

1. 소방 관련 분야의 박사학위를 가진 사람

2. 대학에서 소방안전 관련 학과 조교수 이상으로 2년 이상 재직한 사람

3. 소방위 또는 지방소방위 이상의 소방공무원

4. 소방시설관리사

5. 소방기술사

② 제1항에 따른 시험위원의 수는 다음 각 호의 구분에 따른다. <개정 2017.1.26.>

1. 출제위원: 시험 과목별 3명

2. 채점위원: 시험 과목별 5명 이내(제2차시험의 경우로 한정한다)

③ 제1항에 따라 시험위원으로 임명되거나 위촉된 사람은 소방청장이 정하는 시험문제 등의 출제 시 유의사항 및 서약서 등에 따른 준수사항을 성실히 이행하여야 한다. <개정 2014.11.19., 2017.1.26., 2017.7.26.>

④ 제1항에 따라 임명되거나 위촉된 시험위원과 시험감독 업무에 종사하는 사람에게는 예산의 범위에서 수당과 여비를 지급할 수 있다. <개정 2017.1.26.>

[전문개정 2012.9.14.]

[제목개정 2017.1.26.]

제31조(시험 과목의 일부 면제) ① 법 제26조제3항에 따라 관리사시험의 제1차 시험 과목 가운데 일부를 면제받을 수 있는 사람과 그 면제과목은 다음 각 호의 구분에 따른다. 다만, 제1호 및 제2호에 모두 해당하는 사람은 본인이 선택한 한 과목만 면제받을 수 있다. <개정 2014.11.19., 2017.7.26.>

1. 소방기술사 자격을 취득한 후 15년 이상 소방실무경력이 있는 사람: 제29

조제1호나목의 과목

2. 소방공무원으로 15년 이상 근무한 경력이 있는 사람으로서 5년 이상 소방
청장이 정하여 고시하는 소방 관련 업무 경력이 있는 사람: 제29조제1호
다목의 과목

② 법 제26조제3항에 따라 관리사시험의 제2차시험 과목 가운데 일부를 면제
받을 수 있는 사람과 그 면제과목은 다음 각 호의 구분에 따른다. 다만, 제1호
및 제2호에 모두 해당하는 사람은 본인이 선택한 한 과목만 면제받을 수 있다.

1. 제27조제1호에 해당하는 사람: 제29조제2호나목의 과목
2. 제27조제7호에 해당하는 사람: 제29조제2호가목의 과목

[전문개정 2013.1.9.]

제32조(시험의 시행 및 공고) ① 관리사시험은 1년마다 1회 시행하는 것을 원칙
으로 하되, 소방청장이 필요하다고 인정하는 경우에는 그 횟수를 늘리거나 줄일
수 있다. <개정 2014.11.19., 2016.6.30., 2017.7.26.>

② 소방청장은 관리사시험을 시행하려면 응시자격, 시험 과목, 일시·장소 및
응시절차 등에 관하여 필요한 사항을 모든 응시 희망자가 알 수 있도록 관리
사시험 시행일 90일 전까지 소방청 홈페이지 등에 공고하여야 한다. <개정
2014.11.19., 2017.1.26., 2017.7.26.>

[전문개정 2012.9.14.]

제33조(응시원서 제출 등) ① 관리사시험에 응시하려는 사람은 행정안전부령으로
정하는 관리사시험 응시원서를 소방청장에게 제출하여야 한다. <개정 2013.3.23.,
2014.11.19., 2017.7.26.>

② 제31조에 따라 시험 과목의 일부를 면제받으려는 사람은 제1항에 따른 응
시원서에 그 뜻을 적어야 한다.

③ 관리사시험에 응시하는 사람은 제27조에 따른 응시자격에 관한 증명서류를
소방청장이 정하는 원서 접수기간 내에 제출하여야 하며, 증명서류는 해당 자
격증(「국가기술자격법」에 따른 국가기술자격 취득자의 자격증은 제외한다) 사
본과 행정안전부령으로 정하는 경력·재직증명원 또는 한국소방안전원장이 발
행하는 경력증명서로 한다. 다만, 국가·지방자치단체, 「공공기관의 운영에 관
한 법률」 제4조에 따른 공공기관, 「지방공기업법」에 따른 지방공사 또는 지방
공단이 증명하는 경력증명원은 해당 기관에서 정하는 서식에 따를 수 있다.
<개정 2013.3.23., 2014.11.19., 2017.7.26., 2018.6.26.>

④ 제1항에 따라 응시원서를 받은 소방청장은 「전자정부법」 제36조제1항에 따
른 행정정보의 공동이용을 통하여 응시자의 해당 국가기술자격증을 확인하여

야 한다. 다만, 응시자가 확인에 동의하지 아니하는 경우에는 그 사본을 첨부
하게 하여야 한다. <개정 2014.11.19., 2017.7.26.>
[전문개정 2012.9.14.]

제34조(시험의 합격자 결정 등) ① 제1차시험에서는 과목당 100점을 만점으로
하여 모든 과목의 점수가 40점 이상이고, 전 과목 평균 점수가 60점 이상인
사람을 합격자로 한다.
② 제2차시험에서는 과목당 100점을 만점으로 하되, 시험위원의 채점점수 중
최고점수와 최저점수를 제외한 점수가 모든 과목에서 40점 이상, 전 과목에서
평균 60점 이상인 사람을 합격자로 한다.
③ 소방청장은 제1항과 제2항에 따라 관리사시험 합격자를 결정하였을 때에는 이를
소방청 홈페이지 등에 공고하여야 한다. <개정 2014.11.19., 2017.1.26., 2017.7.26.>
④ 삭제 <2016.1.19.>
[전문개정 2012.9.14.]

제35조 삭제 <2012.1.31.>

제36조(소방시설관리업의 등록기준) ① 법 제29조제2항에 따른 소방시설관리업
의 등록기준은 별표 9와 같다.
② 시·도지사는 법 제29조제1항에 따른 등록신청이 다음 각 호의 어느 하나에
해당하는 경우를 제외하고는 등록을 해 주어야 한다.
  1. 제1항에 따른 등록기준에 적합하지 아니한 경우
  2. 등록을 신청한 자가 법 제30조 각 호의 결격사유 중 어느 하나에 해당하
    는 경우
  3. 그 밖에 이 법 또는 다른 법령에 따른 제한에 위배되는 경우
[전문개정 2012.9.14.]

제6장 소방용품의 품질관리
<개정 2012.1.31.>

제37조(형식승인대상 소방용품) 법 제36조제1항 본문에서 "대통령령으로 정하는
소방용품"이란 별표 3 제1호[별표 1 제1호나목2)에 따른 상업용 주방소화장치
는 제외한다] 및 같은 표 제2호부터 제4호까지에 해당하는 소방용품을 말한다.
<개정 2014.7.7., 2015.1.6., 2017.1.26.>
[전문개정 2012.9.14.]

제37조의2(우수품질인증 소방용품 우선 구매 · 사용 기관) 법 제40조의2제4호에 서 "대통령령으로 정하는 기관"이란 다음 각 호의 어느 하나에 해당하는 기관 을 말한다.

1. 「지방공기업법」 제49조에 따라 설립된 지방공사 및 같은 법 제76조에 따 라 설립된 지방공단
2. 「지방자치단체 출자·출연 기관의 운영에 관한 법률」 제2조에 따른 출자· 출연기관

[본조신설 2017.1.26.]

제7장 보칙

제38조(소방안전관리자의 자격을 인정받으려는 사람) 법 제41조제1항제3호에서 "대통령령으로 정하는 자"란 특급 소방안전관리대상물, 1급 소방안전관리대상 물, 2급 소방안전관리대상물, 3급 소방안전관리대상물 또는 「공공기관의 소방 안전관리에 관한 규정」 제2조에 따른 공공기관의 소방안전관리자가 되려는 사람을 말한다. <개정 2017.1.26.>

[전문개정 2012.9.14.]

제38조의2(조치명령 등의 연기) ① 법 제47조의2제1항 각 호 외의 부분에서 "그 밖에 대통령령으로 정하는 사유"란 다음 각 호의 어느 하나의 경우에 해당하 는 사유를 말한다. <개정 2017.1.26.>

1. 태풍, 홍수 등 재난(「재난 및 안전관리 기본법」 제3조제1호에 해당하는 재 난을 말한다)이 발생하여 법 제47조의2 각 호에 따른 조치명령·선임명령 또는 이행명령(이하 "조치명령 등"이라 한다)을 이행할 수 없는 경우
2. 관계인이 질병, 장기출장 등으로 조치명령 등을 이행할 수 없는 경우
3. 경매 또는 양도·양수 등의 사유로 소유권이 변동되어 조치명령기간에 시정 이 불가능한 경우
4. 시장·상가·복합건축물 등 다수의 관계인으로 구성되어 조치명령기간 내에 의견조정과 시정이 불가능하다고 인정할 만한 상당한 이유가 있는 경우

② 법 제47조의2제1항에 따라 조치명령 등의 연기를 신청하려는 관계인 등은 행정안전부령으로 정하는 연기신청서에 연기의 사유 및 기간 등을 적어 소방 청장, 소방본부장 또는 소방서장에게 제출하여야 한다. <개정 2017.7.26.>

③ 제2항에 따른 연기신청 및 연기신청서의 처리절차에 관하여 필요한 사항은 행정안전부령으로 정한다. <개정 2017.7.26.>

[본조신설 2015.6.30.]

제39조(권한의 위임 · 위탁 등) ① 법 제45조제1항에 따라 소방청장은 법 제36조 제7항에 따른 소방용품에 대한 수거·폐기 또는 교체 등의 명령에 대한 권한을 시·도지사에게 위임한다. <개정 2015.1.6., 2017.7.26.>

② 법 제45조제2항에 따라 소방청장은 다음 각 호의 업무를 기술원에 위탁한다. <개정 2017.1.26., 2017.7.26.>

1. 법 제13조에 따른 방염성능검사 업무(합판·목재를 설치하는 현장에서 방염처리한 경우의 방염성능검사는 제외한다)

2. 법 제36조제1항·제2항 및 제8항부터 제10항까지의 규정에 따른 형식승인 (시험시설의 심사를 포함한다)

3. 법 제37조에 따른 형식승인의 변경승인

4. 법 제38조제1항에 따른 형식승인의 취소(법 제44조제3호에 따른 청문을 포함한다)

5. 법 제39조제1항 및 제6항에 따른 성능인증

6. 법 제39조의2에 따른 성능인증의 변경인증

7. 법 제39조의3에 따른 성능인증의 취소(법 제44조제3호의2에 따른 청문을 포함한다)

8. 법 제40조에 따른 우수품질인증 및 그 취소(법 제44조제4호에 따른 청문을 포함한다)

③ 법 제45조제3항에 따라 소방청장은 법 제41조에 따른 소방안전관리에 대한 교육 업무를 「소방기본법」 제40조에 따른 한국소방안전원에 위탁한다. <개정 2014.11.19., 2017.7.26., 2018.6.26.>

④ 법 제45조제4항에 따라 소방청장은 법 제36조제3항 및 제39조제2항에 따른 제품검사 업무를 기술원 또는 법 제42조에 따른 전문기관에 위탁한다. <개정 2014.11.19., 2017.7.26.>

⑤ 소방청장은 법 제45조제6항에 따라 다음 각 호의 업무를 소방청장의 허가를 받아 설립한 소방기술과 관련된 법인 또는 단체 중에서 해당 업무를 처리하는 데 필요한 관련 인력과 장비를 갖춘 법인 또는 단체에 위탁한다. 이 경우 소방 청장은 위탁받는 기관의 명칭·주소·대표자 및 위탁 업무의 내용을 고시하여야 한다. <개정 2014.11.19., 2016.1.19., 2017.7.26.>

1. 법 제26조제4항 및 제5항에 따른 소방시설관리사증의 발급·재발급에 관한 업무

2. 법 제33조의2제1항에 따른 점검능력 평가 및 공시에 관한 업무

3. 법 제33조의2제4항에 따른 데이터베이스 구축에 관한 업무

[전문개정 2012.9.14.]

제39조의2(고유식별정보의 처리) 소방청장(제39조에 따라 소방청장의 권한을 위임·위탁받은 자를 포함한다), 시·도지사, 소방본부장 또는 소방서장은 다음 각 호의 사무를 수행하기 위하여 불가피한 경우 「개인정보 보호법 시행령」 제19조제1호 또는 제4호에 따른 주민등록번호 또는 외국인등록번호가 포함된 자료를 처리할 수 있다. <개정 2014.7.7., 2014.11.19., 2017.7.26.>

1. 법 제4조 및 제4조의3에 따른 소방특별조사에 관한 사무
2. 법 제5조에 따른 소방특별조사 결과에 따른 조치명령에 관한 사무
3. 법 제6조에 따른 손실 보상에 관한 사무
4. 법 제7조에 따른 건축허가등의 동의에 관한 사무
5. 법 제9조에 따른 특정소방대상물에 설치하는 소방시설의 유지·관리 등에 관한 사무
6. 법 제10조에 따른 피난시설, 방화구획 및 방화시설의 유지·관리에 관한 사무
7. 법 제12조에 따른 소방대상물의 방염 등에 관한 사무
8. 삭제 <2015.6.30.>
9. 삭제 <2015.6.30.>
10. 삭제 <2015.6.30.>
11. 삭제 <2015.6.30.>
12. 법 제20조, 제21조 및 제24조에 따른 소방안전관리자의 선임신고 등에 관한 사무
13. 법 제25조의2에 따른 우수 소방대상물 관계인에 대한 포상 등에 관한 사무
14. 법 제26조에 따른 소방시설관리사시험 및 소방시설관리사증 발급 등에 관한 사무
15. 법 제26조의2에 따른 부정행위자에 대한 제재에 관한 사무
16. 법 제28조에 따른 자격의 취소·정지에 관한 사무
17. 법 제29조에 따른 소방시설관리업의 등록 등에 관한 사무
18. 법 제31조에 따른 등록사항의 변경신고에 관한 사무
19. 법 제32조에 따른 소방시설관리업자의 지위승계에 관한 사무
20. 법 제33조의2에 따른 점검능력 평가 및 공시 등에 관한 사무
21. 법 제34조에 따른 등록의 취소와 영업정지 등에 관한 사무
22. 법 제35조에 따른 과징금처분에 관한 사무
23. 법 제38조에 따른 형식승인의 취소 등에 관한 사무
24. 법 제41조에 따른 소방안전관리자 등에 대한 교육에 관한 사무
25. 법 제42조에 따른 제품검사 전문기관의 지정 등에 관한 사무
26. 법 제43조에 따른 전문기관의 지정취소 등에 관한 사무
27. 법 제44조에 따른 청문에 관한 사무

28. 법 제46조에 따른 감독에 관한 사무
29. 법 제47조에 따른 수수료 등 징수에 관한 사무
[본조신설 2013.1.9.]

제39조의3(규제의 재검토) 소방청장은 다음 각 호의 사항에 대하여 다음 각 호의 기준일을 기준으로 3년마다(매 3년이 되는 해의 기준일과 같은 날 전까지를 말한다) 그 타당성을 검토하여 개선 등의 조치를 하여야 한다. <개정 2014.7.7., 2014.11.19., 2015.1.6., 2015.6.30., 2017.1.26., 2017.7.26.>
1. 제12조에 따른 건축허가등의 동의대상물의 범위 등: 2015년 1월 1일
1의2. 제15조 및 별표 5에 따른 특정소방대상물의 규모·용도 및 수용인원 등을 고려하여 갖추어야 하는 소방시설: 2014년 1월 1일
2. 제15조의2에 따른 내진설계기준을 맞추어야 하는 소방시설: 2014년 1월 1일
2의2. 제15조의5 및 별표 5의2에 따른 임시소방시설의 종류 및 설치기준 등: 2015년 1월 1일
2의3. 제15조의6에 따른 강화된 소방시설기준의 적용대상: 2015년 1월 1일
2의4. 제17조에 따른 특정소방대상물의 증축 또는 용도변경 시의 소방시설기준 적용의 특례: 2015년 1월 1일
3. 제19조에 따른 방염성능기준 이상의 실내장식물 등을 설치하여야 하는 특정소방대상물: 2014년 1월 1일
4. 제20조에 따른 방염대상물품 및 방염성능기준: 2014년 1월 1일
5. 삭제 <2015. 6. 30.>
5의2. 제22조에 따른 소방안전관리자를 두어야 하는 특정소방대상물 등: 2015년 1월 1일
5의3. 제22조의2에 따른 소방안전관리보조자를 두어야 하는 특정소방대상물 등: 2015년 1월 1일
5의4. 제23조에 따른 소방안전관리자 및 소방안전관리보조자의 선임대상자: 2015년 1월 1일
5의5. 제23조의2에 따른 소방안전관리 업무의 대행: 2015년 1월 1일
6. 삭제 <2016.12.30.>
7. 삭제 <2016.12.30.>
8. 삭제 <2016.12.30.>
9. 제40조 및 별표 10에 따른 과태료의 부과기준: 2015년 1월 1일
[본조신설 2013.12.30.]

제40조(과태료의 부과기준) 법 제53조제1항부터 제3항까지의 규정에 따른 과태

료의 부과기준은 별표 10과 같다. <개정 2018.6.26., 2018.8.28.>
[전문개정 2012.9.14.]

부칙

<제29122호, 2018.8.28.>

이 영은 2018년 9월 3일부터 시행한다.

화재예방, 소방시설 설치·유지 및 안전관리에 관한 법률 시행규칙
(약칭:소방시설법 시행규칙)

[시행 2019.4.17]
[행정안전부령 제110호, 2019.4.15, 일부개정]

제1장 총칙

제1조(목적) 이 규칙은 「화재예방, 소방시설 설치·유지 및 안전관리에 관한 법률」 및 같은 법 시행령에서 위임된 사항과 그 시행에 필요한 사항을 규정함을 목적으로 한다. <개정 2005.12.21., 2012.2.3., 2016.1.26.>

제1조의2(소방특별조사의 연기신청 등) ① 「화재예방, 소방시설 설치·유지 및 안전관리에 관한 법률」(이하 "법"이라 한다) 제4조의3제3항 및 「화재예방, 소방시설 설치·유지 및 안전관리에 관한 법률 시행령」(이하 "영"이라 한다) 제8조제2항에 따라 소방특별조사의 연기를 신청하려는 자는 소방특별조사 시작 3일 전까지 별지 제1호서식의 소방특별조사 연기신청서(전자문서로 된 신청서를 포함한다)에 소방특별조사를 받기가 곤란함을 증명할 수 있는 서류(전자문서로 된 서류를 포함한다)를 첨부하여 소방청장, 소방본부장 또는 소방서장에게 제출하여야 한다. <개정 2013.4.16., 2014.11.19., 2016.1.26., 2017.7.26.>
② 제1항에 따른 신청서를 제출받은 소방청장, 소방본부장 또는 소방서장은 연기신청의 승인 여부를 결정한 때에는 별지 제1호의2서식의 소방특별조사 연기신청 결과 통지서를 조사 시작 전까지 연기신청을 한 자에게 통지하여야 하고, 연기기간이 종료하면 지체 없이 조사를 시작하여야 한다. <개정 2014.11.19., 2017.7.26.>
[본조신설 2012.2.3.]

제2조(소방특별조사에 따른 조치명령 등의 절차) ① 소방청장, 소방본부장 또는 소방서장은 법 제5조제1항에 따른 소방대상물의 개수(改修)·이전·제거, 사용의 금지 또는 제한, 사용폐쇄, 공사의 정지 또는 중지, 그 밖의 필요한 조치를 명할 때에는 별지 제2호서식의 소방특별조사 조치명령서를 해당 소방대상물의 관계인에게 발급하고, 별지 제2호의2서식의 소방특별조사 조치명령대장에 이를 기록하여 관리하여야 한다. <개정 2014.11.19., 2017.7.26.>

② 소방청장, 소방본부장 또는 소방서장은 법 제5조에 따른 명령으로 인하여 손실을 입은 자가 있는 경우에는 별지 제2호의3서식의 소방특별조사 조치명령 손실확인서를 작성하여 관련 사진 및 그 밖의 증빙자료와 함께 보관하여야 한다. <개정 2014.11.19., 2017.7.26.>

[전문개정 2012.2.3.]

제3조(손실보상 청구자가 제출하여야 하는 서류 등) ① 법 제5조제1항에 따른 명령으로 손실을 받은 자가 손실보상을 청구하고자 하는 때에는 별지 제3호서식의 손실보상청구서(전자문서로 된 청구서를 포함한다)에 다음 각 호의 서류(전자문서를 포함한다)를 첨부하여 특별시장·광역시장·특별자치시장·도지사 또는 특별자치도지사(이하 "시·도지사"라 한다)에게 제출하여야 한다. 이 경우 담당 공무원은 「전자정부법」 제36조제1항에 따른 행정정보의 공동이용을 통하여 건축물대장(소방대상물의 관계인임을 증명할 수 있는 서류가 건축물대장인 경우만 해당한다)을 확인하여야 한다. <개정 2005.12.21., 2007.12.13., 2010.9.10., 2012.2.3., 2015.1.9.>

 1. 소방대상물의 관계인임을 증명할 수 있는 서류(건축물대장은 제외한다)
 2. 손실을 증명할 수 있는 사진 그 밖의 증빙자료

② 시·도지사는 영 제11조제2항에 따른 손실보상에 관하여 협의가 이루어진 때에는 손실보상을 청구한 자와 연명으로 별지 제4호서식의 손실보상합의서를 작성하고 이를 보관하여야 한다. <개정 2005.12.21., 2012.2.3.>

제2장 소방시설의 설치 및 유지
제1절 건축허가등의 동의

제4조(건축허가등의 동의요구) ① 법 제7조제1항에 따른 건축물 등의 신축·증축·개축·재축·이전·용도변경 또는 대수선의 허가·협의 및 사용승인(이하 "건축허가등"이라 한다)의 동의요구는 다음 각 호의 구분에 따른 기관이 건축물 등의 시공지(施工地) 또는 소재지를 관할하는 소방본부장 또는 소방서장에게 하여야 한다. <개정 2013.4.16., 2014.7.8.>

1. 영 제12조제1항제1호부터 제4호까지 및 제6호에 따른 건축물 등과 영 별표 2 제17호가목에 따른 위험물 제조소등의 경우: 「건축법」 제11조에 따른 허가(「건축법」 제29조제1항에 따른 협의, 「주택법」 제16조에 따른 승인, 같은 법 제29조에 따른 사용검사, 「학교시설사업 촉진법」 제4조에 따른 승인 및 같은 법 제13조에 따른 사용승인을 포함한다)의 권한이 있는 행정기관

2. 영 별표 2 제17호나목에 따른 가스시설의 경우: 「고압가스 안전관리법」 제4조, 「도시가스사업법」 제3조 및 「액화석유가스의 안전관리 및 사업법」 제3조·제6조에 따른 허가의 권한이 있는 행정기관

3. 영 별표 2 제28호에 따른 지하구의 경우: 「국토의 계획 및 이용에 관한 법률」 제88조제2항에 따른 도시·군계획시설사업 실시계획 인가의 권한이 있는 행정기관

② 제1항 각 호의 어느 하나에 해당하는 기관은 영 제12조제3항에 따라 건축허가등의 동의를 요구하는 때에는 동의요구서(전자문서로 된 요구서를 포함한다)에 다음 각 호의 서류(전자문서를 포함한다)를 첨부하여야 한다. <개정 2005.12.21., 2008.1.24., 2009.6.5., 2010.9.10., 2015.1.9., 2018.9.5.>

1. 「건축법 시행규칙」 제6조·제8조 및 제12조의 규정에 의한 건축허가신청서 및 건축허가서 또는 건축·대수선·용도변경신고서 등 건축허가등을 확인할 수 있는 서류의 사본. 이 경우 동의 요구를 받은 담당공무원은 특별한 사정이 없는 한 「전자정부법」 제36조제1항에 따른 행정정보의 공동이용을 통하여 건축허가서를 확인함으로써 첨부서류의 제출에 갈음하여야 한다.

2. 다음 각 목의 설계도서. 다만, 가목 및 다목의 설계도서는 「소방시설공사업법 시행령」 제4조에 따른 소방시설공사 착공신고대상에 해당되는 경우에 한한다.

   가. 건축물의 단면도 및 주단면 상세도(내장재료를 명시한 것에 한한다)

   나. 소방시설(기계·전기분야의 시설을 말한다)의 층별 평면도 및 층별 계통도(시설별 계산서를 포함한다)

   다. 창호도

3. 소방시설 설치계획표

4. 임시소방시설 설치계획서(설치 시기·위치·종류·방법 등 임시소방시설의 설치와 관련한 세부사항을 포함한다)

5. 소방시설설계업등록증과 소방시설을 설계한 기술인력자의 기술자격증 사본

6. 「소방시설공사업법」 제21조의3제2항에 따라 체결한 소방시설설계 계약서 사본 1부

③ 제1항에 따른 동의요구를 받은 소방본부장 또는 소방서장은 법 제7조제3항에 따라 건축허가등의 동의요구서류를 접수한 날부터 5일(허가를 신청한 건축물 등이 영 제22조제1항제1호 각 목의 어느 하나에 해당하는 경우에는 10일) 이내에 건축허가등의 동의여부를 회신하여야 한다. <개정 2012.2.3.>

④ 소방본부장 또는 소방서장은 제3항의 규정에 불구하고 제2항의 규정에 의한 동의 요구서 및 첨부서류의 보완이 필요한 경우에는 4일 이내의 기간을 정하여 보완을 요구할 수 있다. 이 경우 보완기간은 제3항의 규정에 의한 회신기간에 산입하지 아니하고, 보완기간내에 보완하지 아니하는 때에는 동의요구서를 반려하여야 한다. <개정 2010.9.10.>

⑤ 제1항에 따라 건축허가등의 동의를 요구한 기관이 그 건축허가등을 취소하였을 때에는 취소한 날부터 7일 이내에 건축물 등의 시공지 또는 소재지를 관할하는 소방본부장 또는 소방서장에게 그 사실을 통보하여야 한다. <개정 2013.4.16.>

⑥ 소방본부장 또는 소방서장은 제3항의 규정에 의하여 동의 여부를 회신하는 때에는 별지 제5호서식의 건축허가등의동의대장에 이를 기재하고 관리하여야 한다.

⑦ 법 제7조제6항 후단에서 "행정안전부령으로 정하는 기간"이란 7일을 말한다. <신설 2014.7.8., 2014.11.19., 2017.7.26.>

제5조 삭제 <2007.3.23.>

제6조(소방시설을 설치하여야 하는 터널) ① 영 별표 5 제1호다목2)나)에서 "행정안전부령으로 정하는 터널"이란 「도로의 구조·시설 기준에 관한 규칙」 제48조에 따라 국토교통부장관이 정하는 도로의 구조 및 시설에 관한 세부기준에 의하여 옥내소화전설비를 설치하여야 하는 터널을 말한다. <신설 2017.2.10., 2017.7.26.>

② 영 별표 5 제1호바목7) 본문에서 "행정안전부령으로 정하는 터널"이란 「도로의 구조·시설 기준에 관한 규칙」 제48조에 따라 국토교통부장관이 정하는 도로의 구조 및 시설에 관한 세부기준에 의하여 물분무설비를 설치하여야 하는 터널을 말한다. <개정 2014.11.19., 2017.2.10., 2017.7.26.>

③ 영 별표 5 제5호가목5)에서 "행정안전부령으로 정하는 터널"이란 「도로의 구조·시설 기준에 관한 규칙」 제48조에 따라 국토교통부장관이 정하는 도로의 구조 및 시설에 관한 세부기준에 의하여 제연설비를 설치하여야 하는 터널을 말한다. <개정 2014.11.19., 2017.2.10., 2017.7.26.>

[전문개정 2014.7.8.]

[제목개정 2017.2.10.]

제7조(연소 우려가 있는 건축물의 구조) 영 별표 5 제1호사목1) 후단에서 "행정안전부령으로 정하는 연소(延燒) 우려가 있는 구조"란 다음 각 호의 기준에 모두 해당하는 구조를 말한다. <개정 2014.7.8., 2014.11.19., 2017.7.26.>

  1. 건축물대장의 건축물 현황도에 표시된 대지경계선 안에 둘 이상의 건축물이 있는 경우
  2. 각각의 건축물이 다른 건축물의 외벽으로부터 수평거리가 1층의 경우에는 6미터 이하, 2층 이상의 층의 경우에는 10미터 이하인 경우
  3. 개구부(영 제2조제1호에 따른 개구부를 말한다)가 다른 건축물을 향하여 설치되어 있는 경우

[전문개정 2013.4.16.]

제2절 삭제
<2015.7.16.>

제8조 삭제 <2015.7.16.>
제9조 삭제 <2015.7.16.>
제10조 삭제 <2015.7.16.>
제11조 삭제 <2015.7.16.>
제12조 삭제 <2015.7.16.>
제13조 삭제 <2015.7.16.>

제3장 소방대상물의 안전관리
제1절 특정소방대상물의 소방안전관리
<개정 2012.2.3.>

제14조(소방안전관리자의 선임신고 등) ① 특정소방대상물의 관계인은 법 제20조제2항 및 법 제21조에 따라 소방안전관리자를 다음 각 호의 어느 하나에 해당하는 날부터 30일 이내에 선임하여야 한다. <개정 2005.12.21., 2009.6.5., 2012.2.3., 2015.1.9., 2017.2.10.>

  1. 신축·증축·개축·재축·대수선 또는 용도변경으로 해당 특정소방대상물의 소방안전관리자를 신규로 선임하여야 하는 경우 : 해당 특정소방대상물의 완공일(건축물의 경우에는 「건축법」 제22조에 따라 건축물을 사용할 수 있게 된 날을 말한다. 이하 이 조 및 제14조의2에서 같다)
  2. 증축 또는 용도변경으로 인하여 특정소방대상물이 영 제22조제1항에 따른 소방안전관리대상물(이하 "소방안전관리대상물"이라 한다)로 된 경우 : 증

축공사의 완공일 또는 용도변경 사실을 건축물관리대장에 기재한 날
3. 특정소방대상물을 양수하거나 「민사집행법」에 의한 경매, 「채무자 회생 및 파산에 관한 법률」에 의한 환가, 「국세징수법」·「관세법」 또는 「지방세기본법」에 의한 압류재산의 매각 그 밖에 이에 준하는 절차에 의하여 관계인의 권리를 취득한 경우 : 해당 권리를 취득한 날 또는 관할 소방서장으로부터 소방안전관리자 선임 안내를 받은 날. 다만, 새로 권리를 취득한 관계인이 종전의 특정소방대상물의 관계인이 선임신고한 소방안전관리자를 해임하지 아니하는 경우를 제외한다.
4. 법 제21조에 따른 특정소방대상물의 경우 : 소방본부장 또는 소방서장이 공동 소방안전관리 대상으로 지정한 날
5. 소방안전관리자를 해임한 경우 : 소방안전관리자를 해임한 날
6. 법 제20조제3항에 따라 소방안전관리업무를 대행하는 자를 감독하는 자를 소방안전관리자로 선임한 경우로서 그 업무대행 계약이 해지 또는 종료된 경우: 소방안전관리업무 대행이 끝난 날

② 영 제22조제1항제3호 및 제4호에 따른 2급 또는 3급 소방안전관리대상물의 관계인은 제29조에 따른 소방안전관리자에 대한 강습교육이나 영 제23조제3항제5호 또는 같은 조 제4항제2호에 따른 2급 또는 3급 소방안전관리대상물의 소방안전관리에 관한 시험이 제1항에 따른 소방안전관리자 선임기간 내에 있지 아니하여 소방안전관리자를 선임할 수 없는 경우에는 소방안전관리자 선임의 연기를 신청할 수 있다. <개정 2012.2.3., 2017.2.10.>

③ 제2항에 따라 소방안전관리자 선임의 연기를 신청하려는 2급 또는 3급 소방안전관리대상물의 관계인은 별지 제18호서식의 선임 연기신청서에 소방안전관리 강습교육접수증 사본 또는 소방안전관리자 시험응시표 사본을 첨부하여 소방본부장 또는 소방서장에게 제출하여야 한다. 이 경우 2급 또는 3급 소방안전관리대상물의 관계인은 소방안전관리자가 선임될 때까지 법 제20조제6항 각 호의 소방안전관리 업무를 수행하여야 한다. <개정 2012.2.3., 2017.2.10., 2018.9.5.>

④ 소방본부장 또는 소방서장은 제3항에 따른 신청을 받은 때에는 소방안전관리자 선임기간을 정하여 2급 또는 3급 소방안전관리대상물의 관계인에게 통보하여야 한다. <개정 2012.2.3., 2017.2.10., 2018.9.5.>

⑤ 소방안전관리대상물의 관계인은 법 제20조제2항에 따른 소방안전관리자 및 법 제21조에 따른 공동 소방안전관리자(「기업활동 규제완화에 관한 특별조치법」 제29조제3항·제30조제2항 또는 제32조제2항에 따라 소방안전관리자를 겸임하거나 공동으로 선임되는 자를 포함한다)를 선임한 때에는 법 제20조제4항에 따라 별지 제19호서식의 소방안전관리자 선임신고서(전자문서로 된 신고서를 포함한다)에 다음 각 호의 어느 하나에 해당하는 서류(전자문서를 포함한다)를

첨부하여 소방본부장 또는 소방서장에게 제출하여야 한다. 이 경우 담당 공무원은 「전자정부법」 제36조제1항에 따른 행정정보의 공동이용을 통하여 선임된 소방안전관리자의 국가기술자격증(영 제23조제1항제2호·제3호, 같은 조 제2항제1호·제2호 및 같은 조 제3항제1호·제2호에 해당하는 사람만 해당한다)을 확인하여야 하며, 신고인이 확인에 동의하지 아니하는 경우에는 그 서류(국가기술자격증의 경우에는 그 사본을 말한다)를 제출하도록 하여야 한다. <개정 2005.12.21., 2007.12.13., 2010.9.10., 2012.2.3., 2015.7.16., 2016.1.26., 2017.2.10.>

1. 소방시설관리사증

2. 삭제 <2007.12.13.>

3. 제35조에 따른 소방안전관리자수첩(영 제23조제1항제2호부터 제5호까지, 같은 조 제2항제2호·제3호 및 제7호, 같은 조 제3항제4호 및 제5호, 같은 조 제4항제1호 및 제2호에 해당하는 사람만 해당한다)

4. 소방안전관리대상물의 소방안전관리에 관한 업무를 감독할 수 있는 직위에 있는 자임을 증명하는 서류(법 제20조제3항에 따라 소방안전관리대상물의 관계인이 소방안전관리 업무를 대행하게 하는 경우만 해당한다) 1부

5. 「위험물안전관리법」 제19조에 따른 자체소방대장임을 증명하는 서류 또는 소방시설관리업자에게 소방안전관리 업무를 대행하게 한 사실을 증명할 수 있는 서류(법 제20조제3항에 따라 소방대상물의 자체소방대장 또는 소방시설관리업자에게 소방안전관리 업무를 대행하게 한 경우에 한한다) 1부

6. 「기업활동 규제완화에 관한 특별조치법」 제29조제3항 또는 제30조제2항에 따라 해당 특정소방대상물의 소방안전관리자를 겸임할 수 있는 안전관리자로 선임된 사실을 증명할 수 있는 서류 또는 선임사항이 기록된 자격수첩

⑥ 소방본부장 또는 소방서장은 특정소방대상물의 관계인이 법 제20조제3항에 따른 소방안전관리자를 선임하여 신고하는 경우에는 신고인에게 별지 제19호의2서식의 소방안전관리자 선임증을 발급하여야 한다. <신설 2014.7.8., 2015.7.16., 2017.2.10.>

⑦ 특정소방대상물의 관계인은 「전자정부법」 제9조에 따라 소방청장이 설치한 전산시스템을 이용하여 제5항에 따른 소방안전관리자의 선임신고를 할 수 있으며, 이 경우 소방본부장 또는 소방서장은 별지 제19호의2서식의 소방안전관리자 선임증을 발급하여야 한다. <신설 2016.1.26., 2017.2.10., 2017.7.26.>

⑧ 법 제20조제4항에서 "행정안전부령으로 정하는 사항"이란 다음 각 호의 사항을 말한다. <신설 2017.2.10., 2017.7.26.>

1. 소방안전관리대상물의 명칭

2. 소방안전관리자의 선임일자

3. 소방안전관리대상물의 등급

4. 소방안전관리자의 연락처

⑨ 법 제20조제4항에 따른 소방안전관리자 성명 등의 게시는 별지 제19호의3 서식에 따른다. <신설 2017.2.10.>

[제목개정 2012.2.3.]

제14조의2(소방안전관리보조자의 선임신고 등) ① 특정소방대상물의 관계인은 법 제20조제2항에 따라 소방안전관리자보조자를 다음 각 호의 어느 하나에 해당하는 날부터 30일 이내에 선임하여야 한다.

1. 신축·증축·개축·재축·대수선 또는 용도변경으로 해당 특정소방대상물의 소방안전관리보조자를 신규로 선임하여야 하는 경우: 해당 특정소방대상물의 완공일

2. 특정소방대상물을 양수하거나 「민사집행법」에 의한 경매, 「채무자 회생 및 파산에 관한 법률」에 의한 환가, 「국세징수법」·「관세법」 또는 「지방세기본법」에 의한 압류재산의 매각 그 밖에 이에 준하는 절차에 의하여 관계인의 권리를 취득한 경우: 해당 권리를 취득한 날 또는 관할 소방서장으로부터 소방안전관리보조자 선임 안내를 받은 날. 다만, 새로 권리를 취득한 관계인이 종전의 특정소방대상물의 관계인이 선임신고한 소방안전관리보조자를 해임하지 아니하는 경우를 제외한다.

3. 소방안전관리보조자를 해임한 경우: 소방안전관리보조자를 해임한 날

② 영 제22조의2제1항에 따른 소방안전관리보조자를 선임하여야 하는 특정소방대상물(이하 "보조자선임대상 특정소방대상물"이라 한다)의 관계인은 제29조의 강습교육이 제1항에 따른 소방안전관리보조자 선임기간 내에 있지 아니하여 소방안전관리보조자를 선임할 수 없는 경우에는 소방안전관리보조자 선임의 연기를 신청할 수 있다. <신설 2018.9.5.>

③ 제2항에 따라 소방안전관리보조자 선임의 연기를 신청하려는 보조자선임대상 특정소방대상물의 관계인은 별지 제18호서식의 선임 연기신청서에 소방안전관리 강습교육접수증 사본을 첨부하여 소방본부장 또는 소방서장에게 제출하여야 한다. <신설 2018.9.5.>

④ 소방본부장 또는 소방서장은 제3항에 따라 선임 연기신청서를 제출받은 경우에는 소방안전관리보조자 선임기간을 정하여 보조자선임대상 특정소방대상물의 관계인에게 통보하여야 한다. <신설 2018.9.5.>

⑤ 특정소방대상물의 관계인은 법 제20조제2항에 따른 소방안전관리보조자를 선임한 때에는 법 제20조제4항에 따라 별지 제19호의4서식의 소방안전관리보조자 선임신고서(전자문서로 된 신고서를 포함한다)에 다음 각 호의 어느 하나에 해당하는 서류(전자문서를 포함하며, 영 제23조제5항 각 호의 자격요건 중 해당 자격을 증명할 수 있는 서류를 말한다)를 첨부하여 소방본부장 또는 소방서장에게 제출하여야 한다. 이 경우 담당 공무원은 「전자정부법」 제36조제1항에

따른 행정정보의 공동이용을 통하여 선임된 소방안전관리보조자의 국가기술자격증(영 제23조제5항제1호에 해당하는 사람 중 같은 조 제1항제2호·제3호, 같은 조 제2항제1호·제2호, 같은 조 제3항제1호·제2호에 해당하는 사람 및 같은 조 제5항제2호에 해당하는 사람만 해당한다)을 확인하여야 하며, 신고인이 확인에 동의하지 아니하는 경우에는 국가기술자격증의 사본을 제출하도록 하여야 한다. <개정 2016.1.26., 2017.2.10., 2018.9.5.>

1. 소방시설관리사증

2. 제35조에 따른 소방안전관리자수첩

3. 특급, 1급, 2급 또는 3급 소방안전관리에 관한 강습교육수료증 1부

4. 해당 소방안전관리대상물에 소방안전 관련 업무에 근무한 경력이 있는 사람임을 증명할 수 있는 서류 1부

⑥ 영 제23조제5항제2호에서 "행정안전부령으로 정하는 국가기술자격"이란「국가기술자격법 시행규칙」별표 2의 중직무분야에서 건축, 기계제작, 기계장비설비·설치, 화공, 위험물, 전기, 안전관리에 해당하는 국가기술자격을 말한다. <개정 2017.2.10., 2017.7.26., 2018.9.5.>

⑦ 특정소방대상물의 관계인은「전자정부법」제9조에 따라 소방청장이 설치한 전산시스템을 이용하여 제2항에 따른 소방안전관리자보조자의 선임신고를 할 수 있으며, 이 경우 소방본부장 또는 소방서장은 별지 제19호의2서식의 소방안전관리보조자 선임증을 발급하여야 한다. <신설 2016.1.26., 2017.2.10., 2017.7.26., 2018.9.5.>

[본조신설 2015.1.9.]

[종전 제14조의2는 제14조의3으로 이동 <2015.1.9.>]

제14조의3(자위소방대 및 초기대응체계의 구성, 운영 및 교육 등) ① 소방안전관리대상물의 소방안전관리자는 법 제20조제6항제2호에 따른 자위소방대를 다음 각 호의 기능을 효율적으로 수행할 수 있도록 편성·운영하되, 소방안전관리대상물의 규모·용도 등의 특성을 고려하여 응급구조 및 방호안전기능 등을 추가하여 수행할 수 있도록 편성할 수 있다. <개정 2015.1.9.>

1. 화재 발생 시 비상연락, 초기소화 및 피난유도

2. 화재 발생 시 인명·재산피해 최소화를 위한 조치

② 소방안전관리대상물의 소방안전관리자는 법 제20조제6항제2호에 따른 초기대응체계를 제1항에 따른 자위소방대에 포함하여 편성하되, 화재 발생 시 초기에 신속하게 대처할 수 있도록 해당 소방안전관리대상물에 근무하는 사람의 근무위치, 근무인원 등을 고려하여 편성하여야 한다. <신설 2015.1.9.>

③ 소방안전관리대상물의 소방안전관리자는 해당 특정소방대상물이 이용되고 있는 동안 제2항에 따른 초기대응체계를 상시적으로 운영하여야 한다. <신설

2015.1.9.>

④ 소방안전관리대상물의 소방안전관리자는 연 1회 이상 자위소방대(초기대응
체계를 포함한다)를 소집하여 그 편성 상태를 점검하고, 소방교육을 실시하여
야 한다. 이 경우 초기대응체계에 편성된 근무자 등에 대하여는 화재 발생 초
기대응에 필요한 기본 요령을 숙지할 수 있도록 소방교육을 실시하여야 한다.
<개정 2015.1.9.>

⑤ 소방안전관리대상물의 소방안전관리자는 제4항에 따른 소방교육을 제15조
제1항에 따른 소방훈련과 병행하여 실시할 수 있다. <개정 2015.1.9.>

⑥ 소방안전관리대상물의 소방안전관리자는 제4항에 따른 소방교육을 실시하
였을 때에는 그 실시 결과를 별지 제19호의5서식의 자위소방대 및 초기대응
체계 소방교육 실시 결과 기록부에 기록하고, 이를 2년간 보관하여야 한다.
<개정 2015.1.9., 2017.2.10.>

⑦ 소방청장은 자위소방대의 구성, 운영 및 교육, 초기대응체계의 편성·운영
등에 필요한 지침을 작성하여 배포할 수 있으며, 소방본부장 또는 소방서장은
소방안전관리대상물의 소방안전관리자가 해당 지침을 준수하도록 지도할 수
있다. <개정 2014.11.19., 2015.1.9., 2017.7.26.>

[본조신설 2014.7.8.]
[제목개정 2015.1.9.]
[제14조의2에서 이동 <2015.1.9.>]

제14조의4(피난계획의 수립·시행) ① 법 제21조의2제1항에 따른 피난계획(이
하 "피난계획"이라 한다)에는 다음 각 호의 사항이 포함되어야 한다.
  1. 화재경보의 수단 및 방식
  2. 층별, 구역별 피난대상 인원의 현황
  3. 장애인, 노인, 임산부, 영유아 및 어린이 등 이동이 어려운 사람(이하 "재
    해약자"라 한다)의 현황
  4. 각 거실에서 옥외(옥상 또는 피난안전구역을 포함한다)로 이르는 피난경로
  5. 재해약자 및 재해약자를 동반한 사람의 피난동선과 피난방법
  6. 피난시설, 방화구획, 그 밖에 피난에 영향을 줄 수 있는 제반 사항
② 소안안전관리대상물의 관계인은 해당 소방안전관리대상물의 구조·위치,
소방시설 등을 고려하여 피난계획을 수립하여야 한다.
③ 소방안전관리대상물의 관계인은 해당 소방안전관리대상물의 피난시설이 변
경된 경우에는 그 변경사항을 반영하여 피난계획을 정비하여야 한다.
④ 제1항부터 제3항까지에서 규정한 사항 외에 피난계획의 수립·시행에 필요
한 세부사항은 소방청장이 정하여 고시한다. <개정 2017.7.26.>

[본조신설 2015.7.16.]

제14조의5(피난유도 안내정보의 제공) ① 법 제21조의2제3항에 따른 피난유도 안내정보 제공은 다음 각 호의 어느 하나에 해당하는 방법으로 하여야 한다.

1. 연 2회 피난안내 교육을 실시하는 방법
2. 분기별 1회 이상 피난안내방송을 실시하는 방법
3. 피난안내도를 층마다 보기 쉬운 위치에 게시하는 방법
4. 엘리베이터, 출입구 등 시청이 용이한 지역에 피난안내영상을 제공하는 방법

② 제1항에서 규정한 사항 외에 피난유도 안내정보의 제공에 필요한 세부사항 은 소방청장이 정하여 고시한다. <개정 2017.7.26.>

[본조신설 2015.7.16.]

제15조(특정소방대상물의 근무자 및 거주자에 대한 소방훈련과 교육) ① 영 제 22조의 규정에 의한 특정소방대상물의 관계인은 법 제22조제3항의 규정에 의한 소방훈련과 교육을 연 1회 이상 실시하여야 한다. 다만, 소방서장이 화재예방을 위하여 필요하다고 인정하여 2회의 범위 안에서 추가로 실시할 것을 요청하는 경우에는 소방훈련과 교육을 실시하여야 한다.

② 소방서장은 영 제22조제1항제1호 및 제2호에 따른 특급 및 1급 소방안전관 리대상물의 관계인으로 하여금 제1항에 따른 소방훈련을 소방기관과 합동으 로 실시하게 할 수 있다. <개정 2012.2.3.>

③ 법 제22조의 규정에 의하여 소방훈련을 실시하여야 하는 관계인은 소방훈 련에 필요한 장비 및 교재 등을 갖추어야 한다.

④ 소방안전관리대상물의 관계인은 제1항에 따른 소방훈련과 교육을 실시하였 을 때에는 그 실시 결과를 별지 제20호서식의 소방훈련·교육 실시 결과 기록 부에 기록하고, 이를 소방훈련과 교육을 실시한 날의 다음 날부터 2년간 보관 하여야 한다. <개정 2012.2.3., 2018.9.5.>

제16조(소방안전교육 대상자 등) ① 소방본부장 또는 소방서장은 법 제23조제1 항의 규정에 의하여 소방안전교육을 실시하고자 하는 때에는 교육일시·장소 등 교육에 필요한 사항을 명시하여 교육일 10일전까지 교육대상자에게 통보하 여야 한다.

② 법 제23조제2항에 따른 소방안전교육대상자는 다음 각 호의 어느 하나에 해 당하는 특정소방대상물의 관계인으로서 관할 소방서장이 교육이 필요하다고 인 정하는 사람으로 한다. <개정 2012.2.3.>

1. 소규모의 공장·작업장·점포 등이 밀집한 지역 안에 있는 특정소방대상물
2. 주택으로 사용하는 부분 또는 층이 있는 특정소방대상물
3. 목조 또는 경량철골조 등 화재에 취약한 구조의 특정소방대상물

4. 그 밖에 화재에 대하여 취약성이 높다고 관할 소방본부장 또는 소방서장이 인정하는 특정소방대상물

③ 삭제 <2009.6.5.>

제2절 소방시설등의 자체점검

제17조(소방시설등 자체점검 기술자격자의 범위) 법 제25조제1항에서 "행정안전부령으로 정하는 기술자격자"란 소방안전관리자로 선임된 소방시설관리사 및 소방기술사를 말한다. <개정 2009.6.5., 2012.2.3., 2013.3.23., 2014.11.19., 2017.7.26.>

제18조(소방시설등 자체점검의 구분 및 대상) ① 법 제25조제3항에 따른 소방시설등의 자체점검의 구분·대상·점검자의 자격·점검방법 및 점검횟수는 별표 1과 같고, 소방시설관리업자 또는 소방안전관리자로 선임된 소방시설관리사 및 소방기술사가 점검하는 경우 점검인력의 배치기준은 별표 2와 같다. <개정 2012.2.3., 2018.9.5.>

② 법 제25조제3항에 따른 소방시설별 점검 장비는 별표 2의2와 같다. <개정 2013.4.16., 2017.2.10.>

③ 소방시설관리업자는 법 제25조제1항에 따라 점검을 실시한 경우 점검이 끝난 날부터 10일 이내에 별표 2에 따른 점검인력 배치 상황을 포함한 소방시설등에 대한 자체점검실적(별표 1 제4호에 따른 외관점검은 제외한다)을 법 제45조제6항에 따라 소방시설관리업자에 대한 평가 등에 관한 업무를 위탁받은 법인 또는 단체(이하 "평가기관"이라 한다)에 통보하여야 한다. <신설 2012.2.3., 2014.7.8.>

④ 제1항의 규정에 의한 자체점검 구분에 따른 점검사항·소방시설등점검표·점검인원 및 세부점검방법 그 밖의 자체점검에 관하여 필요한 사항은 소방청장이 이를 정하여 고시한다. <개정 2012.2.3., 2014.11.19., 2017.7.26.>

제19조(점검결과보고서의 제출) ① 법 제20조제2항 전단에 따른 소방안전관리대상물의 관계인 및 「공공기관의 소방안전관리에 관한 규정」 제5조에 따라 소방안전관리자를 선임하여야 하는 공공기관의 장은 별표 1에 따른 작동기능점검을 실시한 경우 법 제25조제2항에 따라 30일 이내에 별지 제21호서식의 작동기능점검 실시 결과 보고서를 소방본부장 또는 소방서장에게 제출하여야 한다. 이 경우 소방청장이 지정하는 전산망을 통하여 그 점검결과보고서를 제출할 수 있다. <개정 2014.11.19., 2015.1.9., 2017.2.10., 2017.7.26.>

② 법 제20조제2항 전단에 따른 소방안전관리대상물의 관계인 및 「공공기관의 소방안전관리에 관한 규정」 제5조에 따라 소방안전관리자를 선임하여야 하는

공공기관의 장은 법 제25조제2항에 따라 별표 1에 따른 종합정밀점검을 실시한 경우 30일 이내에 그 결과를 적은 별지 제21호의2서식의 소방시설등 종합정밀점검 실시 결과 보고서에 제18조제4항에 따라 소방청장이 정하여 고시하는 소방시설등점검표를 첨부하여 소방본부장 또는 소방서장에게 제출하여야 한다. <개정 2014.11.19., 2017.2.10., 2017.7.26.>

③ 법 제20조제2항 전단에 따른 소방안전관리대상물의 관계인 및 「공공기관의 소방안전관리에 관한 규정」 제5조에 따라 소방안전관리자를 선임하여야 하는 공공기관의 기관장은 법 제25조제3항에 따라 별표 1에 따른 작동기능점검을 실시한 경우 그 점검결과를 2년간 자체 보관하여야 한다. <개정 2017.2.10.>

[전문개정 2014.7.8.]

제20조(소방안전관리 업무대행 등의 대가) 법 제20조제10항 및 법 제25조제4항에서 "행정안전부령으로 정하는 방식"이란 「엔지니어링산업 진흥법」 제31조에 따라 산업통상자원부장관이 인가한 엔지니어링사업대가의 기준 중 실비정액가산방식을 말한다. <개정 2005.12.21., 2009.6.5., 2012.2.3., 2013.3.23., 2014.7.8., 2014.11.19., 2017.7.26.>

[제목개정 2014. 7. 8.]

제20조의2(우수 소방대상물의 선정 등) ① 소방청장은 법 제25조의2에 따른 우수 소방대상물의 선정 및 관계인에 대한 포상을 위하여 우수 소방대상물의 선정 방법, 평가 대상물의 범위 및 평가 절차 등에 관한 내용이 포함된 시행계획(이하 "시행계획"이라 한다)을 매년 수립·시행하여야 한다. <개정 2014.11.19., 2017.7.26.>

② 삭제 <2015.1.9.>

③ 삭제 <2015.1.9.>

④ 삭제 <2015.1.9.>

⑤ 소방청장은 제4항에 따라 우수 소방대상물로 선정된 소방대상물의 관계인 또는 소방안전관리자를 포상할 수 있다. <개정 2014.11.19., 2015.1.9., 2017.7.26.>

⑥ 소방청장은 우수소방대상물 선정을 위하여 필요한 경우에는 소방대상물을 직접 방문하여 필요한 사항을 확인할 수 있다. <개정 2014.11.19., 2015.1.9., 2017.7.26.>

⑦ 소방청장은 우수 소방대상물 선정 등 업무의 객관성 및 전문성을 확보하기 위하여 필요한 경우에는 다음 각 호의 어느 하나에 해당하는 사람이 2명 이상 포함된 평가위원회를 구성하여 운영할 수 있다. 이 경우 평가위원회의 위원에게는 예산의 범위에서 수당, 여비 등 필요한 경비를 지급할 수 있다. <개정 2014.7.8., 2014.11.19., 2015.1.9., 2017.7.26.>

1. 소방기술사(소방안전관리자로 선임된 사람은 제외한다)
2. 소방 관련 석사 학위 이상을 취득한 사람
3. 소방 관련 법인 또는 단체에서 소방 관련 업무에 5년 이상 종사한 사람
4. 소방공무원 교육기관, 대학 또는 연구소에서 소방과 관련한 교육 또는 연구에 5년 이상 종사한 사람

⑧ 제1항부터 제7항까지에서 규정한 사항 외에 우수 소방대상물의 평가, 평가위원회 구성·운영, 포상의 종류·명칭 및 우수 소방대상물 인증표지 등에 관한 사항은 소방청장이 정하여 고시한다. <개정 2014.7.8., 2014.11.19., 2017.7.26.>
[본조신설 2012.2.3.]

제20조의3(소방시설관리사증의 발급) 영 제39조제5항제1호에 따라 소방시설관리사증의 발급·재발급에 관한 업무를 위탁받은 법인 또는 단체(이하 "소방시설관리사증발급자"라 한다)는 법 제26조제4항에 따라 소방시설관리사 시험 합격자에게 합격자 공고일부터 1개월 이내에 별지 제40호서식의 소방시설관리사증을 발급하여야 하며, 이를 별지 제41호서식의 소방시설관리사증 발급대장에 기록하고 관리하여야 한다. <개정 2017.2.10.>
[본조신설 2016.1.26.]

제20조의4(소방시설관리사증 재발급) ① 법 제26조제5항에 따라 소방시설관리사가 소방시설관리사증을 잃어버리거나 못쓰게 되어 소방시설관리사증의 재발급을 신청하는 때에는 별지 제40호의2서식의 소방시설관리사증 재발급 신청서(전자문서로 된 신청서를 포함한다)를 소방시설관리사증발급자에게 제출하여야 한다. <개정 2017.2.10.>
② 소방시설관리사증발급자는 제1항에 따라 재발급신청서를 제출받은 때에는 3일 이내에 소방시설관리사증을 재발급하여야 한다. <개정 2017.2.10.>
[본조신설 2016.1.26.]

제3절 소방시설관리업

제21조(소방시설관리업의 등록신청) ① 법 제29조제1항에 따라 소방시설관리업을 하려는 자는 별지 제22호서식의 소방시설관리업등록신청서(전자문서로 된 신청서를 포함한다)에 별지 제23호서식의 기술인력연명부 및 기술자격증(자격수첩을 포함한다)을 첨부하여 시·도지사에게 제출(전자문서로 제출하는 경우를 포함한다)하여야 한다. <개정 2017.2.10.>
② 제1항에 따른 신청서를 제출받은 담당 공무원은 「전자정부법」 제36조제1항

에 따라 행정정보의 공동이용을 통하여 법인등기부 등본(법인인 경우만 해당한다)과 제1항에 따라 제출하는 기술인력연명부에 기록된 소방기술인력의 국가기술자격증을 확인하여야 한다. 다만, 신청인이 국가기술자격증의 확인에 동의하지 아니하는 경우에는 그 사본을 제출하도록 하여야 한다. <신설 2006.9.7., 2008.1.24., 2010.9.10., 2012.2.3.>

제22조(소방시설관리업의 등록증 및 등록수첩 발급 등) ① 시·도지사는 제21조에 따른 소방시설관리업의 등록신청 내용이 영 제36조제1항 및 별표 9에 따른 소방시설관리업의 등록기준에 적합하다고 인정되면 신청인에게 별지 제24호서식의 소방시설관리업등록증과 별지 제25호서식의 소방시설관리업등록수첩을 발급하고, 별지 제26호서식의 소방시설관리업등록대장을 작성하여 관리하여야 한다. 이 경우 시·도지사는 제21조제1항제1호에 따라 제출된 소방기술인력의 기술자격증(자격수첩을 포함한다)에 해당 소방기술인력이 그 소방시설관리업자 소속임을 기록하여 내주어야 한다. <개정 2013.4.16.>
② 시·도지사는 제21조의 규정에 의하여 제출된 서류를 심사한 결과 다음 각호의 1에 해당하는 때에는 10일 이내의 기간을 정하여 이를 보완하게 할 수 있다.
 1. 첨부서류가 미비되어 있는 때
 2. 신청서 및 첨부서류의 기재내용이 명확하지 아니한 때
③ 시·도지사는 제1항의 규정에 의하여 소방시설관리업등록증을 교부하거나 법 제34조의 규정에 의하여 등록의 취소 또는 영업정지처분을 한 때에는 이를 시·도의 공보에 공고하여야 한다. <개정 2005.12.21.>
[제목개정 2013.4.16.]

제23조(소방시설관리업의 등록증·등록수첩의 재교부 및 반납) ① 법 제29조제3항의 규정에 의하여 소방시설관리업자는 소방시설관리업등록증 또는 등록수첩을 잃어버리거나 소방시설관리업등록증 또는 등록수첩이 헐어 못쓰게 된 경우에는 시·도지사에게 소방시설관리업등록증 또는 등록수첩의 재교부를 신청할 수 있다.
② 소방시설관리업자는 제1항의 규정에 의하여 재교부를 신청하는 때에는 별지 제27호서식의 소방시설관리업등록증(등록수첩)재교부신청서(전자문서로 된 신청서를 포함한다)를 시·도지사에게 제출하여야 한다. <개정 2005.12.21.>
③ 시·도지사는 제1항의 규정에 의한 재교부신청서를 제출받은 때에는 3일 이내에 소방시설관리업등록증 또는 등록수첩을 재교부하여야 한다.
④ 소방시설관리업자는 다음 각호의 1에 해당하는 때에는 지체없이 시·도지

사에게 그 소방시설관리업등록증 및 등록수첩을 반납하여야 한다.

1. 법 제34조의 규정에 의하여 등록이 취소된 때
2. 소방시설관리업을 휴·폐업한 때
3. 제1항의 규정에 의하여 재교부를 받은 때. 다만, 등록증 또는 등록수첩을 잃어버리고 재교부를 받은 경우에는 이를 다시 찾은 때에 한한다.

제24조(등록사항의 변경신고 사항) 법 제31조에서 "행정안전부령이 정하는 중요사항"이라 함은 다음 각호의 1에 해당하는 사항을 말한다. <개정 2009.6.5., 2013.3.23., 2014.11.19., 2017.7.26.>

1. 명칭·상호 또는 영업소소재지
2. 대표자
3. 기술인력

제25조(등록사항의 변경신고 등) ① 소방시설관리업자는 법 제31조의 규정에 의하여 등록사항의 변경이 있는 때에는 변경일부터 30일 이내에 별지 제28호서식의 소방시설관리업등록사항변경신고서(전자문서로 된 신고서를 포함한다)에 그 변경사항별로 다음 각 호의 구분에 의한 서류(전자문서를 포함한다)를 첨부하여 시·도지사에게 제출하여야 한다. <개정 2005.12.21., 2006.9.7.>

1. 명칭·상호 또는 영업소소재지를 변경하는 경우 : 소방시설관리업등록증 및 등록수첩
2. 대표자를 변경하는 경우 : 소방시설관리업등록증 및 등록수첩
3. 기술인력을 변경하는 경우
   가. 소방시설관리업등록수첩
   나. 변경된 기술인력의 기술자격증(자격수첩)
   다. 별지 제23호서식의 기술인력연명부

② 제1항제1호 또는 제2호에 따른 신고서를 제출받은 담당 공무원은 「전자정부법」 제36조제1항에 따라 법인등기부 등본(법인인 경우에 한한다) 또는 사업자등록증 사본(개인인 경우에 한한다)을 확인하여야 한다. 다만, 신고인이 확인에 동의하지 아니하는 경우에는 이를 첨부하도록 하여야 한다. <신설 2006.9.7., 2008.1.24., 2010.9.10.>

③ 시·도지사는 제1항의 규정에 의하여 변경신고를 받은 때에는 5일 이내에 소방시설관리업등록증 및 등록수첩을 새로 교부하거나 제1항의 규정에 의하여 제출된 소방시설관리업등록증 및 등록수첩과 기술인력의 기술자격증(자격수첩)에 그 변경된 사항을 기재하여 교부하여야 한다. <개정 2006.9.7.>

④ 시·도지사는 제1항의 규정에 의하여 변경신고를 받은 때에는 별지 제26호서식의 소방시설관리업등록대장에 변경사항을 기재하고 관리하여야 한다. <개정 2006.9.7.>

제26조(지위승계신고 등) ① 법 제32조제1항 또는 제2항의 규정에 의하여 소방시설관리업자의 지위를 승계한 자는 그 지위를 승계한 날부터 30일 이내에 법 제32조제3항의 규정에 의하여 상속인, 영업을 양수한 자 또는 시설의 전부를 인수한 자는 법 별지 제29호서식의 소방시설관리업지위승계신고서(전자문서로 된 신고서를 포함한다)에, 합병후 존속하는 법인 또는 합병에 의하여 설립되는 법인은 별지 제30호서식의 소방시설관리업합병신고서(전자문서로 된 신고서를 포함한다)에 각각 다음 각 호의 서류(전자문서를 포함한다)를 첨부하여 시·도지사에게 제출하여야 한다. <개정 2005.12.21., 2006.9.7.>

1. 소방시설관리업등록증 및 등록수첩
2. 계약서사본 등 지위승계를 증명하는 서류 1부
3. 삭제 <2006.9.7.>
4. 삭제 <2006.9.7.>
5. 별지 제23호서식의 소방기술인력연명부 및 기술자격증(자격수첩)
6. 영 별표 8 제2호의 장비기준에 따른 장비명세서 1부

② 제1항에 따른 신고서를 제출받은 담당 공무원은 「전자정부법」 제36조제1항에 따라 행정정보의 공동이용을 통하여 다음 각 호의 서류를 확인하여야 한다. 다만, 신고인이 사업자등록증 및 국가기술자격증의 확인에 동의하지 않는 때에는 그 사본을 첨부하도록 하여야 한다. <신설 2006.9.7., 2008.1.24., 2010.9.10., 2012.2.3.>

1. 법인등기부 등본(지위승계인이 법인인 경우에 한한다)
2. 사업자등록증(지위승계인이 개인인 경우만 해당한다)
3. 제21조에 따라 제출하는 기술인력연명부에 기록된 소방기술인력의 국가기술자격증

③ 시·도지사는 제1항의 규정에 의하여 신고를 받은 때에는 소방시설관리업등록증 및 등록수첩을 새로 교부하고, 기술인력의 자격증 및 자격수첩에 그 변경사항을 기재하여 교부하며, 별지 제26호서식의 소방시설관리업등록대장에 지위승계에 관한 사항을 기재하고 관리하여야 한다. <개정 2006.9.7.>

제26조의2(자체점검 시의 기술인력 참여 기준) 법 제33조제3항에 따라 소방시설관리업자가 자체점검을 할 때 참여시켜야 하는 기술인력의 기준은 다음 각 호와 같다. <개정 2017.2.10.>

1. 작동기능점검(영 제22조제1항 각 호의 소방안전관리대상물만 해당한다) 및 종합정밀점검: 소방시설관리사와 영 별표 9 제2호의 보조기술인력
2. 그 밖의 특정소방대상물에 대한 작동기능점검: 소방시설관리사 또는 영 별표 9 제2호의 보조기술인력

3. 삭제 <2017.2.10.>
[본조신설 2014.7.8.]
[종전 제26조의2는 제26조의3으로 이동 <2014.7.8.>]

제26조의3(점검능력 평가의 신청 등) ① 법 제33조의2에 따라 점검능력을 평가 받으려는 소방시설관리업자는 별지 제30호의2서식의 소방시설등 점검능력 평가 신청서(전자문서로 된 신청서를 포함한다)에 다음 각 호의 서류(전자문서를 포함한다)를 첨부하여 평가기관에 매년 2월 15일까지 제출하여야 한다.
 1. 소방시설등의 점검실적을 증명하는 서류로서 다음 각 목의 구분에 따른 서류
  가. 국내 소방시설등에 대한 점검실적: 발주자가 별지 제30호의3서식에 따라 발급한 소방시설등의 점검실적 증명서 및 세금계산서(공급자 보관용) 사본
  나. 해외 소방시설등에 대한 점검실적: 외국환은행이 발행한 외화입금증명서 및 재외공관장이 발행한 해외점검실적 증명서 또는 관리계약서 사본
  다. 주한 외국군의 기관으로부터 도급받은 소방시설등에 대한 점검실적: 외국환은행이 발행한 외화입금증명서 및 도급계약서 사본
 2. 소방시설관리업등록수첩 사본
 3. 별지 제30호의4서식의 소방기술인력 보유 현황 및 국가기술자격증 사본 등 이를 증명할 수 있는 서류
 4. 별지 제30호의5서식의 신인도평가 가점사항 신고서 및 가점 사항을 확인할 수 있는 다음 각 목의 해당 서류
  가. 품질경영인증서(ISO 9000 시리즈) 사본
  나. 소방시설등의 점검 관련 표창 사본
  다. 특허증 사본
  라. 소방시설관리업 관련 기술 투자를 증명할 수 있는 서류
② 제1항에 따른 신청을 받은 평가기관의 장은 제1항 각 호의 서류가 첨부되어 있지 않은 경우에는 신청인으로 하여금 15일 이내의 기간을 정하여 보완하게 할 수 있다.
③ 제1항에도 불구하고 다음 각 호의 어느 하나에 해당하는 자는 2월 15일 후에 점검능력 평가를 신청할 수 있다.
 1. 법 제29조에 따라 신규로 소방시설관리업의 등록을 한 자
 2. 법 제32조제1항 또는 제2항에 따라 소방시설관리업자의 지위를 승계한 자
[본조신설 2012.2.3.]
[제26조의2에서 이동, 종전 제26조의3은 제26조의4로 이동 <2014.7.8.>]

제26조의4(점검능력의 평가) ① 법 제33조의2에 따른 점검능력 평가 항목은 다

음과 같다. <개정 2013.4.16.>

1. 대행실적(법 제20조제3항에 따라 소방안전관리 업무를 대행하여 수행한 실적을 말한다)
2. 점검실적(법 제25조제1항에 따른 소방시설등에 대한 점검실적을 말한다). 이 경우 점검실적은 제18조제1항 및 별표 2에 따른 점검인력 배치기준에 적합한 것으로 확인된 경우만 인정한다.
3. 기술력
4. 경력
5. 신인도

② 평가기관은 점검능력 평가 결과를 매년 7월 31일까지 1개 이상의 일간신문(「신문 등의 진흥에 관한 법률」 제9조제1항에 따라 전국을 보급지역으로 등록한 일간신문을 말한다) 또는 평가기관의 인터넷 홈페이지를 통하여 공시하고, 시·도지사에게 이를 통보하여야 한다.

③ 점검능력 평가 결과는 소방시설관리업자가 도급받을 수 있는 1건의 점검 도급금액으로 하고, 점검능력 평가의 유효기간은 평가 결과를 공시한 날(이하 이 조에서 "정기공시일"이라 한다)부터 1년간으로 한다. 다만, 제4항 및 제26조의3 제3항에 해당하는 자에 대한 점검능력 평가 결과가 정기공시일 후에 공시된 경우에는 그 평가 결과를 공시한 날부터 다음 해의 정기공시일 전날까지를 유효기간으로 한다. <개정 2017.2.10.>

④ 평가기관은 제26조의3에 따라 제출된 서류의 일부가 거짓으로 확인된 경우에는 확인된 날부터 10일 이내에 점검능력을 새로 평가하여 공시하고, 시·도지사에게 이를 통보하여야 한다. <개정 2017.2.10.>

⑤ 제2항 및 제4항에 따라 점검능력 평가 결과를 통보받은 시·도지사는 해당 소방시설관리업자의 등록수첩에 그 사실을 기록하여 발급하여야 한다.

⑥ 점검능력 평가에 따른 수수료(제1항에 따른 점검인력 배치기준 적합 여부 확인에 관한 수수료를 포함한다)는 평가기관이 정하여 소방청장의 승인을 받아야 한다. 이 경우 소방청장은 승인한 수수료 관련 사항을 고시하여야 한다. <개정 2014.11.19., 2017.7.26.>

⑦ 제1항의 평가 항목에 대한 세부적인 평가기준은 소방청장이 정하여 고시한다. <개정 2014.11.19., 2017.7.26.>

[본조신설 2012.2.3.]

[제26조의3에서 이동, 종전 제26조의4는 제26조의5로 이동 <2014.7.8.>]

제26조의5(점검기록표) 소방시설관리업자는 법 제33조의3에 따라 별표 3의 점검기록표에 점검과 관련된 사항을 기록하여야 한다.

[본조신설 2012.2.3.]
[제26조의4에서 이동 <2014.7.8.>]

제27조(과징금을 부과할 위반행위의 종별과 과징금의 부과금액 등) 법 제35조제2
항에 따라 과징금을 부과하는 위반행위의 종별과 그에 대한 과징금의 부과기준은 별표
4와 같다. <개정 2012.2.3.>

제28조(과징금 징수절차) 법 제35조제2항에 따른 과징금의 징수절차에 관하여는 「국
고금관리법 시행규칙」을 준용한다.
[전문개정 2009.6.5.]

제4장 소방안전관리자 등에 대한 교육 등
<개정 2012.2.3.>
제1절 소방안전관리자의 강습교육
<개정 2012.2.3.>

제29조(소방안전관리자에 대한 강습교육의 실시) ① 법 제41조제1항에 따른 소
방안전관리자의 강습교육의 일정·횟수 등에 관하여 필요한 사항은 한국소방
안전원의 장(이하 "안전원장"이라 한다)이 연간계획을 수립하여 실시하여야
한다. <개정 2012.2.3., 2018.9.5.>
② 안전원장은 법 제41조제1항의 규정에 의한 강습교육을 실시하고자 하는 때
에는 강습교육실시 20일전까지 일시·장소 그 밖의 강습교육실시에 관하여
필요한 사항을 한국소방안전원의 인터넷 홈페이지 및 게시판에 공고하여야
한다. <개정 2018.9.5.>
③ 안전원장은 강습교육을 실시한 때에는 수료자에게 별지 제31호서식의 수료
증을 교부하고 별지 제32호서식의 강습교육수료자 명부대장을 강습교육의 종
류별로 작성·보관하여야 한다. <개정 2018.9.5.>
④ 제1항의 규정에 의하여 강습교육을 받는 자가 3시간 이상 결강한 때에는
수료증을 교부하지 아니한다.
[제목개정 2012.2.3.]

제30조(강습교육 수강신청 등) ① 법 제41조제1항에 따른 강습교육을 받고자 하는
자는 강습교육의 종류별로 별지 제33호서식의 강습교육원서(전자문서로 된 원서
를 포함한다)에 다음 각 호의 서류(전자문서를 포함한다)를 첨부하여 안전원장에
게 제출하여야 한다. <개정 2005.12.21., 2008.1.24., 2010.9.10., 2012.2.3., 2018.9.5.>

1. 사진(가로 3.5센티미터×세로 4.5센티미터) 1매
2. 위험물안전관리자수첩 사본(위험물안전관리법령에 의하여 안전관리자 강습교육을 수료한 자에 한한다) 1부
3. 재직증명서(공공기관에 재직하는 자에 한한다)
4. 소방안전관리자 경력증명서(특급 또는 1급 소방안전관리대상물의 소방안전관리에 관한 강습교육을 받으려는 사람만 해당한다)

② 안전원장은 강습교육원서를 접수한 때에는 수강증을 교부하여야 한다. <개정 2018.9.5.>

제31조(강습교육의 강사) 강습교육을 담당할 강사는 과목별로 소방에 관한 학식과 경험이 풍부한 자 중에서 안전원장이 위촉한다. <개정 2012.2.3., 2018.9.5.>

제32조(강습교육의 과목, 시간 및 운영방법 등) 특급, 1급, 2급 및 3급 소방안전관리대상물의 소방안전관리에 관한 강습교육과 「공공기관의 소방안전관리에 관한 규정」 제5조제1항제2호나목에 따른 공공기관 소방안전관리자에 대한 강습교육의 과목, 시간 및 운영방법 등은 별표 5와 같다. <개정 2017.2.10.>
[전문개정 2012.2.3.]
[제목개정 2017.2.10.]

제2절 소방안전관리대상물의 소방안전관리에 관한 시험 등
<개정 2012.2.3.>

제33조 삭제 <2017.2.10.>

제34조(시험방법, 시험의 공고 및 합격자 결정 등) ① 영 제23조제1항제5호에 따른 특급 소방안전관리대상물의 소방안전관리에 관한 시험(이하 "특급 소방안전관리자시험"이라 한다)은 선택형과 서술형으로 구분하여 실시하고, 영 제23조제2항제7호에 따른 1급 소방안전관리대상물의 소방안전관리에 관한 시험(이하 "1급 소방안전관리자시험"이라 한다), 같은 조 제3항제5호에 따른 2급 소방안전관리대상물의 소방안전관리에 관한 시험(이하 "2급 소방안전관리자시험"이라 한다) 및 같은 조 제4항제2호에 따른 3급 소방안전관리대상물의 소방안전관리에 관한 시험(이하 "3급 소방안전관리자시험"이라 한다)은 선택형을 원칙으로 하되, 기입형을 덧붙일 수 있다. <개정 2017.2.10.>
② 소방청장은 특급, 1급, 2급 또는 3급 소방안전관리자시험을 실시하고자 하는 때에는 응시자격·시험과목·일시·장소 및 응시절차 등에 관하여 필요한 사항

을 모든 응시 희망자가 알 수 있도록 시험 시행일 30일 전에 일간신문 또는 인터넷 홈페이지에 공고하여야 한다. <개정 2005.12.21., 2012.2.3., 2014.11.19., 2017.2.10., 2017.7.26.>

③ 소방안전관리자시험에 응시하고자 하는 자는 별지 제34호서식의 특급, 1급, 2급 또는 3급 소방안전관리자시험 응시원서에 사진(가로 3.5센티미터×세로 4.5센티미터) 2매와 학력·경력증명서류(해당하는 사람만 제출하되, 특급·1급·2급 또는 3급 소방안전관리에 대한 강습교육 수료증을 포함한다)를 첨부하여 소방청장에게 제출하여야 한다. <개정 2012.2.3., 2014.11.19., 2017.2.10., 2017.7.26.>

④ 소방청장은 제3항에 따른 특급, 1급, 2급 또는 3급 소방안전관리자시험응시원서를 접수한 때에는 응시표를 발급하여야 한다. <개정 2012.2.3., 2014.11.19., 2017.2.10., 2017.7.26.>

⑤ 특급, 1급, 2급 또는 3급 소방안전관리자시험의 과목은 각각 제32조 및 별표 5에 따른 특급, 1급, 2급 또는 3급 소방안전관리대상물의 소방안전관리에 관한 강습교육의 과목으로 한다. <개정 2013.4.16., 2017.2.10.>

⑥ 제1항의 규정에 의한 시험에 있어서는 매과목 100점을 만점으로 하여 매과목 40점 이상, 전과목 평균 60점 이상을 득점한 자를 합격자로 한다.

⑦ 시험문제의 출제방법, 시험위원의 위촉, 합격자의 발표, 응시수수료 및 부정행위자에 대한 조치 등 시험실시에 관하여 필요한 사항은 소방청장이 이를 정하여 고시한다. <개정 2014.11.19., 2017.7.26.>

제35조(소방안전관리자수첩의 발급) ① 다음 각 호의 어느 하나에 해당하는 자가 소방안전관리자수첩을 발급받고자 하는 때에는 소방청장에게 소방안전관리자수첩의 발급을 신청할 수 있다. <개정 2012.2.3., 2014.11.19., 2017.2.10., 2017.7.26.>

  1. 제34조에 따라 특급, 1급, 2급 또는 3급 소방안전관리자시험에 합격한 자
  2. 영 제23조제1항제2호부터 제4호까지, 같은 조 제2항제2호·제3호, 같은 조 제3항제4호 및 같은 조 제4항제1호에 해당하는 사람

② 소방청장은 제1항에 따라 소방안전관리자수첩의 발급을 신청받은 때에는 신청인에게 특급, 1급, 2급 또는 3급 소방안전관리대상물 소방안전관리자수첩 중 해당하는 수첩을 발급하여야 한다. <개정 2012.2.3., 2014.11.19., 2017.2.10., 2017.7.26.>

③ 소방청장은 제1항에 따른 수첩을 발급받은 자가 그 수첩을 잃어버리거나 수첩이 헐어 못쓰게 되어 수첩의 재발급을 신청한 때에는 수첩을 재발급하여야 한다. <개정 2012.2.3., 2014.11.19., 2017.7.26.>

④ 소방안전관리자수첩의 서식 그 밖에 소방안전관리자수첩의 발급·재발급에 관하

여 필요한 사항은 소방청장이 이를 정하여 고시한다. <개정 2012.2.3., 2014.11.19., 2017.7.26.>

[제목개정 2012.2.3.]

제3절 소방안전관리자의 실무교육

<개정 2012.2.3.>

제36조(소방안전관리자 및 소방안전관리보조자의 실무교육 등) ① 안전원장은 법 제41조제1항에 따른 소방안전관리자 및 소방안전관리보조자에 대한 실무교육의 교육대상, 교육일정 등 실무교육에 필요한 계획을 수립하여 매년 소방청장의 승인을 얻어 교육실시 30일 전까지 교육대상자에게 통보하여야 한다. <개정 2014.11.19., 2015.1.9., 2017.7.26., 2018.9.5.>

② 소방안전관리자는 그 선임된 날부터 6개월 이내에 법 제41조제1항에 따른 실무교육을 받아야 하며, 그 후에는 2년마다(최초 실무교육을 받은 날을 기준일로 하여 매 2년이 되는 해의 기준일과 같은 날 전까지를 말한다) 1회 이상 실무교육을 받아야 한다. 다만, 소방안전관리 강습교육 또는 실무교육을 받은 후 1년 이내에 소방안전관리자로 선임된 사람은 해당 강습교육 또는 실무교육을 받은 날에 실무교육을 받은 것으로 본다. <개정 2017.2.10.>

③ 소방안전관리보조자는 그 선임된 날부터 6개월(영 제23조제5항제4호에 따라 소방안전관리보조자로 지정된 사람의 경우 3개월을 말한다) 이내에 법 제41조에 따른 실무교육을 받아야 하며, 그 후에는 2년마다(최초 실무교육을 받은 날을 기준일로 하여 매 2년이 되는 해의 기준일과 같은 날 전까지를 말한다) 1회 이상 실무교육을 받아야 한다. 다만, 소방안전관리자 강습교육 또는 실무교육이나 소방안전관리보조자 실무교육을 받은 후 1년 이내에 소방안전관리보조자로 선임된 사람은 해당 강습교육 또는 실무교육을 받은 날에 실무교육을 받은 것으로 본다. <개정 2015.1.9., 2017.2.10.>

④ 소방본부장 또는 소방서장은 제14조 및 제14조의2에 따라 소방안전관리자나 소방안전관리보조자의 선임신고를 받은 경우에는 신고일부터 1개월 이내에 별지 제42호서식에 따라 그 내용을 안전원장에게 통보하여야 한다. <신설 2015.1.9., 2018.9.5.>

[전문개정 2014.7.8.]

[제목개정 2015.1.9.]

제37조(실무교육의 과목 및 시간) 제36조제1항에 따른 실무교육의 과목 및 시간은 별표 5의2와 같다.

[전문개정 2013.4.16.]

제38조(실무교육 수료 사항의 기재 및 실무교육 결과의 통보 등) ① 안전원장은 제36조제1항에 따른 실무교육을 수료한 사람의 소방안전관리자수첩 또는 기술자격증에 실무교육 수료 사항을 기록하여 발급하고, 별지 제35호서식의 실무교육수료자명부를 작성하여 관리하여야 한다. <개정 2018.9.5.>

② 안전원장은 해당 연도의 실무교육이 끝난 날부터 30일 이내에 그 결과를 제36조제4항에 따른 통보를 한 소방본부장 또는 소방서장에게 알려야 한다. <개정 2015.1.9., 2018.9.5.>

③ 안전원장은 해당 연도의 실무교육 결과를 다음 연도 1월 31일까지 소방청장에게 보고하여야 한다. <개정 2014.11.19., 2017.7.26., 2018.9.5.>

[전문개정 2013.4.16.]

제39조(실무교육의 강사) 실무교육을 담당하는 강사는 과목별로 소방 또는 안전관리에 관한 학식과 경험이 풍부한 자 중에서 안전원장이 위촉한다. <개정 2012.2.3., 2018.9.5.>

제40조(소방안전관리자의 업무정지) ① 소방본부장 또는 소방서장은 소방안전관리자가 제36조제1항에 따른 실무교육을 받지 아니하면 법 제41조제2항에 따라 실무교육을 받을 때까지 그 업무의 정지 및 소방안전관리자수첩의 반납을 명할 수 있다.

② 소방본부장 또는 소방서장은 제1항에 따라 소방안전관리자 업무의 정지를 명하였을 때에는 그 사실을 시·도의 공보에 공고하고, 안전원장에게 통보하며, 소방안전관리자수첩에 적어 소방안전관리자에게 내주어야 한다. <개정 2018.9.5.>

[전문개정 2013.4.16.]

제5장 보칙

제41조(한국소방안전원이 갖추어야 하는 시설기준 등) 법 제45조제5항에 따라서 위탁받은 업무를 수행하는 한국소방안전원이 갖추어야 하는 시설기준은 별표 6과 같다. <개정 2012.2.3., 2018.9.5.>

[제목개정 2018.9.5.]

제42조(서식) ① 삭제 <2012.2.3.>

② 영 제33조제1항의 규정에 의한 소방시설관리사시험응시원서는 별지 제37호서식과 같다.

③ 영 제33조제3항의 규정에 의한 경력(재직)증명원은 별지 제38호서식과 같다.
④ 삭제 <2016.1.26.>

제43조(수수료 및 교육비) ① 법 제47조에 따른 수수료 또는 교육비는 별표 7
과 같다. <개정 2012.2.3.>
② 별표 7의 수수료 또는 교육비를 반환하는 경우에는 다음 각 호의 구분에
따라 반환하여야 한다. <개정 2011.3.31., 2013.4.16.>
  1. 수수료 또는 교육비를 과오납한 경우: 그 과오납한 금액의 전부
  2. 시험시행기관 또는 교육실시기관의 귀책사유로 시험에 응시하지 못하거나
     교육을 받지 못한 경우: 납입한 수수료 또는 교육비의 전부
  3. 원서접수기간 또는 교육신청기간 내에 접수를 철회한 경우: 납입한 수수
     료 또는 교육비의 전부
  4. 시험시행일 또는 교육실시일 20일 전까지 접수를 취소하는 경우: 납입한
     수수료 또는 교육비의 전부
  5. 시험시행일 또는 교육실시일 10일 전까지 접수를 취소하는 경우: 납입한
     수수료 또는 교육비의 100분의 50
③ 법 제47조에 따라 수수료 또는 교육비를 납부하는 경우에는 정보통신망을
이용하여 전자화폐·전자결제 등의 방법으로 할 수 있다. <신설 2011.3.31.>
[전문개정 2010.1.15.]

제44조(행정처분의 기준) 법 제28조 및 법 제34조에 따른 소방시설관리사 및
소방시설관리업의 등록의 취소(자격취소를 포함한다)·영업정지(자격정지를
포함한다) 등 행정처분의 기준은 별표 8과 같다. <개정 2012.2.3., 2015.7.16.>

제44조의2(조치명령 등의 연기 신청 등) ① 법 제47조의2제1항에 따른 조치명
령·선임명령 또는 이행명령(이하 "조치명령 등"이라 한다)의 연기를 신청하
려는 관계인 등은 영 제38조의2제2항에 따라 조치명령 등의 이행기간 만료 5
일 전까지 별지 제43호서식에 따른 조치명령 등의 연기신청서에 조치명령 등
을 이행할 수 없음을 증명할 수 있는 서류를 첨부하여 소방청장, 소방본부장
또는 소방서장에게 제출하여야 한다. <개정 2017.7.26.>
② 제1항에 따른 신청서를 제출받은 소방청장, 소방본부장 또는 소방서장은
신청받은 날부터 3일 이내에 조치명령 등의 연기 여부를 결정하여 별지 제44
호서식의 조치명령 등의 연기 통지서를 관계인 등에게 통지하여야 한다. <개
정 2017.7.26.>
[본조신설 2015.7.16.]

제44조의3(위반행위 신고 내용 처리결과의 통지 등) ① 소방본부장 또는 소방서장은 법 제47조의3제2항에 따라 위반행위의 신고 내용을 확인하여 이를 처리한 경우에는 처리한 날부터 10일 이내에 별지 제45호서식의 위반행위 신고 내용 처리결과 통지서를 신고자에게 통지해야 한다.

② 제1항에 따른 통지는 우편, 팩스, 정보통신망, 전자우편 또는 휴대전화 문자메시지 등의 방법으로 할 수 있다.

[본조신설 2019.4.15.]

제45조(규제의 재검토) 소방청장은 다음 각 호의 사항에 대하여 다음 각 호의 기준일을 기준으로 3년마다(매 3년이 되는 해의 기준일과 같은 날 전까지를 말한다) 그 타당성을 검토하여 개선 등의 조치를 하여야 한다. <개정 2014.11.19., 2015.1.9., 2017.7.26.>

1. 삭제 <2015.7.16.>

1의2. 삭제 <2018.9.5.>

1의3. 삭제 <2018.9.5.>

1의4. 제14조의3에 따른 자위소방대 및 초기대응체계의 구성·운영 및 교육: 2015년 1월 1일

1의5. 제15조에 따른 특정소방대상물의 근무자 및 거주자에 대한 소방훈련과 교육: 2015년 1월 1일

1의6. 제17조에 따른 소방시설등 자체점검 기술자격자의 범위: 2015년 1월 1일

2. 제18조 및 별표 1에 따른 소방시설등 자체점검의 구분 및 대상: 2015년 1월 1일

3. 제19조에 따른 점검결과보고서의 제출 대상, 제출 기한 및 보관 기준: 2015년 1월 1일

4. 삭제 <2018.9.5.>

5. 제25조에 따른 등록사항의 변경신고 등: 2015년 1월 1일

6. 삭제 <2018.9.5.>

7. 제36조, 제37조 및 별표 5의2에 따른 소방안전관리자 및 소방안전관리보조자의 실무교육 등: 2015년 1월 1일

8. 제44조 및 별표 8에 따른 행정처분기준: 2015년 1월 1일

[본조신설 2014.7.8.]

부칙

<제110호, 2019.4.15.>

제1조(시행일) 이 규칙은 2019년 4월 17일부터 시행한다. 다만, 별표 1의 개정규정은 공포한 날부터 시행한다.

제2조(위반행위 신고 내용 처리결과의 통지에 관한 적용례) 제44조의3 및 별지 제45호서식의 개정규정은 이 규칙 시행 이후에 위반행위를 신고한 경우부터 적용한다.

위험물안전관리법

[시행 2018.6.27]
[법률 제15300호, 2017.12.26, 타법개정]

제1장 총칙

제1조(목적) 이 법은 위험물의 저장·취급 및 운반과 이에 따른 안전관리에 관한 사항을 규정함으로써 위험물로 인한 위해를 방지하여 공공의 안전을 확보함을 목적으로 한다.

제2조(정의) ① 이 법에서 사용하는 용어의 정의는 다음과 같다.

1. "위험물"이라 함은 인화성 또는 발화성 등의 성질을 가지는 것으로서 대통령령이 정하는 물품을 말한다.
2. "지정수량"이라 함은 위험물의 종류별로 위험성을 고려하여 대통령령이 정하는 수량으로서 제6호의 규정에 의한 제조소등의 설치허가 등에 있어서 최저의 기준이 되는 수량을 말한다.
3. "제조소"라 함은 위험물을 제조할 목적으로 지정수량 이상의 위험물을 취급하기 위하여 제6조제1항의 규정에 따른 허가(동조제3항의 규정에 따라 허가가 면제된 경우 및 제7조제2항의 규정에 따라 협의로써 허가를 받은 것으로 보는 경우를 포함한다. 이하 제4호 및 제5호에서 같다)를 받은 장소를 말한다.
4. "저장소"라 함은 지정수량 이상의 위험물을 저장하기 위한 대통령령이 정하는 장소로서 제6조제1항의 규정에 따른 허가를 받은 장소를 말한다.
5. "취급소"라 함은 지정수량 이상의 위험물을 제조외의 목적으로 취급하기 위한 대통령령이 정하는 장소로서 제6조제1항의 규정에 따른 허가를 받은 장소를 말한다.
6. "제조소등"이라 함은 제3호 내지 제5호의 제조소·저장소 및 취급소를 말한다.

② 이 법에서 사용하는 용어의 정의는 제1항에서 규정하는 것을 제외하고는 「소방기본법」, 「화재예방, 소방시설 설치·유지 및 안전관리에 관한 법률」 및 「소방시설공사업법」에서 정하는 바에 따른다. <개정 2014.12.30., 2017.3.21.>

제3조(적용제외) 이 법은 항공기·선박(선박법 제1조의2제1항의 규정에 따른 선박을 말한다)·철도 및 궤도에 의한 위험물의 저장·취급 및 운반에 있어서는 이를 적용하지 아니한다. <개정 2007.8.3.>

제3조의2(국가의 책무) ① 국가는 위험물에 의한 사고를 예방하기 위하여 다음 각 호의 사항을 포함하는 시책을 수립·시행하여야 한다.
1. 위험물의 유통실태 분석
2. 위험물에 의한 사고 유형의 분석
3. 사고 예방을 위한 안전기술 개발
4. 전문인력 양성
5. 그 밖에 사고 예방을 위하여 필요한 사항
② 국가는 지방자치단체가 위험물에 의한 사고의 예방·대비 및 대응을 위한 시책을 추진하는 데에 필요한 행정적·재정적 지원을 하여야 한다.
[본조신설 2016.1.27.]

제4조(지정수량 미만인 위험물의 저장·취급) 지정수량 미만인 위험물의 저장 또는 취급에 관한 기술상의 기준은 특별시·광역시·특별자치시·도 및 특별자치도(이하 "시·도"라 한다)의 조례로 정한다. <개정 2014.12.30.>

제5조(위험물의 저장 및 취급의 제한) ① 지정수량 이상의 위험물을 저장소가 아닌 장소에서 저장하거나 제조소등이 아닌 장소에서 취급하여서는 아니된다.
② 제1항의 규정에 불구하고 다음 각 호의 어느 하나에 해당하는 경우에는 제조소등이 아닌 장소에서 지정수량 이상의 위험물을 취급할 수 있다. 이 경우 임시로 저장 또는 취급하는 장소에서의 저장 또는 취급의 기준과 임시로 저장 또는 취급하는 장소의 위치·구조 및 설비의 기준은 시·도의 조례로 정한다. <개정 2016.1.27.>
1. 시·도의 조례가 정하는 바에 따라 관할소방서장의 승인을 받아 지정수량 이상의 위험물을 90일 이내의 기간동안 임시로 저장 또는 취급하는 경우
2. 군부대가 지정수량 이상의 위험물을 군사목적으로 임시로 저장 또는 취급하는 경우
③ 제조소등에서의 위험물의 저장 또는 취급에 관하여는 다음 각 호의 중요기준

및 세부기준에 따라야 한다. <개정 2008.2.29., 2013.3.23., 2014.11.19., 2016.1.27., 2017.7.26.>

1. 중요기준 : 화재 등 위해의 예방과 응급조치에 있어서 큰 영향을 미치거나 그 기준을 위반하는 경우 직접적으로 화재를 일으킬 가능성이 큰 기준으로서 행정안전부령이 정하는 기준

2. 세부기준 : 화재 등 위해의 예방과 응급조치에 있어서 중요기준보다 상대적으로 적은 영향을 미치거나 그 기준을 위반하는 경우 간접적으로 화재를 일으킬 수 있는 기준 및 위험물의 안전관리에 필요한 표시와 서류·기구 등의 비치에 관한 기준으로서 행정안전부령이 정하는 기준

④ 제1항의 규정에 따른 제조소등의 위치·구조 및 설비의 기술기준은 행정안전부령으로 정한다. <개정 2008.2.29., 2013.3.23., 2014.11.19., 2017.7.26.>

⑤ 둘 이상의 위험물을 같은 장소에서 저장 또는 취급하는 경우에 있어서 당해 장소에서 저장 또는 취급하는 각 위험물의 수량을 그 위험물의 지정수량으로 각각 나누어 얻은 수의 합계가 1 이상인 경우 당해 위험물은 지정수량 이상의 위험물로 본다.

제2장 위험물시설의 설치 및 변경

제6조(위험물시설의 설치 및 변경 등) ① 제조소등을 설치하고자 하는 자는 대통령령이 정하는 바에 따라 그 설치장소를 관할하는 특별시장·광역시장·특별자치시장·도지사 또는 특별자치도지사(이하 "시·도지사"라 한다)의 허가를 받아야 한다. 제조소등의 위치·구조 또는 설비 가운데 행정안전부령이 정하는 사항을 변경하고자 하는 때에도 또한 같다. <개정 2008.2.29., 2013.3.23., 2014.11.19., 2014.12.30., 2017.7.26.>

② 제조소등의 위치·구조 또는 설비의 변경없이 당해 제조소등에서 저장하거나 취급하는 위험물의 품명·수량 또는 지정수량의 배수를 변경하고자 하는 자는 변경하고자 하는 날의 1일 전까지 행정안전부령이 정하는 바에 따라 시·도지사에게 신고하여야 한다. <개정 2008.2.29., 2013.3.23., 2014.11.19., 2016.1.27., 2017.7.26.>

③ 제1항 및 제2항의 규정에 불구하고 다음 각 호의 어느 하나에 해당하는 제조소등의 경우에는 허가를 받지 아니하고 당해 제조소등을 설치하거나 그 위치·구조 또는 설비를 변경할 수 있으며, 신고를 하지 아니하고 위험물의 품명·수량 또는 지정수량의 배수를 변경할 수 있다. <개정 2016.1.27.>

1. 주택의 난방시설(공동주택의 중앙난방시설을 제외한다)을 위한 저장소 또는 취급소

2. 농예용·축산용 또는 수산용으로 필요한 난방시설 또는 건조시설을 위한 지정수량 20배 이하의 저장소

제7조(군용위험물시설의 설치 및 변경에 대한 특례) ① 군사목적 또는 군부대시설을 위한 제조소등을 설치하거나 그 위치·구조 또는 설비를 변경하고자 하는 군부대의 장은 대통령령이 정하는 바에 따라 미리 제조소등의 소재지를 관할하는 시·도지사와 협의하여야 한다.
② 군부대의 장이 제1항의 규정에 따라 제조소등의 소재지를 관할하는 시·도지사와 협의한 경우에는 제6조제1항의 규정에 따른 허가를 받은 것으로 본다.
③ 군부대의 장은 제1항의 규정에 따라 협의한 제조소등에 대하여는 제8조 및 제9조의 규정에 불구하고 탱크안전성능검사와 완공검사를 자체적으로 실시할 수 있다. 이 경우 완공검사를 자체적으로 실시한 군부대의 장은 지체없이 행정안전부령이 정하는 사항을 시·도지사에게 통보하여야 한다. <개정 2008.2.29., 2013.3.23., 2014.11.19., 2017.7.26.>

제8조(탱크안전성능검사) ① 위험물을 저장 또는 취급하는 탱크로서 대통령령이 정하는 탱크(이하 "위험물탱크"라 한다)가 있는 제조소등의 설치 또는 그 위치·구조 또는 설비의 변경에 관하여 제6조제1항의 규정에 따른 허가를 받은 자가 위험물탱크의 설치 또는 그 위치·구조 또는 설비의 변경공사를 하는 때에는 제9조제1항의 규정에 따른 완공검사를 받기 전에 제5조제4항의 규정에 따른 기술기준에 적합한지의 여부를 확인하기 위하여 시·도지사가 실시하는 탱크안전성능검사를 받아야 한다. 이 경우 시·도지사는 제6조제1항의 규정에 따른 허가를 받은 자가 제16조제1항의 규정에 따른 탱크안전성능시험자 또는 「소방산업의 진흥에 관한 법률」 제14조에 따른 한국소방산업기술원(이하 "기술원"이라 한다)로부터 탱크안전성능시험을 받은 경우에는 대통령령이 정하는 바에 따라 당해 탱크안전성능검사의 전부 또는 일부를 면제할 수 있다. <개정 2008.6.5.>
② 제1항의 규정에 따른 탱크안전성능검사의 내용은 대통령령으로 정하고, 탱크안전성능검사의 실시 등에 관하여 필요한 사항은 행정안전부령으로 정한다. <개정 2008.2.29., 2013.3.23., 2014.11.19., 2017.7.26.>

제9조(완공검사) ① 제6조제1항의 규정에 따른 허가를 받은 자가 제조소등의 설치를 마쳤거나 그 위치·구조 또는 설비의 변경을 마친 때에는 당해 제조소등마다 시·도지사가 행하는 완공검사를 받아 제5조제4항의 규정에 따른 기술기준에 적합하다고 인정받은 후가 아니면 이를 사용하여서는 아니된다. 다

만, 제조소등의 위치·구조 또는 설비를 변경함에 있어서 제6조제1항 후단의 규정에 따른 변경허가를 신청하는 때에 화재예방에 관한 조치사항을 기재한 서류를 제출하는 경우에는 당해 변경공사와 관계가 없는 부분은 완공검사를 받기 전에 미리 사용할 수 있다.

② 제1항 본문의 규정에 따른 완공검사를 받고자 하는 자가 제조소등의 일부에 대한 설치 또는 변경을 마친 후 그 일부를 미리 사용하고자 하는 경우에는 당해 제조소등의 일부에 대하여 완공검사를 받을 수 있다.

제10조(제조소등 설치자의 지위승계) ① 제조소등의 설치자(제6조제1항의 규정에 따라 허가를 받아 제조소등을 설치한 자를 말한다. 이하 같다)가 사망하거나 그 제조소등을 양도·인도한 때 또는 법인인 제조소등의 설치자의 합병이 있는 때에는 그 상속인, 제조소등을 양수·인수한 자 또는 합병후 존속하는 법인이나 합병에 의하여 설립되는 법인은 그 설치자의 지위를 승계한다.

② 민사집행법에 의한 경매, 「채무자 회생 및 파산에 관한 법률」에 의한 환가, 국세징수법·관세법 또는 「지방세징수법」에 따른 압류재산의 매각과 그 밖에 이에 준하는 절차에 따라 제조소등의 시설의 전부를 인수한 자는 그 설치자의 지위를 승계한다. <개정 2005.3.31., 2010.3.31., 2016.12.27.>

③ 제1항 또는 제2항의 규정에 따라 제조소등의 설치자의 지위를 승계한 자는 행정안전부령이 정하는 바에 따라 승계한 날부터 30일 이내에 시·도지사에게 그 사실을 신고하여야 한다. <개정 2008.2.29., 2013.3.23., 2014.11.19., 2017.7.26.>

제11조(제조소등의 폐지) 제조소등의 관계인(소유자·점유자 또는 관리자를 말한다. 이하 같다)은 당해 제조소등의 용도를 폐지(장래에 대하여 위험물시설로서의 기능을 완전히 상실시키는 것을 말한다)한 때에는 행정안전부령이 정하는 바에 따라 제조소등의 용도를 폐지한 날부터 14일 이내에 시·도지사에게 신고하여야 한다. <개정 2008.2.29., 2013.3.23., 2014.11.19., 2017.7.26.>

제12조(제조소등 설치허가의 취소와 사용정지 등) 시·도지사는 제조소등의 관계인이 다음 각 호의 어느 하나에 해당하는 때에는 행정안전부령이 정하는 바에 따라 제6조제1항의 규정에 따른 허가를 취소하거나 6월 이내의 기간을 정하여 제조소등의 전부 또는 일부의 사용정지를 명할 수 있다. <개정 2008.2.29., 2013.3.23., 2014.11.19., 2014.12.30., 2016.1.27., 2017.7.26.>

  1. 제6조제1항 후단의 규정에 따른 변경허가를 받지 아니하고 제조소등의 위치·구조 또는 설비를 변경한 때
  2. 제9조의 규정에 따른 완공검사를 받지 아니하고 제조소등을 사용한 때

   3. 제14조제2항의 규정에 따른 수리·개조 또는 이전의 명령을 위반한 때

   4. 제15조제1항 및 제2항의 규정에 따른 위험물안전관리자를 선임하지 아니한 때

   5. 제15조제5항을 위반하여 대리자를 지정하지 아니한 때

   6. 제18조제1항의 규정에 따른 정기점검을 하지 아니한 때

   7. 제18조제2항의 규정에 따른 정기검사를 받지 아니한 때

   8. 제26조의 규정에 따른 저장·취급기준 준수명령을 위반한 때

제13조(과징금처분) ① 시·도지사는 제12조 각 호의 어느 하나에 해당하는 경우로서 제조소등에 대한 사용의 정지가 그 이용자에게 심한 불편을 주거나 그 밖에 공익을 해칠 우려가 있는 때에는 사용정지처분에 갈음하여 2억원 이하의 과징금을 부과할 수 있다. <개정 2016.1.27.>

② 제1항의 규정에 따른 과징금을 부과하는 위반행위의 종별·정도 등에 따른 과징금의 금액 그 밖의 필요한 사항은 행정안전부령으로 정한다. <개정 2008.2.29., 2013.3.23., 2014.11.19., 2017.7.26.>

③ 시·도지사는 제1항의 규정에 따른 과징금을 납부하여야 하는 자가 납부기한까지 이를 납부하지 아니한 때에는 「지방세외수입금의 징수 등에 관한 법률」에 따라 징수한다. <개정 2013.8.6.>

제3장 위험물시설의 안전관리

제14조(위험물시설의 유지·관리) ① 제조소등의 관계인은 당해 제조소등의 위치·구조 및 설비가 제5조제4항의 규정에 따른 기술기준에 적합하도록 유지·관리하여야 한다.

② 시·도지사, 소방본부장 또는 소방서장은 제1항의 규정에 따른 유지·관리의 상황이 제5조제4항의 규정에 따른 기술기준에 부적합하다고 인정하는 때에는 그 기술기준에 적합하도록 제조소등의 위치·구조 및 설비의 수리·개조 또는 이전을 명할 수 있다.

제15조(위험물안전관리자) ① 제조소등[제6조제3항의 규정에 따라 허가를 받지 아니하는 제조소등과 이동탱크저장소(차량에 고정된 탱크에 위험물을 저장 또는 취급하는 저장소를 말한다)를 제외한다. 이하 이 조에서 같다]의 관계인은 위험물의 안전관리에 관한 직무를 수행하게 하기 위하여 제조소등마다 대통령령이 정하는 위험물의 취급에 관한 자격이 있는 자(이하 "위험물취급자격자"라 한다)를 위험물안전관리자(이하 "안전관리자"라 한다)로 선임하여야 한

다. 다만, 제조소등에서 저장·취급하는 위험물이 「화학물질관리법」에 따른 유독물질에 해당하는 경우 등 대통령령이 정하는 경우에는 당해 제조소등을 설치한 자는 다른 법률에 의하여 안전관리업무를 하는 자로 선임된 자 가운데 대통령령이 정하는 자를 안전관리자로 선임할 수 있다. <개정 2013.6.4.>

② 제1항의 규정에 따라 안전관리자를 선임한 제조소등의 관계인은 그 안전관리자를 해임하거나 안전관리자가 퇴직한 때에는 해임하거나 퇴직한 날부터 30일 이내에 다시 안전관리자를 선임하여야 한다.

③ 제조소등의 관계인은 제1항 및 제2항에 따라 안전관리자를 선임한 경우에는 선임한 날부터 14일 이내에 행정안전부령으로 정하는 바에 따라 소방본부장 또는 소방서장에게 신고하여야 한다. <개정 2014.12.30., 2017.7.26.>

④ 제조소등의 관계인이 안전관리자를 해임하거나 안전관리자가 퇴직한 경우 그 관계인 또는 안전관리자는 소방본부장이나 소방서장에게 그 사실을 알려 해임되거나 퇴직한 사실을 확인받을 수 있다. <신설 2014.12.30.>

⑤ 제1항의 규정에 따라 안전관리자를 선임한 제조소등의 관계인은 안전관리자가 여행·질병 그 밖의 사유로 인하여 일시적으로 직무를 수행할 수 없거나 안전관리자의 해임 또는 퇴직과 동시에 다른 안전관리자를 선임하지 못하는 경우에는 국가기술자격법에 따른 위험물의 취급에 관한 자격취득자 또는 위험물안전에 관한 기본지식과 경험이 있는 자로서 행정안전부령이 정하는 자를 대리자(代理者)로 지정하여 그 직무를 대행하게 하여야 한다. 이 경우 대리자가 안전관리자의 직무를 대행하는 기간은 30일을 초과할 수 없다. <개정 2008.2.29., 2013.3.23., 2014.11.19., 2014.12.30., 2017.7.26.>

⑥ 안전관리자는 위험물을 취급하는 작업을 하는 때에는 작업자에게 안전관리에 관한 필요한 지시를 하는 등 행정안전부령이 정하는 바에 따라 위험물의 취급에 관한 안전관리와 감독을 하여야 하고, 제조소등의 관계인과 그 종사자는 안전관리자의 위험물 안전관리에 관한 의견을 존중하고 그 권고에 따라야 한다. <개정 2008.2.29., 2013.3.23., 2014.11.19., 2014.12.30., 2017.7.26.>

⑦ 제조소등에 있어서 위험물취급자격자가 아닌 자는 안전관리자 또는 제5항에 따른 대리자가 참여한 상태에서 위험물을 취급하여야 한다. <개정 2014.12.30.>

⑧ 다수의 제조소등을 동일인이 설치한 경우에는 제1항의 규정에 불구하고 관계인은 대통령령이 정하는 바에 따라 1인의 안전관리자를 중복하여 선임할 수 있다. 이 경우 대통령령이 정하는 제조소등의 관계인은 제5항에 따른 대리자의 자격이 있는 자를 각 제조소등별로 지정하여 안전관리자를 보조하게 하여야 한다. <개정 2014.12.30.>

⑨ 제조소등의 종류 및 규모에 따라 선임하여야 하는 안전관리자의 자격은 대통령령으로 정한다. <개정 2014.12.30.>

Q. 위험물안전관리자의 대리자

질문

(1) 위험물 안전관리자를 제조소등 단위별로 중복선임 할 수 있는바 일일 24시간 주유하는 주유소의 위험물안전관리자가 근무시간 이후 야간 알바생 근무배치를 하였을 때 가능여부

(2) 위험물안전관리자가 알바생에게 안전에 대하여 인수인계 전달교육 후에 야간배치를 하는 것이 가능한지 여부

(3) 알바생(정부의 시간당 최저임금지급)이 주유작업만 할려고 왔지 안전에 대하여 책임을 모른다고 할 때 책임유무관계 여부

답변

(1) 위험물안전관리자가 출장, 퇴근 등으로 인하여 일시적으로 업무를 수행할 수 없을 때에는 위험물취급에 관한 자격취득자 또는 위험물안전에 관한 기본지식과 경험이 있는 위험물대리자를 지정하여 안전관리자의 업무를 수행하여야 하며 해당 아르바이트생이 대리자의 자격요건에 해당한다면 가능합니다(위험물안전관리법 제15조).

(2) 위험물안전관리자 또는 대리자가 아닌 경우에는 불가합니다.

(3) 주유소 안전책임은 허가자와 선임된 위험물안전관리자에게 있습니다. 안전관리자는 아르바이트생에게 대한 안전관리를 지도, 감독해야 할 의무도 있으며 아르바이트생이 안전관리를 준용하지 않아 발생하는 사고 등에 대한 책임은 사안에 따라 다르므로 면밀한 조사를 통하여 책임여부를 확인하여야 합니다. 수당에 관한 문제는 당사자 간의 계약에 관한 사항으로 위험물안전관리법에서 규정하고 있지 않습니다.

제16조(탱크시험자의 등록 등) ① 시·도지사 또는 제조소등의 관계인은 안전관리업무를 전문적이고 효율적으로 수행하기 위하여 탱크안전성능시험자(이하 "탱크시험자"라 한다)로 하여금 이 법에 의한 검사 또는 점검의 일부를 실시하게 할 수 있다.

② 탱크시험자가 되고자 하는 자는 대통령령이 정하는 기술능력·시설 및 장비를 갖추어 시·도지사에게 등록하여야 한다.

③ 제2항의 규정에 따라 등록한 사항 가운데 행정안전부령이 정하는 중요사항을 변경한 경우에는 그 날부터 30일 이내에 시·도지사에게 변경신고를 하여야 한다. <개정 2008.2.29., 2013.3.23., 2014.11.19., 2017.7.26.>

④ 다음 각 호의 어느 하나에 해당하는 자는 탱크시험자로 등록하거나 탱크시험자의 업무에 종사할 수 없다. <개정 2005.3.31., 2014.12.30., 2016.1.27., 2017.3.21.>

1. 피성년후견인 또는 피한정후견인
2. 삭제 <2006.9.22.>
3. 이 법, 「소방기본법」, 「화재예방, 소방시설 설치·유지 및 안전관리에 관한 법률」 또는 「소방시설공사업법」에 따른 금고 이상의 실형의 선고를 받고 그 집행이 종료(집행이 종료된 것으로 보는 경우를 포함한다)되거나 집행이 면제된 날부터 2년이 지나지 아니한 자
4. 이 법, 「소방기본법」, 「화재예방, 소방시설 설치·유지 및 안전관리에 관한 법률」 또는 「소방시설공사업법」에 따른 금고 이상의 형의 집행유예 선고를 받고 그 유예기간 중에 있는 자
5. 제5항의 규정에 따라 탱크시험자의 등록이 취소(제1호에 해당하여 자격이 취소된 경우는 제외한다)된 날부터 2년이 지나지 아니한 자
6. 법인으로서 그 대표자가 제1호 내지 제5호의 1에 해당하는 경우
⑤ 시·도지사는 탱크시험자가 다음 각 호의 어느 하나에 해당하는 경우에는 행정안전부령으로 정하는 바에 따라 그 등록을 취소하거나 6월 이내의 기간을 정하여 업무의 정지를 명할 수 있다. 다만, 제1호 내지 제3호에 해당하는 경우에는 그 등록을 취소하여야 한다. <개정 2008.2.29., 2013.3.23., 2014.11.19., 2016.1.27., 2017.7.26.>
1. 허위 그 밖의 부정한 방법으로 등록을 한 경우
2. 제4항 각 호의 어느 하나의 등록의 결격사유에 해당하게 된 경우
3. 등록증을 다른 자에게 빌려준 경우
4. 제2항의 규정에 따른 등록기준에 미달하게 된 경우
5. 탱크안전성능시험 또는 점검을 허위로 하거나 이 법에 의한 기준에 맞지 아니하게 탱크안전성능시험 또는 점검을 실시하는 경우 등 탱크시험자로서 적합하지 아니하다고 인정하는 경우
⑥ 탱크시험자는 이 법 또는 이 법에 의한 명령에 따라 탱크안전성능시험 또는 점검에 관한 업무를 성실히 수행하여야 한다.

제17조(예방규정) ① 대통령령이 정하는 제조소등의 관계인은 당해 제조소등의 화재예방과 화재 등 재해발생시의 비상조치를 위하여 행정안전부령이 정하는 바에 따라 예방규정을 정하여 당해 제조소등의 사용을 시작하기 전에 시·도지사에게 제출하여야 한다. 예방규정을 변경한 때에도 또한 같다. <개정 2008.2.29., 2013.3.23., 2014.11.19., 2017.7.26.>
② 시·도지사는 제1항의 규정에 따라 제출한 예방규정이 제5조제3항의 규정에 따른 기준에 적합하지 아니하거나 화재예방이나 재해발생시의 비상조치를 위하여 필요하다고 인정하는 때에는 이를 반려하거나 그 변경을 명할 수 있다.

③ 제1항의 규정에 따른 제조소등의 관계인과 그 종업원은 예방규정을 충분히 잘 익히고 준수하여야 한다.

제18조(정기점검 및 정기검사) ① 대통령령이 정하는 제조소등의 관계인은 그 제조소등에 대하여 행정안전부령이 정하는 바에 따라 제5조제4항의 규정에 따른 기술기준에 적합한지의 여부를 정기적으로 점검하고 점검결과를 기록하여 보존하여야 한다. <개정 2008.2.29., 2013.3.23., 2014.11.19., 2017.7.26.>
② 제1항의 규정에 따른 정기점검의 대상이 되는 제조소등의 관계인 가운데 대통령령이 정하는 제조소등의 관계인은 행정안전부령이 정하는 바에 따라 소방본부장 또는 소방서장으로부터 당해 제조소등이 제5조제4항의 규정에 따른 기술기준에 적합하게 유지되고 있는지의 여부에 대하여 정기적으로 검사를 받아야 한다. <개정 2008.2.29., 2013.3.23., 2014.11.19., 2017.7.26.>

제19조(자체소방대) 다량의 위험물을 저장·취급하는 제조소등으로서 대통령령이 정하는 제조소등이 있는 동일한 사업소에서 대통령령이 정하는 수량 이상의 위험물을 저장 또는 취급하는 경우 당해 사업소의 관계인은 대통령령이 정하는 바에 따라 당해 사업소에 자체소방대를 설치하여야 한다.

제4장 위험물의 운반 등

제20조(위험물의 운반) ① 위험물의 운반은 그 용기·적재방법 및 운반방법에 관한 다음 각 호의 중요기준과 세부기준에 따라 행하여야 한다. <개정 2008.2.29., 2013.3.23., 2014.11.19., 2016.1.27., 2017.7.26.>
  1. 중요기준 : 화재 등 위해의 예방과 응급조치에 있어서 큰 영향을 미치거나 그 기준을 위반하는 경우 직접적으로 화재를 일으킬 가능성이 큰 기준으로서 행정안전부령이 정하는 기준
  2. 세부기준 : 화재 등 위해의 예방과 응급조치에 있어서 중요기준보다 상대적으로 적은 영향을 미치거나 그 기준을 위반하는 경우 간접적으로 화재를 일으킬 수 있는 기준 및 위험물의 안전관리에 필요한 표시와 서류·기구 등의 비치에 관한 기준으로서 행정안전부령이 정하는 기준
② 시·도지사는 운반용기를 제작하거나 수입한 자 등의 신청에 따라 제1항의 규정에 따른 운반용기를 검사할 수 있다. 다만, 기계에 의하여 하역하는 구조로 된 대형의 운반용기로서 행정안전부령이 정하는 것을 제작하거나 수입한 자 등은 행정안전부령이 정하는 바에 따라 당해 용기를 사용하거나 유통시키기 전에 시·도지사가 실시하는 운반용기에 대한 검사를 받아야 한다. <개정 2005.8.4., 2008.2.29., 2013.3.23., 2014.11.19., 2014.12.30., 2017.7.26.>

제21조(위험물의 운송) ① 이동탱크저장소에 의하여 위험물을 운송하는 자(운송책임자 및 이동탱크저장소운전자를 말하며, 이하 "위험물운송자"라 한다)는 당해 위험물을 취급할 수 있는 국가기술자격자 또는 제28조제1항의 규정에 따른 안전교육을 받은 자이어야 한다.

② 대통령령이 정하는 위험물의 운송에 있어서는 운송책임자(위험물 운송의 감독 또는 지원을 하는 자를 말한다. 이하 같다)의 감독 또는 지원을 받아 이를 운송하여야 한다. 운송책임자의 범위, 감독 또는 지원의 방법 등에 관한 구체적인 기준은 행정안전부령으로 정한다. <개정 2008.2.29., 2013.3.23., 2014.11.19., 2017.7.26.>

③ 위험물운송자는 이동탱크저장소에 의하여 위험물을 운송하는 때에는 행정안전부령으로 정하는 기준을 준수하는 등 당해 위험물의 안전확보를 위하여 세심한 주의를 기울여야 한다. <개정 2008.2.29., 2013.3.23., 2014.11.19., 2014.12.30., 2017.7.26.>

제5장 감독 및 조치명령

제22조(출입·검사 등) ① 소방청장(중앙119구조본부장 및 그 소속 기관의 장을 포함한다. 이하 제22조의2에서 같다), 시·도지사, 소방본부장 또는 소방서장은 위험물의 저장 또는 취급에 따른 화재의 예방 또는 진압대책을 위하여 필요한 때에는 위험물을 저장 또는 취급하고 있다고 인정되는 장소의 관계인에 대하여 필요한 보고 또는 자료제출을 명할 수 있으며, 관계공무원으로 하여금 당해 장소에 출입하여 그 장소의 위치·구조·설비 및 위험물의 저장·취급상황에 대하여 검사하게 하거나 관계인에게 질문하게 하고 시험에 필요한 최소한의 위험물 또는 위험물로 의심되는 물품을 수거하게 할 수 있다. 다만, 개인의 주거는 관계인의 승낙을 얻은 경우 또는 화재발생의 우려가 커서 긴급한 필요가 있는 경우가 아니면 출입할 수 없다. <개정 2016.1.27., 2017.7.26.>

② 소방공무원 또는 국가경찰공무원은 제21조제1항에 따른 위험물의 운송자격을 확인하기 위하여 필요하다고 인정하는 경우에는 주행중의 이동탱크저장소를 정지시켜 당해 이동탱크저장소에 승차하고 있는 자에 대하여 위험물의 취급에 관한 국가기술자격증 또는 교육수료증의 제시를 요구할 수 있고, 국가기술자격증 또는 교육수료증을 제시하지 아니한 경우에는 주민등록증, 여권, 운전면허증 등 신원확인을 위한 증명서를 제시할 것을 요구하거나 신원확인을 위한 질문을 할 수 있다. 이 직무를 수행하는 경우에 있어서 소방공무원과 국가경찰공무원은 긴밀히 협력하여야 한다. <개정 2006.2.21., 2014.12.30.>

③ 제1항의 규정에 따른 출입·검사 등은 그 장소의 공개시간이나 근무시간내 또는 해가 뜬 후부터 해가 지기 전까지의 시간내에 행하여야 한다. 다만, 건

축물 그 밖의 공작물의 관계인의 승낙을 얻은 경우 또는 화재발생의 우려가 커서 긴급한 필요가 있는 경우에는 그러하지 아니하다.

④ 제1항 및 제2항의 규정에 의하여 출입·검사 등을 행하는 관계공무원은 관계인의 정당한 업무를 방해하거나 출입·검사 등을 수행하면서 알게 된 비밀을 다른 자에게 누설하여서는 아니된다.

⑤ 시·도지사, 소방본부장 또는 소방서장은 탱크시험자에 대하여 필요한 보고 또는 자료제출을 명하거나 관계공무원으로 하여금 당해 사무소에 출입하여 업무의 상황·시험기구·장부·서류와 그 밖의 물건을 검사하게 하거나 관계인에게 질문하게 할 수 있다.

⑥ 제1항·제2항 및 제5항의 규정에 따라 출입·검사 등을 하는 관계공무원은 그 권한을 표시하는 증표를 지니고 관계인에게 이를 내보여야 한다.

제22조의2(위험물 누출 등의 사고 조사) ① 소방청장, 소방본부장 또는 소방서장은 위험물의 누출·화재·폭발 등의 사고가 발생한 경우 사고의 원인 및 피해 등을 조사하여야 한다. <개정 2017.7.26.>

② 제1항에 따른 조사에 관하여는 제22조제1항·제3항·제4항 및 제6항을 준용한다.

③ 소방청장, 소방본부장 또는 소방서장은 제1항에 따른 사고 조사에 필요한 경우 자문을 하기 위하여 관련 분야에 전문지식이 있는 사람으로 구성된 사고조사위원회를 둘 수 있다. <개정 2017.7.26.>

④ 제3항에 따른 사고조사위원회의 구성과 운영 등에 필요한 사항은 대통령령으로 정한다.

[본조신설 2016.1.27.]

제23조(탱크시험자에 대한 명령) 시·도지사, 소방본부장 또는 소방서장은 탱크시험자에 대하여 당해 업무를 적정하게 실시하게 하기 위하여 필요하다고 인정하는 때에는 감독상 필요한 명령을 할 수 있다.

제24조(무허가장소의 위험물에 대한 조치명령) 시·도지사, 소방본부장 또는 소방서장은 위험물에 의한 재해를 방지하기 위하여 제6조제1항의 규정에 따른 허가를 받지 아니하고 지정수량 이상의 위험물을 저장 또는 취급하는 자(제6조제3항의 규정에 따라 허가를 받지 아니하는 자를 제외한다)에 대하여 그 위험물 및 시설의 제거 등 필요한 조치를 명할 수 있다.

제25조(제조소등에 대한 긴급 사용정지명령 등) 시·도지사, 소방본부장 또는

소방서장은 공공의 안전을 유지하거나 재해의 발생을 방지하기 위하여 긴급한 필요가 있다고 인정하는 때에는 제조소등의 관계인에 대하여 당해 제조소등의 사용을 일시정지하거나 그 사용을 제한할 것을 명할 수 있다.

제26조(저장·취급기준 준수명령 등) ① 시·도지사, 소방본부장 또는 소방서장은 제조소등에서의 위험물의 저장 또는 취급이 제5조제3항의 규정에 위반된다고 인정하는 때에는 당해 제조소등의 관계인에 대하여 동항의 기준에 따라 위험물을 저장 또는 취급하도록 명할 수 있다.
② 시·도지사, 소방본부장 또는 소방서장은 관할하는 구역에 있는 이동탱크저장소에서의 위험물의 저장 또는 취급이 제5조제3항의 규정에 위반된다고 인정하는 때에는 당해 이동탱크저장소의 관계인에 대하여 동항의 기준에 따라 위험물을 저장 또는 취급하도록 명할 수 있다.
③ 시·도지사, 소방본부장 또는 소방서장은 제2항의 규정에 따라 이동탱크저장소의 관계인에 대하여 명령을 한 경우에는 행정안전부령이 정하는 바에 따라 제6조제1항의 규정에 따라 당해 이동탱크저장소의 허가를 한 시·도지사, 소방본부장 또는 소방서장에게 신속히 그 취지를 통지하여야 한다. <개정 2008.2.29., 2013.3.23., 2014.11.19., 2017.7.26.>

제27조(응급조치·통보 및 조치명령) ① 제조소등의 관계인은 당해 제조소등에서 위험물의 유출 그 밖의 사고가 발생한 때에는 즉시 그리고 지속적으로 위험물의 유출 및 확산의 방지, 유출된 위험물의 제거 그 밖에 재해의 발생방지를 위한 응급조치를 강구하여야 한다.
② 제1항의 사태를 발견한 자는 즉시 그 사실을 소방서, 경찰서 또는 그 밖의 관계기관에 통보하여야 한다.
③ 소방본부장 또는 소방서장은 제조소등의 관계인이 제1항의 응급조치를 강구하지 아니하였다고 인정하는 때에는 제1항의 응급조치를 강구하도록 명할 수 있다.
④ 소방본부장 또는 소방서장은 그 관할하는 구역에 있는 이동탱크저장소의 관계인에 대하여 제3항의 규정의 예에 따라 제1항의 응급조치를 강구하도록 명할 수 있다.

제6장 보칙

제28조(안전교육) ① 안전관리자·탱크시험자·위험물운송자 등 위험물의 안전관리와 관련된 업무를 수행하는 자로서 대통령령이 정하는 자는 해당 업무에

관한 능력의 습득 또는 향상을 위하여 소방청장이 실시하는 교육을 받아야 한다. <개정 2005.8.4., 2014.11.19., 2017.7.26.>

② 제조소등의 관계인은 제1항의 규정에 따른 교육대상자에 대하여 필요한 안전교육을 받게 하여야 한다.

③ 제1항의 규정에 따른 교육의 과정 및 기간과 그 밖에 교육의 실시에 관하여 필요한 사항은 행정안전부령으로 정한다. <개정 2008.2.29., 2013.3.23., 2014.11.19., 2017.7.26.>

④ 시·도지사, 소방본부장 또는 소방서장은 제1항의 규정에 따른 교육대상자가 교육을 받지 아니한 때에는 그 교육대상자가 교육을 받을 때까지 이 법의 규정에 따라 그 자격으로 행하는 행위를 제한할 수 있다.

제29조(청문) 시·도지사, 소방본부장 또는 소방서장은 다음 각 호의 어느 하나에 해당하는 처분을 하고자 하는 경우에는 청문을 실시하여야 한다. <개정 2016.1.27.>

1. 제12조의 규정에 따른 제조소등 설치허가의 취소
2. 제16조제5항의 규정에 따른 탱크시험자의 등록취소

제30조(권한의 위임·위탁) ① 소방청장 또는 시·도지사는 이 법에 따른 권한의 일부를 대통령령이 정하는 바에 따라 시·도지사, 소방본부장 또는 소방서장에게 위임할 수 있다. <개정 2005.8.4., 2014.11.19., 2017.7.26.>

② 소방청장, 시·도지사, 소방본부장 또는 소방서장은 이 법에 따른 업무의 일부를 대통령령이 정하는 바에 따라 소방기본법 제40조의 규정에 의한 한국소방안전원(이하 "안전원"이라 한다) 또는 기술원에 위탁할 수 있다. <개정 2005.8.4., 2008.6.5., 2014.11.19., 2017.7.26., 2017.12.26.>

제31조(수수료 등) 다음 각 호의 어느 하나에 해당하는 승인·허가·검사 또는 교육 등을 받고자 하거나 등록 또는 신고를 하고자 하는 자는 행정안전부령이 정하는 바에 따라 수수료 또는 교육비를 납부하여야 한다. <개정 2005.8.4., 2008.2.29., 2013.3.23., 2014.11.19., 2016.1.27., 2017.7.26.>

1. 제5조제2항제1호의 규정에 따른 임시저장·취급의 승인
2. 제6조제1항의 규정에 따른 제조소등의 설치 또는 변경의 허가
3. 제8조의 규정에 따른 제조소등의 탱크안전성능검사
4. 제9조의 규정에 따른 제조소등의 완공검사
5. 제10조제3항의 규정에 따른 설치자의 지위승계신고
6. 제16조제2항의 규정에 따른 탱크시험자의 등록

7. 제16조제3항의 규정에 따른 탱크시험자의 등록사항 변경신고
8. 제18조제2항의 규정에 따른 정기검사
9. 제20조제2항의 규정에 따른 운반용기의 검사
10. 제28조의 규정에 따른 안전교육

제32조(벌칙적용에 있어서의 공무원 의제) 다음 각 호의 자는 형법 제129조 내지 제132조의 적용에 있어서는 이를 공무원으로 본다. <개정 2008.6.5., 2016.1.27., 2017.12.26.>
1. 제8조제1항 후단의 규정에 따른 검사업무에 종사하는 기술원의 담당 임원 및 직원
2. 제16조제1항의 규정에 따른 탱크시험자의 업무에 종사하는 자
3. 제30조제2항의 규정에 따라 위탁받은 업무에 종사하는 안전원 및 기술원의 담당 임원 및 직원

제7장 벌칙

제33조(벌칙) ① 제조소등에서 위험물을 유출·방출 또는 확산시켜 사람의 생명·신체 또는 재산에 대하여 위험을 발생시킨 자는 1년 이상 10년 이하의 징역에 처한다.
② 제1항의 규정에 따른 죄를 범하여 사람을 상해(傷害)에 이르게 한 때에는 무기 또는 3년 이상의 징역에 처하며, 사망에 이르게 한 때에는 무기 또는 5년 이상의 징역에 처한다.

제34조(벌칙) ① 업무상 과실로 제조소등에서 위험물을 유출·방출 또는 확산시켜 사람의 생명·신체 또는 재산에 대하여 위험을 발생시킨 자는 7년 이하의 금고 또는 7천만원 이하의 벌금에 처한다. <개정 2016.1.27.>
② 제1항의 죄를 범하여 사람을 사상(死傷)에 이르게 한 자는 10년 이하의 징역 또는 금고나 1억원 이하의 벌금에 처한다. <개정 2016.1.27.>

제34조의2(벌칙) 제6조제1항 전단을 위반하여 제조소등의 설치허가를 받지 아니하고 제조소등을 설치한 자는 5년 이하의 징역 또는 1억원 이하의 벌금에 처한다.
[본조신설 2017.3.21.]

제34조의3(벌칙) 제5조제1항을 위반하여 저장소 또는 제조소등이 아닌 장소에

서 지정수량 이상의 위험물을 저장 또는 취급한 자는 3년 이하의 징역 또는 3천만원 이하의 벌금에 처한다.

[본조신설 2017.3.21.]

제35조(벌칙) 다음 각 호의 어느 하나에 해당하는 자는 1년 이하의 징역 또는 1천만원 이하의 벌금에 처한다. <개정 2016.1.27.>

1. 삭제 <2017.3.21.>
2. 삭제 <2017.3.21.>
3. 제16조제2항의 규정에 따른 탱크시험자로 등록하지 아니하고 탱크시험자의 업무를 한 자
4. 제18조제1항의 규정을 위반하여 정기점검을 하지 아니하거나 점검기록을 허위로 작성한 관계인으로서 제6조제1항의 규정에 따른 허가(제6조제3항의 규정에 따라 허가가 면제된 경우 및 제7조제2항의 규정에 따라 협의로써 허가를 받은 것으로 보는 경우를 포함한다. 이하 제5호·제6호, 제36조제6호·제7호·제10호 및 제37조제3호에서 같다)를 받은 자
5. 제18조제2항의 규정을 위반하여 정기검사를 받지 아니한 관계인으로서 제6조제1항의 규정에 따른 허가를 받은 자
6. 제19조의 규정을 위반하여 자체소방대를 두지 아니한 관계인으로서 제6조제1항의 규정에 따른 허가를 받은 자
7. 제20조제2항 단서의 규정을 위반하여 운반용기에 대한 검사를 받지 아니하고 운반용기를 사용하거나 유통시킨 자
8. 제22조제1항(제22조의2제2항에서 준용하는 경우를 포함한다)의 규정에 따른 명령을 위반하여 보고 또는 자료제출을 하지 아니하거나 허위의 보고 또는 자료제출을 한 자 또는 관계공무원의 출입·검사 또는 수거를 거부·방해 또는 기피한 자
9. 제25조의 규정에 따른 제조소등에 대한 긴급 사용정지·제한명령을 위반한 자

제36조(벌칙) 다음 각 호의 어느 하나에 해당하는 자는 1천500만원 이하의 벌금에 처한다. <개정 2014.12.30., 2016.1.27., 2017.3.21.>

1. 제5조제3항제1호의 규정에 따른 위험물의 저장 또는 취급에 관한 중요기준에 따르지 아니한 자
2. 제6조제1항 후단의 규정을 위반하여 변경허가를 받지 아니하고 제조소등을 변경한 자
3. 제9조제1항의 규정을 위반하여 제조소등의 완공검사를 받지 아니하고 위

험물을 저장 · 취급한 자
4. 제12조의 규정에 따른 제조소등의 사용정지명령을 위반한 자
5. 제14조제2항의 규정에 따른 수리 · 개조 또는 이전의 명령에 따르지 아니한 자
6. 제15조제1항 또는 제2항의 규정을 위반하여 안전관리자를 선임하지 아니한 관계인으로서 제6조제1항의 규정에 따른 허가를 받은 자
7. 제15조제5항을 위반하여 대리자를 지정하지 아니한 관계인으로서 제6조제1항의 규정에 따른 허가를 받은 자
8. 제16조제5항의 규정에 따른 업무정지명령을 위반한 자
9. 제16조제6항의 규정을 위반하여 탱크안전성능시험 또는 점검에 관한 업무를 허위로 하거나 그 결과를 증명하는 서류를 허위로 교부한 자
10. 제17조제1항 전단의 규정을 위반하여 예방규정을 제출하지 아니하거나 동조제2항의 규정에 따른 변경명령을 위반한 관계인으로서 제6조제1항의 규정에 따른 허가를 받은 자
11. 제22조제2항에 따른 정지지시를 거부하거나 국가기술자격증, 교육수료증 · 신원확인을 위한 증명서의 제시 요구 또는 신원확인을 위한 질문에 응하지 아니한 사람
12. 제22조제5항의 규정에 따른 명령을 위반하여 보고 또는 자료제출을 하지 아니하거나 허위의 보고 또는 자료제출을 한 자 및 관계공무원의 출입 또는 조사 · 검사를 거부 · 방해 또는 기피한 자
13. 제23조의 규정에 따른 탱크시험자에 대한 감독상 명령에 따르지 아니한 자
14. 제24조의 규정에 따른 무허가장소의 위험물에 대한 조치명령에 따르지 아니한 자
15. 제26조제1항 · 제2항 또는 제27조의 규정에 따른 저장 · 취급기준 준수명령 또는 응급조치명령을 위반한 자

▣판례-위험물안전관리법위반▣

[대법원 2009.4.9., 선고, 2008도11572, 판결]

【판시사항】

[1] 무허가 위험물제조소 등 변경행위를 처벌하는 위험물안전관리법 제36조 제2호, 제6조 제1항 후단의 위반죄의 법적 성질(=즉시범)
[2] 관할관청의 허가 없이 주유소에 판매대 등의 시공을 완료한 때 위험물안전관리법 제36조 제2호, 제6조 제1항 후단의 위반죄가 기수에 이르렀다고 한 사례

【참조조문】

[1] 위험물안전관리법 제6조 제1항, 제36조 제2호
[2] 위험물안전관리법 제6조 제1항, 제36조 제2호

【전문】

【피 고 인】
【상 고 인】
검사

【원심판결】
창원지법 2008. 11. 27. 선고 2008노1721 판결

【주 문】
상고를 기각한다.

【이 유】
상고이유를 본다.
위험물안전관리법 제36조 제2호, 제6조 제1항 후단에서 규정하는 허가 없이 위험물 제
조소 등을 변경한 죄는 같은 법에 규정된 제조소 등의 위치, 구조, 설비를 변경함으로
써 즉시 성립하고 그와 동시에 완성되는 이른바 즉시범이라 할 것이다.
원심이 같은 취지에서, 이 사건 공소사실 중 '피고인이 관할관청의 허가 없이 경남 함
안군 가야읍 (이하 생략)에 있는 ○○주유소의 사무동 정면 판매대 6㎡, 왼쪽 철 구조
물, 간판 30㎡, 오른쪽 공작물 약 38㎡와 6㎡ 및 음식점과의 연결통로부분 등을 임의
로 설치함으로써 허가 없이 제조소 등의 구조·설비 등을 변경하였다'는 부분에 대하
여, 위 죄는 법정형이 500만 원 이하의 벌금으로 되어 있어 공소시효가 5년이고, 피고
인의 이 부분 범죄행위는 당시 위 판매대 등의 시공을 완료함으로써 기수에 이른 것
인데, 이 사건 공소는 그로부터 5년이 경과한 후에야 제기되었음이 기록상 명백하여
모두 공소시효가 완성되었을 때에 해당한다는 이유로, 이에 대하여 유죄를 선고한 제1
심판결을 파기하고 면소를 선고한 것은 정당하고, 여기에 상고이유에서 주장하는 바와
같이 위험물안전관리법에 관한 법리를 오해하는 등의 위법이 있다고 할 수 없다.
그러므로 상고를 기각하기로 하여 관여 대법관의 일치된 의견으로 주문과 같이 판결
한다.

대법관 전수안(재판장) 양승태(주심) 김지형 양창수

제37조(벌칙) 다음 각 호의 어느 하나에 해당하는 자는 1천만원 이하의 벌금에
처한다. <개정 2014.12.30., 2016.1.27., 2017.3.21.>

1. 제15조제6항을 위반하여 위험물의 취급에 관한 안전관리와 감독을 하지
   아니한 자
2. 제15조제7항을 위반하여 안전관리자 또는 그 대리자가 참여하지 아니한
   상태에서 위험물을 취급한 자
3. 제17조제1항 후단의 규정을 위반하여 변경한 예방규정을 제출하지 아니한
   관계인으로서 제6조제1항의 규정에 따른 허가를 받은 자
4. 제20조제1항제1호의 규정을 위반하여 위험물의 운반에 관한 중요기준에
   따르지 아니한 자
5. 제21조제1항 또는 제2항의 규정을 위반한 위험물운송자
6. 제22조제4항(제22조의2제2항에서 준용하는 경우를 포함한다)의 규정을 위
   반하여 관계인의 정당한 업무를 방해하거나 출입·검사 등을 수행하면서
   알게 된 비밀을 누설한 자

제38조(양벌규정) ① 법인의 대표자나 법인 또는 개인의 대리인, 사용인, 그 밖의 종업원이 그 법인 또는 개인의 업무에 관하여 제33조제1항의 위반행위를 하면 그 행위자를 벌하는 외에 그 법인 또는 개인을 5천만원 이하의 벌금에 처하고, 같은 조 제2항의 위반행위를 하면 그 행위자를 벌하는 외에 그 법인 또는 개인을 1억원 이하의 벌금에 처한다. 다만, 법인 또는 개인이 그 위반행위를 방지하기 위하여 해당 업무에 관하여 상당한 주의와 감독을 게을리하지 아니한 경우에는 그러하지 아니하다.
② 법인의 대표자나 법인 또는 개인의 대리인, 사용인, 그 밖의 종업원이 그 법인 또는 개인의 업무에 관하여 제34조부터 제37조까지의 어느 하나에 해당하는 위반행위를 하면 그 행위자를 벌하는 외에 그 법인 또는 개인에게도 해당 조문의 벌금형을 과(科)한다. 다만, 법인 또는 개인이 그 위반행위를 방지하기 위하여 해당 업무에 관하여 상당한 주의와 감독을 게을리하지 아니한 경우에는 그러하지 아니하다.
[전문개정 2010.3.22.]

제39조(과태료) ① 다음 각 호의 어느 하나에 해당하는 자는 200만원 이하의 과태료에 처한다. <개정 2014.12.30., 2016.1.27.>
  1. 제5조제2항제1호의 규정에 따른 승인을 받지 아니한 자
  2. 제5조제3항제2호의 규정에 따른 위험물의 저장 또는 취급에 관한 세부기준을 위반한 자
  3. 제6조제2항의 규정에 따른 품명 등의 변경신고를 기간 이내에 하지 아니하거나 허위로 한 자
  4. 제10조제3항의 규정에 따른 지위승계신고를 기간 이내에 하지 아니하거나 허위로 한 자
  5. 제11조의 규정에 따른 제조소등의 폐지신고 또는 제15조제3항의 규정에 따른 안전관리자의 선임신고를 기간 이내에 하지 아니하거나 허위로 한 자
  6. 제16조제3항의 규정을 위반하여 등록사항의 변경신고를 기간 이내에 하지 아니하거나 허위로 한 자
  7. 제18조제1항의 규정을 위반하여 점검결과를 기록·보존하지 아니한 자
  8. 제20조제1항제2호의 규정에 따른 위험물의 운반에 관한 세부기준을 위반한 자
  9. 제21조제3항의 규정을 위반하여 위험물의 운송에 관한 기준을 따르지 아니한 자
② 제1항의 규정에 따른 과태료는 대통령령이 정하는 바에 따라 시·도지사, 소방본부장 또는 소방서장(이하 "부과권자"라 한다)이 부과·징수한다.
③ 삭제 <2014.12.30.>

④ 삭제 <2014.12.30.>

⑤ 삭제 <2014.12.30.>

⑥ 제4조 및 제5조제2항 각 호 외의 부분 후단의 규정에 따른 조례에는 200만 원 이하의 과태료를 정할 수 있다. 이 경우 과태료는 부과권자가 부과·징수한다. <개정 2016.1.27.>

⑦ 삭제 <2014.12.30.>

부칙

<제15300호, 2017.12.26.>

제1조(시행일) 이 법은 공포 후 6개월이 경과한 날부터 시행한다. <단서 생략> 제2조부터 제4조까지 생략

제5조(다른 법률의 개정) ① 생략

② 위험물안전관리법 일부를 다음과 같이 개정한다.

제30조제2항 중 "한국소방안전협회(이하 "협회"라 한다)"를 "한국소방안전원(이하 "안전원"이라 한다)"으로 한다.

제32조제3호 중 "협회"를 "안전원"으로 한다.

③ 및 ④ 생략

제6조 생략

위험물안전관리법 시행령

[시행 2019.2.26]
[대통령령 제29564호, 2019.2.26, 일부개정]

제1장 총칙

제1조(목적) 이 영은 「위험물안전관리법」에서 위임된 사항과 그 시행에 관하여 필요한 사항을 규정함을 목적으로 한다. <개정 2005.5.26.>

제2조(위험물) 「위험물안전관리법」(이하 "법"이라 한다) 제2조제1항제1호에서 "대통령령이 정하는 물품"이라 함은 별표 1에 규정된 위험물을 말한다. <개정 2005.5.26.>

제3조(위험물의 지정수량) 법 제2조제1항제2호에서 "대통령령이 정하는 수량"이라 함은 별표 1의 위험물별로 지정수량란에 규정된 수량을 말한다.

제4조(위험물을 저장하기 위한 장소 등) 법 제2조제1항제4호의 규정에 의한 지정수량 이상의 위험물을 저장하기 위한 장소와 그에 따른 저장소의 구분은 별표 2와 같다.

제5조(위험물을 취급하기 위한 장소 등) 법 제2조제1항제5호의 규정에 의한 지정수량 이상의 위험물을 제조 외의 목적으로 취급하기 위한 장소와 그에 따른 취급소의 구분은 별표 3과 같다.

제2장 제조소등의 허가 등

제6조(제조소등의 설치 및 변경의 허가) ① 법 제6조제1항에 따라 제조소등의 설치허가 또는 변경허가를 받으려는 자는 설치허가 또는 변경허가신청서에

행정안전부령으로 정하는 서류를 첨부하여 특별시장·광역시장·특별자치시장·도지사 또는 특별자치도지사(이하 "시·도지사"라 한다)에게 제출하여야 한다. <개정 2008.12.17., 2013.3.23., 2014.11.19., 2015.12.15., 2017.7.26.>

② 시·도지사는 제1항에 따른 제조소등의 설치허가 또는 변경허가 신청 내용이 다음 각 호의 기준에 적합하다고 인정하는 경우에는 허가를 하여야 한다. <개정 2005.5.26., 2007.11.30., 2008.12.3., 2008.12.17., 2013.2.5., 2013.3.23., 2014.11.19., 2017.7.26.>

1. 제조소등의 위치·구조 및 설비가 법 제5조제4항의 규정에 의한 기술기준에 적합할 것
2. 제조소등에서의 위험물의 저장 또는 취급이 공공의 안전유지 또는 재해의 발생방지에 지장을 줄 우려가 없다고 인정될 것
3. 다음 각 목의 제조소등은 해당 목에서 정한 사항에 대하여 「소방산업의 진흥에 관한 법률」 제14조에 따른 한국소방산업기술원(이하 "기술원"이라 한다)의 기술검토를 받고 그 결과가 행정안전부령으로 정하는 기준에 적합한 것으로 인정될 것. 다만, 보수 등을 위한 부분적인 변경으로서 소방청장이 정하여 고시하는 사항에 대해서는 기술원의 기술검토를 받지 아니할 수 있으나 행정안전부령으로 정하는 기준에는 적합하여야 한다.
   가. 지정수량의 3천배 이상의 위험물을 취급하는 제조소 또는 일반취급소 : 구조·설비에 관한 사항
   나. 옥외탱크저장소(저장용량이 50만 리터 이상인 것만 해당한다) 또는 암반탱크저장소 : 위험물탱크의 기초·지반, 탱크본체 및 소화설비에 관한 사항

③ 제2항제3호 각 목의 어느 하나에 해당하는 제조소등에 관한 설치허가 또는 변경허가를 신청하는 자는 그 시설의 설치계획에 관하여 미리 기술원의 기술검토를 받아 그 결과를 설치허가 또는 변경허가신청서류와 함께 제출할 수 있다. <개정 2007.11.30., 2008.12.3.>

제7조(군용위험물시설의 설치 및 변경에 대한 특례) ① 군부대의 장은 법 제7조제1항의 규정에 의하여 군사목적 또는 군부대시설을 위한 제조소등을 설치하거나 그 위치·구조 또는 설비를 변경하고자 하는 경우에는 당해 제조소등의 설치공사 또는 변경공사를 착수하기 전에 그 공사의 설계도서와 행정안전부령이 정하는 서류를 시·도지사에게 제출하여야 한다. 다만, 국가안보상 중요하거나 국가기밀에 속하는 제조소등을 설치 또는 변경하는 경우에는 당해 공사의 설계도서의 제출을 생략할 수 있다. <개정 2008.12.17., 2013.3.23., 2014.11.19., 2017.7.26.>

② 시·도지사는 제1항의 규정에 의하여 제출받은 설계도서와 관계서류를 검토한 후 그 결과를 당해 군부대의 장에게 통지하여야 한다. 이 경우 시·도지

사는 검토결과를 통지하기 전에 설계도서와 관계서류의 보완요청을 할 수 있고, 보완요청을 받은 군부대의 장은 특별한 사유가 없는 한 이에 응하여야 한다. <개정 2006.5.25.>

제8조(탱크안전성능검사의 대상이 되는 탱크 등) ① 법 제8조제1항 전단에 따라 탱크안전성능검사를 받아야 하는 위험물탱크는 제2항에 따른 탱크안전성능검사별로 다음 각 호의 어느 하나에 해당하는 탱크로 한다. <개정 2005.5.26., 2008.12.17., 2013.3.23., 2014.11.19., 2015.12.15., 2017.7.26.>

1. 기초·지반검사 : 옥외탱크저장소의 액체위험물탱크 중 그 용량이 100만 리터 이상인 탱크
2. 충수(充水)·수압검사 : 액체위험물을 저장 또는 취급하는 탱크. 다만, 다음 각 목의 어느 하나에 해당하는 탱크는 제외한다.
   가. 제조소 또는 일반취급소에 설치된 탱크로서 용량이 지정수량 미만인 것
   나. 「고압가스 안전관리법」 제17조제1항에 따른 특정설비에 관한 검사에 합격한 탱크
   다. 「산업안전보건법」 제34조제2항에 따른 안전인증을 받은 탱크
   라. 삭제 <2006.5.25.>
3. 용접부검사 : 제1호의 규정에 의한 탱크. 다만, 탱크의 저부에 관계된 변경공사(탱크의 옆판과 관련되는 공사를 포함하는 것을 제외한다)시에 행하여진 법 제18조제2항의 규정에 의한 정기검사에 의하여 용접부에 관한 사항이 행정안전부령으로 정하는 기준에 적합하다고 인정된 탱크를 제외한다.
4. 암반탱크검사 : 액체위험물을 저장 또는 취급하는 암반내의 공간을 이용한 탱크
② 법 제8조제2항의 규정에 의하여 탱크안전성능검사는 기초·지반검사, 충수·수압검사, 용접부검사 및 암반탱크검사로 구분하되, 그 내용은 별표 4와 같다.

제9조(탱크안전성능검사의 면제) ① 법 제8조제1항 후단의 규정에 의하여 시·도지사가 면제할 수 있는 탱크안전성능검사는 제8조제2항 및 별표 4의 규정에 의한 충수·수압검사로 한다.
② 위험물탱크에 대한 충수·수압검사를 면제받고자 하는 자는 위험물탱크안전성능시험자(이하 "탱크시험자"라 한다) 또는 기술원으로부터 충수·수압검사에 관한 탱크안전성능시험을 받아 법 제9조제1항의 규정에 의한 완공검사를 받기 전(지하에 매설하는 위험물탱크에 있어서는 지하에 매설하기 전)에 당해 시험에 합격하였음을 증명하는 서류(이하 "탱크시험필증"이라 한다)를 시·도지사에게 제출하여야 한다. <개정 2008.12.3.>

③ 시·도지사는 제2항의 규정에 의하여 제출받은 탱크시험필증과 해당 위험물탱크를 확인한 결과 법 제5조제4항의 규정에 의한 기술기준에 적합하다고 인정되는 때에는 당해 충수·수압검사를 면제한다.

제10조(완공검사의 신청 등) ① 법 제9조의 규정에 의한 제조소등에 대한 완공검사를 받고자 하는 자는 이를 시·도지사에게 신청하여야 한다.

② 제1항의 규정에 의한 신청을 받은 시·도지사는 제조소등에 대하여 완공검사를 실시하고, 완공검사를 실시한 결과 당해 제조소등이 법 제5조제4항의 규정에 의한 기술기준(탱크안전성능검사에 관련된 것을 제외한다)에 적합하다고 인정하는 때에는 완공검사필증을 교부하여야 한다.

③ 제2항의 완공검사필증을 교부받은 자는 완공검사필증을 잃어버리거나 멸실·훼손 또는 파손한 경우에는 이를 교부한 시·도지사에게 재교부를 신청할 수 있다.

④ 완공검사필증을 훼손 또는 파손하여 제3항의 규정에 의한 신청을 하는 경우에는 신청서에 당해 완공검사필증을 첨부하여 제출하여야 한다.

⑤ 제2항의 완공검사필증을 잃어버려 재교부를 받은 자는 잃어버린 완공검사필증을 발견하는 경우에는 이를 10일 이내에 완공검사필증을 재교부한 시·도지사에게 제출하여야 한다.

제3장 위험물시설의 안전관리

제11조(위험물안전관리자로 선임할 수 있는 위험물취급자격자 등) ① 법 제15조제1항 본문에서 "대통령령이 정하는 위험물의 취급에 관한 자격이 있는 자"라 함은 별표 5에 규정된 자를 말한다.

② 법 제15조제1항 단서에서 "대통령령이 정하는 경우"란 다음 각 호의 어느 하나에 해당하는 경우를 말한다. <개정 2005.5.26., 2013.2.5., 2014.12.9., 2017.1.26.>

1. 제조소등에서 저장·취급하는 위험물이 「화학물질관리법」 제2조제2호에 따른 유독물질에 해당하는 경우
2. 「화재예방, 소방시설 설치·유지 및 안전관리에 관한 법률」 제2조제1항제3호에 따른 특정소방대상물의 난방·비상발전 또는 자가발전에 필요한 위험물을 저장·취급하기 위하여 설치된 저장소 또는 일반취급소가 해당 특정소방대상물 안에 있거나 인접하여 있는 경우

③ 법 제15조제1항 단서에서 "대통령령이 정하는 자"란 다음 각 호의 어느 하나에 해당하는 자를 말한다. <개정 2005.5.26., 2011.10.28., 2013.2.5., 2014.12.9., 2015.12.15., 2017.1.26.>

1. 제2항제1호의 경우 : 「화학물질관리법」 제32조제1항에 따라 해당 제조소

등의 유해화학물질관리자로 선임된 자로서 법 제28조 또는 「화학물질관 리법」 제33조에 따라 유해화학물질 안전교육을 받은 자
2. 제2항제2호의 경우 : 「화재예방, 소방시설 설치·유지 및 안전관리에 관한 법률」 제20조제2항 또는 「공공기관의 소방안전관리에 관한 규정」 제5조 에 따라 소방안전관리자로 선임된 자로서 법 제15조제9항에 따른 위험물 안전관리자(이하 "안전관리자"라 한다)의 자격이 있는 자

제12조(1인의 안전관리자를 중복하여 선임할 수 있는 경우 등) ① 법 제15조제8항 전단에 따라 다수의 제조소등을 설치한 자가 1인의 안전관리자를 중복하여 선임할 수 있는 경우는 다음 각 호의 어느 하나와 같다. <개정 2005.5.26., 2008.12.17., 2013.3.23., 2014.11.19., 2015.12.15., 2017.7.26.>

1. 보일러·버너 또는 이와 비슷한 것으로서 위험물을 소비하는 장치로 이루어진 7개 이하의 일반취급소와 그 일반취급소에 공급하기 위한 위험물을 저장하는 저장소[일반취급소 및 저장소가 모두 동일구내(같은 건물 안 또는 같은 울 안을 말한다. 이하 같다)에 있는 경우에 한한다. 이하 제2호에서 같다]를 동일인이 설치한 경우

2. 위험물을 차량에 고정된 탱크 또는 운반용기에 옮겨 담기 위한 5개 이하의 일반취급소[일반취급소간의 거리(보행거리를 말한다. 제3호 및 제4호에서 같다)가 300미터 이내인 경우에 한한다]와 그 일반취급소에 공급하기 위한 위험물을 저장하는 저장소를 동일인이 설치한 경우

3. 동일구내에 있거나 상호 100미터 이내의 거리에 있는 저장소로서 저장소의 규모, 저장하는 위험물의 종류 등을 고려하여 행정안전부령이 정하는 저장소를 동일인이 설치한 경우

4. 다음 각목의 기준에 모두 적합한 5개 이하의 제조소등을 동일인이 설치한 경우

    가. 각 제조소등이 동일구내에 위치하거나 상호 100미터 이내의 거리에 있을 것

    나. 각 제조소등에서 저장 또는 취급하는 위험물의 최대수량이 지정수량의 3천배 미만일 것. 다만, 저장소의 경우에는 그러하지 아니하다.

5. 그 밖에 제1호 또는 제2호의 규정에 의한 제조소등과 비슷한 것으로서 행정안전부령이 정하는 제조소등을 동일인이 설치한 경우

② 법 제15조제8항 후단에서 "대통령령이 정하는 제조소등"이란 다음 각 호의 어느 하나에 해당하는 제조소등을 말한다. <개정 2005.5.26., 2006.5.25., 2015.12.15.>

1. 제조소

2. 이송취급소

3. 일반취급소. 다만, 인화점이 38도 이상인 제4류 위험물만을 지정수량의 30배 이하로 취급하는 일반취급소로서 다음 각목의 1에 해당하는 일반취급소를 제외한다.

    가. 보일러·버너 또는 이와 비슷한 것으로서 위험물을 소비하는 장치로 이루어진 일반취급소

    나. 위험물을 용기에 옮겨 담거나 차량에 고정된 탱크에 주입하는 일반취급소

제13조(위험물안전관리자의 자격) 법 제15조제9항에 따라 제조소등의 종류 및 규모에 따라 선임하여야 하는 안전관리자의 자격은 별표 6과 같다. <개정 2015.12.15.>

Q. 위험물안전관리자의 실무경력 인정

질문

제조소등의 규모를 지정수량 10배로 확대 운영하고자 기존 업무담당자(안전관리교육 이수자, 20년 경력)가 위험물기능사를 취득하였으나 현행 위험물안전관리법상 실무경력기간이 부족하여 새로이 위험물안전관리자를 선임하여야 하는 문제점이 발생하였습니다. 위험물기능사의 실무경력 기간 책정 시, 안전관리자 교육이수자의 실무경력을 일부 인정할 수 있나요?

답변

위험물을 다량 저장, 취급하는 경우 대형사고로 발생할 가능성이 있어 저장, 취급 시 각별한 주의가 요구되어 위험물안전관리자는 위험물과 관련한 전문적인 지식이 있는 자로 한정하고 있는 것이며 이러한 자격은 「위험물안전관리법 시행령」 별표6에서 규정하고 있습니다. 위험물기능사의 경우에는 실무경력의 인정은 위험물기능사 자격을 취득한 후 안전관리자 등으로 선임된 기간으로 명시하고 있으므로 위험물기능사 취득 이전의 경력인정은 불가합니다.

제14조(탱크시험자의 등록기준 등) ① 법 제16조제2항의 규정에 의하여 탱크시험자가 갖추어야 하는 기술능력·시설 및 장비는 별표 7과 같다.

② 탱크시험자로 등록하고자 하는 자는 등록신청서에 행정안전부령이 정하는 서류를 첨부하여 시·도지사에게 제출하여야 한다. <개정 2008.12.17., 2013.3.23., 2014.11.19., 2017.7.26.>

③ 시·도지사는 제2항에 따른 등록신청을 접수한 경우에 다음 각 호의 어느 하나에 해당하는 경우를 제외하고는 등록을 해 주어야 한다. <신설 2011.12.13.>

  1. 제1항에 따른 기술능력·시설 및 장비 기준을 갖추지 못한 경우
  2. 등록을 신청한 자가 법 제16조제4항 각 호의 어느 하나에 해당하는 경우
  3. 그 밖에 법, 이 영 또는 다른 법령에 따른 제한에 위반되는 경우

제15조(관계인이 예방규정을 정하여야 하는 제조소등) 법 제17조제1항에서 "대통령령이 정하는 제조소등"이라 함은 다음 각호의 1에 해당하는 제조소등을 말한다. <개정 2005.5.26., 2006.5.25.>

  1. 지정수량의 10배 이상의 위험물을 취급하는 제조소
  2. 지정수량의 100배 이상의 위험물을 저장하는 옥외저장소

3. 지정수량의 150배 이상의 위험물을 저장하는 옥내저장소
4. 지정수량의 200배 이상의 위험물을 저장하는 옥외탱크저장소
5. 암반탱크저장소
6. 이송취급소
7. 지정수량의 10배 이상의 위험물을 취급하는 일반취급소. 다만, 제4류 위험물(특수인화물을 제외한다)만을 지정수량의 50배 이하로 취급하는 일반취급소(제1석유류·알코올류의 취급량이 지정수량의 10배 이하인 경우에 한한다)로서 다음 각목의 어느 하나에 해당하는 것을 제외한다.
   가. 보일러·버너 또는 이와 비슷한 것으로서 위험물을 소비하는 장치로 이루어진 일반취급소
   나. 위험물을 용기에 옮겨 담거나 차량에 고정된 탱크에 주입하는 일반취급소

제16조(정기점검의 대상인 제조소등) 법 제18조제1항에서 "대통령령이 정하는 제조소등"이라 함은 다음 각호의 1에 해당하는 제조소등을 말한다.
1. 제15조 각호의 1에 해당하는 제조소등
2. 지하탱크저장소
3. 이동탱크저장소
4. 위험물을 취급하는 탱크로서 지하에 매설된 탱크가 있는 제조소·주유취급소 또는 일반취급소

제17조(정기검사의 대상인 제조소등) 법 제18조제2항에서 "대통령령이 정하는 제조소등"이라 함은 액체위험물을 저장 또는 취급하는 50만리터 이상의 옥외탱크저장소를 말한다. <개정 2017.12.29.>

제4장 자체소방대

제18조(자체소방대를 설치하여야 하는 사업소) ① 법 제19조에서 "대통령령이 정하는 제조소등"이라 함은 제4류 위험물을 취급하는 제조소 또는 일반취급소를 말한다. 다만, 보일러로 위험물을 소비하는 일반취급소 등 행정안전부령이 정하는 일반취급소를 제외한다. <개정 2008.12.17., 2013.3.23., 2014.11.19., 2017.7.26.>
② 법 제19조에서 "대통령령이 정하는 수량"이라 함은 지정수량의 3천배를 말한다.
③ 법 제19조의 규정에 의하여 자체소방대를 설치하는 사업소의 관계인은 별표 8의 규정에 의하여 자체소방대에 화학소방자동차 및 자체소방대원을 두어

야 한다. 다만, 화재 그 밖의 재난발생시 다른 사업소 등과 상호응원에 관한 협정을 체결하고 있는 사업소에 있어서는 행정안전부령이 정하는 바에 따라 별표 8의 범위 안에서 화학소방자동차 및 인원의 수를 달리할 수 있다. <개정 2008.12.17., 2013.3.23., 2014.11.19., 2017.7.26.>

제5장 위험물의 운송

제19조(운송책임자의 감독·지원을 받아 운송하여야 하는 위험물) 법 제21조제2항에서 "대통령령이 정하는 위험물"이라 함은 다음 각호의 1에 해당하는 위험물을 말한다.
1. 알킬알루미늄
2. 알킬리튬
3. 제1호 또는 제2호의 물질을 함유하는 위험물

제6장 보칙

제20조(안전교육대상자) 법 제28조제1항에서 "대통령령이 정하는 자"라 함은 다음 각호의 1에 해당하는 자를 말한다.
1. 안전관리자로 선임된 자
2. 탱크시험자의 기술인력으로 종사하는 자
3. 위험물운송자로 종사하는 자

제21조(권한의 위임) 법 제30조제1항의 규정에 의하여 다음 각호의 1에 해당하는 시·도지사의 권한은 이를 소방서장에게 위임한다. 다만, 동일한 시·도에 있는 2 이상 소방서장의 관할구역에 걸쳐 설치되는 이송취급소에 관련된 권한을 제외한다. <개정 2008.12.3.>
1. 법 제6조제1항의 규정에 의한 제조소등의 설치허가 또는 변경허가
2. 법 제6조제2항의 규정에 의한 위험물의 품명·수량 또는 지정수량의 배수의 변경신고의 수리
3. 법 제7조제1항의 규정에 의하여 군사목적 또는 군부대시설을 위한 제조소등을 설치하거나 그 위치·구조 또는 설비의 변경에 관한 군부대의 장과의 협의
4. 법 제8조제1항의 규정에 의한 탱크안전성능검사(제22조제1항제1호의 규정에 의하여 기술원에 위탁하는 것을 제외한다)
5. 법 제9조의 규정에 의한 완공검사(제22조제1항제2호의 규정에 의하여 기술원에 위탁하는 것을 제외한다)

6. 법 제10조제3항의 규정에 의한 제조소등의 설치자의 지위승계신고의 수리
7. 법 제11조의 규정에 의한 제조소등의 용도폐지신고의 수리
8. 법 제12조의 규정에 의한 제조소등의 설치허가의 취소와 사용정지
9. 법 제13조의 규정에 의한 과징금처분
10. 법 제17조의 규정에 의한 예방규정의 수리·반려 및 변경명령

제22조(업무의 위탁) ① 법 제30조제2항에 따라 다음 각 호의 어느 하나에 해당하는 업무는 기술원에 위탁한다. <개정 2005.5.26., 2007.11.30., 2008.12.3., 2008.12.17., 2013.3.23., 2014.11.19., 2015.12.15., 2017.7.26.>

1. 법 제8조제1항의 규정에 의한 시·도지사의 탱크안전성능검사 중 다음 각 목의 1에 해당하는 탱크에 대한 탱크안전성능검사
   가. 용량이 100만리터 이상인 액체위험물을 저장하는 탱크
   나. 암반탱크
   다. 지하탱크저장소의 위험물탱크 중 행정안전부령이 정하는 액체위험물탱크
2. 법 제9조제1항에 따른 시·도지사의 완공검사에 관한 권한 중 다음 각 목의 어느 하나에 해당하는 완공검사
   가. 지정수량의 3천배 이상의 위험물을 취급하는 제조소 또는 일반취급소의 설치 또는 변경(사용 중인 제조소 또는 일반취급소의 보수 또는 부분적인 증설은 제외한다)에 따른 완공검사
   나. 옥외탱크저장소(저장용량이 50만 리터 이상인 것만 해당한다) 또는 암반탱크저장소의 설치 또는 변경에 따른 완공검사
3. 법 제18조제2항의 규정에 의한 소방본부장 또는 소방서장의 정기검사
4. 법 제20조제2항에 따른 시·도지사의 운반용기 검사
5. 법 제28조제1항의 규정에 의한 소방청장의 안전교육에 관한 권한 중 제20조제2호에 해당하는 자에 대한 안전교육

② 법 제30조제2항의 규정에 의하여 법 제28조제1항의 규정에 의한 소방청장의 안전교육 중 제20조제1호 및 제3호의 1에 해당하는 자에 대한 안전교육(별표 5의 안전관리자교육이수자 및 위험물운송자를 위한 안전교육을 포함한다)은 「소방기본법」 제40조의 규정에 의한 한국소방안전원에 위탁한다. <개정 2005.5.26., 2014.11.19., 2017.7.26., 2018.6.26.>

제22조의2(고유식별정보의 처리) 소방청장(법 제30조에 따라 소방청장의 권한 또는 업무를 위임 또는 위탁받은 자를 포함한다), 시·도지사(해당 권한이 위임·위탁된 경우에는 그 권한을 위임·위탁받은 자를 포함한다), 소방본부장 또는 소방서장은 다음 각 호의 사무를 수행하기 위하여 불가피한 경우 「개인

정보 보호법 시행령」 제19조제1호 또는 제4호에 따른 주민등록번호 또는 외국인등록번호가 포함된 자료를 처리할 수 있다. <개정 2014.11.19., 2017.7.26.>

1. 법 제12조에 따른 제조소등 설치허가의 취소와 사용정지등에 관한 사무
2. 법 제13조에 따른 과징금 처분에 관한 사무
3. 법 제15조에 따른 위험물안전관리자의 선임신고 등에 관한 사무
4. 법 제16조에 따른 탱크시험자 등록등에 관한 사무
5. 법 제22조에 따른 출입·검사 등의 사무
6. 법 제23조에 따른 탱크시험자 명령에 관한 사무
7. 법 제24조에 따른 무허가장소의 위험물에 대한 조치명령에 관한 사무
8. 법 제25조에 따른 제조소등에 대한 긴급 사용정지명령에 관한 사무
9. 법 제26조에 따른 저장·취급기준 준수명령에 관한 사무
10. 법 제27조에 따른 응급조치·통보 및 조치명령에 관한 사무
11. 법 제28조에 따른 안전관리자 등에 대한 교육에 관한 사무

[본조신설 2014.8.6.]
[종전 제22조의2는 제22조의3으로 이동 <2014.8.6.>]

제22조의3 삭제 <2016.12.30.>

제23조(과태료 부과기준) 법 제39조제1항에 따른 과태료의 부과기준은 별표 9와 같다.

[전문개정 2008.12.17.]

부칙

<제29564호, 2019.2.26.>

이 영은 공포한 날부터 시행한다.

위험물안전관리법 시행규칙

[시행 2019.1.3.]
[행정안전부령 제88호, 2019.1.3, 일부개정]

제1장 총칙

제1조(목적) 이 규칙은 「위험물안전관리법」 및 동법 시행령에서 위임된 사항과 그 시행에 관하여 필요한 사항을 규정함을 목적으로 한다. <개정 2005.5.26.>

제2조(정의) 이 규칙에서 사용하는 용어의 뜻은 다음과 같다. <개정 2005.5.26., 2009.9.15., 2013.2.5., 2016.1.22.>
  1. "고속국도"란 「도로법」 제10조제1호에 따른 고속국도를 말한다.
  2. "도로"란 다음 각 목의 어느 하나에 해당하는 것을 말한다.
     가. 「도로법」 제2조제1호에 따른 도로
     나. 「항만법」 제2조제5호에 따른 항만시설 중 임항교통시설에 해당하는 도로
     다. 「사도법」 제2조의 규정에 의한 사도
     라. 그 밖에 일반교통에 이용되는 너비 2미터 이상의 도로로서 자동차의 통행이 가능한 것
  3. "하천"이란 「하천법」 제2조제1호에 따른 하천을 말한다.
  4. "내화구조"란 「건축법 시행령」 제2조제7호에 따른 내화구조를 말한다.
  5. "불연재료"란 「건축법 시행령」 제2조제10호에 따른 불연재료 중 유리 외의 것을 말한다.

제3조(위험물 품명의 지정) ① 「위험물안전관리법 시행령」(이하 "영"이라 한다) 별표 1 제1류의 품명란 제10호에서 "행정안전부령으로 정하는 것"이라 함은 다음 각호의 1에 해당하는 것을 말한다. <개정 2005.5.26., 2009.3.17., 2013.3.23.,

2014.11.19., 2017.7.26.>

1. 과요오드산염류

2. 과요오드산

3. 크롬, 납 또는 요오드의 산화물

4. 아질산염류

5. 차아염소산염류

6. 염소화이소시아눌산

7. 퍼옥소이황산염류

8. 퍼옥소붕산염류

② 영 별표 1 제3류의 품명란 제11호에서 "행정안전부령으로 정하는 것"이라 함은 염소화규소화합물을 말한다. <개정 2009.3.17., 2013.3.23., 2014.11.19., 2017.7.26.>

③ 영 별표 1 제5류의 품명란 제10호에서 "행정안전부령으로 정하는 것"이라 함은 다음 각호의 1에 해당하는 것을 말한다. <개정 2009.3.17., 2013.3.23., 2014.11.19., 2017.7.26.>

1. 금속의 아지화합물

2. 질산구아니딘

④ 영 별표 1 제6류의 품명란 제4호에서 "행정안전부령으로 정하는 것"이라 함은 할로겐간화합물을 말한다. <개정 2009.3.17., 2013.3.23., 2014.11.19., 2017.7.26.>

제4조(위험물의 품명) ① 제3조제1항 및 제3항 각호의 1에 해당하는 위험물은 각각 다른 품명의 위험물로 본다.

② 영 별표 1 제1류의 품명란 제11호, 동표 제2류의 품명란 제8호, 동표 제3류의 품명란 제12호, 동표 제5류의 품명란 제11호 또는 동표 제6류의 품명란 제5호의 위험물로서 당해 위험물에 함유된 위험물의 품명이 다른 것은 각각 다른 품명의 위험물로 본다.

제5조(탱크 용적의 산정기준) ① 위험물을 저장 또는 취급하는 탱크의 용량은 해당 탱크의 내용적에서 공간용적을 뺀 용적으로 한다. 이 경우 위험물을 저장 또는 취급하는 영 별표 2 제6호에 따른 차량에 고정된 탱크(이하 "이동저장탱크"라 한다)의 용량은 「자동차 및 자동차부품의 성능과 기준에 관한 규칙」에 따른 최대적재량 이하로 하여야 한다. <개정 2005.5.26., 2016.1.22.>

② 제1항의 규정에 의한 탱크의 내용적 및 공간용적의 계산방법은 소방청장이 정하여 고시한다. <개정 2014.11.19., 2017.7.26.>

③ 제1항의 규정에 불구하고 제조소 또는 일반취급소의 위험물을 취급하는 탱크 중 특수한 구조 또는 설비를 이용함에 따라 당해 탱크내의 위험물의 최대량이 제1항의 규정에 의한 용량 이하인 경우에는 당해 최대량을 용량으로 한다.

제2장 제조소등의 허가 및 검사의 신청 등

제6조(제조소등의 설치허가의 신청) 「위험물안전관리법」(이하 "법"이라 한다) 제6조제1항 전단 및 영 제6조제1항에 따라 제조소등의 설치허가를 받으려는 자는 별지 제1호서식 또는 별지 제2호서식의 신청서(전자문서로 된 신청서를 포함한다)에 다음 각 호의 서류(전자문서를 포함한다)를 첨부하여 특별시장·광역시장·특별자치시장·도지사 또는 특별자치도지사(이하 "시·도지사"라 한다)나 소방서장에게 제출하여야 한다. 다만, 「전자정부법」 제36조제1항에 따른 행정정보의 공동이용을 통하여 첨부서류에 대한 정보를 확인할 수 있는 경우에는 그 확인으로 첨부서류에 갈음할 수 있다. <개정 2005.5.26., 2007.12.3., 2008.12.18., 2010.11.8., 2016.1.22.>

1. 다음 각목의 사항을 기재한 제조소등의 위치·구조 및 설비에 관한 도면
   가. 당해 제조소등을 포함하는 사업소 안 및 주위의 주요 건축물과 공작물의 배치
   나. 당해 제조소등이 설치된 건축물 안에 제조소등의 용도로 사용되지 아니하는 부분이 있는 경우 그 부분의 배치 및 구조
   다. 당해 제조소등을 구성하는 건축물, 공작물 및 기계·기구 그 밖의 설비의 배치(제조소 또는 일반취급소의 경우에는 공정의 개요를 포함한다)
   라. 당해 제조소등에서 위험물을 저장 또는 취급하는 건축물, 공작물 및 기계·기구 그 밖의 설비의 구조(주유취급소의 경우에는 별표 13 Ⅴ 제1호 각목의 규정에 의한 건축물 및 공작물의 구조를 포함한다)
   마. 당해 제조소등에 설치하는 전기설비, 피뢰설비, 소화설비, 경보설비 및 피난설비의 개요
   바. 압력안전장치·누설점검장치 및 긴급차단밸브 등 긴급대책에 관계된 설비를 설치하는 제조소등의 경우에는 당해 설비의 개요
2. 당해 제조소등에 해당하는 별지 제3호서식 내지 별지 제15호서식에 의한 구조설비명세표
3. 소화설비(소화기구를 제외한다)를 설치하는 제조소등의 경우에는 당해 설비의 설계도서
4. 화재탐지설비를 설치하는 제조소등의 경우에는 당해 설비의 설계도서
5. 50만리터 이상의 옥외탱크저장소의 경우에는 당해 옥외탱크저장소의 탱크(이하 "옥외저장탱크"라 한다)의 기초·지반 및 탱크본체의 설계도서, 공사계획서, 공사공정표, 지질조사자료 등 기초·지반에 관하여 필요한 자료와 용접부에 관한 설명서 등 탱크에 관한 자료
6. 암반탱크저장소의 경우에는 당해 암반탱크의 탱크본체·갱도(坑道) 및 배

관 그 밖의 설비의 설계도서, 공사계획서, 공사공정표 및 지질·수리(水理) 조사서

7. 옥외저장탱크가 지중탱크(저부가 지반면 아래에 있고 상부가 지반면 이상에 있으며 탱크내 위험물의 최고액면이 지반면 아래에 있는 원통종형식의 위험물탱크를 말한다. 이하 같다)인 경우에는 당해 지중탱크의 지반 및 탱크본체의 설계도서, 공사계획서, 공사공정표 및 지질조사자료 등 지반에 관한 자료

8. 옥외저장탱크가 해상탱크[해상의 동일장소에 정치(定置)되어 육상에 설치된 설비와 배관 등에 의하여 접속된 위험물탱크를 말한다. 이하 같다]인 경우에는 당해 해상탱크의 탱크본체·정치설비(해상탱크를 동일장소에 정치하기 위한 설비를 말한다. 이하 같다) 그 밖의 설비의 설계도서, 공사계획서 및 공사공정표

9. 이송취급소의 경우에는 공사계획서, 공사공정표 및 별표 1의 규정에 의한 서류

10. 「소방산업의 진흥에 관한 법률」 제14조에 따른 한국소방산업기술원(이하 "기술원"라 한다)이 발급한 기술검토서(영 제6조제3항의 규정에 의하여 기술원의 기술검토를 미리 받은 경우에 한한다)

제7조(제조소등의 변경허가의 신청) 법 제6조제1항 후단 및 영 제6조제1항의 규정에 의하여 제조소등의 위치·구조 또는 설비의 변경허가를 받고자 하는 자는 별지 제16호서식 또는 별지 제17호서식의 신청서(전자문서로 된 신청서를 포함한다)에 다음 각호의 서류(전자문서를 포함한다)를 첨부하여 설치허가를 한 시·도지사 또는 소방서장에게 제출하여야 한다. 다만, 「전자정부법」 제36조제1항에 따른 행정정보의 공동이용을 통하여 첨부서류에 대한 정보를 확인할 수 있는 경우에는 그 확인으로 첨부서류에 갈음할 수 있다. <개정 2005.5.26., 2007.12.3., 2010.11.8.>

1. 제조소등의 완공검사필증
2. 제6조제1호의 규정에 의한 서류(라목 내지 바목의 서류는 변경에 관계된 것에 한한다)
3. 제6조제2호 내지 제10호의 규정에 의한 서류 중 변경에 관계된 서류
4. 법 제9조제1항 단서의 규정에 의한 화재예방에 관한 조치사항을 기재한 서류(변경공사와 관계가 없는 부분을 완공검사 전에 사용하고자 하는 경우에 한한다)

제8조(제조소등의 변경허가를 받아야 하는 경우) 법 제6조제1항 후단에서 "행정

안전부령이 정하는 사항"이라 함은 별표 1의2에 따른 사항을 말한다. <개정 2009.3.17., 2013.3.23., 2014.11.19., 2017.7.26.>

[전문개정 2006.8.3.]

제9조(기술검토의 신청 등) ① 영 제6조제3항에 따라 기술검토를 미리 받으려는 자는 다음 각 호의 구분에 따른 신청서(전자문서로 된 신청서를 포함한다)와 서류(전자문서를 포함한다)를 기술원에 제출하여야 한다. 다만, 「전자정부법」 제36조제1항에 따른 행정정보의 공동이용을 통하여 제출하여야 하는 서류에 대한 정보를 확인할 수 있는 경우에는 그 확인으로 서류의 제출을 갈음할 수 있다. <개정 2008.12.18., 2010.11.8., 2013.2.5.>

 1. 영 제6조제2항제3호가목의 사항에 대한 기술검토 신청 : 별지 제17호의2 서식의 신청서와 제6조제1호(가목은 제외한다)부터 제4호까지의 서류 중 해당 서류(변경허가와 관련된 경우에는 변경에 관계된 서류로 한정한다)

 2. 영 제6조제2항제3호나목의 사항에 대한 기술검토 신청 : 별지 제18호서식 의 신청서와 제6조제3호 및 같은 조 제5호부터 제8호까지의 서류 중 해 당 서류(변경허가와 관련된 경우에는 변경에 관계된 서류로 한정한다)

② 기술원은 제1항에 따른 신청의 내용이 다음 각 호의 구분에 따른 기준에 적합하다고 인정되는 경우에는 기술검토서를 교부하고, 적합하지 아니하다고 인정되는 경우에는 신청인에게 서면으로 그 사유를 통보하고 보완을 요구하 여야 한다. <개정 2008.12.18., 2013.2.5.>

 1. 영 제6조제2항제3호가목의 사항에 대한 기술검토 신청 : 별표 4 Ⅳ부터 Ⅹ Ⅱ까지의 기준, 별표 16 Ⅰ·Ⅵ·ⅩⅠ·ⅩⅡ의 기준 및 별표 17의 관련 규정

 2. 영 제6조제2항제3호나목의 사항에 대한 기술검토 신청 : 별표 6 Ⅳ부터 Ⅷ까지, ⅩⅡ 및 ⅩⅢ의 기준과 별표 12 및 별표 17 Ⅰ. 소화설비의 관련 규정

[전문개정 2007.12.3.]

제10조(품명 등의 변경신고서) 법 제6조제2항의 규정에 의하여 저장 또는 취급 하는 위험물의 품명·수량 또는 지정수량의 배수에 관한 변경신고를 하고자 하 는 자는 별지 제19호서식의 신고서(전자문서로 된 신고서를 포함한다)에 제조 소등의 완공검사필증을 첨부하여 시·도지사 또는 소방서장에게 제출하여야 한 다. <개정 2005.5.26.>

제11조(군용위험물시설의 설치 등에 관한 서류 등) ① 영 제7조제1항 본문에서 "행정안전부령이 정하는 서류"라 함은 군사목적 또는 군부대시설을 위한 제조

소등의 설치공사 또는 변경공사에 관한 제6조 또는 제7조의 규정에 의한 서류를 말한다. <개정 2009.3.17., 2013.3.23., 2014.11.19., 2017.7.26.>
② 법 제7조제3항 후단에서 "행정안전부령이 정하는 사항"이라 함은 다음 각호의 사항을 말한다. <개정 2009.3.17., 2013.3.23., 2014.11.19., 2017.7.26.>
  1. 제조소등의 완공일 및 사용개시일
  2. 탱크안전성능검사의 결과(영 제8조제1항의 규정에 의한 탱크안전성능검사의 대상이 되는 위험물탱크가 있는 경우에 한한다)
  3. 완공검사의 결과
  4. 안전관리자 선임계획
  5. 예방규정(영 제15조 각호의 1에 해당하는 제조소등의 경우에 한한다)

제12조(기초·지반검사에 관한 기준 등) ① 영 별표 4 제1호 가목에서 "행정안전부령으로 정하는 기준"이라 함은 당해 위험물탱크의 구조 및 설비에 관한 사항 중 별표 6 Ⅳ 및 Ⅴ의 규정에 의한 기초 및 지반에 관한 기준을 말한다. <개정 2009.3.17., 2013.3.23., 2014.11.19., 2017.7.26.>
② 영 별표 4 제1호 나목에서 "행정안전부령으로 정하는 탱크"라 함은 지중탱크 및 해상탱크(이하 "특수액체위험물탱크"라 한다)를 말한다. <개정 2009.3.17., 2013.3.23., 2014.11.19., 2017.7.26.>
③ 영 별표 4 제1호 나목에서 "행정안전부령으로 정하는 공사"라 함은 지중탱크의 경우에는 지반에 관한 공사를 말하고, 해상탱크의 경우에는 정치설비의 지반에 관한 공사를 말한다. <개정 2009.3.17., 2013.3.23., 2014.11.19., 2017.7.26.>
④ 영 별표 4 제1호 나목에서 "행정안전부령으로 정하는 기준"이라 함은 지중탱크의 경우에는 별표 6 ⅩⅡ 제2호 라목의 규정에 의한 기준을 말하고, 해상탱크의 경우에는 별표 6 ⅩⅢ 제3호 라목의 규정에 의한 기준을 말한다. <개정 2009.3.17., 2013.3.23., 2014.11.19., 2017.7.26.>
⑤ 법 제8조제2항에 따라 기술원은 100만리터 이상 옥외탱크저장소의 기초·지반검사를 「엔지니어링산업 진흥법」에 따른 엔지니어링사업자가 실시하는 기초·지반에 관한 시험의 과정 및 결과를 확인하는 방법으로 할 수 있다. <개정 2005.5.26., 2008.12.18., 2013.2.5.>

제13조(충수·수압검사에 관한 기준 등) ① 영 별표 4 제2호에서 "행정안전부령으로 정하는 기준"이라 함은 다음 각호의 1에 해당하는 기준을 말한다. <개정 2009.3.17., 2013.3.23., 2014.11.19., 2017.7.26.>
  1. 100만리터 이상의 액체위험물탱크의 경우
    별표 6 Ⅵ 제1호의 규정에 의한 기준[충수시험(물 외의 적당한 액체를 채

워서 실시하는 시험을 포함한다. 이하 같다) 또는 수압시험에 관한 부분에
한한다]

2. 100만리터 미만의 액체위험물탱크의 경우

별표 4 Ⅸ 제1호 가목, 별표 6 Ⅵ 제1호, 별표 7 Ⅰ 제1호 마목, 별표 8 Ⅰ
제6호·Ⅱ 제1호·제4호·제6호·Ⅲ, 별표 9 제6호, 별표 10 Ⅱ 제1호·Ⅹ제1호
가목, 별표 13 Ⅲ 제3호, 별표 16 Ⅰ제1호의 규정에 의한 기준(충수시험·
수압시험 및 그 밖의 탱크의 누설·변형에 대한 안전성에 관련된 탱크안전
성능시험의 부분에 한한다)

② 법 제8조제2항의 규정에 의하여 기술원은 제18조제6항의 규정에 의한 이중
벽탱크에 대하여 제1항제2호의 규정에 의한 수압검사를 법 제16조제1항의 규
정에 의한 탱크안전성능시험자(이하 "탱크시험자"라 한다)가 실시하는 수압시
험의 과정 및 결과를 확인하는 방법으로 할 수 있다. <개정 2008.12.18.>

제14조(용접부검사에 관한 기준 등) ① 영 별표 4 제3호에서 "행정안전부령으로
정하는 기준"이라 함은 다음 각호의 1에 해당하는 기준을 말한다. <개정 2009.3.17.,
2013.3.23., 2014.11.19., 2017.7.26.>

1. 특수액체위험물탱크 외의 위험물탱크의 경우 : 별표 6 Ⅵ 제2호의 규정에
의한 기준

2. 지중탱크의 경우 : 별표 6 ⅩⅡ 제2호 마목4)라)의 규정에 의한 기준(용접
부에 관련된 부분에 한한다)

② 법 제8조제2항의 규정에 의하여 기술원은 용접부검사를 탱크시험자가 실시
하는 용접부에 관한 시험의 과정 및 결과를 확인하는 방법으로 할 수 있다.
<개정 2008.12.18.>

제15조(암반탱크검사에 관한 기준 등) ① 영 별표 4 제4호에서 "행정안전부령
으로 정하는 기준"이라 함은 별표 12 Ⅰ의 규정에 의한 기준을 말한다. <개정
2009.3.17., 2013.3.23., 2014.11.19., 2017.7.26.>

② 법 제8조제2항에 따라 기술원은 암반탱크검사를 「엔지니어링산업 진흥법」
에 따른 엔지니어링사업자가 실시하는 암반탱크에 관한 시험의 과정 및 결과
를 확인하는 방법으로 할 수 있다. <개정 2005.5.26., 2008.12.18., 2013.2.5.>

제16조(탱크안전성능검사에 관한 세부기준 등) 제13조부터 제15조까지에서 정한
사항 외에 탱크안전성능검사의 세부기준·방법·절차 및 탱크시험자 또는 엔지니
어링사업자가 실시하는 탱크안전성능시험에 대한 기술원의 확인 등에 관하여
필요한 사항은 소방청장이 정하여 고시한다. <개정 2008.12.18., 2014.11.19.,
2016.1.22., 2017.7.26.>

제17조(용접부검사의 제외기준) ① 삭제 <2006.8.3.>

② 영 제8조제1항제3호 단서의 규정에 의하여 용접부검사 대상에서 제외되는 탱크로 인정되기 위한 기준은 별표 6 Ⅵ 제2호의 규정에 의한 기준으로 한다. [제목개정 2009.3.17.]

제18조(탱크안전성능검사의 신청 등) ① 법 제8조제1항에 따라 탱크안전성능검사를 받아야 하는 자는 별지 제20호서식의 신청서(전자문서로 된 신청서를 포함한다)를 해당 위험물탱크의 설치장소를 관할하는 소방서장 또는 기술원에 제출하여야 한다. 다만, 설치장소에서 제작하지 아니하는 위험물탱크에 대한 탱크안전성능검사(충수·수압검사에 한한다)의 경우에는 별지 제20호서식의 신청서(전자문서로 된 신청서를 포함한다)에 해당 위험물탱크의 구조명세서 1부를 첨부하여 해당 위험물탱크의 제작지를 관할하는 소방서장에게 신청할 수 있다. <개정 2005.5.26., 2007.12.3., 2008.12.18.>

② 법 제8조제1항 후단에 따른 탱크안전성능시험을 받고자 하는 자는 별지 제20호서식의 신청서에 해당 위험물탱크의 구조명세서 1부를 첨부하여 기술원 또는 탱크시험자에게 신청할 수 있다. <개정 2007.12.3., 2008.12.18.>

③ 영 제9조제2항의 규정에 의하여 충수·수압검사를 면제받고자 하는 자는 별지 제21호서식의 탱크시험필증에 탱크시험성적서를 첨부하여 소방서장에게 제출하여야 한다. <개정 2009.9.15.>

④ 제1항의 규정에 의한 탱크안전성능검사의 신청시기는 다음 각호의 구분에 의한다.

  1. 기초·지반검사 : 위험물탱크의 기초 및 지반에 관한 공사의 개시 전
  2. 충수·수압검사 : 위험물을 저장 또는 취급하는 탱크에 배관 그 밖의 부속 설비를 부착하기 전
  3. 용접부검사 : 탱크본체에 관한 공사의 개시 전
  4. 암반탱크검사 : 암반탱크의 본체에 관한 공사의 개시 전

⑤ 소방서장 또는 기술원은 탱크안전성능검사를 실시한 결과 제12조제1항·제4항, 제13조제1항, 제14조제1항 및 제15조제1항의 규정에 의한 기준에 적합하다고 인정되는 때에는 당해 탱크안전성능검사를 신청한 자에게 별지 제21호서식의 탱크검사필증을 교부하고, 적합하지 아니하다고 인정되는 때에는 신청인에게 서면으로 그 사유를 통보하여야 한다. <개정 2008.12.18.>

⑥ 영 제22조제1항제1호 다목에서 "행정안전부령이 정하는 액체위험물탱크"라 함은 별표 8 Ⅱ의 규정에 의한 이중벽탱크를 말한다. <개정 2009.3.17., 2013.3.23., 2014.11.19., 2017.7.26.>

제19조(완공검사의 신청 등) ① 법 제9조에 따라 제조소등에 대한 완공검사를 받고자 하는 자는 별지 제22호서식 또는 별지 제23호서식의 신청서(전자문서로 된 신청서를 포함한다)에 다음 각 호의 서류(전자문서를 포함한다)를 첨부하여 시·도지사 또는 소방서장(영 제22조제1항제2호에 따라 완공검사를 기술원에 위탁하는 제조소등의 경우에는 기술원)에게 제출하여야 한다. 다만, 첨부서류는 완공검사를 실시할 때까지 제출할 수 있되, 「전자정부법」 제36조제1항에 따른 행정정보의 공동이용을 통하여 첨부서류에 대한 정보를 확인할 수 있는 경우에는 그 확인으로 첨부서류를 갈음할 수 있다. <개정 2005.5.26., 2007.12.3., 2008.12.18., 2010.11.8.>

1. 배관에 관한 내압시험, 비파괴시험 등에 합격하였음을 증명하는 서류(내압시험 등을 하여야 하는 배관이 있는 경우에 한한다)
2. 소방서장, 기술원 또는 탱크시험자가 교부한 탱크검사필증 또는 탱크시험필증(해당 위험물탱크의 완공검사를 실시하는 소방서장 또는 기술원이 그 위험물탱크의 탱크안전성능검사를 실시한 경우는 제외한다)
3. 재료의 성능을 증명하는 서류(이중벽탱크에 한한다)

② 영 제22조제1항제2호의 규정에 의하여 기술원은 완공검사를 실시한 경우에는 완공검사결과서를 소방서장에게 송부하고, 검사대상명·접수일시·검사일·검사번호·검사자·검사결과 및 검사결과서 발송일 등을 기재한 완공검사업무대장을 작성하여 10년간 보관하여야 한다. <개정 2008.12.18., 2009.9.15.>

③ 영 제10조제2항의 완공검사필증은 별지 제24호서식 또는 별지 제25호서식에 의한다.

④ 영 제10조제3항의 규정에 의한 완공검사필증의 재교부신청은 별지 제26호서식의 신청서에 의한다.

제20조(완공검사의 신청시기) 법 제9조제1항의 규정에 의한 제조소등의 완공검사 신청시기는 다음 각호의 구분에 의한다. <개정 2006.8.3., 2008.12.18.>

1. 지하탱크가 있는 제조소등의 경우 : 당해 지하탱크를 매설하기 전
2. 이동탱크저장소의 경우 : 이동저장탱크를 완공하고 상치장소를 확보한 후
3. 이송취급소의 경우 : 이송배관 공사의 전체 또는 일부를 완료한 후. 다만, 지하·하천 등에 매설하는 이송배관의 공사의 경우에는 이송배관을 매설하기 전
4. 전체 공사가 완료된 후에는 완공검사를 실시하기 곤란한 경우 : 다음 각 목에서 정하는 시기
   가. 위험물설비 또는 배관의 설치가 완료되어 기밀시험 또는 내압시험을 실시하는 시기

　나. 배관을 지하에 설치하는 경우에는 시·도지사, 소방서장 또는 기술원이
　　지정하는 부분을 매몰하기 직전
　다. 기술원이 지정하는 부분의 비파괴시험을 실시하는 시기
5. 제1호 내지 제4호에 해당하지 아니하는 제조소등의 경우 : 제조소등의 공
　사를 완료한 후

제21조(변경공사 중 가사용의 신청) 법 제9조제1항 단서의 규정에 의하여 제조
소등의 변경공사 중에 변경공사와 관계없는 부분을 사용하고자 하는 자는 별지
제16호서식 또는 별지 제17호서식의 신청서(전자문서로 된 신청서를 포함한다)
또는 별지 제27호서식의 신청서(전자문서로 된 신청서를 포함한다)에 변경공사
에 따른 화재예방에 관한 조치사항을 기재한 서류(전자문서를 포함한다)를 첨
부하여 시·도지사 또는 소방서장에게 신청하여야 한다. <개정 2005.5.26.>

제22조(지위승계의 신고) 법 제10조제3항의 규정에 의하여 제조소등의 설치자
의 지위승계를 신고하고자 하는 자는 별지 제28호서식의 신고서(전자문서로
된 신고서를 포함한다)에 제조소등의 완공검사필증과 지위승계를 증명하는 서
류(전자문서를 포함한다)를 첨부하여 시·도지사 또는 소방서장에게 제출하여
야 한다. <개정 2005.5.26.>

제23조(용도폐지의 신고) ① 법 제11조의 규정에 의하여 제조소등의 용도폐지
신고를 하고자 하는 자는 별지 제29호서식의 신고서(전자문서로 된 신고서를
포함한다)에 제조소등의 완공검사필증을 첨부하여 시·도지사 또는 소방서장에
게 제출하여야 한다. <개정 2005.5.26.>
② 제1항의 규정에 의한 신고서를 접수한 시·도지사 또는 소방서장은 당해 제
조소 등을 확인하여 위험물시설의 철거 등 용도폐지에 필요한 안전조치를 한
것으로 인정하는 경우에는 당해 신고서의 사본에 수리사실을 표시하여 용도
폐지신고를 한 자에게 통보하여야 한다. <개정 2006.8.3.>

제24조(처리결과의 통보) ① 시·도지사가 영 제7조제1항의 설치·변경 관련 서류
제출, 제6조의 설치허가신청, 제7조의 변경허가신청, 제10조의 품명 등의 변경
신고, 제19조제1항의 완공검사신청, 제21조의 가사용승인신청, 제22조의 지위
승계신고 또는 제23조제1항의 용도폐지신고를 각각 접수하고 처리한 경우 그
신청서 또는 신고서와 첨부서류의 사본 및 처리결과를 관할소방서장에게 송
부하여야 한다.
② 시·도지사 또는 소방서장이 영 제7조제1항의 설치·변경 관련 서류제출, 제6

조의 설치허가신청, 제7조의 변경허가신청, 제10조의 품명 등의 변경신고, 제 19조제1항의 완공검사신청, 제22조의 지위승계신고 또는 제23조제1항의 용도 폐지신고를 각각 접수하고 처리한 경우 그 신청서 또는 신고서와 구조설비명 세표(설치허가신청 또는 변경허가신청에 한한다)의 사본 및 처리결과를 관할 시장·군수·구청장에게 송부하여야 한다.
[전문개정 2006.8.3.]

제25조(허가취소 등의 처분기준) 법 제12조의 규정에 의한 제조소등에 대한 허 가취소 및 사용정지의 처분기준은 별표 2와 같다.

제26조(과징금의 금액) 법 제13조제1항에 따라 과징금을 부과하는 위반행위의 종류와 위반 정도 등에 따른 과징금의 금액은 다음 각 호의 구분에 따른 기 준에 따라 산정한다.
  1. 2016년 2월 1일부터 2018년 12월 31일까지의 기간 중에 위반행위를 한 경 우: 별표 3
  2. 2019년 1월 1일 이후에 위반행위를 한 경우: 별표 3의2
[전문개정 2016.1.22.]

제27조(과징금 징수절차) 법 제13조제2항에 따른 과징금의 징수절차에 관하여는 「국고금 관리법 시행규칙」을 준용한다. <개정 2005.5.26., 2009.3.17., 2016.1.22.>
[제목개정 2009.3.17.]

제3장 제조소등의 위치 · 구조 및 설비의 기준

제28조(제조소의 기준) 법 제5조제4항의 규정에 의한 제조소등의 위치·구조 및 설비의 기준 중 제조소에 관한 것은 별표 4와 같다.

제29조(옥내저장소의 기준) 법 제5조제4항의 규정에 의한 제조소등의 위치·구조 및 설비의 기준 중 옥내저장소에 관한 것은 별표 5와 같다.

제30조(옥외탱크저장소의 기준) 법 제5조제4항의 규정에 의한 제조소등의 위치· 구조 및 설비의 기준 중 옥외탱크저장소에 관한 것은 별표 6과 같다.

제31조(옥내탱크저장소의 기준) 법 제5조제4항의 규정에 의한 제조소등의 위치· 구조 및 설비의 기준 중 옥내탱크저장소에 관한 것은 별표 7과 같다.

제32조(지하탱크저장소의 기준) 법 제5조제4항의 규정에 의한 제조소등의 위치·구조 및 설비의 기준 중 지하탱크저장소에 관한 것은 별표 8과 같다.

제33조(간이탱크저장소의 기준) 법 제5조제4항의 규정에 의한 제조소등의 위치·구조 및 설비의 기준 중 간이탱크저장소에 관한 것은 별표 9와 같다.

제34조(이동탱크저장소의 기준) 법 제5조제4항의 규정에 의한 제조소등의 위치·구조 및 설비의 기준 중 이동탱크저장소에 관한 것은 별표 10과 같다.

제35조(옥외저장소의 기준) 법 제5조제4항의 규정에 의한 제조소등의 위치·구조 및 설비의 기준 중 옥외저장소에 관한 것은 별표 11과 같다.

제36조(암반탱크저장소의 기준) 법 제5조제4항의 규정에 의한 제조소등의 위치·구조 및 설비의 기준 중 암반탱크저장소에 관한 것은 별표 12와 같다.

제37조(주유취급소의 기준) 법 제5조제4항의 규정에 의한 제조소등의 위치·구조 및 설비의 기준 중 주유취급소에 관한 것은 별표 13과 같다.

제38조(판매취급소의 기준) 법 제5조제4항의 규정에 의한 제조소등의 위치·구조 및 설비의 기준 중 판매취급소에 관한 것은 별표 14와 같다.

제39조(이송취급소의 기준) 법 제5조제4항의 규정에 의한 제조소등의 위치·구조 및 설비의 기준 중 이송취급소에 관한 것은 별표 15와 같다.

제40조(일반취급소의 기준) 법 제5조제4항의 규정에 의한 제조소등의 위치·구조 및 설비의 기준 중 일반취급소에 관한 것은 별표 16과 같다.

제41조(소화설비의 기준) ① 법 제5조제4항의 규정에 의하여 제조소등에는 화재발생시 소화가 곤란한 정도에 따라 그 소화에 적응성이 있는 소화설비를 설치하여야 한다.
② 제1항의 규정에 의한 소화가 곤란한 정도에 따른 소화난이도는 소화난이도등급Ⅰ, 소화난이도등급Ⅱ 및 소화난이도등급Ⅲ으로 구분하되, 각 소화난이도등급에 해당하는 제조소등의 규모, 저장 또는 취급하는 위험물의 품명 및 최대수량 등과 그에 따라 제조소등별로 설치하여야 하는 소화설비의 종류, 각 소화설비의 적응성 및 소화설비의 설치기준은 별표 17과 같다.

제42조(경보설비의 기준) ① 법 제5조제4항의 규정에 의하여 영 별표 1의 규정에 의한 지정수량의 10배 이상의 위험물을 저장 또는 취급하는 제조소등(이동탱크저장소를 제외한다)에는 화재발생시 이를 알릴 수 있는 경보설비를 설치하여야 한다.

② 제1항의 규정에 의한 경보설비는 자동화재탐지설비·비상경보설비(비상벨장치 또는 경종을 포함한다)·확성장치(휴대용확성기를 포함한다) 및 비상방송설비로 구분하되, 제조소등별로 설치하여야 하는 경보설비의 종류 및 자동화재탐지설비의 설치기준은 별표 17과 같다.

③ 자동신호장치를 갖춘 스프링클러설비 또는 물분무등소화설비를 설치한 제조소등에 있어서는 제2항의 규정에 의한 자동화재탐지설비를 설치한 것으로 본다.

제43조(피난설비의 기준) ① 법 제5조제4항의 규정에 의하여 주유취급소 중 건축물의 2층 이상의 부분을 점포·휴게음식점 또는 전시장의 용도로 사용하는 것과 옥내주유취급소에는 피난설비를 설치하여야 한다. <개정 2010.11.8.>

② 제1항의 규정에 의한 피난설비의 설치기준은 별표 17과 같다.

제44조(소화설비 등의 설치에 관한 세부기준) 제41조 내지 제43조의 규정에 의한 기준 외에 소화설비·경보설비 및 피난설비의 설치에 관하여 필요한 세부기준은 소방청장이 정하여 고시한다. <개정 2014.11.19., 2017.7.26.>

제45조(소화설비 등의 형식) 소화설비·경보설비 및 피난설비는 「화재예방, 소방시설 설치·유지 및 안전관리에 관한 법률」 제36조에 따라 소방청장의 형식승인을 받은 것이어야 한다. <개정 2005.5.26., 2013.2.5., 2014.11.19., 2016.8.2., 2017.7.26.>

제46조(화재안전기준의 적용) 제조소등에 설치하는 소화설비·경보설비 및 피난설비의 설치 기준 등에 관하여 제41조부터 제44조까지에 규정된 기준 외에는 「화재예방, 소방시설 설치·유지 및 안전관리에 관한 법률」에 따른 화재안전기준에 따른다. <개정 2016.8.2.>

[전문개정 2013.2.5.]

제47조(제조소등의 기준의 특례) ① 시·도지사 또는 소방서장은 다음 각호의 1에 해당하는 경우에는 이 장의 규정을 적용하지 아니한다. <개정 2009.3.17.>

1. 위험물의 품명 및 최대수량, 지정수량의 배수, 위험물의 저장 또는 취급의 방법 및 제조소등의 주위의 지형 그 밖의 상황 등에 비추어 볼 때 화재

의 발생 및 연소의 정도나 화재 등의 재난에 의한 피해가 이 장의 규정
에 의한 제조소등의 위치·구조 및 설비의 기준에 의한 경우와 동등 이하
가 된다고 인정되는 경우

2. 예상하지 아니한 특수한 구조나 설비를 이용하는 것으로서 이 장의 규정
에 의한 제조소등의 위치·구조 및 설비의 기준에 의한 경우와 동등 이상
의 효력이 있다고 인정되는 경우

② 시·도지사 또는 소방서장은 제조소등의 기준의 특례 적용 여부를 심사함에
있어서 전문기술적인 판단이 필요하다고 인정하는 사항에 대해서는 기술원이
실시한 해당 제조소등의 안전성에 관한 평가(이하 이 조에서 "안전성 평가"라
한다)를 참작할 수 있다. <신설 2009.3.17.>

③ 안전성 평가를 받으려는 자는 제6조제1호부터 제4호까지 및 같은 조 제7호
부터 제9호까지의 규정에 따른 서류 중 해당 서류를 기술원에 제출하여 안전
성 평가를 신청할 수 있다. <신설 2009.3.17.>

④ 안전성 평가의 신청을 받은 기술원은 소방기술사, 위험물기능장 등 해당분
야의 전문가가 참여하는 위원회(이하 이 조에서 "안전성평가위원회"라 한다)
의 심의를 거쳐 안전성 평가 결과를 30일 이내에 신청인에게 통보하여야 한
다. <신설 2009.3.17.>

⑤ 그 밖에 안전성평가위원회의 구성 및 운영과 신청절차 등 안전성 평가에
관하여 필요한 사항은 기술원의 원장이 정한다. <신설 2009.3.17.>

제48조(화약류에 해당하는 위험물의 특례) 염소산염류·과염소산염류·질산염류·
유황·철분·금속분·마그네슘·질산에스테르류·니트로화합물 중 「총포·도검·화약류
등 단속법」에 따른 화약류에 해당하는 위험물을 저장 또는 취급하는 제조소
등에 대하여는 별표 4 Ⅱ·Ⅳ·Ⅸ·Ⅹ 및 별표 5 Ⅰ 제1호·제2호·제4호부터 제8호
까지·제14호·제16호·Ⅱ·Ⅲ을 적용하지 아니한다. <개정 2005.5.26., 2016.1.22.>

제4장 위험물의 저장 및 취급의 기준

제49조(제조소등에서의 위험물의 저장 및 취급의 기준) 법 제5조제3항의 규정에
의한 제조소등에서의 위험물의 저장 및 취급에 관한 기준은 별표 18과 같다.

제5장 위험물의 운반 및 운송의 기준

제50조(위험물의 운반기준) 법 제20조제1항의 규정에 의한 위험물의 운반에 관
한 기준은 별표 19와 같다.

제51조(운반용기의 검사) ① 법 제20조제2항 단서에서 "행정안전부령이 정하는 것"이라 함은 별표 20의 규정에 의한 운반용기를 말한다. <개정 2009.3.17., 2013.3.23., 2014.11.19., 2017.7.26.>

② 법 제20조제2항의 규정에 의하여 운반용기의 검사를 받고자 하는 자는 별지 제30호서식의 신청서(전자문서로 된 신청서를 포함한다)에 용기의 설계도면과 재료에 관한 설명서를 첨부하여 기술원에 제출하여야 한다. 다만, UN의 위험물 운송에 관한 권고(RTDG, Recommendations on the Transport of Dangerous Goods)에서 정한 기준에 따라 관련 검사기관으로부터 검사를 받은 때에는 그러하지 아니하다. <개정 2005.5.26., 2008.12.18., 2016.8.2.>

③ 기술원은 제2항의 규정에 의한 검사신청을 한 운반용기가 별표 19 Ⅰ의 규정에 의한 기준에 적합하고 위험물의 운반상 지장이 없다고 인정되는 때에는 별지 제31호서식의 용기검사필증을 교부하여야 한다. <개정 2008.12.18.>

④ 기술원의 원장은 운반용기 검사업무의 처리절차와 방법을 정하여 운용하여야 한다. <개정 2008.12.18., 2013.2.5., 2016.8.2.>

⑤ 기술원의 원장은 전년도의 운반용기 검사업무 처리결과를 매년 1월 31일까지 시·도지사에게 보고하여야 하고, 시·도지사는 기술원으로부터 보고받은 운반용기 검사업무 처리결과를 매년 2월 말까지 소방청장에게 제출하여야 한다. <신설 2016.8.2., 2017.7.26.>

제52조(위험물의 운송기준) ① 법 제21조제2항의 규정에 의한 위험물 운송책임자는 다음 각호의 1에 해당하는 자로 한다.

1. 당해 위험물의 취급에 관한 국가기술자격을 취득하고 관련 업무에 1년 이상 종사한 경력이 있는 자
2. 법 제28조제1항의 규정에 의한 위험물의 운송에 관한 안전교육을 수료하고 관련 업무에 2년 이상 종사한 경력이 있는 자

② 법 제21조제2항의 규정에 의한 위험물 운송책임자의 감독 또는 지원의 방법과 법제21조제3항의 규정에 의한 위험물의 운송시에 준수하여야 하는 사항은 별표 21과 같다.

제6장 안전관리자 등

제53조(안전관리자의 선임신고 등) ① 제조소 등의 관계인은 법 제15조제3항에 따라 안전관리자(「기업활동 규제완화에 관한 특별조치법」 제29조제1항·제3항 및 제32조제1항에 따른 안전관리자와 제57조제1항에 따른 안전관리대행기관을 포함한다)의 선임을 신고하려는 경우에는 별지 제32호서식의 신고서(전자문서

로 된 신고서를 포함한다)에 다음 각 호의 해당 서류(전자문서를 포함한다)를 첨부하여 소방본부장 또는 소방서장에게 제출하여야 한다. <개정 2015.7.17., 2016.1.22.>

1. 위험물안전관리업무대행계약서(제57조제1항에 따른 안전관리대행기관에 한 한다)
2. 위험물안전관리교육 수료증(제78조제1항 및 별표 24에 따른 안전관리자 강습교육을 받은 자에 한한다)
3. 위험물안전관리자를 겸직할 수 있는 관련 안전관리자로 선임된 사실을 증 명할 수 있는 서류(「기업활동 규제완화에 관한 특별조치법」 제29조제1항 제1호부터 제3호까지 및 제3항에 해당하는 안전관리자 또는 영 제11조제 3항 각 호의 어느 하나에 해당하는 사람으로서 위험물의 취급에 관한 국 가기술자격자가 아닌 사람으로 한정한다)
4. 소방공무원 경력증명서(소방공무원 경력자에 한한다)

② 제1항에 따라 신고를 받은 담당 공무원은 「전자정부법」 제36조제1항에 따 른 행정정보의 공동이용을 통하여 다음 각 호의 행정정보를 확인하여야 한다. 다만, 신고인이 확인에 동의하지 아니하는 경우에는 그 서류(국가기술자격증 의 경우에는 그 사본을 말한다)를 제출하도록 하여야한다. <개정 2010.11.8.>

1. 국가기술자격증(위험물의 취급에 관한 국가기술자격자에 한한다)
2. 국가기술자격증(「기업활동 규제완화에 관한 특별조치법」 제29조제1항 및 제3항에 해당하는 자로서 국가기술자격자에 한한다)

[전문개정 2007.12.13.]

제54조(안전관리자의 대리자) 법 제15조제5항 전단에서 "행정안전부령이 정하는 자"란 다음 각 호의 어느 하나에 해당하는 사람을 말한다. <개정 2009.3.17., 2013.3.23., 2014.11.19., 2016.1.22., 2016.8.2., 2017.7.26.>

1. 법 제28조제1항에 따른 안전교육을 받은 자
2. 삭제 <2016.8.2.>
3. 제조소등의 위험물 안전관리업무에 있어서 안전관리자를 지휘·감독하는 직위에 있는 자

제55조(안전관리자의 책무) 법 제15조제6항에 따라 안전관리자는 위험물의 취 급에 관한 안전관리와 감독에 관한 다음 각 호의 업무를 성실하게 수행하여 야 한다. <개정 2005.5.26., 2006.8.3., 2016.1.22.>

1. 위험물의 취급작업에 참여하여 당해 작업이 법 제5조제3항의 규정에 의한 저장 또는 취급에 관한 기술기준과 법 제17조의 규정에 의한 예방규정에

적합하도록 해당 작업자(당해 작업에 참여하는 위험물취급자격자를 포함한다)에 대하여 지시 및 감독하는 업무

2. 화재 등의 재난이 발생한 경우 응급조치 및 소방관서 등에 대한 연락업무
3. 위험물시설의 안전을 담당하는 자를 따로 두는 제조소등의 경우에는 그 담당자에게 다음 각목의 규정에 의한 업무의 지시, 그 밖의 제조소등의 경우에는 다음 각목의 규정에 의한 업무

   가. 제조소등의 위치·구조 및 설비를 법 제5조제4항의 기술기준에 적합하도록 유지하기 위한 점검과 점검상황의 기록·보존

   나. 제조소등의 구조 또는 설비의 이상을 발견한 경우 관계자에 대한 연락 및 응급조치

   다. 화재가 발생하거나 화재발생의 위험성이 현저한 경우 소방관서 등에 대한 연락 및 응급조치

   라. 제조소등의 계측장치·제어장치 및 안전장치 등의 적정한 유지·관리

   마. 제조소등의 위치·구조 및 설비에 관한 설계도서 등의 정비·보존 및 제조소등의 구조 및 설비의 안전에 관한 사무의 관리

4. 화재 등의 재해의 방지와 응급조치에 관하여 인접하는 제조소등과 그 밖의 관련되는 시설의 관계자와 협조체제의 유지
5. 위험물의 취급에 관한 일지의 작성·기록
6. 그 밖에 위험물을 수납한 용기를 차량에 적재하는 작업, 위험물설비를 보수하는 작업 등 위험물의 취급과 관련된 작업의 안전에 관하여 필요한 감독의 수행

제56조(1인의 안전관리자를 중복하여 선임할 수 있는 저장소 등) ① 영 제12조제1항제3호에서 "행정안전부령이 정하는 저장소"라 함은 다음 각호의 1에 해당하는 저장소를 말한다. <개정 2005.5.26., 2009.3.17., 2013.3.23., 2014.11.19., 2017.7.26.>

1. 10개 이하의 옥내저장소
2. 30개 이하의 옥외탱크저장소
3. 옥내탱크저장소
4. 지하탱크저장소
5. 간이탱크저장소
6. 10개 이하의 옥외저장소
7. 10개 이하의 암반탱크저장소

② 영 제12조제1항제5호에서 "행정안전부령이 정하는 제조소등"이라 함은 선박주유취급소의 고정주유설비에 공급하기 위한 위험물을 저장하는 저장소와 당해 선박주유취급소를 말한다. <개정 2009.3.17., 2013.3.23., 2014.11.19., 2017.7.26.>

제57조(안전관리대행기관의 지정 등) ① 「기업활동 규제완화에 관한 특별조치법」 제40조제1항제3호의 규정에 의하여 위험물안전관리자의 업무를 위탁받아 수행할 수 있는 관리대행기관(이하 "안전관리대행기관"이라 한다)은 다음 각호의 1에 해당하는 기관으로서 별표 22의 안전관리대행기관의 지정기준을 갖추어 소방청장의 지정을 받아야 한다. <개정 2005.5.26., 2014.11.19., 2017.7.26.>

1. 법 제16조제2항의 규정에 의한 탱크시험자로 등록한 법인
2. 다른 법령에 의하여 안전관리업무를 대행하는 기관으로 지정·승인 등을 받은 법인

② 안전관리대행기관으로 지정받고자 하는 자는 별지 제33호서식의 신청서(전자문서로 된 신청서를 포함한다)에 다음 각호의 서류(전자문서를 포함한다)를 첨부하여 소방청장에게 제출하여야 한다. <개정 2005.5.26., 2006.8.3., 2014.11.19., 2017.7.26.>

1. 삭제 <2006.8.3.>
2. 기술인력 연명부 및 기술자격증
3. 사무실의 확보를 증명할 수 있는 서류
4. 장비보유명세서

③ 제2항의 규정에 의한 지정신청을 받은 소방청장은 자격요건·기술인력 및 시설·장비보유현황 등을 검토하여 적합하다고 인정하는 때에는 별지 제34호서식의 위험물안전관리대행기관지정서를 발급하고, 제2항제2호의 규정에 의하여 제출된 기술인력의 기술자격증에는 그 자격자가 안전관리대행기관의 기술인력임을 기재하여 교부하여야 한다. <개정 2014.11.19., 2017.7.26.>

④ 소방청장은 안전관리대행기관에 대하여 필요한 지도·감독을 하여야 한다. <개정 2014.11.19., 2017.7.26.>

⑤ 안전관리대행기관은 지정받은 사항의 변경이 있는 때에는 그 사유가 있는 날부터 14일 이내에, 휴업·재개업 또는 폐업을 하고자 하는 때에는 휴업·재개업 또는 폐업하고자 하는 날의 14일 전에 별지 제35호서식의 신고서(전자문서로 된 신고서를 포함한다)에 다음 각호의 구분에 의한 해당 서류(전자문서를 포함한다)를 첨부하여 소방청장에게 제출하여야 한다. <개정 2005.5.26., 2006.8.3., 2014.11.19., 2017.7.26.>

1. 영업소의 소재지, 법인명칭 또는 대표자를 변경하는 경우
   가. 삭제 <2006.8.3.>
   나. 위험물안전관리대행기관지정서
2. 기술인력을 변경하는 경우
   가. 기술인력자의 연명부
   나. 변경된 기술인력자의 기술자격증

3. 휴업·재개업 또는 폐업을 하는 경우 : 위험물안전관리대행기관지정서
⑥ 제2항에 따른 신청서 또는 제5항제1호에 따른 신고서를 제출받은 경우에 담당공무원은 법인 등기사항증명서를 제출받는 것에 갈음하여 그 내용을 「전자정부법」 제36조제1항에 따른 행정정보의 공동이용을 통하여 확인하여야 한다. <신설 2006.8.3., 2007.12.3., 2010.11.8.>

제58조(안전관리대행기관의 지정취소 등) ① 「기업활동 규제완화에 관한 특별조치법」 제40조제3항의 규정에 의하여 소방청장은 안전관리대행기관이 다음 각호의 1에 해당하는 때에는 별표 2의 기준에 따라 그 지정을 취소하거나 6월 이내의 기간을 정하여 그 업무의 정지를 명하거나 시정하게 할 수 있다. 다만, 제1호 내지 제3호의 1에 해당하는 때에는 그 지정을 취소하여야 한다. <개정 2005.5.26., 2014.11.19., 2017.7.26.>
 1. 허위 그 밖의 부정한 방법으로 지정을 받은 때
 2. 탱크시험자의 등록 또는 다른 법령에 의하여 안전관리업무를 대행하는 기관의 지정·승인 등이 취소된 때
 3. 다른 사람에게 지정서를 대여한 때
 4. 별표 22의 안전관리대행기관의 지정기준에 미달되는 때
 5. 제57조제4항의 규정에 의한 소방청장의 지도·감독에 정당한 이유 없이 따르지 아니하는 때
 6. 제57조제5항의 규정에 의한 변경·휴업 또는 재개업의 신고를 연간 2회 이상 하지 아니한 때
 7. 안전관리대행기관의 기술인력이 제59조의 규정에 의한 안전관리업무를 성실하게 수행하지 아니한 때
② 소방청장은 안전관리대행기관의 지정·업무정지 또는 지정취소를 한 때에는 이를 관보에 공고하여야 한다. <개정 2014.11.19., 2017.7.26.>
③ 안전관리대행기관의 지정을 취소한 때에는 지정서를 회수하여야 한다.

제59조(안전관리대행기관의 업무수행) ① 안전관리대행기관은 안전관리자의 업무를 위탁받는 경우에는 영 제13조 및 영 별표 6의 규정에 적합한 기술인력을 당해 제조소등의 안전관리자로 지정하여 안전관리자의 업무를 하게 하여야 한다.
② 안전관리대행기관은 제1항의 규정에 의하여 기술인력을 안전관리자로 지정함에 있어서 1인의 기술인력을 다수의 제조소등의 안전관리자로 중복하여 지정하는 경우에는 영 제12조제1항 및 이 규칙 제56조의 규정에 적합하게 지정하거나 안전관리자의 업무를 성실히 대행할 수 있는 범위내에서 관리하는 제

조소등의 수가 25를 초과하지 아니하도록 지정하여야 한다. 이 경우 각 제조소등(지정수량의 20배 이하를 저장하는 저장소는 제외한다)의 관계인은 당해 제조소등마다 위험물의 취급에 관한 국가기술자격자 또는 법 제28조제1항에 따른 안전교육을 받은 자를 안전관리원으로 지정하여 대행기관이 지정한 안전관리자의 업무를 보조하게 하여야 한다. <개정 2006.8.3., 2009.3.17.>

③ 제1항에 따라 안전관리자로 지정된 안전관리대행기관의 기술인력(이하 이 항에서 "기술인력"이라 한다) 또는 제2항에 따라 안전관리원으로 지정된 자는 위험물의 취급작업에 참여하여 법 제15조 및 이 규칙 제55조에 따른 안전관리자의 책무를 성실히 수행하여야 하며, 기술인력이 위험물의 취급작업에 참여하지 아니하는 경우에 기술인력은 제55조제3호 가목에 따른 점검 및 동조 제6호에 따른 감독을 매월 4회(저장소의 경우에는 매월 2회) 이상 실시하여야 한다. <개정 2006.8.3., 2009.3.17.>

④ 안전관리대행기관은 제1항의 규정에 의하여 안전관리자로 지정된 안전관리대행기관의 기술인력이 여행·질병 그 밖의 사유로 인하여 일시적으로 직무를 수행할 수 없는 경우에는 안전관리대행기관에 소속된 다른 기술인력을 안전관리자로 지정하여 안전관리자의 책무를 계속 수행하게 하여야 한다.

제60조(탱크시험자의 등록신청 등) ① 법 제16조제2항에 따라 탱크시험자로 등록하려는 자는 별지 제36호서식의 신청서(전자문서로 된 신청서를 포함한다)에 다음 각 호의 서류(전자문서를 포함한다)를 첨부하여 시·도지사에게 제출하여야 한다. <개정 2005.5.26., 2006.8.3., 2008.12.18., 2013.2.5.>

1. 삭제 <2006.8.3.>
2. 기술능력자 연명부 및 기술자격증
3. 안전성능시험장비의 명세서
4. 보유장비 및 시험방법에 대한 기술검토를 기술원으로부터 받은 경우에는 그에 대한 자료
5. 「원자력안전법」에 따른 방사성동위원소이동사용허가증 또는 방사선발생장치이동사용허가증의 사본 1부
6. 사무실의 확보를 증명할 수 있는 서류

② 제1항에 따른 신청서를 제출받은 경우에 담당공무원은 법인 등기사항증명서를 제출받는 것에 갈음하여 그 내용을 「전자정부법」 제36조제1항에 따른 행정정보의 공동이용을 통하여 확인하여야 한다. <신설 2006.8.3., 2007.12.3., 2010.11.8.>

③ 시·도지사는 제1항의 신청서를 접수한 때에는 15일 이내에 그 신청이 영 제14조제1항의 규정에 의한 등록기준에 적합하다고 인정하는 때에는 별지 제

37호서식의 위험물탱크안전성능시험자등록증을 교부하고, 제1항의 규정에 의하여 제출된 기술인력자의 기술자격증에 그 기술인력자가 당해 탱크시험기관의 기술인력자임을 기재하여 교부하여야 한다. <개정 2006.8.3., 2009.9.15.>

제61조(변경사항의 신고 등) ① 탱크시험자는 법 제16조제3항의 규정에 의하여 다음 각호의 1에 해당하는 중요사항을 변경한 경우에는 별지 제38호서식의 신고서(전자문서로 된 신고서를 포함한다)에 다음 각호의 구분에 따른 서류(전자문서를 포함한다)를 첨부하여 시·도지사에게 제출하여야 한다. <개정 2005.5.26., 2006.8.3.>

1. 영업소 소재지의 변경 : 사무소의 사용을 증명하는 서류와 위험물탱크안전성능시험자등록증
2. 기술능력의 변경 : 변경하는 기술인력의 자격증과 위험물탱크안전성능시험자등록증
3. 대표자의 변경 : 위험물탱크안전성능시험자등록증
4. 상호 또는 명칭의 변경 : 위험물탱크안전성능시험자등록증

② 제1항에 따른 신고서를 제출받은 경우에 담당공무원은 법인 등기사항증명서를 제출받는 것에 갈음하여 그 내용을 「전자정부법」 제36조제1항에 따른 행정정보의 공동이용을 통하여 확인하여야 한다. <신설 2006.8.3., 2007.12.3., 2010.11.8.>

③ 시·도지사는 제1항의 신고서를 수리한 때에는 등록증을 새로 교부하거나 제출된 등록증에 변경사항을 기재하여 교부하고, 기술자격증에는 그 변경된 사항을 기재하여 교부하여야 한다. <개정 2006.8.3.>

제62조(등록의 취소 등) ① 법 제16조제5항의 규정에 의한 탱크시험자의 등록취소 및 업무정지의 기준은 별표 2와 같다.

② 시·도지사는 법 제16조제2항에 따라 탱크시험자의 등록을 받거나 법 제16조제5항에 따라 등록의 취소 또는 업무의 정지를 한 때에는 이를 특별시·광역시·특별자치시·도 또는 특별자치도(이하 "시·도"라 한다)의 공보에 공고하여야 한다. <개정 2016.1.22.>

③ 시·도지사는 탱크시험자의 등록을 취소한 때에는 등록증을 회수하여야 한다.

제7장 예방규정

제63조(예방규정의 작성 등) ① 법 제17조제1항에 따라 영 제15조 각 호의 어느 하나에 해당하는 제조소등의 관계인은 다음 각 호의 사항이 포함된 예방

규정을 작성하여야 한다. <개정 2015.7.17.>

1. 위험물의 안전관리업무를 담당하는 자의 직무 및 조직에 관한 사항
2. 안전관리자가 여행·질병 등으로 인하여 그 직무를 수행할 수 없을 경우 그 직무의 대리자에 관한 사항
3. 영 제18조의 규정에 의하여 자체소방대를 설치하여야 하는 경우에는 자체소방대의 편성과 화학소방자동차의 배치에 관한 사항
4. 위험물의 안전에 관계된 작업에 종사하는 자에 대한 안전교육 및 훈련에 관한 사항
5. 위험물시설 및 작업장에 대한 안전순찰에 관한 사항
6. 위험물시설·소방시설 그 밖의 관련시설에 대한 점검 및 정비에 관한 사항
7. 위험물시설의 운전 또는 조작에 관한 사항
8. 위험물 취급작업의 기준에 관한 사항
9. 이송취급소에 있어서는 배관공사 현장책임자의 조건 등 배관공사 현장에 대한 감독체제에 관한 사항과 배관주위에 있는 이송취급소 시설 외의 공사를 하는 경우 배관의 안전확보에 관한 사항
10. 재난 그 밖의 비상시의 경우에 취하여야 하는 조치에 관한 사항
11. 위험물의 안전에 관한 기록에 관한 사항
12. 제조소등의 위치·구조 및 설비를 명시한 서류와 도면의 정비에 관한 사항
13. 그 밖에 위험물의 안전관리에 관하여 필요한 사항

② 예방규정은 「산업안전보건법」 제20조의 규정에 의한 안전보건관리규정과 통합하여 작성할 수 있다. <개정 2005.5.26.>

③ 영 제15조 각 호의 어느 하나에 해당하는 제조소등의 관계인은 예방규정을 제정하거나 변경한 경우에는 별지 제39호서식의 예방규정제출서에 제정 또는 변경한 예방규정 1부를 첨부하여 시·도지사 또는 소방서장에게 제출하여야 한다. <개정 2009.9.15.>

제8장 정기점검

제64조(정기점검의 횟수) 법 제18조제1항의 규정에 의하여 제조소등의 관계인은 당해 제조소등에 대하여 연 1회 이상 정기점검을 실시하여야 한다.

제65조(특정·준특정옥외탱크저장소의 정기점검) ① 법 제18조제1항에 따라 옥외탱크저장소 중 저장 또는 취급하는 액체위험물의 최대수량이 50만리터 이상인 것(이하 "특정·준특정옥외탱크저장소"라 한다)에 대하여는 제64조에 따른 정기점검 외에 다음 각 호의 어느 하나에 해당하는 기간 이내에 1회 이상

특정·준특정옥외저장탱크(특정·준특정옥외탱크저장소의 탱크를 말한다. 이하 같다)의 구조 등에 관한 안전점검(이하 "구조안전점검"이라 한다)을 하여야 한다. 다만, 해당 기간 이내에 특정·준특정옥외저장탱크의 사용중단 등으로 구조안전점검을 실시하기가 곤란한 경우에는 별지 제39호의2서식에 따라 관할 소방서장에게 구조안전점검의 실시기간 연장신청(전자문서에 의한 신청을 포함한다)을 할 수 있으며, 그 신청을 받은 소방서장은 1년(특정·준특정옥외저장탱크의 사용을 중지한 경우에는 사용중지기간)의 범위에서 실시기간을 연장할 수 있다. <개정 2005.5.26., 2008.12.18., 2017.12.29.>

1. 제조소등의 설치허가에 따른 영 제10조제2항의 완공검사필증을 교부받은 날부터 12년
2. 법 제18조제2항의 규정에 의한 최근의 정기검사를 받은 날부터 11년
3. 제2항에 따라 특정·준특정옥외저장탱크에 안전조치를 한 후 제71조제2항에 따른 기술원에 구조안전점검시기 연장신청을 하여 해당 안전조치가 적정한 것으로 인정받은 경우에는 법 제18조제2항에 따른 최근의 정기검사를 받은 날부터 13년

② 제1항제3호에 따른 특정·준특정옥외저장탱크의 안전조치는 특정·준특정옥외저장탱크의 부식 등에 대한 안전성을 확보하는 데 필요한 다음 각 호의 어느 하나의 조치로 한다. <개정 2017.12.29.>

1. 특정·준특정옥외저장탱크의 부식방지 등을 위한 다음 각 목의 조치
   가. 특정·준특정옥외저장탱크의 내부의 부식을 방지하기 위한 코팅[유리입자(글래스플레이크)코팅 또는 유리섬유강화플라스틱 라이닝에 한한다] 또는 이와 동등 이상의 조치
   나. 특정·준특정옥외저장탱크의 에눌러판 및 밑판 외면의 부식을 방지하는 조치
   다. 특정·준특정옥외저장탱크의 에눌러판 및 밑판의 두께가 적정하게 유지되도록 하는 조치
   라. 특정·준특정옥외저장탱크에 구조상의 영향을 줄 우려가 있는 보수를 하지 아니하거나 변형이 없도록 하는 조치
   마. 현저한 부등침하가 없도록 하는 조치
   바. 지반이 충분한 지지력을 확보하는 동시에 침하에 대하여 충분한 안전성을 확보하는 조치
   사. 특정·준특정옥외저장탱크의 유지관리체제의 적정 유지
2. 위험물의 저장관리 등에 관한 다음 각목의 조치
   가. 부식의 발생에 영향을 주는 물 등의 성분의 적절한 관리
   나. 특정·준특정옥외저장탱크에 대하여 현저한 부식성이 있는 위험물을

저장하지 아니하도록 하는 조치

다. 부식의 발생에 현저한 영향을 미치는 저장조건의 변경을 하지 아니하
도록 하는 조치

라. 특정·준특정옥외저장탱크의 에뉼러판 및 밑판의 부식율(에뉼러판 및
밑판이 부식에 의하여 감소한 값을 판의 경과연수로 나누어 얻은 값
을 말한다)이 연간 0.05밀리미터 이하일 것

마. 특정·준특정옥외저장탱크의 에뉼러판 및 밑판 외면의 부식을 방지하
는 조치

바. 특정·준특정옥외저장탱크의 에뉼러판 및 밑판의 두께가 적정하게 유
지되도록 하는 조치

사. 특정·준특정옥외저장탱크에 구조상의 영향을 줄 우려가 있는 보수를
하지 아니하거나 변형이 없도록 하는 조치

아. 현저한 부등침하가 없도록 하는 조치

자. 지반이 충분한 지지력을 확보하는 동시에 침하에 대하여 충분한 안전
성을 확보하는 조치

차. 특정·준특정옥외저장탱크의 유지관리체제의 적정 유지

③ 제1항제3호의 규정에 의한 신청은 별지 제40호서식 또는 별지 제41호서식
의 신청서에 의한다.

[제목개정 2017.12.29.]

제66조(정기점검의 내용 등) 제조소등의 위치·구조 및 설비가 법 제5조제4항의
기술기준에 적합한지를 점검하는데 필요한 정기점검의 내용·방법 등에 관한
기술상의 기준과 그 밖의 점검에 관하여 필요한 사항은 소방청장이 정하여
고시한다. <개정 2014.11.19., 2017.7.26.>

제67조(정기점검의 실시자) ① 제조소등의 관계인은 법 제18조제1항의 규정에
의하여 당해 제조소등의 정기점검을 안전관리자(제65조의 규정에 의한 정기점
검에 있어서는 제66조의 규정에 의하여 소방청장이 정하여 고시하는 점검방
법에 관한 지식 및 기능이 있는 자에 한한다) 또는 위험물운송자(이동탱크저
장소의 경우에 한한다)로 하여금 실시하도록 하여야 한다. 이 경우 옥외탱크
저장소에 대한 구조안전점검을 위험물안전관리자가 직접 실시하는 경우에는
점검에 필요한 영 별표 7의 인력 및 장비를 갖춘 후 이를 실시하여야 한다.
<개정 2005.5.26., 2014.11.19., 2017.7.26.>

② 제1항에도 불구하고 제조소등의 관계인은 안전관리대행기관(제65조에 따른
특정·준특정옥외탱크저장소의 정기점검은 제외한다) 또는 탱크시험자에게 정기

점검을 의뢰하여 실시할 수 있다. 이 경우 해당 제조소등의 안전관리자는 안전
관리대행기관 또는 탱크시험자의 점검현장에 입회하여야 한다. <개정 2009.3.17.,
2017.12.29.>

제68조(정기점검의 기록·유지) ① 법 제18조제1항의 규정에 의하여 제조소등
의 관계인은 정기점검 후 다음 각호의 사항을 기록하여야 한다.
1. 점검을 실시한 제조소등의 명칭
2. 점검의 방법 및 결과
3. 점검연월일
4. 점검을 한 안전관리자 또는 점검을 한 탱크시험자와 점검에 입회한 안전
   관리자의 성명
② 제1항의 규정에 의한 정기점검기록은 다음 각호의 구분에 의한 기간 동안
이를 보존하여야 한다.
1. 제65조제1항의 규정에 의한 옥외저장탱크의 구조안전점검에 관한 기록 :
   25년(동항제3호에 규정한 기간의 적용을 받는 경우에는 30년)
2. 제1호에 해당하지 아니하는 정기점검의 기록 : 3년

제69조(정기점검의 의뢰 등) ① 제조소등의 관계인은 법 제18조제1항의 정기점
검을 제67조제2항의 규정에 의하여 탱크시험자에게 실시하게 하는 경우에는
별지 제42호서식의 정기점검의뢰서를 탱크시험자에게 제출하여야 한다.
② 탱크시험자는 정기점검을 실시한 결과 그 탱크 등의 유지관리상황이 적합
하다고 인정되는 때에는 점검을 완료한 날부터 10일 이내에 별지 제43호서식
의 정기점검결과서에 위험물탱크안전성능시험자등록증 사본 및 시험성적서를
첨부하여 제조소등의 관계인에게 교부하고, 적합하지 아니한 경우에는 개선하
여야 하는 사항을 통보하여야 한다.
③ 제2항의 규정에 의하여 개선하여야 하는 사항을 통보 받은 제조소등의 관
계인은 이를 개선한 후 다시 점검을 의뢰하여야 한다. 이 경우 탱크시험자는
정기점검결과서에 개선하게 한 사항(탱크시험자가 직접 보수한 경우에는 그
보수한 사항을 포함한다)을 기재하여야 한다.
④ 탱크시험자는 제2항의 규정에 의한 정기점검결과서를 교부한 때에는 그 내
용을 정기점검대장에 기록하고 이를 제68조제2항 각호의 규정에 의한 기간동
안 보관하여야 한다.

제9장 정기검사

제70조(정기검사의 시기) ① 법 제18조제2항에 따라 정기검사를 받아야 하는 특정·준특정옥외탱크저장소의 관계인은 다음 각 호에 규정한 기간 이내에 정기검사를 받아야 한다. 다만, 재난 그 밖의 비상사태의 발생, 안전유지상의 필요 또는 사용상황 등의 변경으로 해당 시기에 정기검사를 실시하는 것이 적당하지 아니하다고 인정되는 때에는 소방서장의 직권 또는 관계인의 신청에 따라 소방서장이 따로 지정하는 시기에 정기검사를 받을 수 있다. <개정 2009.3.17., 2017.12.29.>

1. 특정·준특정옥외탱크저장소의 설치허가에 따른 완공검사필증을 발급받은 날부터 12년
2. 최근의 정기검사를 받은 날부터 11년

② 삭제 <2009.3.17.>

③ 법 제18조제2항에 따라 정기검사를 받아야 하는 특정·준특정옥외탱크저장소의 관계인은 제1항에도 불구하고 정기검사를 제65조제1항에 따른 구조안전점검을 실시하는 때에 함께 받을 수 있다. <개정 2017.12.29.>

제71조(정기검사의 신청 등) ① 법 제18조제2항에 따라 정기검사를 받아야 하는 특정·준특정옥외탱크저장소의 관계인은 별지 제44호서식의 신청서(전자문서로 된 신청서를 포함한다)에 다음 각 호의 서류(전자문서를 포함한다)를 첨부하여 기술원에 제출하고 별표 25 제8호에 따른 수수료를 기술원에 납부하여야 한다. 다만, 제2호 및 제4호의 서류는 정기검사를 실시하는 때에 제출할 수 있다. <개정 2005.5.26., 2007.12.3., 2008.12.18., 2017.12.29.>

1. 별지 제5호서식의 구조설비명세표
2. 제조소등의 위치·구조 및 설비에 관한 도면
3. 완공검사필증
4. 밑판, 옆판, 지붕판 및 개구부의 보수이력에 관한 서류

② 제65조제1항제3호의 규정에 의한 기간 이내에 구조안전점검을 받고자 하는 자는 별지 제40호서식 또는 별지 제41호서식의 신청서(전자문서로 된 신청서를 포함한다)를 제1항의 규정에 의한 신청시에 함께 제출하여야 한다. <개정 2005.5.26.>

③ 제70조제1항 단서의 규정에 의하여 정기검사 시기를 변경하고자 하는 자는 별지 제45호서식의 신청서(전자문서로 된 신청서를 포함한다)에 정기검사 시기의 변경을 필요로 하는 사유를 기재한 서류(전자문서를 포함한다)를 첨부하여 소방서장에게 제출하여야 한다. <개정 2005.5.26.>

④ 기술원은 정기검사를 실시한 결과 특정·준특정옥외저장탱크의 수직도·수평도에 관한 사항(지중탱크에 대한 것을 제외한다), 특정·준특정옥외저장탱크의 밑판(지중탱크에 있어서는 누액방지판)의 두께에 관한 사항, 특정·준특정옥외저장탱크의 용접부에 관한 사항 및 특정·준특정옥외저장탱크의 지붕·옆판·부속설비의 외관이 제72조제4항에 따라 소방청장이 정하여 고시하는 기술상의 기준에 적합한 것으로 인정되는 때에는 검사종료일부터 10일 이내에 별지 제46호서식의 정기검사필증을 관계인에게 교부하고 그 결과보고서를 작성하여 소방서장에게 제출하여야 한다. <개정 2007.12.3., 2008.12.18., 2014.11.19., 2017.7.26., 2017.12.29.>
⑤ 기술원은 정기검사를 실시한 결과 부적합한 경우에는 개선하여야 하는 사항을 신청자에게 통보하고 개선할 사항을 통보받은 관계인은 개선을 완료한 후 정기검사신청서를 기술원에 다시 제출하여야 한다. <개정 2008.12.18.>
⑥ 정기검사를 받은 제조소등의 관계인과 정기검사를 실시한 기술원은 정기검사필증 등 정기검사에 관한 서류를 당해 제조소등에 대한 차기 정기검사시까지 보관하여야 한다. <개정 2008.12.18.>

제72조(정기검사의 방법 등) ① 정기검사는 특정·준특정옥외탱크저장소의 위치·구조 및 설비의 특성을 감안하여 안전성 확인에 적합한 검사방법으로 실시하여야 한다. <개정 2017.12.29.>
② 특정·준특정옥외탱크저장소의 관계인이 제65조제1항에 따른 구조안전점검시에 제71조제4항에 따른 사항을 미리 점검한 후에 정기검사를 신청하는 때에는 그 사항에 대한 정기검사는 전체의 검사범위중 임의의 부위를 발췌하여 검사하는 방법으로 실시한다. <개정 2017.12.29.>
③ 특정옥외탱크저장소의 변경허가에 따른 탱크안전성능검사의 기회에 정기검사를 같이 실시하는 경우에 있어서 검사범위가 중복되는 때에는 당해 검사범위에 대한 어느 하나의 검사를 생략한다.
④ 제1항 내지 제3항의 규정에 의한 검사방법과 판정기준 그 밖의 정기검사의 실시에 관하여 필요한 사항은 소방청장이 정하여 고시한다. <개정 2014.11.19., 2017.7.26.>

제10장 자체소방대

제73조(자체소방대의 설치 제외대상인 일반취급소) 영 제18조제1항 단서에서 "행정안전부령이 정하는 일반취급소"라 함은 다음 각호의 1에 해당하는 일반취급소를 말한다. <개정 2005.5.26., 2006.8.3., 2009.3.17., 2013.3.23., 2014.11.19., 2017.7.26.>

1. 보일러, 버너 그 밖에 이와 유사한 장치로 위험물을 소비하는 일반취급소
2. 이동저장탱크 그 밖에 이와 유사한 것에 위험물을 주입하는 일반취급소
3. 용기에 위험물을 옮겨 담는 일반취급소
4. 유압장치, 윤활유순환장치 그 밖에 이와 유사한 장치로 위험물을 취급하는 일반취급소
5. 「광산보안법」의 적용을 받는 일반취급소

제74조(자체소방대 편성의 특례) 영 제18조제3항 단서의 규정에 의하여 2 이상의 사업소가 상호응원에 관한 협정을 체결하고 있는 경우에는 당해 모든 사업소를 하나의 사업소로 보고 제조소 또는 취급소에서 취급하는 제4류 위험물을 합산한 양을 하나의 사업소에서 취급하는 제4류 위험물의 최대수량으로 간주하여 동항 본문의 규정에 의한 화학소방자동차의 대수 및 자체소방대원을 정할 수 있다. 이 경우 상호응원에 관한 협정을 체결하고 있는 각 사업소의 자체소방대에는 영 제18조제3항 본문의 규정에 의한 화학소방차 대수의 2분의 1 이상의 대수와 화학소방자동차마다5인 이상의 자체소방대원을 두어야 한다.

제75조(화학소방차의 기준 등) ① 영 별표 8 비고의 규정에 의하여 화학소방자동차(내폭화학차 및 제독차를 포함한다)에 갖추어야 하는 소화능력 및 설비의 기준은 별표 23과 같다.
② 포수용액을 방사하는 화학소방자동차의 대수는 영 제18조제3항의 규정에 의한 화학소방자동차의 대수의 3분의 2 이상으로 하여야 한다.

제11장 질문·검사 등

제76조(소방검사서) 법 제22조제1항의 규정에 의한 출입·검사 등을 행하는 관계공무원은 법 또는 법에 근거한 명령 또는 조례의 규정에 적합하지 아니한 사항을 발견한 때에는 그 내용을 기재한 별지 제47호서식의 위험물제조소등 소방검사서의 사본을 검사현장에서 제조소등의 관계인에게 교부하여야 한다. 다만, 도로상에서 주행중인 이동탱크저장소를 정지시켜 검사를 한 경우에는 그러하지 아니하다.

제77조(이동탱크저장소에 관한 통보사항) 시·도지사, 소방본부장 또는 소방서장은 법 제26조제3항의 규정에 의하여 이동탱크저장소의 관계인에 대하여 위험물의 저장 또는 취급기준 준수명령을 한 때에는 다음 각호의 사항을 당해 이동탱크저장소의 허가를 한 소방서장에게 통보하여야 한다.
1. 명령을 한 시·도지사, 소방본부장 또는 소방서장

2. 명령을 받은 자의 성명·명칭 및 주소
3. 명령에 관계된 이동탱크저장소의 설치자, 상치장소 및 설치 또는 변경의 허가번호
4. 위반내용
5. 명령의 내용 및 그 이행사항
6. 그 밖에 명령을 한 시·도지사, 소방본부장 또는 소방서장이 통보할 필요가 있다고 인정하는 사항

제12장 보칙

제78조(안전교육) ① 법 제28조제3항의 규정에 의하여 소방청장은 안전교육을 강습교육과 실무교육으로 구분하여 실시한다. <개정 2014.11.19., 2017.7.26.>
② 법 제28조제3항의 규정에 의한 안전교육의 과정·기간과 그 밖의 교육의 실시에 관한 사항은 별표 24와 같다.
③ 기술원 또는「소방기본법」제40조에 따른 한국소방안전원(이하 "안전원"이라 한다)은 매년 교육실시계획을 수립하여 교육을 실시하는 해의 전년도 말까지 소방청장의 승인을 받아야 하고, 해당 연도 교육실시결과를 교육을 실시한 해의 다음 연도 1월 31일까지 소방청장에게 보고하여야 한다. <개정 2016.8.2., 2017.7.26., 2019.1.3.>
④ 소방본부장은 매년 10월말까지 관할구역 안의 실무교육대상자 현황을 안전원에 통보하고 관할구역 안에서 안전원이 실시하는 안전교육에 관하여 지도·감독하여야 한다. <개정 2019.1.3.>

제79조(수수료 등) ① 법 제31조의 규정에 의한 수수료 및 교육비는 별표 25와 같다.
② 제1항의 규정에 의한 수수료 또는 교육비는 당해 허가 등의 신청 또는 신고시에 당해 허가 등의 업무를 직접 행하는 기관에 납부하되, 시·도지사 또는 소방서장에게 납부하는 수수료는 당해 시·도의 수입증지로 납부하여야 한다. 다만, 시·도지사 또는 소방서장은 정보통신망을 이용하여 전자화폐·전자결제 등의 방법으로 이를 납부하게 할 수 있다.

제80조 삭제 <2013.2.5.>

부칙

<제88호, 2019.1.3.>

이 규칙은 공포한 날부터 시행한다.

다중이용업소의 안전관리에 관한
특별법(약칭:다중이용업소법)

[시행 2019.4.17.]
[법률 제15809호, 2018.10.16, 일부개정]

제1장 총칙

제1조(목적) 이 법은 화재 등 재난이나 그 밖의 위급한 상황으로부터 국민의 생명·신체 및 재산을 보호하기 위하여 다중이용업소의 안전시설등의 설치·유지 및 안전관리와 화재위험평가, 다중이용업주의 화재배상책임보험에 필요한 사항을 정함으로써 공공의 안전과 복리 증진에 이바지함을 목적으로 한다. <개정 2012.2.22., 2014.1.7.>
[전문개정 2011.5.30.]

제2조(정의) ① 이 법에서 사용하는 용어의 뜻은 다음과 같다. <개정 2011.8.4., 2014.1.7.>
  1. "다중이용업"이란 불특정 다수인이 이용하는 영업 중 화재 등 재난 발생 시 생명·신체·재산상의 피해가 발생할 우려가 높은 것으로서 대통령령으로 정하는 영업을 말한다.
  2. "안전시설등"이란 소방시설, 비상구, 영업장 내부 피난통로, 그 밖의 안전시설로서 대통령령으로 정하는 것을 말한다.
  3. "실내장식물"이란 건축물 내부의 천장 또는 벽에 설치하는 것으로서 대통령령으로 정하는 것을 말한다.
  4. "화재위험평가"란 다중이용업의 영업소(이하 "다중이용업소"라 한다)가 밀집한 지역 또는 건축물에 대하여 화재 발생 가능성과 화재로 인한 불특정 다수인의 생명·신체·재산상의 피해 및 주변에 미치는 영향을 예측·분석하고 이에 대한 대책을 마련하는 것을 말한다.
  5. "밀폐구조의 영업장"이란 지상층에 있는 다중이용업소의 영업장 중 채광

·환기·통풍 및 피난 등이 용이하지 못한 구조로 되어 있으면서 대통령령으로 정하는 기준에 해당하는 영업장을 말한다.
6. "영업장의 내부구획"이란 다중이용업소의 영업장 내부를 이용객들이 사용할 수 있도록 벽 또는 칸막이 등을 사용하여 구획된 실(室)을 만드는 것을 말한다.
② 이 법에서 사용하는 용어의 뜻은 제1항에서 규정하는 것을 제외하고는 「소방기본법」, 「소방시설공사업법」, 「화재예방, 소방시설 설치·유지 및 안전관리에 관한 법률」 및 「건축법」에서 정하는 바에 따른다. <개정 2011.8.4., 2018.10.16.>
[전문개정 2011.5.30.]

제3조(국가 등의 책무) ① 국가와 지방자치단체는 국민의 생명·신체 및 재산을 보호하기 위하여 불특정 다수인이 이용하는 다중이용업소의 안전시설등의 설치·유지 및 안전관리에 필요한 시책을 마련하여야 한다. <개정 2014.1.7.>
② 다중이용업을 운영하는 자(이하 "다중이용업주"라 한다)는 국가와 지방자치단체가 실시하는 다중이용업소의 안전관리 등에 관한 시책에 협조하여야 하며, 다중이용업소를 이용하는 사람들을 화재 등 재난이나 그 밖의 위급한 상황으로부터 보호하기 위하여 노력하여야 한다.
[전문개정 2011.5.30.]

제4조(다른 법률과의 관계) ① 다중이용업소의 화재 등 재난에 대한 안전관리에 관하여는 다른 법률에 우선하여 이 법을 적용한다. <개정 2012.2.22.>
② 「화재로 인한 재해보상과 보험가입에 관한 법률」에 따른 특수건물의 다중이용업주에 대하여는 제13조의2부터 제13조의6까지를 적용하지 아니한다. <신설 2012.2.22.>
③ 다중이용업주의 화재배상책임에 관하여 이 법에서 규정한 것 외에는 「민법」에 따른다. <신설 2012.2.22.>
[전문개정 2011.5.30.]

제2장 다중이용업소의 안전관리기본계획 등

제5조(안전관리기본계획의 수립·시행 등) ① 소방청장은 다중이용업소의 화재 등 재난이나 그 밖의 위급한 상황으로 인한 인적·물적 피해의 감소, 안전기준의 개발, 자율적인 안전관리능력의 향상, 화재배상책임보험제도의 정착 등을 위하여 5년마다 다중이용업소의 안전관리기본계획(이하 "기본계획"이라 한다)을 수립·시행하여야 한다. <개정 2012.2.22., 2014.11.19., 2017.7.26.>
② 기본계획에는 다음 각 호의 사항이 포함되어야 한다. <개정 2012.2.22.>

1. 다중이용업소의 안전관리에 관한 기본 방향
2. 다중이용업소의 자율적인 안전관리 촉진에 관한 사항
3. 다중이용업소의 화재안전에 관한 정보체계의 구축 및 관리
4. 다중이용업소의 안전 관련 법령 정비 등 제도 개선에 관한 사항
5. 다중이용업소의 적정한 유지·관리에 필요한 교육과 기술 연구·개발
5의2. 다중이용업소의 화재배상책임보험에 관한 기본 방향
5의3. 다중이용업소의 화재배상책임보험 가입관리전산망(이하 "책임보험전산
    망"이라 한다)의 구축·운영
5의4. 다중이용업소의 화재배상책임보험제도의 정비 및 개선에 관한 사항
6. 다중이용업소의 화재위험평가의 연구·개발에 관한 사항
7. 그 밖에 다중이용업소의 안전관리에 관하여 대통령령으로 정하는 사항
③ 소방청장은 기본계획에 따라 매년 연도별 안전관리계획(이하 "연도별계획"
이라 한다)을 수립·시행하여야 한다. <개정 2014.11.19., 2017.7.26.>
④ 소방청장은 제1항 및 제3항에 따라 수립된 기본계획 및 연도별계획을 관계
중앙행정기관의 장과 특별시장·광역시장·도지사 또는 특별자치도지사(이하
"시·도지사"라 한다)에게 통보하여야 한다. <개정 2014.11.19., 2017.7.26.>
⑤ 소방청장은 기본계획 및 연도별계획을 수립하기 위하여 필요하면 관계 중
앙행정기관의 장 및 시·도지사에게 관련된 자료의 제출을 요구할 수 있다.
이 경우 자료 제출을 요구받은 관계 중앙행정기관의 장 또는 시·도지사는
특별한 사유가 없으면 요구에 따라야 한다. <개정 2014.11.19., 2017.7.26.>
[전문개정 2011.5.30.]

제6조(집행계획의 수립·시행 등) ① 소방본부장은 기본계획 및 연도별계획에
따라 관할 지역 다중이용업소의 안전관리를 위하여 매년 안전관리집행계획(이
하 "집행계획"이라 한다)을 수립하여 소방청장에게 제출하여야 한다. <개정
2014.11.19., 2017.7.26.>
② 소방본부장은 집행계획을 수립하기 위하여 필요하면 해당 시장·군수·구
청장(자치구의 구청장을 말한다. 이하 같다)에게 관련된 자료의 제출을 요구
할 수 있다. 이 경우 자료 제출을 요구받은 해당 시장·군수·구청장은 특별
한 사유가 없으면 요구에 따라야 한다.
③ 집행계획의 수립 시기, 대상, 내용 등에 관하여 필요한 사항은 대통령령으
로 정한다.
[전문개정 2011.5.30.]

제3장 허가관청의 통보 등

제7조(관련 행정기관의 통보사항) ① 다른 법률에 따라 다중이용업의 허가·인가·등록·신고수리(이하 "허가등"이라 한다)를 하는 행정기관(이하 "허가관청"이라 한다)은 허가등을 한 날부터 14일 이내에 행정안전부령으로 정하는 바에 따라 다중이용업소의 소재지를 관할하는 소방본부장 또는 소방서장에게 다음 각 호의 사항을 통보하여야 한다. <개정 2013.3.23., 2014.11.19., 2017.7.26.>
  1. 다중이용업주의 성명 및 주소
  2. 다중이용업소의 상호 및 주소
  3. 다중이용업의 업종 및 영업장 면적
② 허가관청은 다중이용업주가 다음 각 호의 어느 하나에 해당하는 행위를 하였을 때에는 그 신고를 수리(受理)한 날부터 30일 이내에 소방본부장 또는 소방서장에게 통보하여야 한다. <개정 2015.1.20.>
  1. 휴업·폐업 또는 휴업 후 영업의 재개(再開)
  2. 영업 내용의 변경
  3. 다중이용업주의 변경 또는 다중이용업주 주소의 변경
  4. 다중이용업소 상호 또는 주소의 변경
[전문개정 2011.5.30.]

제7조의2(허가관청의 확인사항) 허가관청은 다른 법률에 따라 다중이용업주의 변경신고 또는 다중이용업주의 지위승계 신고를 수리하기 전에 다중이용업을 하려는 자가 다음 각 호의 사항을 이행하였는지를 확인하여야 한다. <개정 2018.10.16.>
  1. 제8조에 따른 소방안전교육 이수
  2. 제13조의2에 따른 화재배상책임보험 가입
[본조신설 2015.1.20.]

제8조(소방안전교육) ① 다중이용업주와 그 종업원 및 다중이용업을 하려는 자는 소방청장, 소방본부장 또는 소방서장이 실시하는 소방안전교육을 받아야 한다. 다만, 다중이용업주나 종업원이 그 해당연도에 다음 각 호의 어느 하나에 해당하는 교육을 받은 경우에는 그러하지 아니하다. <개정 2011.8.4., 2014.1.7., 2014.11.19., 2015.1.20., 2017.7.26., 2018.10.16.>
  1. 「화재예방, 소방시설 설치·유지 및 안전관리에 관한 법률」 제41조에 따른 소방안전관리자 강습 또는 실무교육
  2. 「위험물안전관리법」 제28조에 따른 위험물안전관리자 교육
② 다중이용업주는 소방안전교육 대상자인 종업원이 소방안전교육을 받도록

하여야 한다.

③ 소방청장, 소방본부장 또는 소방서장은 제1항에 따라 소방안전교육을 받은 사람에게는 교육 이수를 증명하는 서류를 발급하여야 한다. <개정 2014.11.19., 2017.7.26.>

④ 제1항에 따른 소방안전교육의 대상자, 횟수, 시기, 교육시간, 그 밖에 교육에 필요한 사항은 행정안전부령으로 정한다. <개정 2013.3.23., 2014.11.19., 2015.1.20., 2017.7.26., 2018.10.16.>

[전문개정 2011.5.30.]

제9조(다중이용업소의 안전관리기준 등) ① 다중이용업주 및 다중이용업을 하려는 자는 영업장에 대통령령으로 정하는 안전시설등을 행정안전부령으로 정하는 기준에 따라 설치·유지하여야 한다. 이 경우 다음 각 호의 어느 하나에 해당하는 영업장 중 대통령령으로 정하는 영업장에는 소방시설 중 간이스프링클러설비를 행정안전부령으로 정하는 기준에 따라 설치하여야 한다. <개정 2014.1.7., 2014.11.19., 2017.7.26.>

1. 숙박을 제공하는 형태의 다중이용업소의 영업장

2. 밀폐구조의 영업장

② 소방본부장이나 소방서장은 안전시설등이 행정안전부령으로 정하는 기준에 맞게 설치 또는 유지되어 있지 아니한 경우에는 그 다중이용업주에게 안전시설등의 보완 등 필요한 조치를 명하거나 허가관청에 관계 법령에 따른 영업정지 처분 또는 허가등의 취소를 요청할 수 있다. <개정 2013.3.23., 2014.11.19., 2016.1.27., 2017.7.26.>

③ 다중이용업을 하려는 자(다중이용업을 하고 있는 자를 포함한다)는 다음 각 호의 어느 하나에 해당하는 경우에는 안전시설등을 설치하기 전에 미리 소방본부장이나 소방서장에게 행정안전부령으로 정하는 안전시설등의 설계도서를 첨부하여 행정안전부령으로 정하는 바에 따라 신고하여야 한다. <개정 2013.3.23., 2014.1.7., 2014.11.19., 2015.1.20., 2017.7.26.>

1. 안전시설등을 설치하려는 경우

2. 영업장 내부구조를 변경하려는 경우로서 다음 각 목의 어느 하나에 해당하는 경우

가. 영업장 면적의 증가

나. 영업장의 구획된 실의 증가

다. 내부통로 구조의 변경

3. 안전시설등의 공사를 마친 경우

④ 소방본부장이나 소방서장은 제3항제1호 및 제2호에 따라 신고를 받았을 때에는 설계도서가 행정안전부령으로 정하는 기준에 맞는지를 확인하고, 그에 맞도록 지도하여야 한다. <개정 2013.3.23., 2014.11.19., 2017.7.26.>

⑤ 소방본부장이나 소방서장은 제3항제3호에 따라 공사완료의 신고를 받았을 때에는 안전시설등이 행정안전부령으로 정하는 기준에 맞게 설치되었다고 인정하는 경우에는 행정안전부령으로 정하는 바에 따라 안전시설등 완비증명서를 발급하여야 하며, 그 기준에 맞지 아니한 경우에는 시정될 때까지 안전시설등 완비증명서를 발급하여서는 아니 된다. <개정 2013.3.23., 2014.11.19., 2017.7.26.>
[전문개정 2011.5.30.]

Q. 고시원 완비증명관련 질의

질문

건축물(6/2층, 연면적 747.75㎡)의 주용도가 제1종 근린생활이고 지하 2층~지상 4층(644.62㎡)을 고시원으로 사용하기 위해 안전시설등 설치신고(2008.04.21.)→완공신고서 접수(2008.06.12.)→완비증명서 발급(2008.06.13.)을 받았으나 구획된 실에 화장실(변기 및 세면대)과 휴게실내 1개의 공동취사시설이 설치되어 관할구청 건축물관리대장(2008.06.10.)에 위반건축물로 등재되었을 경우 완비증명서 발급이 적법한지 여부

답변

「다중이용업소의 안전관리에 관한 특별법 시행규칙」 제2조 제1호 규정에 의거 "고시원업은 구획된 실 안에 학습자가 공부할 수 있는 시설을 갖추고 숙박 또는 숙식을 제공하는 형태의 영업"으로 정의되어 있습니다. 이 경우 「다중이용업소의 안전관리에 관한 특별법」 제9조 제1항 규정에 의한 안전시설 등이 관계법령에 따라 적합하게 설치되었다면 "안전시설등 완비증명서"를 발급할 수 있습니다.
다만, 완비증명 발급을 위한 완공검사 현장 확인 중 건축, 가스 등 위반사항을 적발하였을 경우에는 해당기관으로 통보하기 바랍니다.

Q. 고시원 간이스프링클러설비 설치관련

질문

기존에 안전시설 등 완비증명서를 발급받고 영업 중인 고시원이 건축법 시행령 개정으로 인하여 용도변경을 신청하는 경우 간이스프링클러설비 설치의무가 있는지요?

답변

한국 ○○○에서 협조요청하신 기존에 안전시설 등 완비증명서를 발급받고 영업 중인

고시원이 건축법 시행령 개정으로 인하여 용도변경을 신청하는 경우 간이스프링클러설비 설치의무가 없으며, 고시원에 간이스프링클러설비를 설치하여야 하는 경우는 다음과 같음을 업무에 참고하시기 바랍니다.

<고시원 간이스프링클러설비 설치대상>
1) 2009.07.08.부터 최초로 고시원업을 하는 경우
2) 기존의 고시원이 2009.07.08.이후에 영업장의 내부구조변경, 실내장식물변경, 영업주가 변경되는 경우

제9조의2(다중이용업소의 비상구 추락방지) 다중이용업주 및 다중이용업을 하려는 자는 제9조제1항에 따라 설치·유지하는 안전시설등 중 행정안전부령으로 정하는 비상구에 추락위험을 알리는 표지 등 추락 등의 방지를 위한 장치를 행정안전부령으로 정하는 기준에 따라 갖추어야 한다.
[본조신설 2017.12.26.]

제10조(다중이용업의 실내장식물) ① 다중이용업소에 설치하거나 교체하는 실내장식물(반자돌림대 등의 너비가 10센티미터 이하인 것은 제외한다)은 불연재료(不燃材料) 또는 준불연재료로 설치하여야 한다.
② 제1항에도 불구하고 합판 또는 목재로 실내장식물을 설치하는 경우로서 그 면적이 영업장 천장과 벽을 합한 면적의 10분의 3(스프링클러설비 또는 간이스프링클러설비가 설치된 경우에는 10분의 5) 이하인 부분은 「화재예방, 소방시설 설치·유지 및 안전관리에 관한 법률」 제12조제3항에 따른 방염성능기준 이상의 것으로 설치할 수 있다. <개정 2011.8.4., 2018.10.16.>
③ 소방본부장이나 소방서장은 다중이용업소의 실내장식물이 제1항 및 제2항에 따른 실내장식물의 기준에 맞지 아니하는 경우에는 그 다중이용업주에게 해당 부분의 실내장식물을 교체하거나 제거하게 하는 등 필요한 조치를 명하거나 허가관청에 관계 법령에 따른 영업정지 처분 또는 허가등의 취소를 요청할 수 있다. <신설 2014.1.7., 2016.1.27.>
[전문개정 2011.5.30.]

Q. 다중이용업소의 방염조치의무

질문

커피전문점을 운영하면서, 내부 인테리어를 일부 바꾸려 합니다. 이 경우 모든 실내장식물에 대하여 불연재료 또는 준불연재료를 사용해야 하나요?

답변

다중이용업소에 설치되는 실내장식물은 불연재료 또는 준불연재료여야 합니다. 다만, 일정한 면적 이하에 설치되는 합판 또는 목재에 대해서는 방염 성능 기준 이상의 성능을 가진 것이라면 불연재료 또는 준불연재료가 아니라도 설치할 수 있습니다.

◇ 다중이용업소의 실내장식물에 대한 방염
☞ 원칙: 불연재료 또는 준불연재료 사용
　다중이용업소에 설치 또는 교체하는 실내장식물(반돌림대 등의 너비가 10센티미터 이하인 경우는 제외)은 불연재료 또는 준불연재료로 설치해야 합니다.
☞ 예외: 방염 성능 기준 이상의 물품 사용
　다만, 합판 또는 목재로 실내장식물을 설치하는 경우로서 그 면적이 영업장의 천장과 벽을 합한 면적의 10분의 3(스프링클러설비 또는 간이스프링클러설비가 설치된 경우에는 10분의 5) 이하의 부분은 「화재예방, 소방시설 설치·유지 및 안전관리에 관한 법률」 제12조제3항에 따른 방염 성능 기준 이상의 것으로 설치할 수 있습니다.

◇ 방염 대상 실내장식물
☞ 위 방염 조치를 해야 하는 실내장식물은 건축물 내부의 천장이나 벽에 붙이는(설치하는) 것으로서 다음의 어느 하나에 해당하는 것을 말합니다.
　1. 종이류(두께 2밀리미터 이상인 것을 말함)·합성수지류 또는 섬유류를 주원료로 한 물품
　2. 합판이나 목재
　3. 공간을 구획하기 위해 설치하는 간이 칸막이(접이식 등 이동 가능한 벽체나 천장 또는 반자가 실내에 접하는 부분까지 구획하지 않는 벽체를 말함)
　4. 흡음(吸音)이나 방음(防音)을 위해 설치하는 흡음재(흡음용 커튼을 포함) 또는 방음재(방음용 커튼을 포함)
☞ 다만, 가구류(옷장, 찬장, 식탁, 식탁용 의자, 사무용 책상, 사무용 의자 및 계산대, 그 밖에 이와 비슷한 것을 말함)와 너비 10센티미터 이하인 반자돌림대 등과 「건축법」 제52조에 따른 내부마감재료는 적용에서 제외됩니다.

◇ 위반 시 제재
☞ 다중이용업소에 사용될 실내장식물을 설치기준에 따라 설치·유지하지 않으면 300만원 이하의 과태료가 부과됩니다.

제10조의2(영업장의 내부구획) ① 다중이용업소의 영업장 내부를 구획하고자 할 때에는 불연재료로 구획하여야 한다. 이 경우 다음 각 호의 어느 하나에 해당하는 다중이용업소의 영업장은 천장(반자속)까지 구획하여야 한다.
　1. 단란주점 및 유흥주점 영업
　2. 노래연습장업

② 제1항에 따른 영업장의 내부구획 기준은 행정안전부령으로 정한다. <개정 2014.11.19., 2017.7.26.>
③ 소방본부장이나 소방서장은 영업장의 내부구획이 제1항 및 제2항에 따른 기준에 맞지 아니하는 경우에는 그 다중이용업주에게 보완 등 필요한 조치를 명하거나 허가관청에 관계 법령에 따른 영업정지 처분 또는 허가등의 취소를 요청할 수 있다. <개정 2016.1.27.>
[본조신설 2014.1.7.]

제11조(피난시설, 방화구획 및 방화시설의 유지·관리) 다중이용업주는 해당 영업장에 설치된 「건축법」 제49조에 따른 피난시설, 방화구획과 같은 법 제50조부터 제53조까지의 규정에 따른 방화벽, 내부 마감재료 등(이하 "방화시설"이라 한다)을 「화재예방, 소방시설 설치·유지 및 안전관리에 관한 법률」 제10조제1항에 따라 유지하고 관리하여야 한다. <개정 2011.8.4., 2018.10.16.>
[전문개정 2011.5.30.]

제12조(피난안내도의 비치 또는 피난안내 영상물의 상영) ① 다중이용업주는 화재 등 재난이나 그 밖의 위급한 상황의 발생 시 이용객들이 안전하게 피난할 수 있도록 피난계단·피난통로, 피난설비 등이 표시되어 있는 피난안내도를 갖추어 두거나 피난안내에 관한 영상물을 상영하여야 한다.
② 제1항에 따라 피난안내도를 갖추어 두거나 피난안내에 관한 영상물을 상영하여야 하는 대상, 피난안내도를 갖추어 두어야 하는 위치, 피난안내에 관한 영상물의 상영시간, 피난안내도 및 피난안내에 관한 영상물에 포함되어야 할 내용과 그 밖에 필요한 사항은 행정안전부령으로 정한다. <개정 2013.3.23., 2014.11.19., 2017.7.26.>
[전문개정 2011.5.30.]

Q. 피난안내도 비치

질문

노래방의 경우 피난안내 영상물을 언제 상영해야 하나요?

답변

노래연습장업 영업의 경우 노래방 기기(機器)가 처음 작동 될 때 피난안내 영상물을 상영해야 합니다.

◇ 피난안내도의 비치 또는 피난안내 영상물의 상영 의무

☞ 다중이용업의 영업주는 화재 등 재난 그 밖의 위급한 상황의 발생시에 이용객들이 안전하게 피난할 수 있도록 피난계단·피난통로, 피난설비 등이 표시되어 있는 피난안내도를 비치하거나 피난안내에 관한 영상물을 상영해야 합니다.

◇ 피난안내 영상물의 상영 대상 및 상영 시간

☞ 피난안내 영상물을 상영해야 하는 대상은 다음의 어느 하나에 해당하는 다중이용업의 영업장입니다.
  1. 「영화 및 비디오물의 진흥에 관한 법률」 제2조에 따른 영화상영관 및 비디오물소극장업
  2. 「음악산업 진흥에 관한 법률」 제2조제13호의 노래연습장업
  3. 「식품위생법 시행령」 제21조제8호다목 및 라목의 단란주점영업 및 유흥주점영업. 다만, 피난안내 영상물을 상영할 수 있는 시설이 설치된 경우만 해당됩니다.
  4. 「게임산업진흥에 관한 법률」 제2조제7호의 인터넷컴퓨터게임시설제공업. 다만, 인터넷컴퓨터게임시설이 설치된 책상마다 피난안내도를 비치한 경우에는 제외될 수 있습니다.
  5. 전화방업·화상대화방업, 수면방업, 콜라텍업 등 「다중이용업소의 안전관리에 관한 특별법 시행령」 제2조제8호에 해당하는 영업으로서 피난안내 영상물을 상영할 수 있는 시설을 갖춘 영업

☞ 피난안내 영상물 상영 시간은 영업장의 내부구조 등을 고려해서 정하되, 상영 시기는 다음과 같습니다(「다중이용업소의 안전관리에 관한 특별법 시행규칙」 제12조제4호).
  1. 영화상영관 및 비디오물소극장업: 매 회 영화상영 또는 비디오물 상영 시작 전
  2. 노래연습장업 등 그 밖의 영업: 매 회 새로운 이용객이 입장하여 노래방 기기(機器) 등을 작동할 때

☞ 피난안내에 관한 영상물을 상영하지 않으면 1차 위반 시 50만원, 2차 위반 시 100만원, 3차 이상 위반 시 300만원의 과태료가 부과됩니다.

제13조(다중이용업주의 안전시설등에 대한 정기점검 등) ① 다중이용업주는 다중이용업소의 안전관리를 위하여 정기적으로 안전시설등을 점검하고 그 점검결과서를 1년간 보관하여야 한다. 이 경우 다중이용업소에 설치된 안전시설등이 건축물의 다른 시설·장비와 연계되어 작동되는 경우에는 해당 건축물의 소유자·점유자 등 관련 시설·장비를 관리하는 관계인(소방안전관리자를 포함한다)은 다중이용업주의 안전점검에 협조하여야 한다. <개정 2011.8.4.>
② 다중이용업주는 제1항에 따른 정기점검을 행정안전부령으로 정하는 바에 따라 「화재예방, 소방시설 설치·유지 및 안전관리에 관한 법률」 제29조에 따른 소방시설관리업자에게 위탁할 수 있다. <개정 2011.8.4., 2013.3.23., 2014.11.19., 2017.7.26., 2018.10.16.>
③ 제1항에 따른 안전점검의 대상, 점검자의 자격, 점검주기, 점검방법, 그 밖에 필요한 사항은 행정안전부령으로 정한다. <개정 2013.3.23., 2014.11.19., 2017.7.26.>
[전문개정 2011.5.30.]

제3장의2 다중이용업주의 화재배상책임보험의 의무가입 등

<신설 2012.2.22.>

제13조의2(화재배상책임보험 가입 의무) ① 다중이용업주 및 다중이용업을 하려는 자는 다중이용업소의 화재(폭발을 포함한다. 이하 같다)로 인하여 다른 사람이 사망·부상하거나 재산상의 손해를 입은 경우 피해자(피해자가 사망한 경우에는 손해배상을 받을 권리를 가진 자를 말한다)에게 대통령령으로 정하는 금액을 지급할 책임을 지는 책임보험(이하 "화재배상책임보험"이라 한다)에 가입하여야 한다. <개정 2018.10.16.>
② 「보험업법」 제2조제1호에 따른 다른 종류의 보험상품에 제1항에서 정한 화재배상책임보험의 내용이 포함되는 경우에는 이 법에 따른 화재배상책임보험으로 본다.
③ 보험회사는 제1항에 따른 화재배상책임보험 계약을 체결하는 경우 해당 다중이용업소의 안전시설등의 설치·유지 및 안전관리에 관한 사항을 고려하여 보험료율을 차등 적용할 수 있다. <신설 2016.1.27.>
④ 제3항에 따라 보험회사가 보험료율을 차등 적용하는 경우에는 다중이용업소의 업종 및 면적 등 대통령령으로 정하는 사항을 고려하여야 한다. <신설 2016.1.27.>
[본조신설 2012.2.22.]

제13조의3(화재배상책임보험 가입 촉진 및 관리) ① 다중이용업주는 다음 각 호의 어느 하나에 해당하는 경우에는 화재배상책임보험에 가입한 후 그 증명서(보험증권을 포함한다)를 소방본부장 또는 소방서장에게 제출하여야 한다. <개정 2015.1.20.>
  1. 제7조제2항제3호 중 다중이용업주를 변경한 경우
  2. 제9조제3항 각 호에 따른 신고를 할 경우
② 화재배상책임보험에 가입한 다중이용업주는 행정안전부령으로 정하는 바에 따라 화재배상책임보험에 가입한 영업소임을 표시하는 표지를 부착할 수 있다. <개정 2013.3.23., 2014.11.19., 2017.7.26.>
③ 보험회사는 화재배상책임보험의 계약을 체결하고 있는 다중이용업주에게 그 계약 종료일의 75일 전부터 30일 전까지의 기간 및 30일 전부터 10일 전까지의 기간에 각각 그 계약이 끝난다는 사실을 알려야 한다. 다만, 다음 각 호의 어느 하나에 해당하는 경우에는 그러하지 아니하다.
  1. 보험기간이 1개월 이내인 계약의 경우
  2. 다중이용업주가 자기와 다시 계약을 체결한 경우
  3. 다중이용업주가 다른 보험회사와 새로운 계약을 체결한 사실을 안 경우
④ 보험회사는 화재배상책임보험에 가입하여야 할 자가 다음 각 호의 어느 하나

에 해당하면 그 사실을 행정안전부령으로 정하는 기간 내에 소방청장, 소방본부장 또는 소방서장에게 알려야 한다. <개정 2013.3.23., 2014.11.19., 2017.7.26.>

1. 화재배상책임보험 계약을 체결한 경우
2. 화재배상책임보험 계약을 체결한 후 계약 기간이 끝나기 전에 그 계약을 해지한 경우
3. 화재배상책임보험 계약을 체결한 자가 그 계약 기간이 끝난 후 자기와 다시 계약을 체결하지 아니한 경우

⑤ 소방본부장 또는 소방서장은 다중이용업주가 화재배상책임보험에 가입하지 아니하였을 때에는 허가관청에 다중이용업주에 대한 인가·허가의 취소, 영업의 정지 등 필요한 조치를 취할 것을 요청할 수 있다.

⑥ 소방청장, 소방본부장 또는 소방서장은 다중이용업주의 화재배상책임보험 가입을 관리하기 위하여 필요한 경우에는 사업자등록번호를 기재하여 관할 세무관서의 장에게 다음 각 호의 사항에 대한 과세정보 제공을 요청할 수 있다. <신설 2014.1.7., 2014.11.19., 2017.7.26.>

1. 대표자 성명 및 주민등록번호, 사업장 소재지
2. 휴업·폐업한 사업자의 성명 및 주민등록번호, 휴업일·폐업일

[본조신설 2012.2.22.]

제13조의4(보험금의 지급) 보험회사는 화재배상책임보험의 보험금 청구를 받은 때에는 지체 없이 지급할 보험금을 결정하고 보험금 결정 후 14일 이내에 피해자에게 보험금을 지급하여야 한다.

[본조신설 2012.2.22.]

제13조의5(화재배상책임보험 계약의 체결의무 및 가입강요 금지) ① 보험회사는 다중이용업주가 화재배상책임보험에 가입할 때에는 계약의 체결을 거부할 수 없다. 다만, 대통령령으로 정하는 경우에는 그러하지 아니하다.

② 다중이용업소에서 화재가 발생할 개연성이 높은 경우 등 행정안전부령으로 정하는 사유가 있으면 다수의 보험회사가 공동으로 화재배상책임보험 계약을 체결할 수 있다. 이 경우 보험회사는 다중이용업주에게 공동계약체결의 절차 및 보험료에 대한 안내를 하여야 한다. <개정 2013.3.23., 2014.11.19., 2017.7.26.>

③ 보험회사는 화재배상책임보험 외에 다른 보험의 가입을 다중이용업주에게 강요할 수 없다.

[본조신설 2012.2.22.]

제13조의6(화재배상책임보험 계약의 해제·해지) 보험회사는 다음 각 호의 어느 하나에 해당하는 경우 외에는 다중이용업주와의 화재배상책임보험 계약을 해제하거나 해지하여서는 아니 된다. <개정 2013.3.23., 2014.11.19., 2017.7.26.>

1. 제7조제2항제3호에 따라 다중이용업주가 변경된 경우. 다만, 변경된 다중

이용업주가 화재배상책임보험 계약을 승계한 경우는 제외한다.

2. 다중이용업주가 화재배상책임보험에 이중으로 가입되어 그 중 하나의 계약을 해제 또는 해지하려는 경우

3. 그 밖에 행정안전부령으로 정하는 경우

[본조신설 2012.2.22.]

제4장 다중이용업소 안전관리를 위한 기반조성

제14조(다중이용업소의 소방안전관리) 다중이용업주는 「화재예방, 소방시설 설치·유지 및 안전관리에 관한 법률」 제20조제6항제3호 및 제5호부터 제7호까지의 규정에 따른 소방안전관리업무를 수행하여야 한다. <개정 2011.8.4., 2018.10.16.>

[전문개정 2011.5.30.]

[제목개정 2011.8.4.]

제15조(다중이용업소에 대한 화재위험평가 등) ① 소방청장, 소방본부장 또는 소방서장은 다음 각 호의 어느 하나에 해당하는 지역 또는 건축물에 대하여 화재를 예방하고 화재로 인한 생명·신체·재산상의 피해를 방지하기 위하여 필요하다고 인정하는 경우에는 화재위험평가를 할 수 있다. <개정 2014.11.19., 2017.7.26.>

1. 2천제곱미터 지역 안에 다중이용업소가 50개 이상 밀집하여 있는 경우

2. 5층 이상인 건축물로서 다중이용업소가 10개 이상 있는 경우

3. 하나의 건축물에 다중이용업소로 사용하는 영업장 바닥면적의 합계가 1천제곱미터 이상인 경우

② 소방청장, 소방본부장 또는 소방서장은 화재위험평가 결과 그 위험유발지수가 대통령령으로 정하는 기준 이상인 경우에는 해당 다중이용업주에게 「화재예방, 소방시설 설치·유지 및 안전관리에 관한 법률」 제5조에 따른 조치를 명할 수 있다. <개정 2011.8.4., 2014.11.19., 2017.7.26., 2018.10.16.>

③ 소방청장, 소방본부장 또는 소방서장은 제2항에 따른 명령으로 인하여 손실을 입은 자가 있으면 대통령령으로 정하는 바에 따라 이를 보상하여야 한다. 다만, 법령을 위반하여 건축되거나 설비된 다중이용업소에 대하여는 그러하지 아니하다. <개정 2014.11.19., 2017.7.26.>

④ 소방청장, 소방본부장 또는 소방서장은 화재위험평가의 결과 그 위험유발지수가 대통령령으로 정하는 기준 미만인 다중이용업소에 대하여는 안전시설등의 일부를 설치하지 아니하게 할 수 있다. <개정 2014.11.19., 2017.7.26.>

⑤ 소방청장, 소방본부장 또는 소방서장은 화재위험평가를 제16조제1항에 따른 화재위험평가 대행자로 하여금 대행하게 할 수 있다. <개정 2014.11.19., 2017.7.26.>

[전문개정 2011.5.30.]

제16조(화재위험평가 대행자의 등록 등) ① 제15조제5항에 따라 화재위험평가를 대행하려는 자는 대통령령으로 정하는 기술인력, 시설 및 장비를 갖추고 행정안전부령으로 정하는 바에 따라 소방청장에게 화재위험평가 대행자(이하 "평가대행자"라 한다)로 등록하여야 한다. 등록 사항 중 대통령령으로 정하는 중요 사항을 변경할 때에도 또한 같다. <개정 2013.3.23., 2014.11.19., 2017.7.26.>
② 다음 각 호의 어느 하나에 해당하는 자는 평가대행자로 등록할 수 없다. <개정 2011.8.4., 2015.1.20., 2018.10.16.>
  1. 피성년후견인 또는 피한정후견인
  2. 삭제 <2015.1.20.>
  3. 제17조제1항에 따라 등록이 취소(이 항 제1호에 해당하여 등록이 취소된 경우는 제외한다)된 후 2년이 지나지 아니한 자
  4. 이 법, 「소방기본법」, 「소방시설공사업법」, 「화재예방, 소방시설 설치·유지 및 안전관리에 관한 법률」, 「위험물 안전관리법」을 위반하여 징역 이상의 실형을 선고받고 그 형의 집행이 끝나거나 집행을 받지 아니하기로 확정된 후 2년이 지나지 아니한 사람
  5. 임원 중 제1호부터 제4호까지의 어느 하나에 해당하는 사람이 있는 법인
③ 평가대행자는 다음 각 호의 사항을 준수하여야 한다. <개정 2013.3.23., 2014.11.19., 2017.7.26.>
  1. 평가서를 거짓으로 작성하지 아니할 것
  2. 다른 평가서의 내용을 복제(複製)하지 아니할 것
  3. 평가서를 행정안전부령으로 정하는 기간 동안 보존할 것
  4. 등록증이나 명의를 다른 사람에게 대여하거나 도급받은 화재위험평가 업무를 하도급하지 아니할 것
④ 평가대행자는 업무를 휴업하거나 폐업하려면 소방청장에게 신고하여야 한다. <개정 2014.11.19., 2017.7.26.>
⑤ 제4항에 따른 휴업 또는 폐업 신고에 필요한 사항은 행정안전부령으로 정한다. <개정 2013.3.23., 2014.11.19., 2017.7.26.>
[전문개정 2011.5.30.]

제17조(평가대행자의 등록취소 등) ① 소방청장은 평가대행자가 다음 각 호의 어느 하나에 해당하는 경우에는 그 등록을 취소하거나 6개월 이내의 기간을 정하여 업무의 정지를 명할 수 있다. 다만, 제1호부터 제4호까지의 어느 하나에 해당하는 경우에는 그 등록을 취소하여야 한다. <개정 2013.3.23., 2014.11.19., 2017.7.26.>
  1. 제16조제2항 각 호의 어느 하나에 해당하는 경우. 다만, 제16조제2항제5호에 해당하는 경우 6개월 이내에 그 임원을 바꾸어 임명한 경우는 제외한다.
  2. 거짓이나 그 밖의 부정한 방법으로 등록한 경우

3. 최근 1년 이내에 2회의 업무정지처분을 받고 다시 업무정지처분 사유에 해당하는 행위를 한 경우
4. 다른 사람에게 등록증이나 명의를 대여한 경우
5. 제16조제1항 전단에 따른 등록기준에 미치지 못하게 된 경우
6. 제16조제3항제2호를 위반하여 다른 평가서의 내용을 복제한 경우
7. 제16조제3항제3호를 위반하여 평가서를 행정안전부령으로 정하는 기간 동안 보존하지 아니한 경우
8. 제16조제3항제4호를 위반하여 도급받은 화재위험평가 업무를 하도급한 경우
9. 평가서를 거짓으로 작성하거나 고의 또는 중대한 과실로 평가서를 부실하게 작성한 경우
10. 등록 후 2년 이내에 화재위험평가 대행 업무를 시작하지 아니하거나 계속하여 2년 이상 화재위험평가 대행 실적이 없는 경우
② 제1항에 따라 등록취소 또는 업무정지 처분을 받은 자는 그 처분을 받은 날부터 화재위험평가 대행 업무를 수행할 수 없다.
③ 제1항에 따른 행정처분의 기준과 그 밖에 필요한 사항은 행정안전부령으로 정한다. <개정 2013.3.23., 2014.11.19., 2017.7.26.>
[전문개정 2011.5.30.]

제17조의2(청문) 소방청장은 제17조제1항에 따라 평가대행자의 등록을 취소하거나 업무를 정지하려면 청문을 하여야 한다. <개정 2014.1.7., 2014.11.19., 2017.7.26.>
[전문개정 2011.5.30.]

제18조(평가서의 작성방법 및 평가대행 비용의 산정기준) 소방청장은 평가서의 작성방법 및 화재위험평가의 대행에 필요한 비용의 산정기준을 정하여 고시하여야 한다. <개정 2014.11.19., 2017.7.26.>
[전문개정 2011.5.30.]

제19조(안전관리에 관한 전산시스템의 구축·운영) ① 소방청장은 허가등 또는 그 변경 사항과 관련 통계 등 업무 수행에 필요한 행정정보를 다중이용업소의 안전관리에 관한 정책 수립, 연구·조사 등에 활용하기 위하여 전산시스템을 구축·운영하여야 한다. <개정 2014.11.19., 2017.7.26.>
② 소방청장은 화재배상책임보험에 가입하지 아니한 다중이용업주를 효율적으로 관리하기 위하여 제1항에 따라 구축·운영하는 전산시스템과 보험회사 및 보험 관련 단체가 관리·운영하는 전산시스템을 연계하여 책임보험전산망을 구축·운영할 수 있다. <신설 2012.2.22., 2014.11.19., 2017.7.26.>
③ 소방청장은 제1항에 따른 전산시스템 및 제2항에 따른 책임보험전산망의 구축·운영을 위하여 허가관청, 보험회사 및 보험 관련 단체에 필요한 자료 또는

정보의 제공을 요청할 수 있다. 이 경우 관련 자료나 정보의 제공을 요청받은
자는 특별한 사유가 없으면 요청에 따라야 한다. <개정 2012.2.22., 2014.11.19.,
2017.7.26.>

④ 소방청장은 허가관청이 제1항에 따른 전산시스템을 다중이용업소의 안전관리
에 관한 업무에 활용할 수 있도록 하여야 한다. 다만, 제2항에 따른 책임보험전
산망에 대하여는 그러하지 아니하다. <개정 2012.2.22., 2014.11.19., 2017.7.26.>

[전문개정 2011.5.30.]

제20조(법령위반업소의 공개) ① 소방청장, 소방본부장 또는 소방서장은 다중이
용업주가 제9조제2항 및 제15조제2항에 따른 조치 명령을 2회 이상 받고도
이행하지 아니하였을 때에는 그 조치 내용(그 위반사항에 대하여 수사기관에
고발된 경우에는 그 고발된 사실을 포함한다)을 인터넷 등에 공개할 수 있다.
<개정 2014.11.19., 2017.7.26.>

② 제1항에 따라 위반소를 공개하는 경우 그 내용·기간 및 방법 등에 필요
한 사항은 대통령령으로 정한다.

[전문개정 2011.5.30.]

제21조(안전관리우수업소표지 등) ① 소방본부장이나 소방서장은 다중이용업소
의 안전관리업무 이행 실태가 우수하여 대통령령으로 정하는 요건을 갖추었
다고 인정할 때에는 그 사실을 해당 다중이용업주에게 통보하고 이를 공표할
수 있다.

② 제1항에 따라 통보받은 다중이용업주는 그 사실을 나타내는 표지(이하 "안
전관리우수업소표지"라 한다)를 영업소의 명칭과 함께 영업소의 출입구에 부
착할 수 있다.

③ 소방본부장이나 소방서장은 제1항에 해당하는 다중이용업소에 대하여는 행
정안전부령으로 정하는 기간 동안 제8조에 따른 소방안전교육 및 「화재예방,
소방시설 설치·유지 및 안전관리에 관한 법률」 제4조에 따른 소방특별조사를
면제할 수 있다. <개정 2011.8.4., 2013.3.23., 2014.11.19., 2017.7.26., 2018.10.16.>

④ 안전관리우수업소표지에 필요한 사항은 행정안전부령으로 정한다. <개정
2013.3.23., 2014.11.19., 2017.7.26.>

[전문개정 2011.5.30.]

제5장 보칙
<개정 2011.5.30.>

제21조의2(압류의 금지) 이 법에 따른 화재배상책임보험의 보험금 청구권 중 다

른 사람의 사망 또는 부상으로 인하여 발생한 청구권은 이를 압류할 수 없다.
[본조신설 2012.2.22.]

제22조(권한의 위탁 등) ① 소방청장, 소방본부장 또는 소방서장은 제8조제1항
에 따른 다중이용업주 및 그 종업원에 대한 소방안전교육 업무, 제19조제2항
의 책임보험전산망의 구축·운영에 관한 업무를 대통령령으로 정하는 바에
따라 관련 법인 또는 단체에 위탁할 수 있다. <개정 2012.2.22., 2014.11.19.,
2017.7.26.>
② 제1항에 따라 위탁받은 업무에 종사하는 법인 또는 단체의 임원 및 직원은
「형법」 제129조부터 제132조까지의 규정을 적용할 때에는 공무원으로 본다.
③ 제1항에 따라 위탁받은 법인 또는 단체의 장은 행정안전부령으로 정하는
바에 따라 위탁받은 업무의 수행에 드는 경비를 교육 대상자로부터 징수할
수 있다. <개정 2013.3.23., 2014.11.19., 2017.7.26.>
④ 제1항에 따라 소방안전교육을 위탁받은 자가 갖추어야 할 시설기준, 교수
요원의 자격 등에 필요한 사항은 행정안전부령으로 정한다. <개정 2013.3.23.,
2014.11.19., 2017.7.26.>
⑤ 제1항에 따라 업무를 위탁받은 자는 그 직무상 알게 된 정보를 누설하거나
다른 사람에게 제공하는 등 부당한 목적을 위하여 사용하여서는 아니 된다.
<신설 2012.2.22.>
[전문개정 2011.5.30.]

제22조의2(벌칙 적용 시의 공무원 의제) 제15조제5항에 따라 화재위험평가업무
를 대행하는 사람은 「형법」 제129조부터 제132조까지의 규정을 적용할 때에
는 공무원으로 본다.
[본조신설 2015.1.20.]

제6장 벌칙

<개정 2011.5.30.>

제23조(벌칙) 다음 각 호의 어느 하나에 해당하는 자는 1년 이하의 징역 또는
1천만원 이하의 벌금에 처한다. <개정 2012.2.22.>
  1. 제16조제1항을 위반하여 평가대행자로 등록하지 아니하고 화재위험평가
     업무를 대행한 자
  2. 제22조제5항을 위반하여 다른 사람에게 정보를 제공하거나 부당한 목적으
     로 이용한 자
[전문개정 2011.5.30.]

제24조(양벌규정) 법인의 대표자나 법인 또는 개인의 대리인, 사용인, 그 밖의 종업원이 그 법인 또는 개인의 업무에 관하여 제23조의 위반행위를 하면 그 행위자를 벌하는 외에 그 법인 또는 개인에게도 해당 조문의 벌금형을 과(科)한다. 다만, 법인 또는 개인이 그 위반행위를 방지하기 위하여 해당 업무에 관하여 상당한 주의와 감독을 게을리하지 아니한 경우에는 그러하지 아니하다.
[전문개정 2008.12.26.]

제25조(과태료) ① 다음 각 호의 어느 하나에 해당하는 자에게는 300만원 이하의 과태료를 부과한다. <개정 2011.8.4., 2012.2.22., 2014.1.7., 2015.1.20., 2017.12.26., 2018.10.16.>

1. 제8조제1항 및 제2항을 위반하여 소방안전교육을 받지 아니하거나 종업원이 소방안전교육을 받도록 하지 아니한 다중이용업주
2. 제9조제1항을 위반하여 안전시설등을 기준에 따라 설치·유지하지 아니한 자
2의2. 제9조제3항을 위반하여 설치신고를 하지 아니하고 안전시설등을 설치하거나 영업장 내부구조를 변경한 자 또는 안전시설등의 공사를 마친 후 신고를 하지 아니한 자
2의3. 제9조의2를 위반하여 비상구에 추락 등의 방지를 위한 장치를 기준에 따라 갖추지 아니한 자
3. 제10조제1항 및 제2항을 위반하여 실내장식물을 기준에 따라 설치·유지하지 아니한 자
3의2. 제10조의2제1항 및 제2항을 위반하여 영업장의 내부구획을 기준에 따라 설치·유지하지 아니한 자
4. 제11조를 위반하여 피난시설, 방화구획 또는 방화시설에 대하여 폐쇄·훼손·변경 등의 행위를 한 자
5. 제12조제1항을 위반하여 피난안내도를 갖추어 두지 아니하거나 피난안내에 관한 영상물을 상영하지 아니한 자
6. 제13조제1항 전단을 위반하여 정기점검결과서를 보관하지 아니한 자
6의2. 제13조의2제1항을 위반하여 화재배상책임보험에 가입하지 아니한 다중이용업주
6의3. 제13조의3제3항 또는 제4항을 위반하여 통지를 하지 아니한 보험회사
6의4. 제13조의5제1항을 위반하여 다중이용업주와의 화재배상책임보험 계약 체결을 거부하거나 제13조의6을 위반하여 임의로 계약을 해제 또는 해지한 보험회사
7. 제14조를 위반하여 소방안전관리업무를 하지 아니한 자
② 제1항에 따른 과태료는 대통령령으로 정하는 바에 따라 소방청장, 소방본부장 또는 소방서장이 부과·징수한다. <개정 2014.11.19., 2017.7.26.>
[전문개정 2011.5.30.]

제26조(이행강제금) ① 소방청장, 소방본부장 또는 소방서장은 제9조제2항, 제10조제3항, 제10조의2제3항 또는 제15조제2항에 따라 조치 명령을 받은 후 그 정한 기간 이내에 그 명령을 이행하지 아니하는 자에게는 1천만원 이하의 이행강제금을 부과한다. <개정 2014.1.7., 2014.11.19., 2017.7.26.>

② 소방청장, 소방본부장 또는 소방서장은 제1항에 따른 이행강제금을 부과하기 전에 제1항에 따른 이행강제금을 부과·징수한다는 것을 미리 문서로 알려 주어야 한다. <개정 2014.11.19., 2017.7.26.>

③ 소방청장, 소방본부장 또는 소방서장은 제1항에 따라 이행강제금을 부과할 때에는 이행강제금의 금액, 이행강제금의 부과 사유, 납부기한, 수납기관, 이의 제기 방법 및 이의 제기 기관 등을 적은 문서로 하여야 한다. <개정 2014.11.19., 2017.7.26.>

④ 소방청장, 소방본부장 또는 소방서장은 최초의 조치 명령을 한 날을 기준으로 매년 2회의 범위에서 그 조치 명령이 이행될 때까지 반복하여 제1항에 따른 이행강제금을 부과·징수할 수 있다. <개정 2014.11.19., 2017.7.26.>

⑤ 소방청장, 소방본부장 또는 소방서장은 조치 명령을 받은 자가 명령을 이행하면 새로운 이행강제금의 부과를 즉시 중지하되, 이미 부과된 이행강제금은 징수하여야 한다. <개정 2014.11.19., 2017.7.26.>

⑥ 소방청장, 소방본부장 또는 소방서장은 제1항에 따라 이행강제금 부과처분을 받은 자가 이행강제금을 기한까지 납부하지 아니하면 국세 체납처분의 예 또는 「지방세외수입금의 징수 등에 관한 법률」에 따라 징수한다. <개정 2013.8.6., 2014.11.19., 2017.7.26.>

⑦ 제1항에 따라 이행강제금을 부과하는 위반행위의 종류와 위반 정도에 따른 금액과 이의 제기 절차, 그 밖에 필요한 사항은 대통령령으로 정한다.

[전문개정 2011.5.30.]

부칙

<제15809호, 2018.10.16.>

이 법은 공포 후 6개월이 경과한 날부터 시행한다.

다중이용업소의 안전관리에 관한 특별법
시행령 (약칭:다중이용업소법 시행령)

[시행 2019.7.3] [대통령령 제29674호, 2019.4.2, 일부개정]

제1조(목적) 이 영은 「다중이용업소의 안전관리에 관한 특별법」에서 위임된 사항과 그 시행에 필요한 사항을 규정함을 목적으로 한다.

제2조(다중이용업) 「다중이용업소의 안전관리에 관한 특별법」(이하 "법"이라 한다) 제2조제1항제1호에서 "대통령령으로 정하는 영업"이란 다음 각 호의 어느 하나에 해당하는 영업을 말한다. <개정 2008.12.24., 2009.7.1., 2009.8.6., 2010.8.11., 2012.1.31., 2013.3.23., 2013.11.20., 2014.11.19., 2014.12.23., 2016.1.19., 2017.7.26., 2018.7.10.>

 1. 「식품위생법 시행령」 제21조제8호에 따른 식품접객업 중 다음 각 목의 어느 하나에 해당하는 것
  가. 휴게음식점영업·제과점영업 또는 일반음식점영업으로서 영업장으로 사용하는 바닥면적(「건축법 시행령」 제119조제1항제3호에 따라 산정한 면적을 말한다. 이하 같다)의 합계가 100제곱미터(영업장이 지하층에 설치된 경우에는 그 영업장의 바닥면적 합계가 66제곱미터) 이상인 것. 다만, 영업장(내부계단으로 연결된 복층구조의 영업장을 제외한다)이 다음의 어느 하나에 해당하는 층에 설치되고 그 영업장의 주된 출입구가 건축물 외부의 지면과 직접 연결되는 곳에서 하는 영업을 제외한다.
   1) 지상 1층
   2) 지상과 직접 접하는 층
  나. 단란주점영업과 유흥주점영업
 2. 「영화 및 비디오물의 진흥에 관한 법률」 제2조제10호, 같은 조 제16호가목·나목 및 라목에 따른 영화상영관·비디오물감상실업·비디오물소극장업 및 복합영상물제공업
 3. 「학원의 설립·운영 및 과외교습에 관한 법률」 제2조제1호에 따른 학원

(이하 "학원"이라 한다)으로서 다음 각 목의 어느 하나에 해당하는 것

　가. 「화재예방, 소방시설 설치·유지 및 안전관리에 관한 법률 시행령」 별표 4에 따라 산정된 수용인원(이하 "수용인원"이라 한다)이 300명 이상인 것

　나. 수용인원 100명 이상 300명 미만으로서 다음의 어느 하나에 해당하는 것. 다만, 학원으로 사용하는 부분과 다른 용도로 사용하는 부분(학원의 운영권자를 달리하는 학원과 학원을 포함한다)이 「건축법 시행령」 제46조에 따른 방화구획으로 나누어진 경우는 제외한다.

　　(1) 하나의 건축물에 학원과 기숙사가 함께 있는 학원

　　(2) 하나의 건축물에 학원이 둘 이상 있는 경우로서 학원의 수용인원이 300명 이상인 학원

　　(3) 하나의 건축물에 제1호, 제2호, 제4호부터 제7호까지, 제7호의2부터 제7호의5까지 및 제8호의 다중이용업 중 어느 하나 이상의 다중이용업과 학원이 함께 있는 경우

4. 목욕장업으로서 다음 각 목에 해당하는 것

　가. 하나의 영업장에서 「공중위생관리법」 제2조제1항제3호가목에 따른 목욕장업 중 맥반석·황토·옥 등을 직접 또는 간접 가열하여 발생하는 열기나 원적외선 등을 이용하여 땀을 배출하게 할 수 있는 시설 및 설비를 갖춘 것으로서 수용인원(물로 목욕을 할 수 있는 시설부분의 수용인원은 제외한다)이 100명 이상인 것

　나. 「공중위생관리법」 제2조제1항제3호나목의 시설 및 설비를 갖춘 목욕장업

5. 「게임산업진흥에 관한 법률」 제2조제6호·제6호의2·제7호 및 제8호의 게임제공업·인터넷컴퓨터게임시설제공업 및 복합유통게임제공업. 다만, 게임제공업 및 인터넷컴퓨터게임시설제공업의 경우에는 영업장(내부계단으로 연결된 복층구조의 영업장은 제외한다)이 다음 각 목의 어느 하나에 해당하는 층에 설치되고 그 영업장의 주된 출입구가 건축물 외부의 지면과 직접 연결된 구조에 해당하는 경우는 제외한다.

　가. 지상 1층

　나. 지상과 직접 접하는 층

6. 「음악산업진흥에 관한 법률」 제2조제13호에 따른 노래연습장업

7. 「모자보건법」 제2조제10호에 따른 산후조리업

7의2. 고시원업[구획된 실(室) 안에 학습자가 공부할 수 있는 시설을 갖추고 숙박 또는 숙식을 제공하는 형태의 영업]

7의3. 「사격 및 사격장 안전관리에 관한 법률 시행령」 제2조제1항 및 별표 1에 따른 권총사격장(실내사격장에 한정하며, 같은 조 제1항에 따른 종합사격장에 설치된 경우를 포함한다)

7의4. 「체육시설의 설치·이용에 관한 법률」 제10조제1항제2호에 따른 골프 연습장업(실내에 1개 이상의 별도의 구획된 실을 만들어 스크린과 영사기 등의 시설을 갖추고 골프를 연습할 수 있도록 공중의 이용에 제공하는 영업에 한정한다)

7의5. 「의료법」 제82조제4항에 따른 안마시술소

8. 법 제15조제2항에 따른 화재위험평가결과 위험유발지수가 제11조제1항에 해당하거나 화재발생시 인명피해가 발생할 우려가 높은 불특정다수인이 출입하는 영업으로서 행정안전부령으로 정하는 영업. 이 경우 소방청장은 관계 중앙행정기관의 장과 미리 협의하여야 한다.

Q. 다중이용업소 유권해석 및 완비증명서 질의

질문

복합건축물로 3~9층이 건축물대장상 운동시설로 분류되어 회원제 헬스 및 실내골프장시설로 사용되고 있고, 3층은 회원 휴식공간 및 목욕(샤워)시설로 제공되고 있을 경우 3층이 다중이용업에 해당하여 완비증명을 받아야 하는지 여부

답변

3층 용도가 건축물대장상 운동시설로 분류되어 있고 일반인을 대상으로 영업을 하지 않으면서 회원들의 전용공간으로 사용되고 있다면 완비증명 발급대상에서 제외될 수 있습니다. 다만, 동 시설이 「다중이용업소의 안전관리에 관한 특별법 시행령」 제2조 제4호 규정에 의한 목욕장업으로 허가를 받았거나, 일반인을 대상으로 목욕장 영업을 하고 있다면 완비증명을 받아야 할 것으로 사료됩니다. 따라서 자세한 사항은 관할소방서로 문의하여 자문을 받으시기 바랍니다.

Q. 다중이용업소 해당 여부

질문

키스방, 마사지방 등 영업도 다중이용업소에 해당되며, 「다중이용업소의 안전관리에 관한 특별법」의 적용을 받을 수 있다고 해석되는지요?

답변

키스방, 마사지방은 「다중이용업의 안전관리에 관한 특별법」에 따른 다중이용업소에 해당되지 않으므로 관련 법의 적용을 받지 않습니다.

제2조의2(안전시설등) 법 제2조제1항제2호에서 "대통령령으로 정하는 것"이란 별표 1의 시설을 말한다.
[본조신설 2014.12.23.]

제3조(실내장식물) 법 제2조제1항제3호에서 "대통령령으로 정하는 것"이란 건축물 내부의 천장이나 벽에 붙이는(설치하는) 것으로서 다음 각 호의 어느 하나에 해당하는 것을 말한다. 다만, 가구류(옷장, 찬장, 식탁, 식탁용 의자, 사무용 책상, 사무용 의자 및 계산대, 그 밖에 이와 비슷한 것을 말한다)와 너비 10센티미터 이하인 반자돌림대 등과 「건축법」 제52조에 따른 내부마감재료는 제외한다. <개정 2008.10.29., 2014.12.23., 2018.7.10.>
 1. 종이류(두께 2밀리미터 이상인 것을 말한다)·합성수지류 또는 섬유류를 주원료로 한 물품
 2. 합판이나 목재
 3. 공간을 구획하기 위하여 설치하는 간이 칸막이(접이식 등 이동 가능한 벽체나 천장 또는 반자가 실내에 접하는 부분까지 구획하지 아니하는 벽체를 말한다)
 4. 흡음(吸音)이나 방음(防音)을 위하여 설치하는 흡음재(흡음용 커튼을 포함한다) 또는 방음재(방음용 커튼을 포함한다)

Q. 다중이용업소 실내장식물 해당여부

질문

유흥업소 영업장 구획된 실에 출입문을 설치하지 않고 이용자가 보이지 않도록 섬유류 커텐을 벽면에 고정하지 아니하고 설치한 경우 실내장식물에 해당되는지요?

답변

해당물품은 다중이용업소 출입문을 가름하여 이동이 가능한 물품으로 설치된 것으로 실내장식물에는 해당되지 않으나 화재예방을 위하여 해당물품을 제거하거나 준불연재료 이상의 물품을 사용하도록 지도하시기 바랍니다.

제3조의2(밀폐구조의 영업장) 법 제2조제1항제5호에서 "대통령령으로 정하는 기준"이란 「화재예방, 소방시설 설치·유지 및 안전관리에 관한 법률 시행령」 제2조에 따른 요건을 모두 갖춘 개구부의 면적의 합계가 영업장으로 사용하는 바닥면적의 30분의 1 이하가 되는 것을 말한다. <개정 2016.1.19., 2018.7.10.>
[본조신설 2014.12.23.]

제4조(안전관리기본계획의 수립절차 등) ① 소방청장은 법 제5조제1항에 따라 다중이용업소의 안전관리기본계획(이하 "기본계획"이라 한다)을 관계 중앙행정기관의 장과 협의를 거쳐 5년마다 수립해야 한다. <개정 2014.11.19., 2017.7.26.>

② 소방청장은 관계 중앙행정기관의 장과 협의를 거쳐 기본계획 수립지침을 작성하고 이를 관계 중앙행정기관의 장에게 통보해야 한다. <개정 2014. 11. 19., 2017.7.26.>

③ 소방청장은 기본계획을 수립하면 국무총리에게 보고하고 관계 중앙행정기관의 장과 특별시장·광역시장·도지사 또는 특별자치도지사(이하 "시·도지사"라 한다)에게 통보한 후 이를 공고해야 한다. <개정 2014.11.19., 2017.7.26.>

제5조(안전관리기본계획 수립지침) 제4조제2항에 따른 기본계획 수립지침에는 다음 각 호의 내용을 포함시켜야 한다.

  1. 화재 등 재난 발생 경감대책

    가. 화재피해 원인조사 및 분석

    나. 안전관리정보의 전달·관리체계 구축

    다. 화재 등 재난 발생에 대비한 교육·훈련과 예방에 관한 홍보

  2. 화재 등 재난 발생을 줄이기 위한 중·장기 대책

    가. 다중이용업소 안전시설 등의 관리 및 유지계획

    나. 소관법령 및 관련기준의 정비

제6조(안전관리기본계획 등에 관한 사항) 법 제5조제2항제7호에 따른 "대통령령이 정하는 사항"이란 다음 각 호의 사항을 말한다.

  1. 안전관리 중·장기 기본계획에 관한 사항

    가. 다중이용업소의 안전관리체제

    나. 안전관리실태평가 및 개선계획

  2. 시·도 안전관리기본계획에 관한 사항

제7조(연도별 안전관리계획의 통보 등) ① 소방청장은 법 제5조제3항에 따라 매년 연도별 안전관리계획(이하 "연도별 계획"이라 한다)을 전년도 12월 31일까지 수립해야 한다. <개정 2014.11.19., 2017.7.26.>

② 소방청장은 제1항에 따라 연도별 계획을 수립하면 지체 없이 관계 중앙행정기관의 장과 시·도지사 및 소방본부장에게 통보해야 한다. <개정 2014.11.19., 2017.7.26.>

제8조(집행계획의 내용 등) ① 소방본부장은 제4조제3항에 따라 공고된 기본계획과 제7조제2항에 따라 통보된 연도별 계획에 따라 안전관리집행계획(이하 "집행계획"이라 한다)을 수립해야 하며, 수립된 집행계획과 전년도 추진실적을 매

년 1월 31일까지 소방청장에게 제출해야 한다. <개정 2014.11.19., 2017.7.26.>

② 소방본부장은 법 제6조제1항에 따라 관할지역의 다중이용업소에 대한 집행
계획을 수립할 때에는 다음 각 호의 사항을 포함시켜야 한다.

  1. 다중이용업소 밀집 지역의 소방시설 설치, 유지·관리와 개선계획

  2. 다중이용업주와 종업원에 대한 소방안전교육·훈련계획

  3. 다중이용업주와 종업원에 대한 자체지도 계획

  4. 법 제15조제1항 각 호의 어느 하나에 해당하는 다중이용업소의 화재위험
     평가의 실시 및 평가

  5. 제4호에 따른 평가결과에 따른 조치계획(화재위험지역이나 건축물에 대한
     안전관리와 시설정비 등에 관한 사항을 포함한다)

③ 법 제6조제3항에 따른 집행계획의 수립시기는 해당 연도 전년 12월 31일까
지로 하며, 그 수립대상은 제2조의 다중이용업으로 한다.

제9조(안전시설등) 법 제9조제1항에 따라 다중이용업소의 영업장에 설치·유지
하여야 하는 안전시설등은 별표 1의2와 같다. <개정 2014.12.23.>
[전문개정 2012.12.27.]

제9조의2(화재배상책임보험의 보험금액) ① 법 제13조의2제1항에 따라 다중이용
업주 및 다중이용업을 하려는 자가 가입하여야 하는 화재배상책임보험은 다
음 각 호의 기준을 충족하는 것이어야 한다. <개정 2019.4.2.>

  1. 사망의 경우: 피해자 1명당 1억5천만원의 범위에서 피해자에게 발생한 손
     해액을 지급할 것. 다만, 그 손해액이 2천만원 미만인 경우에는 2천만원
     으로 한다.

  2. 부상의 경우: 피해자 1명당 별표 2에서 정하는 금액의 범위에서 피해자에
     게 발생한 손해액을 지급할 것

  3. 부상에 대한 치료를 마친 후 더 이상의 치료효과를 기대힐 수 없고 그 증
     상이 고정된 상태에서 그 부상이 원인이 되어 신체의 장애(이하 "후유장
     애"라 한다)가 생긴 경우: 피해자 1명당 별표 3에서 정하는 금액의 범위
     에서 피해자에게 발생한 손해액을 지급할 것

  4. 재산상 손해의 경우: 사고 1건당 10억원의 범위에서 피해자에게 발생한
     손해액을 지급할 것

② 제1항에 따른 화재배상책임보험은 하나의 사고로 제1항제1호부터 제3호까지
중 둘 이상에 해당하게 된 경우 다음 각 호의 기준을 충족하는 것이어야 한다.

  1. 부상당한 사람이 치료 중 그 부상이 원인이 되어 사망한 경우: 피해자 1
     명당 제1항제1호에 따른 금액과 제1항제2호에 따른 금액을 더한 금액을
     지급할 것

  2. 부상당한 사람에게 후유장애가 생긴 경우: 피해자 1명당 제1항제2호에 따

른 금액과 제1항제3호에 따른 금액을 더한 금액을 지급할 것

3. 제1항제3호에 따른 금액을 지급한 후 그 부상이 원인이 되어 사망한 경우: 피해자 1명당 제1항제1호에 따른 금액에서 제1항제3호에 따른 금액 중 사망한 날 이후에 해당하는 손해액을 뺀 금액을 지급할 것

[본조신설 2012.12.27.]

제9조의3(화재배상책임보험의 보험요율 차등 적용 등) ① 법 제13조의2제4항에서 "다중이용업소의 업종 및 면적 등 대통령령으로 정하는 사항"이란 다음 각 호의 사항을 말한다.

1. 해당 다중이용업소가 속한 업종의 화재발생빈도
2. 해당 다중이용업소의 영업장 면적
3. 법 제20조제1항에 따라 공개된 법령위반업소에 해당하는지 여부
4. 법 제21조제1항에 따라 공표된 안전관리우수업소에 해당하는지 여부

② 소방청장은 법 제13조의2제3항에 따라 보험회사가 보험요율을 차등 적용하는 데 활용할 수 있도록 다음 각 호의 자료를 매년 1월 31일까지 「보험업법」 제176조에 따른 보험요율 산출기관에 제공하여야 한다. <개정 2017.7.26.>

1. 법 제20조제1항에 따른 법령위반업소 현황
2. 법 제21조제1항에 따른 안전관리우수업소 현황

[본조신설 2016.7.26.]
[종전 제9조의3은 제9조의4로 이동 <2016.7.26.>]

제9조의4(화재배상책임보험 계약의 체결 거부) 법 제13조의5제1항 단서에서 "대통령령으로 정하는 경우"란 다중이용업주가 화재배상책임보험 청약 당시 보험회사가 요청한 안전시설등의 유지·관리에 관한 사항 등 화재 발생 위험에 관한 중요한 사항을 알리지 아니하거나 거짓으로 알린 경우를 말한다.

[본조신설 2012.12.27.]
[제9조의3에서 이동 <2016.7.26.>]

제10조(화재위험평가의 대상기준) 법 제15조제1항제1호에 따른 화재위험평가대상은 도로로 둘러싸인 일단(一團)의 지역의 중심지점을 기준으로 한다.

제11조(화재위험유발지수) ① 법 제15조제2항에서 "대통령령으로 정하는 기준 이상인 경우"란 별표 4의 디(D) 등급 또는 이(E) 등급인 경우를 말한다. <개정 2012.12.27.>

② 제1항에 따른 위험유발지수의 산정기준·방법 등은 소방청장이 정하여 고시한다. <개정 2014.11.19., 2017.7.26.>

제12조(손실보상) ① 법 제15조제3항에 따라 소방청장·소방본부장 또는 소방서장이 손실을 보상하는 경우에는 법 제15조제2항에 따른 명령으로 인하여 생긴 손실을 시가로 보상해야 한다. <개정 2014.11.19., 2017.7.26.>
② 제1항에 따른 손실보상에 관하여는 소방청장·소방본부장 또는 소방서장과 손실을 입은 자가 협의해야 한다. <개정 2014.11.19., 2017.7.26.>
③ 제2항에 따른 보상금액에 관한 협의가 성립되지 아니한 경우에는 소방청장·소방본부장 또는 소방서장은 그 보상금액을 지급하여야 한다. 다만, 보상금액의 수령을 거부하거나 수령할 자가 불분명한 경우에는 그 보상금액을 공탁하고 이 사실을 통지하여야 한다. <개정 2014.11.19., 2017.7.26.>
④ 제3항에 따른 보상금의 지급 또는 공탁의 통지에 불복하는 자는 지급 또는 공탁의 통지를 받은 날부터 30일 이내에 행정안전부령으로 정하는 바에 따라 「공익사업을 위한 토지 등의 취득 및 보상에 관한 법률」 제49조에 따른 중앙토지수용위원회에 재결(裁決)을 신청할 수 있다. <개정 2008.12.24., 2013.3.23., 2014.11.19., 2017.7.26.>
⑤ 제1항에 따른 손실보상의 범위, 협의절차, 방법 등에 관하여 필요한 사항은 「공익사업을 위한 토지 등의 취득 및 보상에 관한 법률」이 정하는 바에 따른다.

제13조(안전시설등의 설치 일부 면제) 법 제15조제4항에서 "대통령령으로 정하는 기준 미만인 다중이용업소"란 별표 4의 에이(A) 등급인 다중이용업소를 말한다.
[전문개정 2012.12.27.]

제14조(화재위험평가대행자의 등록신청 등) 법 제16조제1항에 따라 화재위험평가를 대행하려는 자가 갖추어야 할 기술인력·시설 및 장비는 별표 5와 같다. <개정 2012.12.27.>

제15조(화재위험평가대행자의 등록사항 변경신청) ① 법 제16조제1항에서 "대통령령이 정하는 중요사항"이라 함은 다음 각 호의 사항을 말한다.
　1. 대표자
　2. 사무소의 소재지
　3. 평가대행자의 명칭이나 상호
　4. 기술인력의 보유현황
② 평가대행자는 제1항 각 호의 어느 하나에 해당하는 변경사유가 발생하면 변경사유가 발생한 날부터 30일 이내에 행정안전부령으로 정하는 서류를 첨부하여 행정안전부령으로 정하는 바에 따라 소방청장에게 변경등록을 해야 한다. <개정 2008.12.24., 2013.3.23., 2014.11.19., 2017.7.26.>

제16조(화재위험평가대행자의 등록 등의 공고) 소방청장은 다음 각 호의 어느 하나에 해당하는 경우에는 이를 소방청 인터넷 홈페이지 등에 공고해야 한다. <개정 2014.11.19., 2017.7.26.>
 1. 법 제16조제1항에 따라 화재위험평가대행자로 등록한 경우
 2. 법 제16조제4항에 따른 업무의 폐지신고를 받은 경우
 3. 법 제17조제1항에 따라 등록을 취소한 경우

제17조(조치명령 미이행업소 공개사항의 제한) 법 제20조제1항에 따른 조치명령 미이행업소의 공개가 제3자의 법익을 침해하는 경우에는 제3자와 관련된 사실을 공개하여서는 아니 된다.

제18조(조치명령 미이행업소의 공개사항 등) ① 법 제20조제1항에 따라 소방청장·소방본부장 또는 소방서장이 조치명령 미이행업소를 공개하려면 공개내용과 공개방법 등을 그 업소의 관계인(영업주와 소속 종업원을 말한다)에게 미리 알려야 한다. <개정 2014.11.19., 2017.7.26.>
② 법 제20조제1항에 따라 조치명령 미이행업소를 공개할 때에는 다음 각 호의 사항을 포함해야 하며, 공개기간은 그 업소가 조치명령을 이행하지 아니한 때부터 조치명령을 이행할 때까지로 한다. <개정 2014.11.19., 2017.7.26.>
 1. 미이행업소명
 2. 미이행업소의 주소
 3. 소방청장·소방본부장 또는 소방서장이 조치한 내용
 4. 미이행의 횟수
③ 소방청장·소방본부장 또는 소방서장은 제2항에 따른 사항을 다음 각 호의 2개 이상의 매체에 공개한다. <개정 2014.11.19., 2017.7.26.>
 1. 관보 또는 시·도의 공보
 2. 소방청, 시·도 소방본부 또는 소방서의 인터넷 홈페이지
 3. 중앙일간지 신문 또는 해당 지역 일간지 신문
 4. 유선방송
 5. 반상회보(班常會報)
 6. 시·군·구청 소식지(시·군·구청에서 지역 주민들에게 무료로 배포하는 소식지를 말한다)
④ 소방청장, 소방본부장 또는 소방서장은 제3항제2호에 따라 소방청, 소방본부 또는 소방서의 인터넷 홈페이지에 공개한 경우로서 다중이용업주가 사후에 법 제9조제2항 또는 법 제15조제2항에 따른 조치명령을 이행한 경우에는 이를 확인한 날부터 2일 이내에 공개내용을 해당 인터넷 홈페이지에서 삭제해야 한다. <개정 2014.11.19., 2017.7.26.>

제19조(안전관리우수업소) 법 제21조제1항에 따른 안전관리우수업소(이하 "안전
관리우수업소"라 한다)의 요건은 다음 각 호와 같다. <개정 2016.1.19.>

1. 공표일 기준으로 최근 3년 동안 「화재예방, 소방시설 설치·유지 및 안전
   관리에 관한 법률」 제10조제1항 각 호의 위반행위가 없을 것
2. 공표일 기준으로 최근 3년 동안 소방·건축·전기 및 가스 관련 법령 위
   반 사실이 없을 것
3. 공표일 기준으로 최근 3년 동안 화재 발생 사실이 없을 것
4. 자체계획을 수립하여 종업원의 소방교육 또는 소방훈련을 정기적으로 실
   시하고 공표일 기준으로 최근 3년 동안 그 기록을 보관하고 있을 것

제20조(안전관리우수업소의 공표절차 등) ① 소방본부장이나 소방서장은 법 제
21조제1항에 따라 안전관리우수업소를 인정하여 공표하려면 제19조 각 호의
내용을 제18조제3항제1호부터 제3호까지의 규정에서 정한 매체에 안전관리우
수업소 인정 예정공고를 해야 한다.
② 제1항의 공고에 따른 안전관리우수업소 인정 예정공고의 내용에 이의가 있
는 사람은 안전관리우수업소 인정 예정공고일부터 20일 이내에 소방본부장이
나 소방서장에게 전자우편이나 서면으로 이의신청을 할 수 있다.
③ 소방본부장이나 소방서장은 제2항에 따른 이의신청이 있으면 이에 대하여
조사·검토한 후, 그 결과를 이의신청을 한 당사자와 해당 다중이용업주에게
알려야 한다.
④ 소방본부장이나 소방서장은 법 제21조제1항에 따라 안전관리우수업소를 인
정하여 공표하려는 경우에는 공표일부터 2년의 범위에서 안전관리우수업소표
지 사용기간을 정하여 공표해야 한다.

제21조(안전관리우수업소의 표지 등) ① 소방본부장이나 소방서장은 안전관리우
수업소에 대하여 안전관리우수업소 표지를 내준 날부터 2년마다 정기적으로
심사를 하여 위반사항이 없는 경우에는 안전관리우수업소표지를 갱신하여 내
줘야 한다.
② 제1항에 따른 정기심사와 안전관리우수업소표지 갱신절차에 관하여 필요한
사항은 행정안전부령으로 정한다. <개정 2008.12.24., 2013.3.23., 2014.11.19.,
2017.7.26.>

제22조(다중이용업주의 신청에 의한 안전관리우수업소 공표 등) ① 다중이용업
주는 그 영업장이 제19조의 안전관리우수업소 요건에 해당되면 소방본부장이
나 소방서장에게 안전관리우수업소로 인정해 줄 것을 신청할 수 있다.
② 소방본부장이나 소방서장은 제1항에 따라 신청을 받은 다중이용업소를 안
전관리우수업소로 인정하려면 제20조 및 제21조에 따라 해당 업소에 그 사실

을 통보하고 공표해야 한다.

③ 제1항에 따른 안전관리우수업소의 공표 신청절차 등에 관하여 필요한 사항은 행정안전부령으로 정한다. <개정 2008.12.24., 2013.3.23., 2014.11.19., 2017.7.26.>

제22조의2(고유식별정보의 처리) ① 소방청장, 소방본부장 또는 소방서장은 다음 각 호의 사무를 수행하기 위하여 불가피한 경우 「개인정보 보호법 시행령」 제19조제1호 또는 제4호에 따른 주민등록번호 또는 외국인등록번호가 포함된 자료를 처리할 수 있다. <개정 2014.11.19., 2017.7.26.>

1. 법 제7조에 따른 관련 행정기관의 통보사항 처리에 관한 사무
2. 법 제8조에 따른 소방안전교육에 관한 사무
3. 법 제9조에 따른 다중이용업소의 안전관리기준 등에 관한 사무
4. 법 제13조의3에 따른 화재배상책임보험 가입 촉진 및 관리에 관한 사무
5. 법 제15조에 따른 다중이용업소에 대한 화재위험평가 등에 관한 사무
6. 법 제16조에 따른 평가대행자의 등록 등에 관한 사무
7. 법 제17조에 따른 평가대행자의 등록취소 등에 관한 사무
8. 법 제17조의2에 따른 청문에 관한 사무
9. 법 제19조에 따른 안전관리에 관한 전산시스템의 구축·운영에 관한 사무
10. 법 제20조에 따른 법령위반업소의 공개에 관한 사무
11. 법 제21조에 따른 안전관리우수업소표지 등에 관한 사무
12. 법 제26조에 따른 이행강제금 부과·징수에 관한 사무

② 법 제7조제1항에 따른 허가관청은 같은 조에 따라 다중이용업주의 성명 및 주소 등을 소방본부장 또는 소방서장에게 통보하기 위하여 불가피한 경우 「개인정보 보호법 시행령」 제19조제1호 또는 제4호에 따른 주민등록번호 또는 외국인등록번호가 포함된 자료를 처리할 수 있다.

③ 보험회사는 법 제13조의3제4항에 따라 화재배상책임보험 계약 체결 사항 등을 소방청장, 소방본부장 또는 소방서장에게 알리기 위하여 불가피한 경우 「개인정보 보호법 시행령」 제19조제1호 또는 제4호에 따른 주민등록번호 또는 외국인등록번호가 포함된 자료를 처리할 수 있다. <개정 2014.11.19., 2017.7.26.>

④ 법 제7조제1항에 따른 허가관청, 보험회사 또는 보험 관련 단체는 법 제19조제3항에 따라 소방청장으로부터 요청받은 자료 또는 정보를 제공하기 위하여 불가피한 경우 「개인정보 보호법 시행령」 제19조제1호 또는 제4호에 따른 주민등록번호 또는 외국인등록번호가 포함된 자료를 처리할 수 있다. <개정 2014.11.19., 2017.7.26.>

[본조신설 2012.12.27.]

제22조의3(규제의 재검토) 소방청장은 다음 각 호의 사항에 대하여 다음 각 호의 기준일을 기준으로 3년마다(매 3년이 되는 해의 기준일과 같은 날 전까지를 말

한다) 그 타당성을 검토하여 개선 등의 조치를 하여야 한다. <개정 2017.7.26.>

1. 제9조 및 별표 1의2에 따른 다중이용업소의 영업장에 설치·유지하여야 하는 안전시설등: 2017년 1월 1일

2. 제14조 및 별표 5에 따른 화재위험평가대행자가 갖추어야 할 기술인력·시설·장비 기준: 2017년 1월 1일

[전문개정 2016.12.30.]

제23조(과태료 부과기준) 법 제25조제1항에 따른 과태료의 부과기준은 별표 6과 같다. <개정 2012.12.27.>

[전문개정 2008.12.24.]

제24조(이행강제금의 부과·징수) ① 법 제26조제7항에 따른 이행강제금의 부과기준은 별표 7과 같다. <개정 2012.12.27.>

② 이행강제금의 부과·징수절차는 행정안전부령으로 정한다. <개정 2008.12.24., 2013.3.23., 2014.11.19., 2017.7.26.>

부칙

<제29674호, 2019.4.2.>

제1조(시행일) 이 영은 공포 후 3개월이 경과한 날부터 시행한다. 다만, 별표 6 제2호의 개정규정(같은 호 차목의 개정규정은 제외한다)은 공포한 날부터 시행하고, 제9조의2제1항 각 호 외의 부분 및 별표 6 제2호차목의 개정규정은 2019년 4월 17일부터 시행한다.

제2조(화재배상책임보험의 보험금액에 관한 경과조치) 이 영 시행 전에 체결된 화재배상책임보험의 보험금액에 관하여는 제9조의2제1항제1호·제4호, 별표 2 및 별표 3의 개정규정에도 불구하고 종전의 규정에 따른다. 다만, 이 영 시행 전에 체결된 화재배상책임보험을 이 영 시행 이후에 갱신하는 경우에는 제9조의2제1항제1호·제4호, 별표 2 및 별표 3의 개정규정에 따른다.

제3조(과태료의 부과기준에 관한 경과조치) 부칙 제1조 단서에 따른 시행일 전에 법 제10조제1항 및 제2항을 위반한 행위에 대하여 과태료의 부과기준을 적용할 때에는 별표 6 제2호마목의 개정규정에도 불구하고 종전의 별표 6 제2호라목에 따른다.

다중이용업소의 안전관리에 관한 특별법
시행규칙(약칭:다중이용업소법 시행규칙)

[시행 2019.4.22]
[행정안전부령 제113호, 2019.4.22, 일부개정]

제1조(목적) 이 규칙은 「다중이용업소의 안전관리에 관한 특별법」 및 같은 법 시행령에서 위임된 사항과 그 시행에 필요한 사항을 규정함을 목적으로 한다.

제2조(다중이용업) 「다중이용업소의 안전관리에 관한 특별법 시행령」(이하 "영"이라 한다) 제2조제8호에서 "시·도지사 행정안전부령으로 정하는 영업"이란 다음 각 호의 어느 하나에 해당하는 영업을 말한다. <개정 2012.2.15., 2013.3.23., 2014.11.19., 2017.7.26.>
 1. 전화방업·화상대화방업 : 구획된 실(室) 안에 전화기·텔레비전·모니터 또는 카메라 등 상대방과 대화할 수 있는 시설을 갖춘 형태의 영업
 2. 수면방업 : 구획된 실(室) 안에 침대·간이침대 그 밖에 휴식을 취할 수 있는 시설을 갖춘 형태의 영업
 3. 콜라텍업 : 손님이 춤을 추는 시설 등을 갖춘 형태의 영업으로서 주류판매가 허용되지 아니하는 영업

제3조(안전관리기본계획의 공고) 소방청장은 영 제4조제3항에 따라 안전관리기본계획을 수립한 경우에는 이를 관보에 공고한다. <개정 2014.11.19., 2017.7.26.>

제4조(관련 행정기관의 허가등의 통보) ① 「다중이용업소의 안전관리에 관한 특별법」(이하 "법"이라 한다) 제7조제1항에 따른 다중이용업의 허가·인가·등록·신고수리(이하 "허가등"이라 한다)를 하는 행정기관(이하 "허가관청"이라 한다)은 허가등을 한 날부터 14일 이내에 다음 각 호의 사항을 별지 제1호서식의 다중이용업 허가등 사항(변경사항)통보서에 따라 관할 소방본부장 또는 소방서장에게 통보하여야 한다.

  1. 영업주의 성명·주소

  2. 다중이용업소의 상호·소재지

  3. 다중이용업의 종류·영업장 면적

  4. 허가등 일자

② 허가관청은 법 제7조제2항제1호에 따른 휴·폐업과 휴업 후 영업재개신고를 수리한 때에는 별지 제1호서식의 다중이용업 허가등 사항(변경사항)통보서에 따라 30일 이내에 소방본부장 또는 소방서장에게 통보하여야 한다.

③ 허가관청은 법 제7조제2항제2호부터 제4호까지의 규정에 따른 변경사항의 신고를 수리한 때에는 수리한 날부터 30일 이내에 별지 제1호서식의 다중이용업 허가등 사항(변경사항)통보서에 따라 그 변경내용을 관할 소방본부장 또는 소방서장에게 통보하여야 한다.

④ 소방본부장 또는 소방서장은 허가관청으로부터 제1항부터 제3항까지에 따른 통보를 받은 경우에는 별지 제2호서식의 다중이용업 허가등 사항 처리 접수대장에 그 사실을 기록하여 관리하여야 한다. <개정 2013.1.11.>

⑤ 허가관청은 제1항부터 제3항까지에 따른 통보를 할 때에는 법 제19조제1항에 따른 전산시스템을 이용하여 통보할 수 있다. <신설 2013.1.11.>

제5조(소방안전교육의 대상자 등) ① 법 제8조제1항에 따라 소방청장·소방본부장 또는 소방서장이 실시하는 소방안전교육(이하 "소방안전교육"이라 한다)을 받아야 하는 대상자(이하 "교육대상자"라 한다)는 다음 각 호와 같다. <개정 2014.11.19., 2017.7.26., 2019.4.22.>

  1. 다중이용업을 운영하는 자(이하 "다중이용업주"라 한다)

  2. 다중이용업주 외에 해당 영업장(다중이용업주가 둘 이상의 영업장을 운영하는 경우에는 각각의 영업장을 말한다)을 관리하는 종업원 1명 이상 또는 「국민연금법」 제8조제1항에 따라 국민연금 가입의무대상자인 종업원 1냉 이상

  3. 다중이용업을 하려는 자

② 제1항제1호에도 불구하고 다중이용업주가 직접 소방안전교육을 받기 곤란한 경우로서 소방청장이 정하는 경우에는 영업장의 종업원 중 소방청장이 정하는 자로 하여금 다중이용업주를 대신하여 소방안전교육을 받게 할 수 있다. <개정 2014.11.19., 2017.7.26.>

③ 교육대상자는 다음 각 호의 구분에 따른 시기에 소방안전교육을 받아야 한다. 다만, 교육대상자가 국외에 체류하고 있거나, 질병·부상 등으로 입원해 있는 등 정해진 기간 안에 소방안전교육을 받을 수 없는 사유가 있는 때에는 소방청장이 정하는 바에 따라 3개월의 범위에서 소방안전교육을 연기할 수 있다. <개정 2014.11.19., 2016.1.13., 2016.10.19., 2017.7.26., 2018.3.21., 2019.4.22.>

1. 신규 교육

　가. 다중이용업을 하려는 자: 다중이용업을 시작하기 전. 다만, 다음의 경우에는 1) 또는 2)에서 정한 시기에 소방안전교육을 받아야 한다.

　　1) 다른 법률에 따라 다중이용업주의 변경신고 또는 다중이용업주의 지위승계 신고를 하는 경우: 허가관청이 해당 신고를 수리하기 전까지

　　2) 법 제9조제3항에 따라 안전시설등의 설치신고 또는 영업장 내부구조 변경신고를 한 경우: 법 제9조제3항제3호에 따른 완공신고를 하기 전까지

　나. 교육대상 종업원: 다중이용업에 종사하기 전

2. 수시 교육: 법 제8조제1항 및 제2항, 법 제9조제1항·제10조·제11조·제12조제1항·제13조제1항 또는 법 제14조를 위반한 다중이용업주와 교육대상 종업원은 위반행위가 적발된 날부터 3개월 이내. 다만, 법 제9조제1항의 위반행위의 경우에는 과태료 부과대상이 되는 위반행위인 경우에만 해당한다.

3. 보수 교육: 제1호의 신규 교육 또는 직전의 보수 교육을 받은 날이 속하는 달의 마지막 날부터 2년 이내에 1회 이상

④ 소방청장·소방본부장 또는 소방서장은 소방안전교육을 실시하려는 때에는 교육 일시 및 장소 등 소방안전교육에 필요한 사항을 교육일 30일 전까지 소방청·소방본부 또는 소방서의 홈페이지에 게재해야 한다. 이 경우 다음 각 호에서 정하는 시기에 교육대상자에게 알려야 한다. <개정 2014.11.19., 2017.7.26., 2019.4.22.>

1. 신규 교육 대상자 중 법 제9조제3항에 따라 안전시설등의 설치신고 또는 영업장 내부구조 변경신고를 하는 자: 신고 접수 시

2. 수시 교육 및 보수 교육 대상자: 교육일 10일 전

⑤ 소방청장·소방본부장 또는 소방서장이 소방안전교육을 하려는 때에는 다중이용업과 관련된 「직능인 경제활동지원에 관한 법률」 제2조에 따른 직능단체 및 민법상의 비영리법인과 협의하여 다른 법령에서 정하는 다중이용업 관련 교육과 병행하여 실시할 수 있다. <개정 2014.11.19., 2017.7.26.>

⑥ 소방안전교육 시간은 4시간 이내로 한다.

⑦ 제3항에 따라 소방안전교육을 받은 사람이 교육받은 날부터 2년 이내에 다중이용업을 하려는 경우 또는 다중이용업에 종사하려는 경우에는 제3항제1호에 따른 신규 교육을 받은 것으로 본다.

⑧ 소방청장·소방본부장 또는 소방서장은 소방안전교육을 이수한 사람에게 별지 제3호서식의 소방안전교육 이수증명서를 발급하고, 그 내용을 별지 제4호서식의 소방안전교육 이수증명서 발급(재발급)대장에 적어 관리하여야 한다. <개정 2014.11.19., 2017.7.26.>

⑨ 제8항에 따라 소방안전교육 이수증명서를 발급받은 사람은 소방안전교육

이수증명서를 잃어버렸거나 헐어서 쓸 수 없게 되어 소방안전교육 이수증명서를 재발급받으려면 별지 제5호서식의 소방안전교육 이수증명서 재발급 신청서에 이전에 발급받은 소방안전교육 이수증명서를 첨부(잃어버린 경우는 제외한다)하여 소방본부장 또는 소방서장에게 제출하여야 한다. 이 경우 재발급 신청을 받은 소방본부장 또는 소방서장은 소방안전교육 이수증명서를 즉시 재발급하고, 별지 제4호서식의 소방안전교육 이수증명서 발급(재발급) 대장에 그 사실을 적어 관리하여야 한다.

⑩ 제1항부터 제9항까지에서 정한 사항 외에 소방안전교육을 위하여 필요한 사항은 소방청장이 정한다. <개정 2014.11.19., 2017.7.26.>

[전문개정 2012.2.15.]

제6조(인터넷 홈페이지를 이용한 사이버 소방안전교육) ① 소방청장, 소방본부장 또는 소방서장은 다중이용업주와 그 종업원 및 다중이용업을 하려는 자에 대한 자율안전관리 책임의식을 높이고 화재발생시 초기대응능력을 향상하기 위하여 인터넷 홈페이지를 이용한 사이버 소방안전교육(이하 "사이버교육"이라 한다)을 위한 환경을 조성하여야 한다. <개정 2019.4.22.>

② 소방청장, 소방본부장 또는 소방서장은 제1항에 따른 사이버교육을 위하여 소방청, 소방본부 또는 소방서의 인터넷 홈페이지에 누구나 쉽게 접속하여 사이버교육을 받을 수 있도록 시스템을 구축·운영하여야 한다. <개정 2019.4.22.>

③ 제2항의 사이버교육을 위한 시스템 구축과 그 밖에 필요한 사항은 소방청장이 정한다. <개정 2014.11.19., 2017.7.26.>

제7조(소방안전교육의 교과과정 등) ① 법 제8조제1항에 따른 소방안전교육의 교과과정은 다음 각 호와 같다.

1. 화재안전과 관련된 법령 및 제도
2. 다중이용업소에서 화재가 발생한 경우 초기대응 및 대피요령
3. 소방시설 및 방화시설(防火施設)의 유지·관리 및 사용방법
4. 심폐소생술 등 응급처치 요령

② 그 밖에 다중이용업소의 안전관리에 관한 교육내용과 관련된 세부사항은 소방청장이 정한다. <개정 2014.11.19., 2017.7.26.>

제8조(소방안전교육에 필요한 교육인력 및 시설·장비기준 등) 소방청장·소방본부장 또는 소방서장은 소방안전교육의 내실화를 위하여 별표 1의 교육인력 및 시설·장비를 갖추어야 한다. <개정 2014.11.19., 2017.7.26.>

제9조(안전시설등의 설치·유지 기준) 법 제9조제1항에 따라 다중이용업소의 영업장에 설치·유지하여야 하는 안전시설등(이하 "안전시설등"이라 한다)의 설

치·유지 기준은 별표 2와 같다.
[전문개정 2013.1.11.]

제10조 삭제 <2013.1.11.>

제11조(안전시설등의 설치신고) ① 다중이용업을 하려는 자는 다중이용업소에 안전시설등을 설치하거나 안전시설등의 공사를 마친 경우에는 법 제9조제3항에 따라 별지 제6호서식의 안전시설등 설치(완공)신고서(전자문서로 된 신고서를 포함한다)에 다음 각 호의 서류(전자문서를 포함하며, 설치신고 시에는 제1호부터 제3호까지의 서류를 말한다)를 첨부하여 소방본부장 또는 소방서장에게 제출하여야 한다. <개정 2012.2.15., 2013.1.11., 2015.1.7.>
  1. 「소방시설공사업법」 제4조제1항에 따른 소방시설설계업자가 작성한 안전시설등의 설계도서(소방시설의 계통도, 실내장식물의 재료 및 설치면적, 내부구획의 재료, 비상구 및 창호도 등이 표시된 것을 말한다) 1부. 다만, 완공신고의 경우에는 설치신고 시 제출한 설계도서와 달라진 내용이 있는 경우에만 제출한다.
  2. 별지 제6호의2서식의 안전시설등 설치명세서 1부. 다만, 완공신고의 경우에는 설치내용이 설치신고 시와 달라진 경우에만 제출한다.
  3. 구획된 실의 세부용도 등이 표시된 영업장의 평면도(복도, 계단 등 해당 영업장의 부수시설이 포함된 평면도를 말한다) 1부. 다만, 완공신고의 경우에는 설치내용이 설치신고 시와 달라진 경우에만 제출한다.
  4. 법 제13조의3제1항에 따른 화재배상책임보험 증권 사본 등 화재배상책임보험 가입을 증명할 수 있는 서류 1부
  5. 「전기사업법」 제66조의2에 따라 받은 전기안전점검확인서(고시원업, 전화방업·화상대화방업, 수면방업, 콜라텍업만 해당한다) 1부
② 소방본부장 또는 소방서장은 법 제9조제5항에 따라 현장을 확인한 결과 안전시설등이 별표 2에 적합하다고 인정하는 경우에는 별지 제7호서식의 안전시설등 완비증명서를 발급하고, 적합하지 아니한 때에는 신청인에게 서면으로 그 사유를 통보하고 보완을 요구하여야 한다. <개정 2012.2.15.>
③ 소방본부장 또는 소방서장은 제1항에 따른 안전시설등 설치(완공)신고서를 접수하거나 제2항에 따른 안전시설등 완비증명서를 발급한 때에는 별지 제8호서식의 안전시설등 완비증명서 발급 대장에 발급일자 등을 적어 관리하여야 한다. <개정 2012.2.15.>
④ 다중이용업주는 다음 각 호의 어느 하나에 해당하여 제2항에 따라 발급받은 안전시설등 완비증명서를 재발급받으려는 경우에는 별지 제9호서식의 안전시설등 완비증명서 재발급 신청서에 이전에 발급받은 안전시설등 완비증명서를 첨부(제1호의 경우는 제외한다)하여 소방본부장 또는 소방서장에게 제출

하여야 한다. <개정 2013.1.11., 2016.10.19.>

1. 안전시설등 완비증명서를 잃어버린 경우
2. 안전시설등 완비증명서가 헐어서 쓸 수 없게 된 경우
3. 안전시설등 및 영업장 내부구조 변경 등이 없이 법 제7조제2항제3호 및 제4호에 해당하는 경우
4. 안전시설등을 추가하지 아니하는 업종으로 업종 변경을 한 경우. 다만, 내부구조 변경 등이 있거나 업종 변경에 따라 강화된 기준을 적용받는 경우는 제외한다.

⑤ 소방본부장 또는 소방서장은 제4항에 따른 신청을 받은 날부터 3일 이내에 안전시설등 완비증명서를 재발급하고, 별지 제8호서식의 안전시설등 완비증명서 발급 대장에 그 사실을 기록하여 관리하여야 한다. <신설 2013.1.11.>

Q. 안전시설등 완비증명서 재발급 관련

질문

학원건물로서 3,4,5,6,7,8층 총 6개층을 2007년도에 안전시설등 완비증명서를 적합하게 발급받아 학원을 운영하던 중 경영의 어려움으로 3,4층 총 2개층을 임대계약을 해지한 후 5,6,7,8층 총 4개층만 안전시설등 재발급이 가능한지요?

답변

「다중이용업소의 안전관리에 관한 특별법 시행규칙」 제11조 제4항의 규정에 따라 안전시설등 및 영업장의 내부구조 변경 등이 없을 경우 재발급이 가능할 것으로 판단됩니다.

제11조의2(다중이용업소의 비상구 추락방지 기준) ① 법 제9조의2에서 "행정안전부령으로 정하는 비상구"란 영업장의 위치가 4층 이하(지하층인 경우는 제외한다)인 경우 그 영업장에 설치하는 비상구를 말한다.

② 제1항에 따른 비상구의 설치 기준과 법 제9조의2에 따른 추락 등의 방지를 위한 장치의 설치 기준은 별표 2 제2호다목과 같다.

[본조신설 2019.4.22.]

[종전 제11조의2는 제11조의3으로 이동 <2019.4.22.>]

제11조의3(영업장의 내부구획 기준) 법 제10조의2제1항에 따라 다중이용업소의 영업장 내부를 구획함에 있어 배관 및 전선관 등이 영업장 또는 천장(반자속)의 내부구획된 부분을 관통하여 틈이 생긴 때에는 다음 각 호의 어느 하나에

해당하는 재료를 사용하여 그 틈을 메워야 한다.

1. 「산업표준화법」에 따른 한국산업표준에서 내화충전성능을 인정한 구조로 된 것
2. 「과학기술분야 정부출연연구기관 등의 설립·운영에 관한 법률」에 따라 설립된 한국건설기술연구원의 장이 국토교통부장관이 정하여 고시하는 기준에 따라 내화충전성능을 인정한 구조로 된 것

[본조신설 2015.1.7.]

[제11조의2에서 이동 <2019.4.22.>]

제12조(피난안내도 비치 대상 등) ① 법 제12조제2항에 따른 피난안내도 비치 대상, 피난안내 영상물 상영 대상, 피난안내도 비치 위치 및 피난안내 영상물 상영 시간 등은 별표 2의2와 같다. <개정 2013.1.11.>

② 제1항에 따라 피난안내도를 비치하거나 피난안내에 관한 영상물을 상영하여야 하는 다중이용업주는 법 제13조제1항에 따라 안전시설등을 점검할 때에 피난안내도 및 피난안내에 관한 영상물을 포함하여 점검하여야 한다. <신설 2012.2.15.>

[제목개정 2013.1.11.]

Q. 노래연습장업 피난안내도 및 피난 영상물 상영

질문

노래연습장업의 경우 피난안내도와 피난안내 영상물 두 개를 전부 다 해야 하는지요, 아니면 둘 중 하나만 해도 되는지요?

답변

「다중이용업소의 안전관리에 관한 특별법 시행규칙」 제12조의 제1호 및 제2호에 따라 피난안내도를 비치하여야 하며, 또한 피난안내 영상물을 상영하여야 합니다. 즉, 2개 전부를 해야 합니다.

제13조(다중이용업소 안전시설등 세부점검표) 법 제13조제1항 및 제2항에 따라 안전시설등을 점검하는 경우에는 별지 제10호서식의 안전시설등 세부점검표를 사용하여 점검한다.

제14조(안전점검의 대상, 점검자의 자격 등) 법 제13조제3항에 따른 안전점검의 대상, 점검자의 자격, 점검주기, 점검방법은 다음 각 호와 같다. <개정 2012.2.3.,

2013.1.11., 2016.10.19.>

1. 안전점검 대상 : 다중이용업소의 영업장에 설치된 영 제9조의 안전시설등
2. 안전점검자의 자격은 다음 각 목과 같다.
   가. 해당 영업장의 다중이용업주 또는 다중이용업소가 위치한 특정소방대
       상물의 소방안전관리자(소방안전관리자가 선임된 경우에 한한다)
   나. 해당 업소의 종업원 중 「화재예방, 소방시설 설치·유지 및 안전관리에
       관한 법률 시행령」 제23조제2항제7호마목 또는 제3항제5호자목에 따라
       소방안전관리자 자격을 취득한 자, 「국가기술자격법」에 따라 소방기술
       사·소방설비기사 또는 소방설비산업기사 자격을 취득한 자
   다. 「화재예방, 소방시설 설치·유지 및 안전관리에 관한 법률」 제29조에
       따른 소방시설관리업자
3. 점검주기 : 매 분기별 1회 이상 점검. 다만, 「화재예방, 소방시설 설치·유
   지 및 안전관리에 관한 법률」 제25조제1항에 따라 자체점검을 실시한 경
   우에는 자체점검을 실시한 그 분기에는 점검을 실시하지 아니할 수 있다.
4. 점검방법 : 안전시설등의 작동 및 유지·관리 상태를 점검한다.

제14조의2(화재배상책임보험 가입 영업소의 표지) 법 제13조의3제2항에 따른
화재배상책임보험에 가입한 영업소임을 표시하는 표지의 규격, 재질 및 부착
위치 등은 별표 2의3과 같다.
[본조신설 2013.1.11.]

제14조의3(화재배상책임보험 계약 체결 사실 등의 통지 시기 등) ① 보험회사는
법 제13조의3제4항에 따라 화재배상책임보험 계약 체결 사실 등을 다음 각
호의 구분에 따른 시기에 소방청장, 소방본부장 또는 소방서장에게 알려야 한
다. <개정 2014.11.19., 2017.7.26.>

1. 법 제13조의3제4항제1호에 해당하는 경우: 계약 체결 사실을 보험회사의
   전산시스템에 입력한 날부터 5일 이내. 다만, 계약의 효력발생일부터 30
   일을 초과하여서는 아니 된다.
2. 법 제13조의3제4항제2호에 해당하는 경우: 계약 해지 사실을 보험회사의
   전산시스템에 입력한 날부터 5일 이내. 다만, 계약의 효력소멸일부터 30
   일을 초과하여서는 아니 된다.
3. 법 제13조의3제4항제3호에 해당하는 경우에는 다음 각 목의 시기
   가. 매월 1일부터 10일까지의 기간 내에 계약이 끝난 경우: 같은 달 20일까지
   나. 매월 11일부터 20일까지의 기간 내에 계약이 끝난 경우: 같은 달 말
       일까지
   다. 매월 21일부터 말일까지의 기간 내에 계약이 끝난 경우: 그 다음 달
       10일까지

② 보험회사가 제1항에 따라 화재배상책임보험 계약 체결 사실 등을 알릴 때에는 다음 각 호의 사항을 포함하여야 한다.

1. 다중이용업주의 성명, 주민등록번호 및 주소(법인의 경우에는 법인의 명칭, 법인등록번호 및 주소를 말한다)
2. 다중이용업소의 상호, 영 제2조에 따른 다중이용업의 종류, 영업장 면적 및 영업장 주소
3. 화재배상책임보험 계약 기간(법 제13조의3제4항제1호의 경우만 해당한다)

③ 보험회사가 제1항에 따라 화재배상책임보험 계약 체결 사실 등을 알릴 때에는 법 제19조제2항에 따른 책임보험전산망을 이용하여야 한다. 다만, 전산망의 장애 등으로 책임보험전산망을 이용하기 곤란한 경우에는 문서 또는 전자우편 등의 방법으로 알릴 수 있다.

[본조신설 2013.1.11.]

제14조의4(공동계약 체결이 가능한 경우) 법 제13조의5제2항 전단에서 "행정안전부령으로 정하는 사유"란 다음 각 호의 어느 하나에 해당하는 사유가 있는 경우를 말한다. <개정 2013.3.23., 2014.11.19., 2017.7.26.>

1. 해당 영업장에서 화재 관련 사고가 발생한 사실이 있는 경우
2. 보험회사가 「보험업법」에 따라 허가를 받거나 신고한 화재배상책임보험의 보험요율과 보험금액의 산출 기준이 법 제13조의2제1항에 따른 책임을 담보하기에 현저히 곤란하다고 「보험업법」 제176조에 따른 보험요율 산출기관이 인정한 경우

[본조신설 2013.1.11.]

제14조의5(화재배상책임보험 계약의 해제·해지 가능 사유) 법 제13조의6제3호에서 "행정안전부령으로 정하는 경우"란 다음 각 호의 어느 하나에 해당하는 경우를 말한다. <개정 2013.3.23., 2014.11.19., 2017.7.26.>

1. 폐업한 경우
2. 영 제2조에 따른 다중이용업에 해당하지 않게 된 경우
3. 천재지변, 사고 등의 사유로 다중이용업주가 다중이용업을 더 이상 운영할 수 없게 된 사실을 증명한 경우
4. 「상법」 제650조제1항·제2항, 제651조, 제652조제1항 또는 제654조에 따른 계약 해지 사유가 발생한 경우

[본조신설 2013.1.11.]

제15조(손실보상 재결신청) 영 제12조제4항에 따른 보상금의 지급 또는 공탁의 통지에 불복하는 자는 별지 제11호서식의 손실보상재결신청서에 따라 중앙토지수용위원회에 재결을 신청하여야 한다.

제16조(화재위험평가대행자의 등록신청 등) ① 법 제16조제1항에 따라 화재위험 평가를 대행하려는 자는 별지 제12호서식의 화재위험평가대행자 등록신청서 에 다음 각 호의 서류(전자문서를 포함한다)를 첨부하여 소방청장에게 제출하 여야 한다. <개정 2012.2.15., 2013.1.11., 2014.11.19., 2017.7.26.>

1. 별지 제14호서식의 기술인력명부 및 기술자격을 증명하는 서류(「국가기술 자격법」에 따라 발급받은 국가기술자격증이 없는 경우만 해당한다)
2. 실무경력증명서(해당자에 한한다) 1부
3. 영 별표 5에 따른 시설 및 장비명세서 1부

② 제1항에 따른 등록신청을 받은 소방청장은 「전자정부법」 제36조제1항에 따른 행정정보의 공동이용을 통하여 법인 등기사항증명서(법인인 경우만 해당한 다), 사업자등록증(개인인 경우만 해당한다) 및 해당 기술인력의 국가기술자격 증을 확인하여야 한다. 다만, 신청인이 사업자등록증 또는 국가기술자격증의 확인에 동의하지 않는 경우에는 그 사본을 첨부하도록 하여야 한다. <개정 2012.2.15., 2014.11.19., 2017.7.26.>

③ 소방청장은 제1항에 따른 등록신청이 영 제14조 및 영 별표 5에 따른 기준 에 적합하다고 인정되는 경우에는 등록신청을 받은 날부터 30일 이내에 별지 제15호서식의 화재위험평가대행자등록증을 발급하고, 별지 제13호서식의 화재 위험평가대행자등록증 발급(재발급) 대장에 기록하여 관리하여야 한다. <개정 2013.1.11., 2014.11.19., 2017.7.26.>

④ 제3항에 따라 화재위험평가대행자등록증을 발급받은 자(이하 "평가대행자" 라 한다)는 화재위험평가대행자등록증을 잃어버리거나 화재위험평가대행자등 록증이 헐어 못쓰게 된 경우에는 소방청장에게 화재위험평가대행자등록증의 재발급을 신청할 수 있다. <개정 2013.1.11., 2014.11.19., 2017.7.26.>

⑤ 평가대행자가 제4항에 따라 화재위험평가대행자등록증의 재발급을 신청하 려는 때에는 별지 제16호서식의 화재위험평가대행자등록증 재발급 신청서를 소방청장에게 제출하여야 한다. <개정 2013.1.11., 2014.11.19., 2017.7.26.>

⑥ 소방청장은 제5항에 따라 화재위험평가대행자등록증 재발급 신청서를 접수 한 경우에는 3일 이내에 화재위험평가대행자등록증을 재발급하여야 한다. <개 정 2013.1.11., 2014.11.19., 2017.7.26.>

⑦ 법 제17조제1항에 따라 평가대행자의 등록이 취소된 자는 지체 없이 화재위험 평가대행자등록증을 소방청장에게 반납하여야 한다. <개정 2013.1.11., 2014.11.19., 2017.7.26.>

제17조(평가대행자의 등록사항 변경신청 등) ① 평가대행자는 법 제16조제1항 후단에 따라 등록 사항 중 중요 사항을 변경하려는 때에는 별지 제12호서식의 화재위험평가대행자 변경등록 신청서에 다음 각 호의 서류(전자문서를 포함한 다)를 첨부하여 소방청장에게 제출하여야 한다. <개정 2014.11.19., 2017.7.26.>

1. 화재위험평가대행자 등록증
2. 별지 제14호서식의 기술인력명부(기술인력이 변경된 경우만 해당한다) 및
   기술자격을 증명하는 서류(「국가기술자격법」에 따라 발급받은 국가기술자
   격증이 없는 경우만 해당한다)

② 제1항에 따른 변경등록 신청을 받은 소방청장은 「전자정부법」 제36조제1항
에 따른 행정정보의 공동이용을 통하여 법인 등기사항증명서(법인인 경우만
해당한다), 사업자등록증(개인인 경우만 해당한다) 및 해당 기술인력의 국가기
술자격증을 확인하여야 한다. 다만, 신청인이 사업자등록증 또는 국가기술자
격증의 확인에 동의하지 않는 경우에는 그 사본을 첨부하도록 하여야 한다.
<개정 2014.11.19., 2017.7.26.>
[전문개정 2012.2.15.]

제18조(화재위험평가서의 보존기간) 법 제16조제3항제3호의 "행정안전부령으로
정하는 기간 동안"이란 화재위험평가결과보고서를 소방청장·소방본부장 또는
소방서장 등에게 제출한 날부터 2년간을 말한다. <개정 2012.2.15., 2013.3.23.,
2014.11.19., 2017.7.26.>

제19조(휴업 또는 폐업신고 등) ① 평가대행자는 법 제16조제4항에 따라 휴업
또는 폐업을 하려는 때에는 별지 제17호서식의 화재위험평가대행자 휴업(폐
업)신고서에 화재위험평가대행자 등록증을 첨부하여 소방청장에게 제출하여야
한다. <개정 2012.2.15., 2014.11.19., 2017.7.26.>
② 소방청장은 제1항에 따라 휴업 또는 폐업신고를 받은 때에는 이를 특별시장·
광역시장·도지사 또는 특별자치도지사에게 통보하여야 한다. <개정 2012.2.15.,
2014.11.19., 2017.7.26.>
[제목개정 2012.2.15.]

제20조(행정처분기준) 법 제17조제3항에 따른 평가대행자의 등록취소 또는 업
무정지의 행정처분기준은 별표 3과 같다. <개정 2013.1.11.>

제21조(안전관리우수업소 표지 크기 등) ① 법 제21조제3항에서 "행정안전부령
으로 정하는 기간 동안"이란 법 제21조제1항에 따라 소방본부장 또는 소방서
장으로부터 안전관리업무 이행실태가 우수하다고 통보 받은 날부터 2년이 되
는 날까지를 말한다. <개정 2012.2.15., 2013.3.23., 2014.11.19., 2017.7.26.>
② 법 제21조제1항에 따른 안전관리우수업소(이하 "안전관리우수업소"라 한
다) 표지의 규격·재질·부착기간 등은 별표 4와 같다.

제22조(안전관리우수업소 표지 발급대장의 관리 등) ① 소방본부장 또는 소방서

장은 영 제21조제1항에 따라 안전관리우수업소 표지를 발급한 날부터 2년이 되는 날 이후 30일 이내에 정기심사를 실시하여 영 제19조에 따른 요건에 적합한 경우에는 안전관리우수업소표지를 갱신해 주어야 한다. <개정 2013.1.11.>
② 소방본부장 또는 소방서장은 안전관리우수업소표지를 발급 또는 갱신발급 하였을 때에는 별지 제18호서식의 안전관리우수업소 표지 발급(갱신발급)대장에 그 사실을 기록하고 관리하여야 한다. <개정 2013.1.11.>

제23조(안전관리우수업소의 공표) ① 소방본부장 또는 소방서장은 영 제21조제1항에 따라 안전관리우수업소의 표지를 발급한 때에는 이를 지체 없이 공표하여야 한다. <개정 2013.1.11.>
② 제1항에 따른 공표는 영 제18조제3항에 따른 매체에 다음 각 호의 구분에 따라 그 내용을 기재하여 이를 공표한다.
  1. 안전관리우수업소의 공표 또는 갱신공표의 경우
    가. 안전관리우수업소의 명칭과 다중이용업주 이름
    나. 안전관리우수업무의 내용
    다. 안전관리우수업소 표지를 부착할 수 있는 기간
  2. 안전관리우수업소의 표지 사용정지의 경우
    가. 안전관리우수업소의 표지 사용정지대상인 다중이용업소의 명칭과 다중이용업주 이름
    나. 안전관리우수업소 표지의 사용을 정지하는 사유
    다. 안전관리우수업소 표지의 사용정지일

제24조(안전관리우수업소의 공표신청 등) ① 영 제22조제1항에 따라 안전관리우수업소로 인정을 받으려는 다중이용업주는 별지 제19호서식의 안전관리우수업소 공표신청서에 안전시설등 완비증명서 사본을 첨부하여 소방본부장 또는 소방서장에게 신청하여야 한다. <개정 2013.1.11.>
② 제1항에 따른 신청을 받은 소방본부장 또는 소방서장은 「전자정부법」 제36조제1항에 따른 행정정보의 공동이용을 통하여 법인 등기사항증명서(법인인 경우만 해당한다) 또는 사업자등록증(개인인 경우만 해당한다)을 확인하여야 한다. 다만, 신청인이 확인에 동의하지 않는 경우에는 그 사본을 첨부하도록 하여야 한다. <신설 2013.1.11.>
③ 소방본부장 또는 소방서장은 제1항에 따른 신청을 받은 경우에는 영 제20조에 따라 예정공고를 거쳐 영 제19조의 안전관리우수업소 요건에 적합한지를 확인하여야 한다. <개정 2013.1.11.>
④ 소방본부장 또는 소방서장은 제3항에 따른 확인결과 그 다중이용업소가 그 요건에 적합하다고 인정하는 때에는 그 사실을 안전관리우수업소 공표신청을 한 다중이용업주에게 통보하고 안전관리우수업소 표지를 교부하여야 하며, 부

적합하다고 인정하는 때에는 신청인에게 서면으로 그 사유를 통보하여야 한다. <개정 2013.1.11.>

제25조(소방안전교육 위탁기관이 갖추어야 하는 시설기준 등) 법 제22조제1항에 따라 소방안전교육을 위탁받은 기관이 갖추어야 하는 시설기준은 별표 5와 같다.

제25조의2(규제의 재검토) 소방청장은 다음 각 호의 사항에 대하여 다음 각 호의 기준일을 기준으로 3년마다(매 3년이 되는 해의 기준일과 같은 날 전까지를 말한다) 그 타당성을 검토하여 개선 등의 조치를 하여야 한다. <개정 2017.7.26.>
  1. 제11조의2에 따른 영업장의 내부구획 기준: 2015년 1월 1일
  2. 제12조제1항 및 별표 2의2에 따른 피난안내도의 비치 대상 등: 2015년 1월 1일
  3. 제13조 및 별지 제10호서식에 따른 다중이용업소 안전시설등 세부점검표: 2015년 1월 1일
  [본조신설 2015.1.7.]

제26조(이행강제금 징수절차) 영 제24조에 따른 이행강제금의 징수절차에 관해서는 「국고금 관리법 시행규칙」을 준용한다. 이 경우 납입고지서에는 이의방법 및 이의기간 등을 함께 적어야 한다. <개정 2012.2.15.>
[제목개정 2012.2.15.]

부칙

<제113호, 2019.4.22.>

제1조(시행일) 이 규칙은 공포한 날부터 시행한다. 다만, 별표 2의2 제5호 및 제8호의 개정규정은 공포 후 1년이 경과한 날부터 시행한다.

제2조(소방안전교육 시기에 관한 경과조치) 이 규칙 시행 전에 다중이용업주의 변경신고 또는 다중이용업주의 지위승계 신고가 수리된 경우에는 제5조제3항제1호가목1) 및 같은 조 제4항제2호의 개정규정에도 불구하고 종전의 규정에 따른다.

소방행정 법률용어

　　소방행정이란 화재를 예방, 경계 또는 진압하여 국민의 생명, 신체 및 재산을 보호함으로써 공공의 안녕·질서의 유지와 사회의 복지증진에 기여함을 목적으로 한다. 우리나라는 1991년 소방법의 개정으로 "서울특별시·광역시·도는 당해 지방자치단체 관할구역 안에 있어서의 소방업무를 수행한다 (동법 제3조 제1항)."라는 규정과 "소방업무를 수행하는 소방본부장 또는 소방서장은 그 소방본부 또는 소방서의 소재지를 관할하는 특별시장·광역시장 또는 도지사의 지휘·감독을 받는다."라는 규정으로 소방행정의 구체적인 내용에는 화재의 진압뿐만 아니라 예방조치, 소방대상의 개수명령, 건축허가의 동의, 특수장소의 방화관리, 공공방화관리, 방화성능의 검사 등과 같은 화재의 예방까지를 포함함을 규정해놓고 있다.

색인

행정법일반

법률에 의한 행정
(法律에 의한 行政)
독 ; Prineip der gesetemöpigen ver waltumg

행정은 법에 근거를 두고 반드시 법에 따라서만 행하여져야 한다는 원칙을 말한다. 법치국가에서 행정의 기본원리로서 權力分立主義(권력분립주의)에 따른 통치기구를 전제로 하며, 자유주의·민주주의 사상하에서 성립되었다. 즉 법률제정기관인 국회에 행정권보다 우월한 지위를 인정하여, 국회가 제정한 법률하에서 행정을 하도록 함으로써 국민참정의 요청에 따르는 동시에 자의적인 행정을 방지하여, 국민의 자유·권리를 보장하고 법률생활의 안정을 확보하는 것을 목적으로 한다. 이 원리는 법치국가에서의 정치적 요청에 부응한 것이지만, 순수 법학의 이념은 이 개념을 법이론적으로 이해하여 法段階說(법단계설)의 입장에서, 행정행위는 그 상위의 법으로서의 법률의 구체화된 작용이며, 따라서 법률에 적합할 것을 요한다는 의미의 표현으로 사용하고, 일반적으로 상위법에 대한 하위법의 법적합성에서 나온 요청의 특수한 적용에 불과하다고 한다.

법의 지배(法의 支配)
영 ; rule of law

법원이 일반적으로 적용하는 법 이외의 것에는 누구도 지배되지 않는다는 法至上主義的 思想(법지상주의적 사상)을 말한다. 이 원칙은 영국에서 법률을 제정하는 의회의 우위를 초래하여 議會主權主義(의회주권주의)의 토대가 되었으며, 미국에서는 이론적 귀결로서 사법권우위의 원리가 되었

다. 그 결과 법의 지배는 생명, 신체, 재산의 자유를 정치권력으로부터 보호하는 법치주의의 원칙이 되었다. 그러나 위임입법의 확대와 사회·경제의 변화에 따른 법의 사회화로 인하여 법의 지배는 많이 변질되었다.

공법관계(公法關係)

공법상의 법률관계로서 사법관계에 대비되는 말이다. 법률관계인 동시에 권리관계인 점에서는 사법관계와 본질적으로는 같다. 그러나 사법관계에서와 같이 당사자자치가 인정되는 것이 아니고, 법률관계의 변동이 법에 구속되며, 당사자가 대등한 지위에 있는 것이 아니라 행정주체에 법률상 우월한 지위가 인정되고 있다는 점에 차이가 있다.

공법관계와 사법관계의 구별기준

주체설	법률관계의 일방당사자가 행정주체인 경우 공법관계로 보는 견해
신주체설	권리와 의무의 귀속주체가 오로지 공권력주체인 법은 공법이고, 권리와 의무의 귀속주체가 人인 법은 사법이라는 견해
성질설	불평등관계를 규율하는 법은 공법이고, 평등관계를 규율하는 법은 사법이라는 견해
이익설	공익목적에 봉사하는 법이 공법이고, 사익추구에 봉사하는 법이 사법이라는 견해
구별부인론	법실증주의에 입각하여 공법과 사법은 모두 본질적으로 동일한 것이므로 구별할 필요가 없다는 견해

공권(公權)
독 ; subjektive Öffentliche Rechte
불 ; publics droits

공법관계에서 인정되는 권리이다. 이에는 국가, 공공단체 또는 국가로부터 수권된 자가 지배권자로서 국민에 대하여 가지는 권리(국가적 공권), 국민이 지배권자에 대하여 갖는 개인적 공권 등이 있다. 국가적 공권은 그 목적상 組織權(조직권), 刑罰權(형벌권), 警察權(경찰권), 强制權(강제권), 財政權(재정권), 公企業特權(공기업특권) 등으로 나뉘고, 내용상 下命權(하명권), 强制權(강제권), 形成權(형성권) 기타 공법상 지배권으로 나뉜다. 이러한 권리는 원칙적으로 행정주체가 권리내용을 일방적으로 정할 수 있고 자력으로 강제할 수 있다는 점이 특색이다. 개인적 공권은 參政權(참정권), 受益權(수익권), 自由權(자유권)으로 나뉘며, 사권과는 달리 국가적·공익적 견지에서 인정되는 권리이기 때문에 一身專屬的(일신전속적)인 것이며, 이전성이 없고 그 포기가 제한되는 것이 원칙이지만, 경제적 가치를 주안으로 한 경우에는 예외가 인정된다. 개인적 공권은 행정소송으로 법원에 출소함으로써 보호받는다(헌§27 · 행소§12).

공권력(公權力)
독 ; Öffentliche Gewalt
불 ; puissance publique

국가나 공공단체가 국민에 대하여 우월한 의사주체로서 명령·강제하는 권력을 말하며, 그러한 권력을 행사하는 국가 그 자체를 의미하는 경우도 있다. 국민에 대하여 국가가 공권력을 행사하는 관계가 본래의 공법관계이며 사법의 지배를 받지 않고 공법의 규율을 받는다. 공권력개념은 대륙법계의 여러 나라들이 공법의 개념을 정립하는데 결정적인 역할을 하였다.

권력관계(權力關係)
독 ; Gewaltverhältnis

국가나 공공단체가 지배자의 지위에, 그리고 개인이 피지배자의 지위에 서는 관계를 말한다. 양자의 지위는 대등하지 않으며, 국가나 공공단체의 의사가 법률상 개인보다 우월한 힘을 갖는다. 이와 같은 지배권의 성립이 일반통치권에 근거하는 경우가 일반권력관계이며, 특별규정이나 당사자의 합의에 근거하는 경우가 특별권력관계이다. 권력관계는 사법관계와는 달리 공법관계에서의 전형적이고 독특한 법원리의 적용을 받는다.

일반권력관계(一般權力關係)
독, allgemeines Gewaltverhälnis

특별권력관계에 상대되는 개념으로, 국가 또는 공공단체가 통치권에 지배되는 모든 국민에게 법치주의의 전면적 적용에 따라 명령하고 강제함으로써 성립되는 권력관계를 말한다. 이처럼 명령·강제에는 법률 및 그의 구체적 위임을 받은 명령의 근거가 있어야 하는 바, 이 점에서 국가 기타의 행정주체와의 특수관계로 그 내부에서는 법치주의가 제한되는 특별권력관계(군인·경찰관공무원 등)와 구별된다. 일반권력관계의 예로는 국민의 신분으로서 부담하는 병역의무·납세의무 등을 들 수 있다.

특별권력관계(特別權力關係)
독 ; besonderes Gewaltverhältnis

법률의 규정 또는 당사자의 동의에 따른 특별한 법률상의 원인에 근거하여 공법상의 특정목적에 필요한 범위내에서, 포괄적으로 당사자 일방이 타방을 지배하고 타방이 이에 복종하는 것을 내용으로 하는 이

주체간(二主體間)의 관계를 특별권력관계라고 한다. 국가나 공공단체와 공무원간의 관계가 그 한 예이다. 위의 법률규정 또는 당사자의 동의에서 합리적으로 추측할 수 있는 한도 내에서 법치주의원리의 적용이 배제되고, 일방은 타방에 대하여 명령·강제·징계할 수 있는 권능을 갖는다. 근래에는 특별권력관계를 부정하는 견해가 유력하다.

특별권력관계 인정여부

형식적 부정설	법치주의의 적용을 받지 않는 특별권력은 인정될 수 없다는 견해
실질적 부정설	종래 특별권력관계로 불리던 것들을 개별적으로 분석하여 그 관계를 일반권력관계나 비권력관계로 환원시킴으로써 특별권력관계를 실질적으로 부정하는 견해
기본관계· 경영관계론	법률의 견해로 특별권력관계를 법적 지위의 본질적인 사항과 관련되는 기본관계(외부관계)와 그렇지 않은 경영관계(내부관계)로 나누어 경영관계에 한하여 사법심사가 배제된다는 입장
제한적 긍정설	복무병역관계나 수형자관계와 같이 한정된 범위 내에서 여전히 특별권력관계를 긍정하는 견해
판례 (부정설)	대법원은 종래의 이미의 특별권력관계를 인정하지 아니한다. 이따금 특별권력관계라는 표현을 사용하나, 이는 고전적 의미의 특별권력관계가 아니라 특별행정법관계를 지칭하는 의미로 사용하는 것으로 평가된다.

공법상 특별감독관계 (公法上 特別監督關係)

국가적 사무를 위하여 설립된 공공단체, 국가사무를 위임받은 행정사무 수임자 등과 같이 국가와 특별한 법률관계를 가짐으로써 국가로부터 감독을 받는 관계를 말한다.

사인의 공법적 행위 (私人의 公法的 行爲)

공법적 효력을 발생시키기 위해서 사인이 행하는 법률행위를 말한다. 여기에는 국가기관의 일원으로서 행하는 것과 行政權(행정권)의 상대방인 지위에서 행하는 것이 있다. 공법관계에서의 행위라는 점에서 사법적 행위와 다르고, 행정주의가 법률상 우월한 지위에서 행하는 것이 아닌 점에서 行政行爲(행정행위)와도 다르다.

공법상 근무관계 (公法上 勤務關係)

당사자의 일방이 타방에 대하여 포괄적 근무관계를 갖는 것을 내용으로 하는 공법상 특별권력관계의 일종을 말한다. 공법상 근무관계는 공법상의 위임관계나 노동법상의 일반 근무관계와 달리 충성의무와 포괄적 윤리의무를 가진다. 예를 들면 공무원처럼 공법상의 계약이나 쌍방적 행정행위에 의한 당사자의 합의에 의해 성립하는 경우와, 군복무처럼 법령에 의한 국가의 일방적인 의사로 성립하는 경우 등이 있다.

공법상 부당이득 (公法上 不當利得)

사법상의 부당이득에의 의미가 공법에서

도 존재하기 때문에 행정상 이를 공법에 적용한 것을 말한다. 공법상 부당이득의 예를 들자면 연금을 받을 수 없는 자의 연금 수령, 조세·수수료·요금 등의 과오납, 과오에 의한 사유로서의 제3자의 재산의 압류·공매 등이 있다.

공법상부당이득반환청구권의 성질

사권설	부당이득반환청구권 자체가 원래 경제적 이해조정의 견지에서 확립된 사권이므로 이에 관한 소송도 민사소송에 의하여야 한다는 견해
공권설 (통설)	원인된 법률관계가 공법관계이므로 공권이며, 이에 관한 소송도 공법상의 당사자소송(행정소송법 제3조)에 의하여야 한다는 견해
판례 (사권설)	개발부담금 부과처분이 취소된 이상 그 후의 부당이득으로서의 과오납금 반환에 관한 법률관계는 단순한 민사 관계에 불과한 것이고, 행정소송 절차에 따라야 하는 관계로 볼 수 없다(대법원 1995. 12. 22. 선고 94다51253 판결).

공법상 권리 · 의무
(公法上 權利 · 義務)

국가의 공권에 대해 개인에게는 공의무가 발생하고, 개인의 공권에 대하여는 국가의 공의무가 발생한다. 국가의 공권은 강제집행을 할 수 있다는 점에서 개인의 공권과 그 효과를 달리하지만, 국가와 국민은 모두 공권의 주체가 되면서도 공의무의 주체가 되기도 한다.

공법상의 주소
(公法上의 住所)

공법상의 주소는 사법상의 주소의 의미와 같이 민법 제18조1항에 기재되어 있는 바와 같이 생활의 근간이 되는 곳을 말하며, 주민등록법에 의한 주민등록지의 주소가 된다.

공법상의 행위능력
(公法上의 行爲能力)

사인의 공법적 행위가 법률상 유효하려면 행위자에게 행위능력이 있을 것을 요한다. 공법상 행위능력에 관하여는 개별적 규정(민소§51, §55)이 있을 뿐이며 일반적인 규정은 없다. 다만 행위능력에 관한 민법의 규정을 직접 적용할 수는 없지만 적어도 재산상행위에 있어서는 민법의 규정이 유추 적용된다고 해석하여도 좋을 것이다.

공법상 합동행위
(公法上 合同行爲)

공법적 효과의 발생을 목적으로 하는 복수 당사자의 동일한 방향의 의사표시의 합치에 의하여 성립하는 공법행위를 말한다. 공법상 합동행위는 각 당사자의 의사표시의 방향이 동일하고, 그 효과도 각 당사자에게 동일한 의미를 가지는 점에서 공법상의 계약과 구별된다.

관치행정(官治行政)

국가가 행정기관에 의하여 직접 행하는 행정을 말한다. 국가의 일반적 수권에 의하여 공공단체가 자기의 존립목적을 위하여 행하는 자치행정 또는 국가나 공공단체의 위임에 의하여 공공단체 또는 개인이 행하는 委任行政(위임행정)에 대비되는 개념이다.

권한의 대리(權限의 代理)

관청이 권한의 전부나 일부를 그 보조기관 또는 다른 관청의 피대리관청의 행위로서의 효력을 발생하는 것을 말한다. 이는 그 발생원인에 따라 법정대리와 지정대리로 구분된다. 한편 권한의 대리는 관청의 보조기관이 그 관청의 이름으로 단지 사실상 그 관청의 권한을 대리행사하는 위임전결이나, 관청의 권한 그 자체를 다른 기관에 위양하는 권한의 위임과 구별된다.

권한의 위임(權限의 委任)

행정관청이 자신의 법령상 권한의 일부를 다른 관청에 이양하고, 수임관청(보통 하급관청)의 권한으로서 그 명의와 책임하에 행사하게 하는 것을 말한다. 권한의 위임은 법령으로 정해진 권한배정의 변경을 의미하므로 법적 근거를 요하고, 권한자체가 이양되며, 수임관청이 보통 하급관청인 점에서 권한의 대리와 구별된다. 권한이 위임되면 수임관청은 수임관청의 행위에 대해서 책임을 지지 아니한다. 다만 위임행위 자체에서 생기는 책임과 수임관청이 하급관청인 경우 상급관청으로서의 일반적 감독책임은 진다. 한편, 권한의 전부의 위임은 당해 관청의 실질적 폐지를 의미하므로, 그 일부의 위임만이 허용된다.

행정행위 · 쟁송

행정행위(行政行爲)
독 ; verwaltungsakt
불 ; acte adminstratif

행정권에 의하여 행정법규를 구체적으로 적용·집행하는 행위를 행정행위라 한다. 실정법상의 용어는 아니며, 실정법의 이론구성상 발달한 학문상 개념이므로 여러 가지 견해가 있는데, 최협의로는 행정주체가 법에 근거하여 구체적 사실에 관한 법집행으로서 행하는 권력적 단독행위인 공법행위의 뜻으로 사용된다. 실정법상의 행정처분이라는 용어가 대체로 이에 해당한다. 행정행위도 법적 행위라는 데서 사법행위와 본질적인 차이는 없으나, 상술한 바와 같은 행정행위는 그 성립·효력 등에 있어서 사법의 원리와는 다른 공법상의 특수한 법원리가 적용된다. 여기에 행정행위의 개념을 정립하는 의의가 있다. 행정행위는 그 행위의 요소인 정신작용이 효과의사인지의 여부에 따라 法律行爲的 行政行爲(법률행위적 행정행위)와 準法律行爲的 行政行爲(준법률행위적 행정행위)로 분류되며, 법률행위적 행정행위에는 명령적 행위와 형성적 행위가 있고 준법률행위적 행정행위에는 확인행위, 공증행위, 통지행위 및 수리행위가 있다. 행정행위는 다음과 같은 특징을 갖는다. 즉 행정행위는 법률에 근거하여 법률에 따라야 하고(법적합성), 그 성립에 하자가 있어도 절대무효인 경우를 제외하고는 적법추정을 받으며 권한 있는 기관의 취소가 있기까지는 유효한 구속력을 가지며(공정성), 스스로 그 내용으로 하는 바를 상대방에 대하여 강제 실현할 수 있는 힘을 갖고(실효성), 일정기간의 경과 후에는 그 효력을 다툴 수 없으며(불가쟁성), 특정한 경우에는 행정주체도 이를 변경할 수 없다(불가변성). 또한 그 취소·변경을 구하는 소송은 행정소송으로서 특수한 규율을 받고 행정행위로 인한 損害賠償責任(손해배상책임)도 민사상의 不法行爲責任(불법행위책임)과는 다른 특색을 갖는다.

소극적 행정행위
(消極的 行政行爲)

행정행위는 현재의 법률상태에 대하여 어떠한 형식으로 변동을 가져오는 것인지의 여부에 따라 적극적 행정행위와 소극적 행정행위로 나뉘어 지는데, 소극적 행정행위란 행정행위의 신청이 각하나 부작위 등과 같이 현존의 법률상태를 그대로 존속시키는 경우를 말한다. 소극적 행정행위는 그 형식에 따라 거부처분과 부작위로 나눌 수 있다. 거부처분이란 개인으로부터 일정한 적극적 행정행위의 신청이 있는 경우에 그 신청을 배척하는 행정행위를 말하며(신청의 각하나 불허가행위), 부작위란 행정청이 개인의 신청에 대하여 상당한 기간 내에 일정한 행정행위를 하지 않고 방치하는 것을 말한다.

복효적 행정행위
(復效的 行政行爲)

일중효적 행정행위라고 부르기도 하는데, 행정행위의 상대방에게 수익적 효과와 부담적 효과를 아울러 주거나, 그 행정행위의 상대방에 대하여는 수익적 효과가 발생하고 일정한 제3자에 대하여는 부담적 효과를 수반하는 경우를 말한다. 특히 후자의 경우를 제3자효 행정행위라고도 한다.

비권력적 행정행위
(非權力的 行政行爲)

행정주체가 개인에 대하여서 우월한 지위에서 일방적으로 명령·강제하는 권력작용과는 달리, 내용적으로는 일반 개인 상호간의 행위와 다를 것이 없으나, 그 작용의 목적과 효과가 직접 공공성을 지닌다는 점에서 특별한 법적 규율을 받는 관리작용과 행정주체가 사경제의 주체의 지위로서 하는 국고작용을 말한다.

명령적 행정행위
(命令的 行政行爲)

행정행위는 그 구성요소와 법률효과의 발생원인을 표준으로 법률행위적 행정행위와 준법률행위적 행정행위로 나누고, 전자는 다시 법률효과의 내용, 즉 당해 행정행위에 주어진 법률효과가 국민의 권리의무와 어떠한 관계가 있는가에 따라 명령적 행정행위와 형성적 행정행위로 분류된다. 명령적 행정행위는 개인에게 특정한 의무를 부과하거나 부과된 의무를 해제하는 행위로서, 의무를 명하는 하명과 의무를 해제하는 허가면제가 있다.

불가변력(不可變力)

어떤 행정행위에 대하여 행정청 또는 그 상급 감독청이 직권으로 당해 행정행위를 취소변경하는 것을 불허하는 힘을 말한다. 행정행위의 불가변력은 법률에 특별히 규정된 경우 뿐만 아니라, 준사법적 행정행위나 수익적 행정행위와 같이 조리상 불가변력이 인정되는 행정행위도 있다.

불가쟁력(不可爭力)

쟁송기간의 경과와 같은 일정한 법률사실의 존재로 행정행위의 상대방 기타의 이해관계인이 법률상의 쟁송수단에 의하여 그 효력을 다툴 수 없는 힘을 말한다. 행정행위가 불가쟁력을 가지게 되는 것은 행정행위의 효력을 신속하게 형식적으로 확정시킴으로써 행정법관계의 안정성을 확보하기 위해 인정된 것이다.

행정처분(行政處分)
독 ; Verwaltungsverfügung

行政主體(행정주체)가 법에 근거하여 구체적 사실에 관한 법집행으로서 행하는 공법행위 가운데 권력적 단독행위(행정주체가 행하는 행위 가운데 事實行爲(사실행위), 統治行爲(통치행위), 司法行爲(사법행위), 管理行爲(관리행위), 私法行爲(사법행위) 제외)를 가리키는 것이다. 영업면허, 공기업의 특허·조세부과가 그 예이다. 행정처분은 법규와 행정목적에 적합해야 한다. 따라서 법규에 위반하면 위법처분으로서 行政審判(행정심판)·行政訴訟(행정소송)의 대상이 되고, 행정목적에 위반하면 不當處分(부당처분)으로서 行政審判(행정심판)의 대상이 된다.

법률행위적 행정행위
(法律行爲的 行政行爲)
독 ; rechtsgeschäftlicher Verwaltungsakt

행정행위 중에서 효과의사의 표시를 구성요소로 하고, 그 효과의사의 내용에 따라 법률적 효과를 발생하는 행위를 법률행위적 행정행위라 한다. 효과의사 이외의 정신작용의 표시를 구성요소로 하고 그 법률적 효과는 직접 법규가 정하는 바에 따라 발생하는 준법률행위적 행정행위와 대립된다. 법률행위적 행정행위에는 부관(조건·기한·소멸권의 유보 등)을 붙일 수 있다. 또한 이 법률행위적 행정행위는 그 법률효과에 따라서 명령적 행위와 형식적 행위로 구분된다.

준법률행위적 행정행위
(準法律行爲的 行政行爲)

행정행위 가운데 효과의사 이외의 정신작용의 표시를 구성요소로 하고, 그 법률효과는 행위자의 의사여하에 관계없이 직접 법규가 정하는 바에 따라 발생하는 행위를 준법률행위적 행정행위라 한다. 준법률행위적 행정행위에는 부관을 붙일 수 없다. 確認行爲(확인행위), 公證行爲(공증행위), 通知行爲(통지행위) 및 受理行爲(수리행위)가 이에 속한다.

재량행위(裁量行爲)
독 ; Eressensakt

넓은 뜻으로는 행정행위를 행하거나 또는 행정행위의 내용을 결정함에 있어서 행정기관에 자유로운 재량이 인정되는 처분을 말하고, 좁은 뜻으로는 재량행위 중 무엇이 공익에 적합한지가 재량에 따라 행하여지는 행위 즉 자유재량행위만을 말한다. 羈束裁量行爲(기속재량행위)에 대비되는 것이다.

자유재량(自由裁量)
영 ; discretion
독 ; freies Ermessen
불 ; discrétio

광의로는 행정주의의 판단 또는 행위가 법이 허용하는 일정한 범위 내에서 법의 구속으로부터 해방되는 것을 말하며, 협의로는 위의 광의 자유재량 가운데 법규재량(기속재량)을 제외한 편선재량(공익재량)을 말한다. 행정기관의 자유재량행위는 재량의 범위 내에서는 법의 구속을 받지 않으므로 부당한 재량을 행하였다고 하더라도 위법의 문제는 생기지 않는다. 따라서 법원은 적부를 심사할 수 없다. 따라서 기술적으로 자유재량의 범위를 한정할 필요가 생긴다. 통설은 법규재량과 자유재량으로 나누고 법규재량은 법규의 해석문제로서 법원이 그 적부를 심리하며, 자유재량은 기술적 의미에서의 자유재량이라고 이해한다.

> 자유재량에 있어서도 그 범위의 넓고 좁은 차이는 있더라도 법령의 규정뿐만 아니라 관습법 또는 일반적 조리에 의한 일정한 한계가 있는 것으로서 위 한계를 벗어난 재량권의 행사는 위법하다(대법원 1990. 8. 28. 선고 89누8255 판결).

법규(法規)
독, Rechtssatz

다의적 의미로 사용되는데, (1)일반국민의 권리 · 의무에 관계 있는 법규범을 말한다. 예컨대 법규명령의 법규가 이에 해당한다. 이와 같은 법규의 개념은 근대 입헌주의 및 법치주의의 소산인 바, 국민의 권리·자유 및 재산에 대해 침해를 가하는 국가의 작용은 반드시 국민의 대표기간인 국회의 동의를 얻어 제정한 법률에 근거해야 한다는 사상이 바로 법규개념의 연원이다. 이런 의미에서의 법률은 바로 법규와 같은 말이다. 우리 헌법은 제40조에서 '입법권은 국회에 속한다'라고 규정하고 있는 바, 실질설에 의하면 이 때의 입법은 바로 법규의 제정을 의미한다. 이와 같이 헌법이 입법, 즉 법규의 제정을 국회에 독점시키는 까닭에 다른 국

가기관, 특히 행정부는 법률의 위임이 있는 경우와 헌법이 특히 인정한 예외적인 경우에만 법규명령을 제정할 수 있는 것이다. (2)또 추상적 의미를 가지는 법규범을 법규라고도 하는 바, 이는 구체적 의미를 가지는 행정행위나 판결에 대립되는 것으로서, 행정이나 재판은 법규에 기해서 행해진다고 할 때의 법규가 그것이다.

법규재량(法規裁量)
독 ; Ermessender Rechtmaäsigkeit

구체적인 경우에 무엇이 법인가의 문제에 관한 행정청의 재량을 말한다. 羈束裁量(기속재량)이라고도 한다. 便宜裁量(편의재량)에 대응하는 개념이다. 즉, 법규가 일정한 행정행위의 전제에 대하여 일의적으로 규정하지 않고 해석상의 여지를 남겼다고 하여도, 그것은 행정청의 자유로운 판단에 전적으로 위임한다는 것이 아니라, 법규의 해석·적용에 관한 법률적 판단의 여지를 부여한데 그치는 경우의 재량을 뜻한다.

법규명령(法規命令)
독, Rechtsverordnung

행정권에 의하여 정립되는 법규로서의 성질을 가지는 일반적 명령을 말한다. 법규명령은 법규로서의 성질을 가지기 때문에 국가와 국민에 대하여 일반적이 구속력을 가지는 규범이다. 이는 행정권에 의하여 정립되는 명령이라는 점에서 행정명령과 같으나, 대외적·일반적 구속력을 가지는 법규로서의 성질을 가진다는 뜻에서 행정명령과 다르다. 즉 국민에게 의무를 과하고, 국민의 권리를 제한하는 것을 내용으로 하는 명령을 말하는데, 위임명령·집행명령 등이 이에 속한다. 19C의 입헌군주정 하에서는 이와 같은 국민의 권리·의무에 관한 사항은 국민의 대표기관인 의회에 의한 입법사항

으로 함을 절대적 원칙으로 하였으나, 20C
의 복지국가에 이르러서는 국가기관의 적
극화에 따라, 행정의 내용이 복잡해짐에 따
라 이에 관한 법도 전문적·기술적 성격을
갖게 되었다. 법규명령은 형식적 의미에서
의 법률에 속하지 아니함은 물론이나, 실질
적 의미에서는 법률의 일종이라고 할 수
있다. 따라서 그 정립행위는 형식적 의미에
있어서는 행정이라고 하겠으나, 실질적 의
미에 있어서는 입법에 속한다고 볼 수 있
다. 그리고 법규명령은 개인의 권리·의무에
관계될 뿐만 아니라, 추상적·계속적 법규로
서의 성질을 가지는 것이기 때문에 행정명
령과는 달리 일정한 형식과 공포를 필요로
하며, 반드시 헌법과 법률에 그 그건가 있
어야 한다.

법규하명(法規下命)

하명은 일반적으로 법령에 의거한 행정행
위로써 행하여지는 것이 보통인데, 이 같은
특별한 행정행위를 기다릴 것 없이, 법령에
의하여 직접 일정한 경찰의무를 발생시키
게 되는 경찰하명을 말한다. 경찰법령은 일
반적으로 경찰처분의 근거를 정하는 데 그
치고, 그에 의거한 구체적인 행정행위를 기
다려 현실적인 경찰의무가 발생되는 것이
보통이나, 그러한 구체적인 행정행위의 존
재를 요하지 아니하고 법령의 규정 자체로
직접 일정한 경찰하명의 효과를 발생하는
경우가 있는데, 그러한 경우에는 당해 법령
의 규정이 실질적으로는 행정행위와 같은
효과를 가진다. 이 점이 보통의 경우인 하
명처분과 구별된다.

기속행위(羈束行爲)
독 ; gebunderner Verwaltungsakt

법규의 집행에 대하여 행정청의 재량이

전혀 허용되지 않는 행정처분을 말한다. 기
속행위가 부당하면 위법행위가 되고, 결과
적으로 행정소송의 대상이 된다.

기속처분(羈束處分)
독 ; gebundene Verfugung

법규의 집행에 대하여 행정청의 재량의
여지가 전혀 허용되지 않는 처분(즉 기속
행위) 및 행정청의 재량의 여지가 허용되
는 것 같으면서도 법의 취지·원리가 이미
일반적으로 확정되어 있어서 실제로는 구
체적인 경우에 한하여 그 취지·원리의 해석·
판단의 여지밖에 허용되지 않는 처분(기속
적 재량행위)을 말한다. 기속처분이 부당하
면 위법행위가 되고, 결과적으로 행정소송
의 대상이 된다.

행정행위의 부관
(行政行爲의 附款)
독 ; Nebenbestimmungen der Verwaltung

행정관청이 행정행위를 하는 경우 그 효
력에 일정한 제한을 가하는 종된 의사표시
를 말한다. 민법상의 조건이나 기한(민
§147, §154)과 기본적인 성질은 같지만,
행정행위의 부관은 법률행위적 행정행위인
경우 및 재량행위에만 붙일 수 있고 준법
률행위적 행정행위 및 기속행위에는 그 일
반적 효과를 행정관청이 자의로 제한할 수
없으므로 부관을 붙일 수 없다. 위법한 부
관을 붙인 행정행위는 그 성질에 따라서
부관 없는 행정행위로 보거나(일부무효)
또는 행정행위 자체를 무효로 만든다. 부관
에는 條件(조건), 期限(기한)·負擔(부담)·取
消權(취소권)의 유보 및 법률효과의 일부
배제 등이 있다.

형성행위(形成行爲)
독 ; konstitutiver Akt

권리나 권리능력 또는 포괄적 법률관계를 설정하거나 변경 또는 소멸시키는 행위이다. 그 중에서도 행정관청의 구체적 형성행위(예컨대 공법인의 설립, 공기업의 특허 또는 공무원의 임명 등)를 특히 형성처분이라 한다. 또한 사법상의 형성권을 행사하는 행위나 소송법상의 형성판결도 형성행위의 일종이다.

인가(認可)
독 ; Genehmigung

당사자의 법률행위를 보충하여 그 법률상의 효력을 완성시키는 행정관청의 행정행위를 말한다. 즉 법인설립의 인가, 사업양도의 인가 등이 그 예이다. 인가는 법률행위의 효력발생 요건으로서 인가가 나지 않은 행위는 원칙적으로 무효이나 허가처럼 행정상 강제집행이나 처벌의 대상이 되지는 않는 것이 통례이다. 인가는 形成行爲(형성행위)이지만 허가는 下命行爲(하명행위)라는 점에서 차이가 있다. 인가의 대상이 되는 행위는 법률적 행위에 한하며, 이 법률적 행위에는 공법적 행위도 있고 사법적 행위도 있다. 인가는 보충적 의사표시로서 인가되는 법률적 행위의 내용은 당사자의 신청에 의하여 결정되고, 행정청은 이를 동의하느냐의 여부만을 결정하므로 수정인가를 하려면 법률의 근거가 있어야만 가능하다. 실제는 허가승인 등의 용어와 혼용된다.

허가(許可)
독 ; Erlaubnis   영 ; license

법령에 의하여 금지된 행위를 일정한 경우에 해제하여 적법하게 행할 수 있도록 한 행정처분을 말한다. 실정법상 면허, 인가, 허가 또는 등록 등의 용어를 쓰고 있으나 실정법에서의 허가라는 용어가 반드시 학문상의 허가를 의미하는 것은 아니다. 학문상의 허가는 단순히 일반적인 금지를 해제하는 것에 국한되므로 허가처분에 의하여 특정한 권리나 능력을 부여할 수 없다.

허가와 특허의 비교

구분	허가	특허
개념	질서유지를 위하여 일반적으로 금지한 영업행위를 특정한 경우에 해제하여 줌으로써 당해영업을 할 수 있는 자연적 자유를 회복시켜 주는 명령적 행정행위	공익목적을 위하여 사업수행권을 사인에게 부여하는 형성적 행정행위
대상사업	사회질서 유지가 필요한 사업	국민생활에 필수적인 재화나 역무를 제공하는 공익사업
목적	사회공공의 안녕과 질서유지를 도모	사회공공의 복리를 증진시키려는 취지
재량행위성	기속행위적 성격이 강함	재량행위적 성격이 강함
감독	소극적인 감독	적극적인 간섭

특허(特許)
독 ; Verleihung, Konzession

특정인을 위하여 특정한 권리 또는 법률관계를 설정하는 設權的(설권적)·形成的(형성적)·행정행위를 말하며, 학문상으로는 특정인을 위하여 법률상의 힘을 부여하는 행정처분의 의미로 사용된다. 일반적인 금지를 특정한 경우에 해소하여 적법하게 행할 수 있게 하는 허가와 구별된다. 또한 특허법상의 특허는 행정법상의 특허와 다른 것이다. 특허에 의하여 설정된 권리 또는 법률관계는 공법적 성질을 가진 것에 한하지 않고 漁業權(어업권)이나 鑛業權(광업권)과 같은 司法的(사법적)인 것도 있기 때문이다.

공법상의 계약(公法上의 契約)
독 ; öffentlichrechtlicher Vertrag

공법상 법률효과의 발생을 목적으로 하는 複數當事者間(복수당사자간)의 對向的 意思表示(대향적 의사표시)의 합치를 말한다. 행정계약이라고도 한다. 공법상 계약은 실정법상 그 개념이 정립되어 있는 것은 아니므로 어떤 것을 공법상 계약으로 볼 것인가에 대하여는 여러 견해가 있다. 공무원의 임명과 같이 상대방의 동의를 요건으로 하는 행위가 공법상 계약인지가 문제된다. 이 경우 그 행위의 내용이 법률의 규정에 따라 행정청이 일방적으로 결정하고 상대방은 포괄적인 법률관계설정에 대하여 개괄적으로 동의하는 데에 지나지 않으므로 상대방의 동의를 요하는 행정행위로 해석하고 있다. 한편 공법상 계약이 법률에 명시된 근거를 필요로 하는지의 여부에 관하여 통설은 법률상 명시적인 근거가 있을 때에만 성립된다고 해석하고 있으나, 대등한 의사표시의 합치에 의하여 성립되는 것이므로 명시적인 근거를 요하지 않는다고 해석된다. 공법상

계약의 종류에는 行政主體 相互間(행정주체 상호간)의 契約(계약), 行政主體(행정주체)와 私人間(사인간)의 계약 및 私人間(사인간)의 相互契約(상호계약)이 있다.

행정행위의 효력
(行政行爲의 效力)

유효하게 성립된 행정행위가 가지는 효력을 말한다. 유효하게 성립된 행정행위가 어떠한 효력을 갖는가는 행정행위의 종류에 따라서 다른데, 일반적으로 다음과 같은 효력을 갖는다. (1) 행정행위가 그 내용에 따라서 그 상대방, 기타 관계자뿐만 아니라 행정청도 구속하는 효력(행정행위의 구속력), (2) 행정행위가 비록 위법이어도 권한 있는 행정청 또는 법원에 의하여 취소될 때까지는 일단 적법성의 추정을 받아 상대방이나 국가기관 또는 제3자도 그 효력을 부정할 수 없는 효력(행정행위의 공정력), (3) 일정한 기간(제소기간)이 경과한 후에는 보통의 쟁송절차로써는 다툴 수 없는 효력(행정행위의 불가쟁력 또는 형식적 확정력) 및 행정청 자신도 그 효력을 변경할 수 없는 효력(행정행위의 불가변경력 또는 실질적 확정력) 및 (4) 행정행위는 원칙적으로 법원에 의한 채무명의 등을 얻지 않고도 지기명의로 법률이 정하는 마에 따라서 집행하여 그 내용을 실현할 수 있는 효력(행정행위의 자력집행력) 등을 갖는다.

반사적 이익(反射的 利益)
독 ; Reflexinteresse
영 ; reflective interest

법이 공익의 보호증진을 위하여 일정한 규율을 행하고, 또한 법에 근거하여 행정의 집행이 이루어지는 것의 반사적 효과로서 특정 또는 불특정의 사인에게 발생하는 일정한 이익을 말한다. 법치주의 아래에서 행

정주체와 사인간은 법에 의하여 규율된 관계이고, 이 행정주체와 사인간의 관계가 공법의 규율을 받는 경우에는 그것은 공법관계라고 말하고 그 내용을 이루는 권리·의무를 일반적으로 공권·공의무라고 한다. 행정객체로서의 사인은 이와 같이 행정주체에 대하여 일정한 공권(개인적 공권)을 가지고 있는데, 이 개인적 공권은 자기를 위하여 법률적으로 일정한 이익의 주장을 할 수 있는 힘을 가지고 있다. 그러나 행정상의 관계에 있어서는 이러한 개인적 공권이라고는 말할 수 없는 사실상의 이익이 생기는 것이 적지 않다. 법이 공익의 보호증진을 위하여 일정한 규율을 행하고 또 법에 근거하여 행정의 집행이 행하여지는 것의 반사적 효과로서 특정 또는 불특정의 사인에게 일정한 이익이 발생하는 때가 있다. 이 경우에는 일정한 이익을 법적으로 주장할 수 없다고 되어 있고, 공권과 구별하여 반사적 이익이라고 한다. 즉, 반사적 이익에 지나지 않는다고 간주된 경우에는 재판상의 보호를 받을 수 없다고 일반적으로 해석되고 있다. 그러나 구체적으로는 무엇이 공권이고, 무엇이 반사적 이익에 지나지 않는가 그 구별이 곤란한 경우가 많다.

취소할 수 있는 행정행위
(取消할 수 있는 行政行爲)
독 ; anfechtbarer Verwaltungsakt

행정행위에 위법·부당한 하자가 있기 때문에 권한 있는 기관(처분청, 감독청 및 법원)이 취소할 수 있는 행정 행위를 말한다. 취소로써 소급적으로 무효가 된다는 점에서 철회사유가 발생한 행정행위와는 다르다. 또한 취소가 있을 때까지는 유효한 행위로서 그 효력이 계속되며, 장래에 권한 있는 기관에 의하여 취소될지도 모르는 불확정적 효력을 갖고 있는 점에서 완전히 유효한 행정행위와 다르고, 그 효력 상실이

특정한 행위(취소)로써 비로소 발생하며 그 때까지는 그 효력을 부인하지 못하는 점에서 무효인 행정행위와 다르다.

무효인 행정행위
(無效인 行政行爲)
독 ; nichtiger Verwaltungsakt

행정행위로서의 효력을 발생하지 않는 행정행위를 말한다. 외관상으로는 행정행위로서 존재함에도 불구하고, 그 성립에 중대한 하자가 있어서 권한 있는 기관의 취소를 기다리지 않고 처음부터 당해 행정행위의 내용에 적합한 법률효과를 발생시키지 않는 것이다. 따라서 누구도 이에 구속되지 않고 상대방이나 다른 국가기관도 독자적인 판단으로 그 무효를 인정할 수 있다. 무효인 행정행위에 대해서는 무효등 확인소송을 제기하여 다툴 수 있다.

행정행위의 무효와 취소의 구별

중대설	하자의 중대성을 기준으로 하는 견해로서, 능력규정이나 강행규정을 위반하면 하자가 중대하여 무효이고, 명령규정이나 비강행규정 위반의 경우에는 취소사유라는 견해
중대 명백설	행정행위의 하자가 내용상 중대하고 외견상 명백한 경우에만 무효사유에 해당한다는 견해
조사 의무설	기본적으로 중대명백설의 입장에 있지만, 하자의 명백성을 완화하여 관계 공무원이 조사해 보았더라면 명백한 경우도 명백한 것으로 보아 무효사유를 넓히려는 견해
명백성 보충 요건설	행정행위의 무효의 기준으로 중대성요건만을 요구하여 중대한 하자를 가진 처분을 무효로 보지만, 제3자나 공공의 신뢰보호의 필요

	가 있는 경우에 보충적으로 명백성요건을 요구하는 견해
구체적 가치 형량설	구체적인 사안마다 권리구제의 요청과 행정의 법적 안정성의 요청 및 제3자의 이익 등을 구체적이고 개별적으로 이익형량하여 판단하는 견해
판례	대법원은 중대명백설을 취하고 있다. 헌법재판소는 원칙적으로 중대명백설을 취하나, 예외적으로 법적 안정성을 해치지 않는 반면에 권리구제의 필요성이 큰 경우에 무효를 인정한다.

행정행위의 철회
(行政行爲의 撤回)
독 ; Widerruf

하자 없이 완전 유효하게 성립한 행정행위의 효력을 사후에 생긴 새로운 사유에 의하여 장래에 향하여 소멸시키는 행정행위이다. 사후에 생긴 사유에 의하는데서 처음부터 하자를 내포한 행위에 대하여 소급적으로 효력을 상실케 하는 취소와는 다르다. 행정은 공익에 적합하여야 하므로 행정행위가 공익에 적합하게 행하여진 뒤에도 새로운 사정의 발생으로 그것이 공익에 적합하지 않게 될 때에는 그 행위의 철회가 원칙적으로 가능한 것이다. 그러나 행정행위의 공익성에 비추어 그 철회는 기속재량에 속하고 특히 확정력 있는 행위는 철회를 할 수 없다. 또한 행위의 철회는 원칙적으로 처분청만이 할 수 있다.

철회권의 유보(撤回權의 留保)

행정행위의 주된 의사표시에 부가하여 일정한 경우에 행정행위를 철회할 수 있는 권한을 유보하는 종된 의사표시를 말하는

것으로 행정행위의 부관의 일종이다. 철회권의 유보는 철회사유를 한정하여 행할 때도 있고 그러한 한정 없이 행할 때도 있는데 후자의 경우에는 상대방에게 책임이 있는 경우를 제외하고는 조리상 일정한 한계가 있으므로 그 한계를 넘어 기득의 權利(권리)·利益(이익)을 침해하면 위법이 된다는 것이 통설이다.

행정상 강제집행
(行政上 强制執行)
독 ; Zwangsvollstreckung

의무의 불이행이 있을 때 행정주체가 실력을 가하여 그 의무를 이행시키거나 또는 이행된 것과 동일한 상태를 실현하는 작용을 말하며 행정상 强制處分(강제처분)이라고도 한다. 장래를 향하여 의무이행을 강제하는 점에서 과거의 의무위반에 대한 제재인 행정벌과 구별되며, 의무의 존재와 그 불이행을 전제로 하는 점에서 의무를 과하지 않고서 즉시 실력으로 강제하는 행정상 卽時强制(즉시강제)와 구별된다. 사법상 의무 또는 소송법상 의무의 강제는 사인이 스스로 행하지 않고 사법권의 작용을 통하여 행하여지는 반면, 행정법상 의무의 강제는 행정주체가 스스로 행할 수 있다는 점에 특징이 있다. 이러한 행정상 의무의 강제는 국민의 자유·재산의 침해가 되므로 반드시 법률의 근거가 있어야 한다.

독촉(督促)

공법상의 金錢債權(금전채권)에 있어서 체납처분을 하기 위한 전제요건으로서 일정기한을 정하여 세금의 납부를 최고하는 통지행위를 말한다. 독촉은 시효중단의 효력이 있다. 또한 독촉절차는 세금 이외에 행정상의 강제징수가 인정되는 공법상 금전채권에도 적용된다.

강제징수(强制徵收)
독 ; Zwangsbeitreibung

국세징수법에 의거하여 국가나 공공단체가 국민의 금전적 의무이행을 강제하는 공권력의 작용을 말한다. 즉 공법상의 금전채권 중에서 국세채권은 다른 모든 공과에 우선하며(국기§35), 地方稅債權(지방세채권)은 국세징수의 예에 따르되 국세 및 그 가산금을 제외한 기타의 모든 공과금에 우선한다(지방§31, §65). 공법상 금전채권 이외에 행정상 의무이행에서도 强制徵收(강제징수)에 의하여 그 목적을 달성할 수 있다. 행정상 의무자가 그 의무를 이행하지 않을 때에 대집행을 하고 그 비용을 부담시키는 것과 같은 것이 그 한 예이다.

즉시강제(卽時强制)
독 ; sofortiger Zwang

행정상 의무이행을 강제하기 위한 행정상 강제집행과는 달리 현재의 급박한 장해를 제거할 목적을 가지고 의무를 명할 여유가 없거나 또는 의무의 명령으로는 그 목적을 달성하기 어려운 경우에 직접 국민의 신체나 재산에 실력을 행사하여 행정상 필요한 상태를 실현시키는 작용을 말한다. 의무불이행을 전제로 하지 않는 점에서 행정상 강제집행과 다르다. 법치주의국가에서는 예외적인 작용이므로 명확한 법적 근거가 있고 행정목적을 달성하기 위한 최소한의 범위 안에서만 적법하다.

손실보상(損失補償)
영 ; Compensation
독 ; Entschädigung
불 ; indemnite

적법한 공권력의 행사로 특정인의 책임으로 귀속시킬 수 없는 사유에 의하여 경제상 특별한 희생을 부담하였을 경우, 그 부담을 전체의 부담으로 顚補(전보)하여 주는 제도를 말한다. 토지수용법(2002. 12. 31까지 유효, 2003. 1. 1부터 국토의계획및이용에관한법률 적용)에 의한 토지수용, 공익상 필요에 의한 면허취소 등과 같이 적법한 공권력의 행사로 인하여 손해를 받은 자에 대하여 상당한 보상을 행하는 경우에 이에 해당한다. 적법한 행위로 인한 손실(재산권의 침해)의 보상이라는 점에서 불법행위로 인한 공법상의 손해배상(국가배상)과 구별된다. 근대법치국가에서는 공공목적을 위하여 필요한 재산권의 제약침해를 인정하면서도 이에 따른 특별·우연한 희생은 이를 전보하여 공·사익의 조화를 도모하여 이것을 형평의 요청에 따른 것이다. 여기에 손실보상제도의 합리적 근거가 있다. 이 제도의 실정법적 기초는 헌법상의 재산권보장에 있는 바, 헌법은 국민의 재산권을 보장하는 동시에 공공필요에 따른 재산권의 수용·사용 또는 제한의 경우는 일정한 기준에 따라 법률이 정하는 보상을 하도록 규정하여 損失補償制度(손실보상제도)의 일반적 기초를 확립하였다(헌§23③).

공법상 손실보상
(公法上 損失補償)
독, öffentlichrechtliche Entschädigung

적법한 공권력의 행사로 개인의 기득재산권을 제한하거나 이를 박탈하였을 경우 이러한 손해에 대하여 행정주체가 행하는 재산적 보상을 말한다. 불법행위로 인한 공법상의 손해배상과는 구분된다. 헌법 제23조 3항은 '공공필요에 의한 재산권의 수용·사용·제한'을 들고 있다.

국가배상(國家賠償)

국가나 지방자치단체가 부담하는 손해배상을 국가배상이라 하며 헌법 제29조 1항에 근거한 국가배상법이 그 근거법이다. 국가배상이 이루어지는 경우는 다음과 같다. (1) 국가나 지방자치단체의 공무원이 그 직무의 집행시 고의 또는 과실로 법령에 위반하여 타인에게 손해를 가한 경우(이 경우 공무원 자신에게 고의 또는 중대한 과실이 있으면 국가 또는 지방자치단체는 그 공무원에 대해 구상권을 갖는다). (2) 도로, 하천 기타 공공의 영조물 설치 또는 관리에 하자가 있어서 타인의 재산에 손해를 입힌 경우(이 경우 손해의 원인에 대해 별도의 책임이 있는 자가 있으면 국가 또는 지방자치단체는 求償權(구상권)을 갖는다), (3) 그밖에 국가나 지방자치단체의 사경제행위로 인하여 손해가 발생한 때 민법상의 손해배상책임을 부담하는 경우 등이 있다. 이처럼 국가 또는 지방자치단체가 손해배상책임을 부담하는 때에 공무원의 선임·감독 또는 영조물의 설치·관리의 비용을 부담하는 자가 동일하지 않는 경우에는 그 비용을 부담하는 자도 손해배상책임을 진다. 이때에도 내부적으로는 구상권이 있다. 국가배상법에서 규정하고 있는 손해배상은 불법행위로 인한 것이므로 적법행위로 인하여 발생하는 손실을 보상하는 손실보상과는 구별해야 한다.

행정절차(行政節次)
영 ; administrative procedure
독 ; Verwaltungsverfahren

행정기관이 규칙제정·쟁송의 재결 그 밖의 행정행위를 하는 경우에 준거해야 할 절차를 행정절차라 한다. 행정심판에서의 당사자 또는 관계인의 보호를 위하여 요청되는 일정한 형식을 갖는 경우에는 準司法的 節次(준사법적 절차)라고도 한다. 한편 법원에 의한 심리재판을 사법절차라고 부르는 데 대하여 행정기관에 의한 심판을 행정절차라고 부르는 경우도 있다. 행정절차와 사법절차의 관계에서 법률문제에 관한 한, 행정절차로서만 終審(종심)으로 하는 것은 금지된다(헌§107).

공법상의 권리관계에 관한 소송 (公法上의 權利關係에 관한 訴訟)

두 당사자 사이의 공법상 권리관계에 관한 분쟁을 해결하기 위하여 제기되는 소송을 말한다. 이른바 공법상의 當事者訴訟(당사자소송)이다. 이는 행정소송법의 적용을 받는 행정사건소송의 일종으로서 이러한 유형의 분쟁이 발생한 경우에는 우선 행정청에 재결을 신청하고 이에 불복하는 경우에 항고소송의 형식으로서 법원에 제소하는 것이 통례이다. 이 소송에 있어서는 원칙적으로 국가공공단체 등의 권리주체가 당사자로 된다.

이의신청(異議申請)
독 ; Einspruch

행정법상 위헌 또는 부당한 행정처분에 있어서 처분청에 대하여 그 재심사를 청구하는 것이다. 심리절차는 특별한 규정이 있는 경우를 제외하고는 소원의 규정을 준용한다. 이의의 신청에는 권리나 이익침해의 사실이 필요하나 예외가 있다.

객관적 쟁송(客觀的 爭訟)

당사자의 권리·이익의 침해를 요건으로 하지 않고 법규의 정당한 적용을 목적으로 하는 공익상의 필요에서 제기하는 쟁송을 말한다. 일반적으로 쟁송제도는 개인의 권라.이익의 보호를 주목적으로 하는 것이지만, 쟁송중에는 오로지 공익상의 요청만으로 그 직접적인 이해관계인 이외의 자에게도 제기권이 인정되는 쟁송이 있다. 민중쟁송과 기관쟁송이 그 예이다.

민중적 쟁송(民衆的 爭訟)
독 ; Populärkage
불 ; action populaire

개인의 구체적인 권리.이익의 침해를 요건으로 하지 않고, 일반국민 또는 선거인으로부터 제기될 수 있는 쟁송을 말한다. 행정상 쟁송제도는 행정구제를 위한 제도이지만, 궁극적으로 행정법규의 정당한 적용보장을 목적으로 하는 것이므로 민중적 쟁송이 인정되는 것이다. 다만 법률상 쟁송이 아니므로 이 소송의 제기는 이를 인정하는 규정이 있는 경우에만 할 수 있다.

선거쟁송(選擧爭訟)

선거의 효력에 관한 異議申請(이의신청), 訴請(소청) 및 소송을 총칭하는 것이다(공선§219 이하). 그 제기가 있는 경우 선거의 규정위반이 존재할 때에는 선거의 결과에 변동을 줄 우려가 있는 경우에 한하여 당해 선거관리위원회 또는 법원은 그 선거의 전부 또는 일부의 무효를 결정 또는 판결한다.

재결(裁決)

행정청의 異議申請(이의신청), 裁決(재결)의 신청 또는 行政審判(행정심판)의 청구 등에 대하여 裁決廳(재결청)이 쟁송절차에 따라 판단을 하는 처분이다. 재결은 보통 문서로써 행하고 그 이유를 첨부하여야 한다(행심§46). 재결에 불복이 있을 때

에는 다시 심판청구를 제기할 수 없으며(행심§51), 재결이 위법일 경우에는 법원에 제소할 수 있다(행소§19단). 취소소송은 법령의 규정에 의하여 당해 처분에 대한 행정심판을 제기할 수 있는 경우에도 이를 거치지 아니하고 제기할 수 있다. 다만, 다른 법률에 당해 처분에 대한 행정심판의 재결을 거치지 아니하면 취소소송을 제기할 수 없다는 규정이 있는 때에는 그러하지 아니하다(행소§18①). 재결은 판결에 준하여 재판적 행위로서의 효력 즉 羈束力(기속력)·確定力(확정력)을 가지며, 당사자 및 관계자뿐만이 아니라 하급행정청을 기속한다.

재결신청(裁決申請)

행정상 법률관계의 존재나 형성에 관해 다툼이 있을 경우에 권한 있는 행정청에 대하여 그 판정을 청구하는 행위를 말한다. 즉 시심적 소송의 제기를 의미한다. 이에 관한 일반법은 없고, 각 개별법의 규정에 의하는 바, 법령에 따라 재정의 신청, 재결의 신청, 결정의 신청 등으로 사용된다.

재결청(裁決廳)

행정심판의 청구를 수리하고 당해 심판청구사건에 대하여 재결을 할 수 있는 권한을 가진 행정기관을 말한다. 어떠한 행정기관을 재결청으로 할 것인지는 행정제도 전체의 구조 및 행정심판제도의 취지를 감안하여 입법정책적으로 결정할 문제인데, 개정 전 행정심판법은 재결의 객관적 공정을 도모함으로써 행정심판의 행정구제제도로서의 실효성을 확보하기 위하여 심판청구사건에 대한 심리·의결기능과 재결기능을 분리시켜, 심리 · 의결기능은 재결청에 소속하는 행정심판위원회에 부여하고, 재결청

은 그 의결에 따르는 형식적인 재결기능만을 가지도록 하고 있었다. 그러나 2008년 행정심판법 개정으로 재결청의 개념이 사라지고 행정심판위원회가 행정심판사건에 대하여 직접 재결을 하도록 하는 등 절차가 간소화되어 사건처리기간이 단축되었다.

행정소송(行政訴訟)
독 ; Verwaltungsrechtspflege, Verwaltungsstreitigkeit

공권력의 행사불행사 및 행정기관의 위법한 처분 등으로 인한 국민의 권리 또는 이익의 침해를 구제하고 공법상의 권리관계 또는 법적용에 관한 다툼을 해결하는 소송절차를 말한다(행소§1). 행정쟁송의 한 종류이다. 행정소송에 관하여는 일반법으로서 행정소송법이 있다. 원칙적으로 구술변론을 거치는 점과 공법상의 권리관계 또는 법적용에 관한 것을 쟁송사항으로 하는 점 등에서 행정심판과 다르다. 행정소송은 행정법규의 정당한 적용과 동시에 국민의 권리구제라는 이중적 기능을 갖는다. 행정소송에는 抗告訴訟(항고소송)·當事者訴訟(당사자소송)·民衆訴訟(민중소송)·機關訴訟(기관소송)이 있다(행소§3).

항고소송(抗告訴訟)

항고소송은 행정소송의 종류 중 하나로서 행정청의 처분등이나 부작위에 대하여 제기하는 소송이다. 항고소송은 취소소송(행정청의 위법한 처분등을 취소 또는 변경하는 소송), 무효등 확인소송(행정청의 처분등의 효력 유무 또는 존재여부를 확인하는 소송), 부작위위법확인소송(행정청의 부작위가 위법하다는 것을 확인하는 소송)으로 구분한다.

당사자소송(當事者訴訟)
독, Parteiprozess

행정청의 처분 등을 원인으로 하는 법률관계에 대한 소송, 그밖에 공법상의 법률관계에 대한 소송으로서 그 법률관계의 한쪽 당사자를 피고로 하는 소송(행정소송법 제3조 2호)을 말한다.

민중소송(民衆訴訟)

민중소송이란 국가 또는 공공단체의 기관이 법률에 위반되는 행위를 할 때 직접 자기의 법률상 이익과 관계없이 그 시정을 구하기 위하여 제기하는 소송을 의미한다(행정소송법 제3조 3호). 즉, 민중소송은 행정법규의 그릇된 적용을 시정하기 위해 일반국민이나 주민이 제기하는 소송을 뜻한다. 그 예로는 공직선거법상의 선거소송, 당선소송, 국민투표법상의 국민투표무효소송, 지방자치법상의 주민소송, 주민투표법상의 주민투표소송을 들 수 있다.

기관소송(機關訴訟)

국가 또는 공공단체의 기관 상호간의 권한의 존부 또는 그 행사에 관한 다툼이 있을 때에는 이를 해결하기 위하여 제기하는 행정소송을 말한다. 기관 상호간의 권한의 존부 또는 그 행사에 관한 분쟁은 행정권 내부의 권한행사의 통일성 확보에 관한 문제로 상급기관의 감독권이나 기관 상호간의 협의에 의하여 내부적으로 처리되는 것이 통례이지만, 이러한 분쟁에 대하여도 법원의 공정한 판단에 의하여 기관 상호간의 권한질서를 유지하기 위하여 법률에서 소송절차에 의하여 해결하도록 특별한 규정을 둔 경우가 있다. 그러나 헌법재판소법은 제61조에서 국가기관 상호간, 국가기관과 지방자치단체간 및 지방자치단체 상호간에 권한의 존부 또는 범위에 관하여 다툼이 있을 때에는 당해 국가기관 또는 지방자치단체는 헌법재판소에 권한쟁의심판을 청구할 수 있으며, 이 심판청구는 피청구인의 처분 또는 부작위가 헌법 또는 법률에 의하여 부여받은 청구인의 권한을 침해하였거나 침해할 현저한 위험이 있는 때에 한하여 이를 할 수 있다고 규정하고, 제62조에서 권한쟁의심판의 종류를 다음과 같이 규정하고 있다. 즉 (1)국가기관 상호간의 권한쟁의심판, 즉 국회·정부·법원 및 중앙선거관리위원회 상호간의 권한쟁의심판, (2)국가기관과 지방자치단체간의 권한쟁의심판에는 정부와 특별시·직할시 또는 도 사이의 권한쟁의심판, 정부와 시·군 또는 지방자치단체인 구 사이의 권한쟁의 심판, (3)지방자치단체인 상호간의 권한쟁의심판에는 특별시·광역시 또는 도 상호간의 권한쟁의심판, 시·군 또는 자치구 상호간의 권한쟁의심판, 특별시·광역시 또는 도와 시·군 또는 자치구간의 권한쟁의심판 등이다.

취소소송(取消訴訟)

취소소송이란 행정청의 위법한 처분 등을 취소 또는 변경하는 소송을 의미한다(행정소송법 제4조 1호). 취소소송의 대상인 처분 등은 처분과 재결을 의미하므로(행정소송법 제2조 1항 1호), 취소소송은 처분취소소송, 처분변경소송, 재결취소소송, 재결변경소송, 그리고 판례상 인정된 무효확인을 구하는 취소소송으로 구분된다.

무효 등 확인소송
(無效 등 確認訴訟)

행정청의 처분 등의 효력유무 또는 존재여부의 확인을 청구하는 소송을 말한다. 무효등 확인소송에는 처분이나 재결의 무효확인소송·유효확인소송·존재확인소송·부존재확인소송·실효확인소송 등이 있다. 구법하에서는 명문규정이 없었기 때문에 그 성질에 관하여 논란이 많았으나, 현재에는 행정소송법에서 항고소송의 일종으로 규정하여 입법적으로 해결하고 있다.

부작위위법확인소송
(不作爲違法確認訴訟)

행정청이 당사자의 신청에 대하여 상당한 기간 내에 일정한 처분을 할 법률상의 의무가 있음에도 불구하고 이를 하지 아니한 것에 대한 위법확인을 구하는 소송을 말한다. 오늘날 현대국가에 있어서 행정기능의 확대·강화 및 개인생활의 행정의존도의 증가는 필연적으로 행정청의 부작위로 인한 권익침해의 가능성이 넓어지게 됨에 따라 이에 대한 개인의 권익 구제제도가 보장될 필요성이 역시 증대되었다. 이에 따라 각국은 부작위에 대한 행정쟁송을 제도적으로 발전시켜 나오고 있는 바, 현재의 행정소송법에서도 부작위위법확인소송을 규정하고 있다.

행정소송사항(行政訴訟事項)
독 ; Verwaltungsstreitsache

행정소송을 제기할 수 있는 사항을 말한다. 대륙법계 국가의 행정재판제도에서는 사법기관에 관한 분쟁은 국가라도 언제나 민사소송을 제기하여 그 구제를 구할 수 있다. 이에 대하여 공법관계에 관한 분쟁에 대하여는 행정소송만을 유일한 구제수단으로 하는 것이 아니라 행정감독 등의 수단에 의해서도 그 목적을 달성할 수 있고, 더욱이 분쟁의 성질에 따라서 행정소송을 정하지 않는 것이 적당한 경우에는 행정소송을 제기할 수 있는 사항에 일정한 제한을 하는 것이 보통인 것이다. 행정소송사항을 결정하는 방법에는 개괄적으로 이를 정하는 槪括主義(개괄주의)와 소송사항을 하나씩 한정하는 列記主義(열기주의)가 있다. 현행법 하에서는 공법관계의 분쟁도 법률적 쟁송에 해당하는 한, 최종적으로는 법원에 제소할 수 있다는 의미에서 개괄주의를 채택하고 있다(헌§107③·법조§2·행소§19).

사정판결(事情判決)

원고의 청구가 이유 있다고 인정하는 경우에도, 즉 처분등이 위법한 경우에 처분등을 취소하는 것이 현저히 공공복리에 적합하지 아니하다고 인정하는 때에는 법원은 원고의 청구를 기각할 수 있다(행정소송법 제28조 제1항). 이에 따라 원고의 청구를 기각하는 판결을 사정판결이라고 한다. 사정판결은 법원의 재량에 놓인다. 그러나 공공복리의 유지를 위해 예외적으로 인정된 제도인 만큼 그 적용은 극히 엄격한 요건 아래서 제한적으로 하여야 한다.

위법한 행정처분을 존치시키는 것은 그 자체가 공공복리에 반하는 것이므로 행정처분이 위법함에도 불구하고 이를 취소하는 것이 현저히 공공복리에 적합하지 아니하다고 인정하여 사정판결을 함에 있어서는 극히 엄격한 요건 아래 제한적으로 하여야 할 것이고, 그 요건인 현저히 공공복리에 적합하지 아니한가의 여부를 판단함에 있어서는 위법·부당한 행정처분을 취소·변경하여야 할 필요성과 그로 인하여 발생할 수 있는 공공복리에 반하는 사태 등을 비교·교량하여 그 적용 여부를 판단하여야 한다(대법원 2000. 2. 11. 선고 99두7210 판결).

기속력(羈束力)
독, Bindende Kraft

행정법상 행정청에 대하여 처분이 위법이 라는 판결의 내용을 존중하여 그 사건에 대하여 판결의 취지에 따라 행동할 의무를 지우는 효력을 말하며, 구속력이라고도 한다. 행정소송법 제30조 제1항은 '처분 등을 취소하는 확정판결은 그 사건에 관하여 당사자인 행정청과 그 밖의 관계 행정청을 기속한다'고 규정하고 있다. 기속력의 성질은 일반적으로 판결 자체의 효력은 아니고 취소판결의 효과를 실질적으로 보장하기 위하여 행정소송법이 특히 부여한 특별한 효력으로 보고 있다.

위법처분(違法處分)

법규에 위배되는 행정처분을 말한다. 위법처분에 의하여 권리의 침해를 당한 자는 행정쟁송 기타 법률이 정하는 바에 의하여 이의신청이나 소원제기 등 행정상 불복신청을 할 수 있고 그밖에 법원에 위법처분의 취소 또는 변경의 소를 제기할 수도 있다. 그러나 당해 처분이 위법에 이르지 않고 단순히 자유재량의 부적절한 행사로서 부당처분에 불과한 때에는 異議申請(이의신청)·訴願(소원) 등을 제기할 수 있을 뿐이고 行政訴訟(행정소송)은 제기하지 못한다.

행정심판전치주의
(行政審判前置主義)

행정소송을 제기하는 경우 전심으로서 행정심판을 필요적인 전치절차로 하는 제도를 말한다. 즉 행정청의 위법처분에 대하여 법률의 규정에 의하여 행정청에 대한 소원 등 불복신청을 할 수 있는 경우에는 먼저 이에 대한 재결 등을 경유한 후가 아니면 소송을 제기할 수 없게 하는 것이다. 우리나라 개정 전 행정소송법은 필요적 행정심판 전치 주의를 채택하고 있었다. 그러나 1994년 행정소송법의 개정에 의하여 1998

년 3월 1일 부터는 필수적인 행정 심판 전치 주의를 임의적인 절차로 전환토록 하였다(행소§18①).

무효 등 확인심판
(無效 등 確認審判)

행정청의 처분의 효력유무 또는 존재 여부에 대한 확인을 구하는 심판을 말한다. 무효등 확인심판도 항고쟁송의 하나이므로 취소심판과 거의 동일한 특수성을 가진다. 그러나 당연무효 등을 전제로 하기 때문에, 또한 사정재결에 관한 규정이 적용되지 아니한다.

심판청구기간(審判請求期間)

행정심판에 있어서 심판청구를 제기할 수 있는 일정한 기간을 말한다. 심판청구기간은 원칙적으로 처분이 있은 것을 안 날로부터 90일이며, 정당한 사유가 없는 한 처분이 있은 날로부터 180일을 넘겨서는 안 된다. 다만 무효 등 확인심판과 의무이행심판은 이러한 심판청구기간의 제한이 없다.

심판청구사항(審判請求事項)

행정심판의 대상, 즉 심판청구의 제기대상으로 삼을 수 있는 사항을 말한다. 우리나라의 행정심판법은 심판청구사항에 관하여 개괄적으로 인정하므로 모든 행정청의 처분 또는 부작위를 그 대상으로 할 수 있다.

심판청구의 대리
(審判請求의 代理)

행정심판에 있어서 심판청구의 당사자인 청구인이나 피청구인이 대리인을 선임하여

당해 심판청구에 관한 행위를 하는 것을 말한다. 대리인이 그 권한의 범위 안에서 한 행위는 본인이 한 것과 같은 효과를 발생하고, 그 효과는 본인에게 미치는 것이다.

심판청구의 변경
(審判請求의 變更)

심판청구의 계속중에 청구인이 당초에 청구한 취지 등을 변경하는 것을 말한다. 민사소송의 경우와 같이 행정심판에 있어서도 청구인은 청구의 기초에 변경이 없는 범위 안에서 청구의 취지나 이유를 변경할 수 있을 뿐 아니라, 심판청구 후에 처분청인 피청구인이 그 심판청구의 대상인 처분을 변경한 경우에는 그 처분을 대상으로 한 새로운 심판청구를 제기할 것 없이 변경된 처분에 맞추어 청구의 변경을 할 수 있도록 하여 당사자간의 분쟁해결에 간편을 도모하고 있다.

재량권일탈·재량권남용
(裁量權逸脫·裁量權濫用)
독 ; Ermessensüberschreitung
·Ermessensmissbrauch

법률에 의한 재량권과 일반법원칙의 제약의 한계를 넘어서 행사한 경우에 위법을 구성하는 재량권의 행사를 재량권일탈이라 한다. 그리고 조리상의 제약(비례원칙·평등원칙·공익원칙)을 무시하고 행사한 경우에 위법을 구성하는 재량권의 행사를 재량권남용이라 한다. 행정기관은 재량권의 행사에 있어서 법률에 의한 제약과 일반법원칙에 의한 제약을 받고 있으며, 이 제약에 위반한 때에는 재량의 위법을 초래하게 된다. 즉, 재량권이 법이 정하는 한계를 넘어서 행사된 때에 그것은 위법인 재량권 행사가 되고, 또 법이 일정한 사실의 존재로 하여 재량권의 행사를 인정하고 있는 경우 그

사실이 존재하지 않음에도 불구하고 처분을 하면 그 처분은 위법이 된다. 이와 같은 위법인 재량권의 행사를 재량권면탈이라 한다. 한편, 행정청의 載量權行使(재량권행사)에는 항상 행정목적에 따른 조리상의 제약이 존재한다고 해석해야 한다. 행정청의 재량권은 공익목적의 증진, 행정목적의 원활한 수행을 위하여 행사되어야만 하며, 조리에 반하는 처분을 행한 경우에 그 처분은 단순한 부당에 그치지 않고 위법을 구성한다고 할 수 있다. 이러한 재량권의 행사를 재량권남용이라 한다. 재량권면탈이나 재량권남용이 있는 때 법원은 이를 취소할 수 있다(행소§27).

처분의 변경(處分의 變更)

이미 행한 행정행위의 내용을 변동시키는 행위를 말한다. 행정행위의 내용에 하자가 있을 때와 처음에는 하자가 없었으나 사후의 사정변경에 의하여 변경할 때가 있다. 처분의 변경은 처분청 또는 상급감독청에 의하여 행하여질 수 있다. 행정소송법 제4조는 「...처분의 취소 또는 변경」 이라고 규정하고 있으나, 권력분립제와의 관계상 법원은 행정행위의 적극적 변경을 할 수 없으며, 「일부취소」라는 의미에서의 변경을 할 수 있음에 그친다고 하는 것이 통설의 입장이다. 또한 행정행위의 변경이 그 자체의 하자에 의한 경우일지라도 법적 생활의 안정의 도모라는 문제가 있으므로 조리법상 일정한 한계가 있다.

가구제(假救濟)

공법상의 권리관계에 관하여 가정적인 임시의 효력관계에 관하여 가정적인 임시의 효력관계나 지위를 정함으로써 본안판결이 확정될 때까지 잠정적으로 권리구제를 도모하는 것을 말한다. 행정처분은 집행력·공정력등 특수한 효력이 있기 때문에 적절한 가구제가 인정되지 않을 경우 행정처분이 집행되어 원상회복이 불가능하게 되어 행정구제가 어렵게 되므로 본안판결이 있을 때까지는 잠정적인 권리구제 수단으로서 이러한 가구제제도가 필요하게 된다. 예를 들자면 행정소송법 제23조 제2항·제6항에 의한 집행정지가 가구제제도의 일종이다.

집행정지(執行停止)

본안판결의 실효성을 확보하고 권리구제를 도모하기 위한 가구제제도의 하나로서, 당해 행정처분 등에 불복하여 항고쟁송이나 항고소송을 제기한 원고를 위하여 당해 처분 등의 효력이나 그 집행 또는 절차의 속행을 정지케 함으로써 본안 판결이 있을 때까지 마치 당해 처분 등이 없었던 것과 같은 상태를 형성하는 재판을 말한다. 즉 행정처분은 공정력이 인정되어 집행력이 있으나, 이를 관철하면 상대방에게 회복할 수 없는 손해를 입힐 우려가 있어 예외적으로 집행정지를 인정한 것이다. 취소소송이 제기된 경우에 처분 등이나 그 집행 또는 절차의 속행으로 인해 생길 회복키 어려운 손해를 예방하기 위하여 긴급한 필요가 있다고 인정할 때에는 본안이 계속 되고 있는 법원은 당사자의 신청 또는 직권에 의하여 처분 등의 효력이나 그 집행 또는 절차의 속행의 전부 또는 일부의 정지를 결정할 수 있다. 다만 처분의 효력정지는 처분 등의 집행 또는 절차의 속행을 정지함으로써 목적을 달성할 수 있는 경우는 허용되지 않는다. 한편 집행정지의 결정을 신청함에 있어서는 그 이유에 대한 소명이 있어야 하며, 집행정지의 결정을 신청함에 있어서는 그 이유에 대한 소명이 있어야 하며, 집행정지의 결정에 대한 즉시항고에는 결정의 집행을 정지하는 효력이 없다(행정소송법 제23조2항 내지 5항).

공 무 원

공무원(公務員)
영 ;ffentlicher Beamte
독 ; fouctionairepublic
불 ; public official

광의로는 국가 또는 지방자치단체의 공무에 종사하는 모든 자를 말한다. 행정에 한하지 않고 입법사법에 종사하는 자도 포함한다. 이러한 의미의 공무원은 국가공무원과 지방공무원으로 분류된다. 국가공무원법과 지방공무원법은 공무원의 직을 경력직과 특수경력직으로 구분하고, 경력직은 일반직, 특정직 및 기능직으로 그리고 특수경력직은 정무직, 별정직, 전문직 및 고용직으로 각각 구분된다(국공§2). 헌법과 국가공무원법은 공무원이 국민 전체에 대한 봉사자임을 규정하고 있다(헌§7① · 국공§1). 이러한 신분 때문에 공무원은 일반국민과는 다른 특별한 권리와 의무를 갖는 동시에 여러 가지 자유와 권리에 제한을 받는 경우도 있다.

국가공무원(國家公務員)

광의로는 국가의 공무에 종사하는 모든 공무원을 말한다. 행정·입법·사법에 종사하는 모든 자를 포함한다. 국회의원과 법관도 이 의미의 국가공무원에 포함된다(헌§7). 그러나 협의로는 국가공무원법의 적용을 받는 국가공무원만을 말한다. 국가공무원법 제1조에서 말하는 국가공무원은 이러한 협의의 국가공무원을 말한다. 본래 국가공무원이라는 용어는 지방공무원에 대응하는 개념이다. 양자는 국가공무원이

국가에 의하여 임명되고 국가의 사무를 집행하는 공무원이며 지방공무원의 지방자치단체에 의하여 임명되고 지방자치단체의 사무를 집행하는 공무원이라는 점에서 구별된다. 그러나 임명에 의하지 않고 선거에 의한 공무원도 있기 때문에 임명주체와 사무분담으로 양자를 구별하는 데에는 문제가 있다. 따라서 근무의무를 부담하는 행정주체와 보수 기타 경비부담주체를 기준으로 양자를 구별하는 것이 타당하다. 한편, 국가공무원은 국가공무원을 경력직과 특수경력직으로 분류한다(국공§2①). 국가공무원법은 경력직에 속하는 공무원에 대하여 적용되며, 특수경력직 공무원에 대하여는 별도의 법률로 규정하고 있다.

지방공무원(地方公務員)

지방자치단체에 의하여 임명되고 지방자치단체에서 공무에 종사하는 모든 공무원을 지방공무원이라 한다. 국가공무원에 대응하는 개념이다. 임명주체, 업무의 종류 및 급여지급 주체 등에서 국가공무원과 구별된다. 지방공무원의 신분 기타에 관하여는 지방공무원법에 규정이 있다. 지방공무원은 지방공무원의 직을 국가공무원법에 준하여 경력직과 특수경력직으로 나눈다(지공§2①).

특수경력직 공무원
(特殊經歷職 公務員)

선거에 의하거나 또는 임명에 관하여 국회의 승인을 필요로 하는 공무원을 말한다. 경력직 공무원에 대응하는 개념이다. 특수경력직 공무원에게는 원칙적으로 국가공무원법이 적용되지 않는다(국공§3참조).

성적제(成績制)
독 ; merit system

공무원의 任免(임면)·승진에 관하여 본인의 성적을 기준으로 하는 제도로서, 이러한 의미에서 成績主義(성적주의) 또는 實績主義(실적주의)라고도 한다. 獵官制(엽관제)에 대응하는 개념이다. 공무원을 정당의 영향에서 벗어나게 하여 공무원의 정치적 중립, 전문적 능력을 보유한 공무원의 확보 및 행정의 능률향상과 안전성 등을 목적으로 한다. 성적제는 그에 앞서 시행된 엽관제의 폐단을 제거하기 위하여 채택되었다는 점에 그 의의가 있다. 영국에서는 일찍이 글래드스턴(Gladstone)에 의하여 제창되었고, 미국에서는 1883년의 연방공무원법(civil Service Act)에 의하여 실시되었다. 우리 공무원법은 공무원을 경력직과 특수경력직으로 구분하여 경력제에 대해서는 특히 성적제의 확립을 도모하고 있다. 임용제도나 신분보장에서 공무원의 복리·후생을 보장하는 것은 성적제의 관철을 의도하는 것으로 볼 수 있다.

엽관제(獵官制)
독 ; spoils system

공무원의 임면 및 승진을 당파적 정실에 의하여 행하는 정치관습에서 나온 제도이다. 엽관주의라고도 하며, 성적제에 대응하는 개념이다. 정권을 획득한 정당이 관직을 그 정당에 봉사한 대가로 분배하는 정치적 관행에서 발생한 것으로서, 이러한 관행을 정당정치가 발달한 영·미에서 시작되었고, 특히 19세기 초 미국에서 성행하였다. 이 제도로 인하여 행정능률의 저하, 행정질서의 교란 등의 폐단이 발생하였고, 이러한 폐단을 제거하기 위해 성적제가 대두하게 된 것이다.

우리나라는 직업공무원제도를 채택하고 있는데, 이는 공무원이 집권세력의 논공행상의 제물이 되는 엽관제도(獵官制度)를 지양하고 정권교체에 따른 국가작용의 중단과 혼란을 예방하고 일관성있는 공무수행의 독자성을 유지하기 위하여 헌법과 법률에 의하여 공무원의 신분이 보장되는 공직구조에 관한 제도이다(헌법재판소 1989. 12. 18. 89헌마32,33 전원재판부).

신분보장(身分保障)

공무원은 형의 선고, 징계처분 또는 법이 정하는 사유에 의하지 아니하고는 그 의사에 반하여 休職(휴직)·降任(강임)·免職(면직)을 당하지 않는 것을 말한다(국공§68·지공§60·외공§20·교공§43②).

다만 1급의 국가지방공무원은 예외로 한다(국공§68단·지공§60단). 특수직공무원인 법관은 彈劾決定(탄핵결정) · 禁錮(금고) 이상의 형의 선고에 의하지 않고서는 파면되지 않고, 법관징계위원회의 징계처분에 의하지 않고서는 停職(정직), 減俸(감봉) 및 불리한 처분을 당하지 않는다(법조§46). 검사도 탄핵 또는 금고 이상의 형을 받거나 징계처분에 의하지 않으면 파면, 정직, 감봉의 처분을 받지 않는 것이다(검§37).

인사위원회(人事委員會)

각 地方自治團體(지방자치단체)에 두는 인사행정기관이다. 지방자치단체에 임용권자별로 인사위원회를 두되, 특별시·광역시·도 또는 특별자치도에는 필요하면 제1인사위원회와 제2인사위원회를 둘 수 있다(지공§7①). 인사위원회는 16명 이상 20명 이하의 위원으로 구성한다. 다만, 임용권을 위임받은 기관에 두는 인사위원회와 해당 지방자치단체의 인구 수, 위원 선정의 어려움 등을 고려하여 대통령령으로 정하는 지방자치단체에 두는 인사위원회는 7명 이상 9명 이하의 위원으로 구성할 수 있다(지공 §7②). 인사위원회의 권한으로는 임용 및 승진시험의 실시, 임용권자의 요구에 따른 징계의결 그리고 기타 법령의 규정에 의해 그 권한에 속하는 사항 등이 있다. 즉 인사위원회는 독립·상설집행기관이다.

근무성적평정(勤務成績評定)

공무원의 근무성적을 평정하고 기록을 작성하여 그 결과를 인사관리에 반영시켜 과학적 인사행정을 도모하려는 제도이다. 즉, 각 기관의 장·임용권자는 정기 또는 수시로 소속 공무원의 근무성적을 평정하여 이를 인사관리에 반영해야 하며(국공§51①·지공 §76①), 근무성적평정에 관한 사항은 국회규칙 · 大法院規則(대법원규칙) · 憲法裁判所規則(헌법재판소규칙) · 中央選擧管理委員會規則(중앙선거관리위원회규칙) · 대통령령으로 정한다(국공§5 1③ · 지공§76③).

상훈제도(賞勳制度)

공무원으로서 직무에 精勵(정려)하거나 사회에 공헌한 공적이 현저한 자에 대하여 훈장·포장을 하거나 표창을 하는 제도를 말한다(국공§54). 지방자치단체의 장은 공무원으로서 직무에 특히 성실하거나 사회에 공헌한 공적이 현저한 자에 대하여는 조례가 정하는 바에 따라 표창을 행한다(지공 §79). 위의 훈장 · 포장 및 표창에 관한 사항은 법률(상훈법)로 정한 것을 제외하고는 대통령령으로 정한다. 다만, 표창에 관한 사항은 국회규칙 · 대법원규칙 · 헌법재판소규칙 또는 중앙선거관리위원회규칙으로도 정할 수 있다.

임용(任用)

특정인에게 일정한 공무원의 직위를 부여하는 행위를 총칭하는 것이다. 임용을 공무원의 신분관계를 설정하는 임명과 이미 공무원의 신분을 취득한 자에게 일정한 직무를 부여하는 보직행위를 포함한다. 공무원의 임용은 시험성적·근무성적 기타 능력의 실증에 의하여 행하여야 하며, 관직에 결원이 발생한 때에는 신규채용·승진임용·강임·전직 또는 전보의 방법에 의하여 결원을 보충하는 것이 통례인데 이러한 임용방법을 정식임용이라 한다(국공§26, §27 · 지공 §25, §26). 임용외에도 일반적인 공무원의 채용방법으로서는 그 확보가 어렵다고 인정되는 과학 · 기술 · 홍보 · 문화노동통계 분야 등의 전문지식 및 기술을 요하는 분야의 조사연구시험·검사 등의 업무를 수행하기 위하여 필요한 경우에는 예산범위 내에서 채용계약에 의하여 전문직공무원을 채용할 수 있으며(전공규§5), 중앙행정기관의 특수한 지식, 경험 또는 기술을 요하는 한시적 업무를 담당시키기 위하여 시한부직원을 채용할 수 있다(시직규§5).

전형(銓衡)

공무원 임용시 적격자인가의 여부를 일정한 기준에 의하여 심사하는 것을 말한다. 한편, 일정한 자격요건이 요구되는 경우에 그 자격요건을 약간 완화하거나 또는 형식적으로 요구하지 않고 그 직무에 실질적으로 적당한지 또는 그 직무에 필요한 특정한 학식, 기술 혹은 경험이 있는지의 여부를 일정한 기준에 의하여 구체적으로 판정하는 것을 뜻하는 경우도 있다.

보직(補職)

관과 직이 분리되어 있는 경우, 어떠한 관에 임명된 자에 대하여 구체적인 직의 담임을 명하는 행위를 의미한다. 예컨대 軍人事法(군인사법)이 기갑 또는 보병과 출신장교를 여단장과 보직하는 경우(군인사 §16, 동시행령§14, §14의 2 참조).

공무원의 권리(公務員의 權利)

공무원이 국가 또는 지방자치단체에 대하여 가지는 일종의 개인적 공권을 뜻한다. 공무원은 일반인과 다른 특별한 의무를 지는 반면, 일반인과는 다른 여러 가지 권리를 가지고 있다. (1) 신분상 권리로서, 경력직공무원은 ㉮ 身分保有權(신분보유권), 官職保有權(관직보유권), 職務執行權(직무집행권) 및 형의 선고·징계처분 또는 국가·지방공무원법에서 정하는 사유에 의하지 아니하고는 그 의사에 반하여 휴직·강직·면직을 당하지 않을 권리(국공§68본문·지공§60본문)와 ㉯ 職名使用權(직명사용권)·制服着用權(제복착용권)을 가진다. 다만, 특수경력직 공무원은 원칙적으로만 신분보장을 받지 못한다. (2) 재산상권리로서 경력직공무원은 봉급·연금·공무재해보상·실비변상 등을 받을 권리를 가진다. 이러한 공무원의 신분상 및 재산상의 권리가 침해된 때에는 공무원은 所請(소청)·行政審判(행정심판)·行政訴訟(행정소송) 등을 통해 권리의 구제를 받을 수 있다.

공무원의 변상책임 (公務員의 辨償責任)

공무원이 그 직무를 집행함에 있어서 국가나 지방자치단체에 입힌 손해에 대하여 변상책임을 지는 것을 말한다. 공무원이 그 직무외의 행위로 위법하게 국가나 지방자치단체 또는 일반인에게 손해를 입힌 때에 사법상 불법행위로서 지는 민법상 배상책임(민법 750조)과 구분된다. 공무원의 변상책임의 유무 판정과 징계문책처분의 요구는 감사원이 행하며, 변상책임의 판정이 있을 때에는 소속장관 또는 감독기관은 감사원이 정한 기간내에 이를 변상하게 하고, 그 기간이내에 이를 변상하지 않을 때에는 소속장관 또는 감독기관은 관계 세무서장에게 위탁하여 예에 따라 징수한다.

보수청구권(報酬請求權)

공무원이 국가 또는 지방자치단체에 대하여 봉급·수당·보상연금·실비변상 등의 보수를 청구하는 권리이다. 공무원의 보수청구권은 법률로서 정하는 것 이외에 대통령령으로 규정하고 있는데(국공§46, §47, §48·지공§44, §45), 공무원의 봉급은 일반의 표준생계비·민간의 임금 기타 사정을 고려하여 직무의 곤란성 및 책임의 정도에 적응하도록 계급별로 정한다. 다만 직무곤란성과 책임도가 현저히 특수하거나 결원보충이 곤란한 직무에 종사하는 공무원 및 연구 및 특수기술직 공무원의 보수는 따로 정할 수 있다(국공§46①지공§44①). 보수의 종류에는 기본급인 봉급과 각종 수당·보상연금 및 실비변상·실물급대여등이 있다. 보수청구권은 공법관계에서 비롯되는 공법상의 권리이므로 사법상의 채권과는 다른 특수성이 있다.

공무원연금법(公務員年金法)

1982년 12월 28일 법률 제3536호로서 공무원 퇴직·사망과 공무로 인한 질병·부상·폐질에 대하여 적절한 급여의 실시로 공무원에 대한 사회보장제도확립과 공무원 및 그 유족의 경제적 생활안정과 복지향상에 기여함을 목적으로 제정된 법률이다.

연금(年金)

공무원이 상당기간 근무하고 퇴직사망하였거나 공무로 인한 부상·질병으로 퇴직 또는 사망한 경우 법률이 정하는 기준에 따라 지급하는 급여를 말한다(국공§77①). 이에 관하여는 공무원연금법과 군인연금법 등이 있다. 공무원연금법은 기간을 기준으로 급여를 단기급여와 장기급여로 분류하며 이 가운데 장기급여를 연금이라 부른다. 연금의 종류에는 퇴직연금(공연§46①), 장해연금(§51~§55) 및 유족연금(공연§56~§61)이 있다.

공무원연금제도는 공무원이라는 특수직역을 대상으로 한 노후소득보장, 근로보상, 재해보상, 부조 및 후생복지 등을 포괄적으로 실시하는 종합적인 사회보장제도이므로, 공무원연금법상의 각종 급여는 기본적으로 모두 사회보장적 급여로서의 성격을 가짐과 동시에 공로보상 내지 후불임금으로서의 성격도 함께 가지며 특히 퇴직연금수급권은 경제적 가치 있는 권리로서 헌법 제23조에 의하여 보장되는 재산권으로서의 성격을 가지는데 다만, 그 구체적인 급여의 내용, 기여금의 액수 등을 형성하는 데에 있어서는 직업공무원제도나 사회보험원리에 입각한 사회보장적 급여로서의 성격으로 인하여 일반적인 재산권에 비하여 입법자에게 상대적으로 보다 폭넓은 재량이 헌법상 허용된다고 볼 수 있다(헌법재판소 2005. 6. 30. 2004헌바42 전원재판부).

장해연금(障害年金)

공무원이 공무상 질병 또는 부상으로 인하여 장애 상태로 되어 퇴직한 때 또는 퇴직 후에 그 질병 또는 부상으로 인하여 장애 상태로 된 때, 공무 외의 사유로 생긴 질병 또는 부상으로 인하여 장애 상태가 되어 퇴직한 때 또는 퇴직 후에 그 질병 또는 부상으로 인하여 장애 상태로 된 때에 지급하는 급여로서 그 액수는 장애의 정도에 따라 다르다(공연§51~§55).

유족급여(遺族給與)

공무원연금법상 유족연금은 10년 이상 공무원이었던 자의 유족에 지급되고, 유족일시금은 10년 미만 공무원이었던 자의 유족에게 지급된다(공연§56, §60), 한편 유족연금을 받을 권리가 있는 자가 1년 이상 행방불명된 경우에는 동순위자의 청구에 의하여, 동순위자가 없는 때에는 차순위자의 청구에 의하여 그 행방불명된 기간에 해당하는 당해 연금을 동순위자 또는 차순위자에게 지급할 수 있다(공무원연금법§58). 유족급여를 받는 유족의 순위는 민법상 재산상속의 순위에 따른다(공무원연금법§28).

공무원의 의무(公務員의 義務)

공무원은 국가기관의 담당자로서 국가에 대하여 봉사하는 것을 그 임무로 하므로 이에 대응하는 특별한 의무를 부담한다(헌§7①·국공§1, §55~§66). 공무원의 의무는 그 지위에 있어서 당연히 발생하는 것이다. 경력직 공무원의 의무에 관하여는 국가공무원법에서 규정하고, 특수경력직 공무원의 의무에 관하여는 특별법에서 규정하는 경우가 있다. 공무원의 의무에 관하여는 특별법에서 규정하는 경우가 있다. 공무원의 의무는 포괄적인 것으로서 그 내용은 다음과 같다. (1) 성실의무 : 모든 공무원은 법령을 준수하며 직무를 성실히 수행하여야 한다(국공§56·지공§48). (2) 복종의무 : 공무원은 직무를 수행함에 있어서 소속 상관의 직무상 명령에 복종하여야 한다(국공§57·지공§49본문). 다만 이에 대한 의견을 진술할 수 있다.(지공§49단). (3) 친절공정의무 : 공무원은 국민, 주민전체의 봉사자로서 친절하고 공정하게 집무하여야 한다(국공§59.지공§51) (4) 비밀엄수의무 : 공무원은 재직 중은 물론 퇴직 후에도 직무상 알게 된 비밀을 엄수하여야 한다(국공§60 · 지공§52). (5) 청렴의무 : 공무원은 직무와 관련하여 직접 또는 간접을 불문하고 사례·증여 또는 향응을 수수할 수 없으며, 직무상의 관계여하를 불문하고 그 소속 상관에게 증여하거나 소속 공무원으로부터 증여를 받아서는 아니된다(국공§61 · 지공§53). (6) 품위유지의무 : 공무원은 직무의 내외를 불문하고 그 품위를 손상하는 행위를 하여서는 아니된다(국공§63·지공§55). 외무공무원은 외교기밀의 엄수의무·품위유지의무·국제법의 준수 및 특권면제의 남용금지의무 및 외국정부의 시책에 대한 비판금지 의무를 부담한다(외공§16①Ⅰ·Ⅱ·Ⅲ). 공무원이 이상과 같은 의무에 위반한 때에는 징형 사유에 해당되어 징형 처분을 받게 된다(국공§78① · 지공§69①Ⅱ).

직무명령(職務命令)

공무원의 직무에 관하여 상사가 내리는 명령을 말한다. 공무원은 상하의 명령복종관계에 의하여 일체를 구성하여 행정목적을 추구하는 관계에 있으므로 그 상사의 명령에 충실하게 복종하여야 한다. 국가공무원법 제57조에 「공무원은 직무를 수행함에 있어서 소속상관의 직무상의 명령에 복종하여야 한다」 고 규정한 것은 이러한 직무명령에 대한 명령복종관계의 표현인 것이다. 직무명령은 실제상 訓令(훈령)·通牒(통첩) · 訓示(훈시) 등의 명칭으로 부르고 있으나, 관청간의 명령인 훈령과는 구별되

며, 서면으로 하는 경우도 있고 구두로 발하는 경우도 있다. 직무명령은 그 내용이 상사의 권한에 속하는 것이여야 하며, 명령을 받은 공무원의 직무에 관한 것이어야 한다. 공무원은 그가 받은 명령이 헌법 또는 법령에 명백히 위반되지 않는 한, 이를 거부할 수 없다. 다만 상사에게 의견을 개진할 수는 있다.

훈령(訓令)
독 ; Verwaltungsanweisung

상급관청이 하급관청의 권한행사를 지휘하기 위하여 발하는 명령을 말한다. 職務遂行(직무수행)에 관한 지침을 전달하고 법령해석에 통일을 기할 목적으로 발하여진다. 원칙적으로 법규와 같은 성질을 갖지 않으므로, 下級行政廳(하급행정청)을 구속할 뿐이지 직접 국민을 구속하지 않는다. 따라서 훈령에 위반하여도 特別權力關係(특별권력관계)의 명령위반이 될 뿐이며, 국민에 대한 관계에서는 그 행위가 바로 위법 또는 무효가 되는 것은 아니다. 그러나 명령적 훈령은 직무기준이나 법령해석의 기준을 설정한 것이며, 행정조직 내부에 있어서는 하급행정청을 구속하므로 사실상 법규와 같은 기능을 하고 있다. 훈령의 실정법상 근거는 정부조직법 제6조 1항에 규정된 행정기관의 장의 통할권 및 지휘·감독권에서 당연히 유래된 것이라고 볼 수 있다. 훈령은 하급기관에 대한 일반적인 명령이며, 직무명령은 상사의 소속 공무원에 대한 구체적 명령이라 하여 양자를 구별하는 것이 보통이다.

정치운동금지(政治運動禁止)

공무원은 법령이 정하는 바에 의하여 정치적 중립성이 보장된다(헌§7②). 공무원은

국민전체의 봉사자인바 정치적 중립성을 확보하여야만 행정의 공정한 운영을 기할 수 있기 때문이다. 구체적으로 어떠한 정치행위가 금지되는가는 그 직무와 책임에 따라 다르다. 공무원은 정당이나 그 밖의 정치단체의 결성에 관여하거나 이에 가입할 수 없으며, 선거에서 특정 정당 또는 특정인을 지지 또는 반대하기 위한 행위(구체적인 행위는 이하의 내용 참고)를 하여서는 아니 된다. 이에 위반한 행위는 3년이하의 징역과 3년이하의 자격정지에 처한다(국공§84 · 지공§82). 금지되는 행위는 다음과 같다.

(1) 정당 및 기타 정치단체의 결성에 관여하거나 가입할 수 없다(국공§65). (2) 선거에 있어서 특정정당 또는 특정인의 지지나 반대를 하기 위하여 다음의 행위를 하여서는 아니된다. ① 투표를 하거나 하지 아니하도록 권유운동을 하는 것. ② 서명운동을 기도·주재하거나 권유하는 것. ③ 문서 또는 도서를 공공시설 등에 게시하거나 게시하게 하는 것. ④ 기부금을 모집 또는 모집하게 하거나 공공자금을 이용 또는 이용하게 하는 것. ⑤ 타인으로 하여금 정당 기타 정치단체에 가입하거나 가입하지 아니하도록 권유운동을 하는 것(국공§65②). (3) 위의 행위를 다른 공무원에게 행하도록 요구하거나 또는 정치적 행위의 보상·보복으로서의 이익·불이익을 약속하는 행위(국공§65③) 등이 있다.

집단행위금지(集團行爲禁止)

공무원의 노동운동 기타 공무 이외의 일을 위한 집단적 행위는 금지된다(국공§66①본문, 지공§58①). 그 이유는 공무원의 집단행위가 국민전체의 봉사자로서 공공복리를 위해 근무해야 하는 공무원의 특수한 지위에 상반되기 때문이다. 사실상 노무에 종사하는 공무원은 집단행위의 금지대상에

서 제외되며(국공§66①단·지공§58①단), 그 공무원의 범위는 대통령령, 대법원규칙, 국회규칙, 헌법재판소규칙, 중앙선거관리위원회규칙 또는 조례로 정한다(국공§66②·지공§58②). 집단행위금지에 위반한 자는 1년 이하의 징역 또는 1,000만원 이하의 벌금에 처한다(국공§84의2·지공§83).

> 지방공무원법 제58조 제1항 본문은 "공무원은 노동운동 기타 공무 이외의 일을 위한 집단행위를 하여서는 아니 된다."고 규정하고 있는바, '공무 이외의 일을 위한 집단행위'라고 함은, 공무에 속하지 아니하는 어떤 일을 위하여 공무원들이 하는 모든 집단적 행위를 의미하는 것이 아니라 언론·출판·집회·결사의 자유를 보장하고 있는 헌법 제21조 제1항과 지방공무원법의 입법취지, 지방공무원법상의 성실의무와 직무전념의무 등을 종합적으로 고려하여 '공익에 반하는 목적을 위하여 직무전념의무를 해태하는 등의 영향을 가져오는 집단적 행위'를 말한다(대법원 2004. 10. 15. 선고 2004도5035 판결).

비밀엄수의무(秘密嚴守義務)

공무원은 그 직무상 지득한 비밀을 누설하지 않아야 한다. 여기서 직무상 지득한 비밀이란 직접 직무에 수반되는 비밀뿐만 아니라 직무와 관련하여 수반되는 비밀도 포함하며, 퇴직 후에도 의무는 존속한다. 어떠한 것이 비밀인가는 일률적으로 그 내용·절차를 규정한 것이 없다. 따라서 구체적인 경우에 따라 법령 또는 처분에 의하여 결정된다. 이 의무를 위반하면 징계사유가 될 뿐만 아니라, 법령에 규정된 직무상 비밀을 누설한 때에는 범죄를 구성한다(형§126, §127).

국가공무원법상 직무상 비밀이라 함은 국가 공무의 민주적, 능률적 운영을 확보하여야 한다는 이념에 비추어 볼 때 당해 사실이 일반에 알려질 경우 그러한 행정의 목적을 해할 우려가 있는지 여부를 기준으로 판단하여야 하며, 구체적으로는 행정기관이 비밀이라고 형식적으로 정한 것에 따를 것이 아니라 실질적으로 비밀로서 보호할 가치가 있는지, 즉 그것이 통상의 지식과 경험을 가진 다수인에게 알려지지 아니한 비밀성을 가졌는지, 또한 정부나 국민의 이익 또는 행정목적 달성을 위하여 비밀로서 보호할 필요성이 있는지 등이 객관적으로 검토되어야 한다(대법원 1996. 10. 11. 선고 94누7171 판결).

징계(懲戒)

일반적으로 특수권력관계 또는 공법상의 특별한 감독관계의 규율·질서를 유지하기 위하여 징계사유에 해당하는 경우 그 관계에 속하는 자에게 제재를 가하는 것이다. 경력직 국가공무원에 대해서는 직무상 의무위반인 경우 罷免(파면) · 解任(해임) · 강등 · 停職(정직) · 減俸(감봉) · 譴責(견책) 등의 징계처분을 내릴 수 있고, 징계권자는 임용권자·중앙행정기관의 장·소속기관의 장이 된다(국공§82 · 공무원징계령§2, §3). 징계의 결기관으로는 중앙징계위원회와 보통징계위원회가 있다. 이들 위원회에 대한 재심기관으로 소청심사위원회가 있다. 이는 행정기관 소속공무원의 징계위원회의 의결이 미흡하다고 인정하여, 그 처분 또는 의결에 대해 심사결정하는 상설재결기관이다(국공§9~§15, §82② · 행소§2①). 경력직지방공무원의 징계 종류는 전술한 국가공무원의 경우와 같으며, 징계의결기관으로는 인사위원회(지공§7~§11)가 있고 절차규정으로는 「지방공무원징계 및 소청규정」이 있다. 그리고 재심기관으로는 地方公務員訴請審査委員會(지방공무원소청심사위원회)가 있다(지공§13~§21).

정직(停職)

공무원의 경우 그 신분은 보유하지만 직무에 종사하지 못하는 것을 말하며(국공§80③·지공§71③), 군인의 경우 그 직책은 보유하나 직무에 종사하지 못하고 일정한 장소에서 근신하도록 하는 것을 말한다(군인사§57Ⅲ). 국가지방공무원의 경우 임용행위의 일종인 동시에 징계의 일종이며(국공§79·지공§70), 법관·군인의 경우 징계의 일종이다. 다만, 정직은 병에게 적용하지 아니한다(법징§3①·군인사§57Ⅲ). 국가지방공무원이 정직처분을 받은 자는 그 기간중 공무원의 신분은 보유하나 직무에 종사하지 못하며 보수는 전액을 감한다(국공§80③, 지공§71③). 특정직 공무원인 법관의 정직기간은 1월 이상 1년 이하이고, 이 기간 중 직무집행을 정지하고 봉급을 지급하지 않는다(법징§3②). 군인의 정직기간은 1월 이상 3월 이내로 하고, 이 기간에는 보수의 3분의 2에 해당하는 금액을 감액한다(군인사§57①3호).

휴직(休職)

공무원의 신분은 보유하면서 그 직무를 일시 면하는 것으로서 임용행위의 일종이다. 휴직은 공무원에 대한 불이익처분이므로 법률에 정하는 일정한 사유가 있는 때에만 직권휴직이 인정되며, 그밖에 일정한 사유의 발생으로 본인이 원하는 때에 인정되는 휴원휴직이 있다. 따라서 형의 선고징계처분 또는 법률에 정한 사유가 없는 때에는 본인의 의사에 반하여 휴직을 명할 수 없다. 다만 1급 공무원은 그러하지 아니한다(국공§68 · 지공§60). 휴직사유에는 공무원이 (1) 신체 · 정신상의 장애로 장기요양이 필요한 때, (2) 병역법에 의한 병역복무를 필하기 위하여 징·소집되었을 때, (3) 천재 · 지변 또는 전시사변이나 기타 사유로 인하여 생사 또는 소재가 불명한 때 및 (4)「공무원의 노동조합 설립 및 운영 등에 관한 법률」 제7조에 따라 노동조합 전임자로 종사하게 되었을 때 (5) 기타 법률의 규정에 의한 의무를 수행하기 위하여 직무를 이탈하게 되었을 때 등이 있으며, 이 경우 임용권자는 본인의 의사에 관계없이 휴직을 명하여야 한다(국공§71 · 지공§63). 휴직자는 그의 휴직기간 중 직무에 종사하지 않으므로 휴직사유에 따라서 일정액이 급여에서 감액된다.

퇴직(退職)

일반적으로 국가·지방공무원 및 기타 기관의 직원이 일정한 사유에 의해 그 직에서 물러나는 것을 말하나. 공무원연금법에서의 의미는 면직·사직 기타 사망 외의 사유로 인한 모든 해직을 말하다. 다만, 공무원의 자격이 소멸한 날 또는 다음날에 다시 자격을 취득하고 공무원연금법에 의한 퇴직급여 및 퇴직수당을 수령하지 아니한 경우에는 예외로 한다(공연3①4호).

복직(復職)

광의로는 어떠한 사유로 인하여 그 직을 떠난 공무원이 원상으로 돌아오는 것을 의미하나, 협의로는 직권·직위해제 또는 정직 중에 있는 국가·지방·교육공무원을 직위에 복귀시키는 것을 뜻한다(공임§2Ⅲ·지공임§2Ⅱ·교공§2⑨). 임용행위의 일종이며 임용권자가 이를 행하는 것이 보통이다. 휴직기간 중 그 사유가 소멸된 때에는 30일 이내에 임용권자 또는 임용제청권자에게 이를 신고하여야 하며 임용권자는 지체없이 복직을 명하여야 한다(국공§73②).

복리행정

급부행정(給付行政)
독, Leistungsverwaltung

국가 또는 공공단체 등의 행정주체가 수익적 활동을 통하여 직접으로 사회공공의 복리를 증진하기 위하여 주로 비권력적 수단에 의하여 하는 작용을 말한다. 급부행정은 (1)그 내용에 따라 공급행정·사회보장행정 및 조성행정으로, (2)구체적인 급부의 목적물에 따라 금전지급, 물건의 공여, 역무제공 및 알선보호 등으로, (3)그것이 행하여지는 법형식에 따라 공법적 급부와 사법적 급부로, (4)법적 구속 여부에 따라 의무적 급부·재량적 급부 및 법률로부터 자유로운 급부로 나눌 수 있다.

공물(公物)
라 ; res publica
독 ; ffentliche Sache
불 ; domaine public

국가·공공단체 등의 행정주체에 의하여 직접 공공목적에 공용되는 개개의 유체물을 말한다. 공용주체에 착안하여 정립된 개념으로서 소유권의 귀속여하를 불문한다. 개개의 유체물이므로 영조물 그 자체는 공물이 아니다. 도로·하천 등과 같이 일반공중의 공동사용에 제공되는 이른바 공공용물과 청사·교사 등과 같이 행정주체 자신의 사용에 제공되는 이른바 공용물의 양자가 있다. 국유재산은 그 가운데 행정재산만이 이 공물에 해당하고, 수익만을 목적으로 하는 보통재산 특히 雜種財産(잡종재산)은 공물이 아니다. 공물은 사물에 대한 개념으로서 공공목적에 공용되는 한도 내에서는 사물과 다른 법적 취급을 받고 공법적 규정에 의하여 규율된다. 즉, 공물에는 사권의 목적이 될 수 없는 것이 있고(예 : 하천·호소·해면 등), 사권의 목적이 될 수 있는 공물에 있어서도 그 공공목적에 방해가 되는 사권의 행사는 제한된다(예 : 융통성의 제한·강제집행의 제한·수용의 제한·과세의 제한 등). 공물의 성립은 공공용물에 있어서는 자연공물을 제외하고, 공용물에 있어서는 단순한 사실상의 사용개시를 요건으로 한다. 아직 공공목적에 공용되지 않았으나 장차 그 구조의 완성을 기다려서 공용하기로 결정된 이른바 예정공물(예 : 도로 예정지) 또는 현실적인 공용이 목적이 아니고, 다만 공공목적을 위하여 그 물건 자체의 보존을 목적으로 하는 이른바 공적 보존물(예 : 문화재·향교재산 등)도 공공목적에 필요한 한도 내에서 공물에 준하여 취급된다.

공유공물(公有公物)

사권의 목적이 될 수 있는 공물에 있어서의 그 소유권의 주체가 공공단체인 경우의 공물을 말한다. 국유공물의 경우와 같이 공유공물을 관리하는 주체에 따라서, 즉 주체가 공공단체인가 국가인가에 따라서 자유공물 또는 타유공물이 된다.

자연공물(自然公物)

하천 · 산림 · 해면 등과 같이 천연 상태로 이미 공공용에 제공할 수 있는 형태를 갖추고 있는 공물을 의미한다. 行政主體(행정주체)가 인공을 가하고 또한 이를 공공용에 제공함으로써 비로소 공물이 되는 인공공물(예컨대 도로·공원 등)에 대응하는 개념이다. 국유재산법은 이 종류의 자연공물에 관하여 국가의 일반적인 의미에서의 소유권을 부정하고 이를 공공물이라 부른다(국재§4②I).

공유수면인 갯벌은 자연의 상태 그대로 공공용에 제공될 수 있는 실체를 갖추고 있는 이른바 자연공물로서 간척에 의하여 사실상 갯벌로서의 성질을 상실하였더라도 당시 시행되던 국유재산법령에 의한 용도폐지를 하지 않은 이상 당연히 잡종재산으로 된다고는 할 수 없다(대법원 1995. 11. 14. 선고 94다42877 판결).

공물경찰(公物警察)

공물의 안전을 유지하고, 공물의 공공사용에 관한 질서를 유지하기 위하여 하는 경찰권의 작용을 말한다. 공물의 사용은 그 방법의 여하에 따라서는 공공의 안녕질서에 대한 위해를 발생하는 경우가 있는데, 공공의 질서유지를 위하여 도로통행의 금지·제한 등의 경찰작용이 공물에 대하여 행하여지게 된다.

공물관리권(公物管理權)

공공의 존립을 유지하고 공공목적을 위하여 사용함으로써 공물 본래의 목적을 달성하도록 하는 작용을 공물의 관리라 하는데, 공물을 관리할 수 있는 공물주체의 권한을 공물관리권이라 한다. 공물관리권의 내용은 당해 공물에 관한 법령 또는 자치법규에 의하여 정하여지는 것이며, 각 공물에 따라 같지 않다. 공물의 소극적인 관리작용은 범위결정, 공용담보 및 공공목적에의 사용 등이 있고, 적극적인 관리작용으로는 공물의 유지·수선·보관 및 공공목적에 대한 장해의 방지·제거 등이 있다.

공물의 사용(公物의 使用)
•━━━━━━━━━━━━━━━━━

일반공중이 주로 공공용물을 사용하는 법률관계를 말한다. 다만 공용물의 경우에는 그 공용물의 본래 목적을 방해하지 않는 범위내에서만 사용이 가능하다. 공물주체와 공물사용자 사이에는 공물 본래의 목적에 필요한 한도내에서는 공법관계가 성립한다. 그러나 공물의 사용권은 사법상 계약에 의하여 성립할 수도 있다.

공물제한(公物制限)
•━━━━━━━━━━━━━━━━━

개인의 소유에 속하는 특정한 물건이 특정한 공익목적을 위하여 필요한 경우에, 그 필요한도 내에서 소유권에 가해지는 공법상의 권리를 말한다. 사유공물 또는 특허기업용 재산에 대한 공물제한은 권리의 목적물을 공익목적에 제공하기 위하여 제한이 가하여지는 경우이고, 공적보존물에 대한 것은 그 목적물의 존재 자체가 공익상 필요하기 때문에 제한이 가해지는 경우이다.

국유재산(國有財産)
•━━━━━━━━━━━━━━━━━

넓은 의미로는 국가가 소유하는 일체의 동산부동산 및 권리를 말하며, 공유재산사유재산에 대응하는 개념이다. 좁은 의미로는 국유재산법 제5조에서 규정하고 있는 재산을 말한다. 즉 동법에서 국유재산이라 함은 다음 각호의 재산으로서 국가의 부담이나 기부의 채납 또는 법령이나 조약의 규정에 의하여 국유로 된 것을 말한다(국재§2①). (1) 부동산과 그 종물, (2) 선박·부표·부잔교(浮棧橋)·부선거(浮船渠) 및 항공기와 그들의 종물, (3) 정부기업 또는 정부시설에서 사용하는 중요한 기기와 기구(그 범위는 대통령으로 정한다. 기관차전차회차기동차등 궤도차량), (4) 지상권·지역권·광업권 기타 이에 준하는 권리, (5) 「자본시장과 금융투자업에 관한 법률」에 따른 증권 (6)특허권·실용신안권·디자인권 및 상표권 등이 그것이다. 국유재산법은 국유재산을 행정재산(공용재산공공용재산기업용재산보존용재산)과 일반재산으로 구분하고 있다.(국재§6). 행정재산이라 함은 공용재산, 공공용재산, 기업용재산 및 보존용재산을 말한다(국재§6②). 공용재산이라 함은 국가가 직접 그 사무용사업용 또는 공무원의 주거용으로 사용하거나 사용하기로 결정한 재산을 말하고 공공용재산이라 함은 국가가 직접 공공용으로 사용하거나 사용하기로 결정한 재산을 말하며, 기업용재산이라 함은 정부기업이 직접 그 사무용·사업용 또는 당해기업에 종사하는 직원의 주거용으로 사용하거나 사용하기로 결정한 재산을 말하고 보존용재산이라 함은 법령의 규정에 의하거나 기타 필요에 의하여 국가가 보존하는 재산을 말한다(국재6②), 각 중앙관서의 장은 국유재산의 관리, 처분에 관련된 법령을 제정, 개정하거나 폐지하려면 그 내용에 관하여 총괄청 및 감사원과 협의하여야 하고(국재§19), 국유재산에 관한 사무에 종사하는 직원은 그 처리하는 국유재산을 취득하거나 자기의 소유재산과 교환하지 못한다(다만, 해당 총괄청이나 중앙관서의 장의 허가를 받은 경우에는 그러하지 아니하다). 그리고 이를 위반한 행위는 무효이다(국재§19),

한편, 국유재산을 관리전환 하는데 있어 일반회계와 특별회계, 기금 간에 관리전환을 하려면 총괄청과 해당 특별회계, 기금의 소관 중앙관서의 장 사이에 협의를 통하여 관리전환 한다(국재§16). 그리고 서로 다른 특별회계·기금 간에 관리전환을 하려면 해당 특별회계·기금의 소관 중앙관서의 장(長)간의 협의를 통하여 한다(국재§16).

일반재산(一般財産)

국유재산은 그 용도에 따라 행정재산과 일반재산으로 구분한다(국재§6①). 이 중 일반재산이란 행정재산 외의 모든 국유재산을 말한다(국재§6③).

공용재산(公用財産)

국유재산법상의 행정재산에 속하는 재산으로, 국가가 직접 그 사무용·사업용 또는 공무원의 주거용으로 사용하거나 사용하기로 결정한 재산을 말한다.

국고(國庫)
영, fisc   독, Fiskus   불, fisc

재산권의 주체로서의 국가를 말한다. 법치국가에 있어서는 국가도 일반적으로 법의 지배를 받으므로 공권력의 주체인 본래 의미에서의 국가와 별개의 인격으로 본 국고관념은 부정되게 되었다. 그러나 오늘날에 있어서도 민법 제80조 제3항의 경우와 같이 재산권의 주체로서의 국가를 국고라고 하기도 하며, 이 경우에는 민·상법 등 사법의 적용을 받는다. 한편 경찰국가시대에 있어서의 국가는 공권력의 주체로서의 지위에서는 법의 지배를 받지 아니하나 공권력을 수반하지 아니한 재산관계에 있어서는 국가도 사인과 같이 법의 지배를 받으며 법원의 재판을 받는 것으로 되어 있었으니, 이런 의미에서의 국가와는 별개의 인격으로 파악하였다.

국고행위(國庫行爲)

국가의 국유재산불하·수표발행·물품매매계약 등과 같이 행정주체의 사경제적 행위를 말한다. 국고행위는 주로 경제적 활동에 관한 것이기 때문에, 국가의 경우도 경제 단체적 성격이 농후한 공공단체에서 그 예가 많다. 이러한 행위는 행정주체의 사법상 재산권의 주체로서의 행위이고 사인으로서의 행위이므로 특별한 규정이 없는 한 일반사인과 마찬가지로 민법 기타 사법의 적용을 받는다.

공도(公道)

행정권의 주체가 행정작용으로서 일반교통용으로 제공하는 도로를 말하며, 사도에 대응하는 개념이다. 도로법에 의한 도로가 그 대표적인 예이며, 도시계획법에 의한 도로 및 농어촌 정비법에 의한 농어촌 도로 등도 공도에 속한다. 공도는 공물이므로 그 관리·사용관계에 있어서 사물인 사도와는 다른 취급을 받는다.

공용개시(公用開始)

특정물을 실제로 공공목적에 공용한다는 행정주체의 의사표시를 말한다. 공공용물은 원칙적으로 일반공중의 공동사용에 제공될 수 있는 형식적 조건을 구비함과 동시에 이와 같은 의사표시행위가 있음으로써 성립한다. 이 의사표시행위를 공용개시행위(Widmunsakt)라고 한다. 이 공용개시행위에 의하여 그 물건은 공물로서의 성질을 취득하고 일정한 공법상의 제한을 받게 된다. 공용개시행위는 상대방 없는 형식적 행정행위로서, 그 의사표시는 명시적인 것이 보통이나 묵시적인 것도 있다. 공용개시행위는 공공용물의 성립요건이지만 공용물 및 자연공물(하천·항만 등)의 성립에는 필요하지 않다.

공용물(公用物)

공용물이란 예컨대 청사·교사·병사·교도소 등과 같이 행정주체 자신의 사용에 제공되는 공물을 말한다. 공공용물에 대응하는 개념이다. 특히 고유의 공용물을 공용재산이라고 한다(국재§4②Ⅰ).

공용영조물(公用營造物)
독, Anstalt des ffentlichen Dienstes

공공영조물과 상대되는 개념으로, 행정주체가 자신의 사용에 제공하는 영조물을 말한다.

공공용물(公共用物)

공공용물이란 예컨대 도로·하천·항·만·운하·제방·교량·공원·천연기념물 등과 같이 일반공중의 공공사용에 제공되는 공물을 말한다. 공용물에 대응하는 개념이다. 공물 가운데 가장 공공성이 강한 것으로서 좁은 의미의 공물은 이 공공용물만을 의미한다. 국유재산법은 공공용물을 공공용재산이라고 하고 있다(국재§6②Ⅱ).

공공시설(公共施設)

국가 또는 지방자치단체에 의하여 공적목적의 수행에 제공되는 계획적 설비의 일체를 말한다. 이것은 공물과는 달라서 지방자치법상의 용어이다(지자§144). 위에 말한 바와 같이 공공시설은 설비의 일체이므로 다수의 물건 또는 다수의 사람으로서 포괄적으로 구성된 것을 말할 때 이 개념이 생기는 것이다. 공공시설에는 그 주체의 구별을 표준으로 하여 국가의 공공시설과 공공단체의 공공시설로 구별되고 또 그것

이 어떤 방법에 의하여 공적목적을 실시하는가를 표준으로 하여 공용시설과 공공시설로 분류 할 수 있다. 공공시설은 그것을 설비하고, 그 설치로 하여금 일반 사인의 수요를 만족시키는 데 필요한 모든 시설을 공공시설의 관리라고 하여, 이를 위하여 발동하는 행정주체의 행정권을 공공시설의 관리권이라고 한다. 이것은 일반통치권력과 구별되는 것이며, 그것을 사용함으로써 성립하는 사용자와의 特別權力關係(특별권력관계)에서 발동되는 일체의 지배권이라고 할 수 있다. 공공시설은 원래 공공의 복지를 위하여 설치되는 것이므로 그것을 설치한 행정주체 이외의 일반 사인이 이것을 사용하는데, 그 사용방법을 표준으로 하여 보통사용과 특별사용으로 구별한다.

설치 · 관리의 하자
(設置 · 管理의 瑕疵)

공공시설이 설치·관리의 하자로 인하여 손해를 발생시킨 경우에 행정상 손해배상책임이 발생하게 된다. 이때 설치·관리의 하자란 공공시설이 일반적으로 갖추어야 할 안정성에 흠이 공공시설의 성질을 취득한 당초에 있는 것이 설치의 하자이고, 흠이 후에 발생되는 경우가 관리의 하자이다.

공용제한(公用制限)
독 ; öffentlichrechtliche Eigentumsbeschränkung

특정한 공익사업의 목적을 위하여 특정한 재산권에 부과되는 공법상의 제한을 말한다. 물적 공용부담의 일종이다. 그 재산권의 이전과 함께 그 제한의 효과도 당연히 이전된다. 공용제한의 대상이 되는 재산권의 목적인 재산은 토지 등의 부동산인 경우도 있고 동산인 경우도 있으며, 또 무체재산권이 대상이 되는 경우도 있다. 그 중

토지에 대한 공용제한이 가장 보통의 경우인데, 이것을 공용지역이라고 한다. 공용제한은 특정한 공익사업을 위한 공법상의 제한이라는 점에서 사법상의 제한과는 구별되며, 재정목적·경찰목적·군사목적을 위한 그 밖의 공법상의 제한과도 구별된다. 공용제한은 반드시 법률의 근거를 요하며, 법률이 정하는 바에 따라 그 손실을 보상해야 한다(헌§23③). 그리고 제한의 태양(態樣)에 따라 計劃制限(계획제한)·保全制限(보전제한)·事業制限(사업제한) · 公物制限(공물제한) · 使用制限(사용제한)으로 구별된다.

공용부담(公用負擔)

특정한 공익사업의 목적을 달성하기 위한 행정수단으로서 법률에 기하여 국민에게 강제적으로 과하는 일체의 인적·물적 부담을 말한다. 행정주체가 경영하는 공익사업 자체는 비권력적 작용이지만, 그 보조적 수단으로서 이와 같은 권력적 작용이 필요하다. 공용부담은 특정한 공익사업을 위한 공법상 부담이라는 점에서 기타의 행정목적을 위한 공법상 부담인 警察負擔(경찰부담) · 財政負擔(재정부담) · 軍事負擔(군사부담) 등과 구별되며, 국민에게 부과하는 부담인 점에서 공공단체에 부과하는 사업부담·경비부담 등과 구별된다. 공용부담은 국민에게 새로운 부담을 부과하는 것이므로 반드시 법률의 근거를 요한다. 이러한 부담을 부과할 권리는 국가 또는 공공단체가 소유하는 외에 법률 또는 법률에 근거하는 처분에 의하여 사기업자에게 주어지는 경우도 있다. 이 권리를 공용부담의 특권이라고 한다. 공용부담은 특정인에게 작위·부작위·급부를 명하는 인적 공용부담과 특정한 재산권에 고착하여 이에 제한·변경을 가하는 물적 공용부담으로 구분되는데, 인적공공부담은 다시 부담금·부역현금·노역물품·시설부담·부작위부담 등으로 구분되고,

물적공용부담은 公用制限(공용제한) · 公用徵收(공용징수) · 公用煥地(공용환지) 등으로 구분된다.

인적공용부담(人的公用負擔)
독, persönliche Lasten

특정한 공익사업 기타의 복리행정상의 수요에 따라 당해 행정주체 등이 법률에 의거하여 개인에게 과하는 공법상의 작위·부작위 또는 지급의 의무를 말한다. 그 의무의 불이행에 대하여는 대집행 또는 행정상의 강제징수 등과 같은 행정상의 강제집행이, 의무의 위반에 대하여는 행정벌이 과하여진다. 인적공용부담은 그 부과방법에 따라 개별부담과 연합부담으로, 부과근거에 따라 일반부담·특별부담·미우발부담으로, 그 내용에 따라 부담금, 부역·현품, 노역·물품, 시설부담, 부작위부담으로 나눌 수 있다.

공용사용(公用使用)

특정한 공익사업을 위하여 그 사업주체가 타인의 소유인 토지 기타 재산권을 강제적으로 사용하는 것을 말한다. 이 권리를 공용사용권이라고 하다. 공용제한의 일종이지만 공용사업권의 설정이 주된 것이고, 재산권에 대한 제한은 그 효과에 불과한 점에서 공용제한과는 다른 특성을 가지고 있다. 그리고 공용수용이 재산권 자체를 징수하는 데 대하여, 공용사용은 그 재산권의 사용권만을 징수하는 점에서 공용수용과도 다르다. 공용사용은 법률 또는 법률에 근거한 행정행위에 의하여 제정되며, 그 성질은 공법상의 권리이다. 공용사용에는 공사측량 등을 위하여 또는 비상·재해의 경우에 설정되는 일시적 사용과 계속적 사용의 두 가지 경우가 있다. 일시적 사용은 보통 법률이 정하는 간단한 절차 또는 행정처분에 의하여 설정되는 데 대하여, 계속적 사용은

재산권에 대한 중대한 제한이므로 그 설정은 법률의 근거가 있어야 하며, 그 절차도 원칙적으로 국토의 계획 및 이용에 관한 법률에 의한 토지수용의 절차에 따른다. 보상은 공익 및 관계자의 이익을 정당하게 형량하여 법률로 정한다(헌§23③).

공용수용(公用收用)
독 ; expropriation : Enteignung
•

특정한 공익사업을 위하여 개인의 재산권을 법률에 의하여 강제적으로 취득하는 것을 말한다. 수용 또는 공용징수라고도 한다. 물적 공용부담의 일종이다. 공용수용은 공익사업을 위한 재산권의 징수라는 점에서 재정상의 목적을 위하여 행하는 조세징수, 경찰상의 목적에서 행하는 몰수, 국방상의 목적에서 행하는 징발 등과 구별된다. 재산권의 강제적 취득인 점에서 임의적 취득 및 재산권의 제한인 공용제한과도 구별된다. 공용수용은 특정한 공익사업을 위한 것이어야 한다. 그 대상인 물건은 비대체적인 특정한 재산권으로서 토지·기타의 부동산동산에 관한 소유권, 기타의 권리이지만, 경우에 따라서는 무체재산권(특허권 등)또는 광업권·어업권·용수권인 경우에도 있다. 그 중 토지소유권에 관한 것이 가장 보편적이다. 공공수용의 주체는 국가 또는 공공단체 또는 그로부터 특허 받은 사인이다. 공용수용은 사법상의 수단에 의할 수 없을 때에 권리자의 의사에 관계없이 그 권리를 강제적으로 취득하는 것이므로 법률의 규정에 의한 물권변동이다. 따라서 부동산의 경우에도 등기 없이 효력이 생기며, 그 권리취득의 성취는 원시적 취득이다. 공용사용은 법률의 근거가 있어야 하고 법률이 정하는 보상을 하여야 한다(헌§23③). 공용수용에 관한 일반법으로서는 국토의 계획 및 이용에 관한 법률이 있다. 이외에도 그 근거를 규정한 법률이 많다.

공용폐지(公用廢止)
•

공물로서의 성질을 상실시키는 행정주체(공물관리자)의 의사표시를 뜻한다. 상대방 없는 형성적 행정행위이다. 공용폐지는 명시적일 것이 원칙이지만 묵시적이어도 상관없다. 공용폐지로써 그 물건에 대한 공법상의 제한이 없어지고 사법상의 권리가 완전히 회복되어 이후로는 사법의 적용대상이 된다.

공용지역(公用地域)
독 ; ffentlichrechtliche Dienstbarkeit
불 ; Servitudes k'utilitépublique
•

특정한 공익사업의 목적을 위하여 일정한 토지 위에 부과되는 공법상의 제한을 말한다. 공용제한의 일종이지만 그 제한의 대상이 토지라는 점에서 토지 이외의 부동산동산·무체재산권 위에 부과되는 기타의 공용제한과 구별된다. 토지에 고착된 물상부담인 까닭에 그 토지의 이전과 함께 공용지역의 효과도 당연히 수반하여 이전된다.

공용환지(公用換地)
•

토지의 이용가치를 전반적으로 증진시키기 위하여 특정한 지역 내에 있어서의 토지의 소유권 또는 그 밖의 권리(예 : 토지권 · 임차권 등)를 권리자의 의사를 묻지 않고 강제적으로 교환 · 분합하는 것을 말한다. 물적 공용부담의 일종이다. 환지·토지정리·구획정리라고도 한다. 공용환지는 되도록 권리의 실질에 변경을 주지 않으면서 목적물을 변경하여 동가치의 토지와 교환케 할뿐인 점에서 권리의 제한 또는 수용을 목적으로 하는 공용제한·공용수용과 구별된다.

공물의 불융통성
(公物의 不融通性)
•

공물은 그 공용의 목적을 해치지 않는 방법에 의해서만 법률상의 거래를 할 수 있다. 따라서 그 목적을 해치는 방법으로써, 그 물건에 대한 사실상의 지배를 행할 것을 목적으로 하는 계약을 체결하거나 또는 소유권이양을 목적으로 하는 법률행위를 하거나 그 물건에 제3자의 제한물권 또는 임차권 따위를 설정할 수 없다. 이것을 공물의 불융통성이라고 한다.

공업소유권(工業所有權)
영 ; industrial property
독 ; gewerbliches Eigentum
불 ; propriétéindustrielle
—

特許權(특허권) · 實用新案權(실용신안권) · 商標權(상표권) · 意匠權(의장권)을 총칭하는 말로서 산업상의 무형적 이익에 대한 배타적 지배권이라는 점에 특색이 있다. 만국공업소유권보호 파리조약 (1)에서는 위의 4가지 외에 농업·광업 등에 관한 것도 포함하여 넓게 해석하고 있다. 공업소유권과 저작권을 합하여 무체재산권이라 한다.

공기업(公企業)
독 ; ffentliche Unternehmung
—

국가 · 공공단체 또는 그로부터 특허 받은 자가 직접 사회공공복리를 위하여 인적·물적 시설을 갖추고 경영하는 비권력적 사업을 말한다. 공기업을 정적으로 그 시설에 중점을 두어 말할 때에는 영조물 또는 공공시설이라고 한다. 국가공공단체 또는 그로부터 특허 받은 자가 그 주체라는 점에서 사인이 자기의 고유사업으로서 경영하는 사기업과 구별되고, 직접 사회공공복리를 목적으로 하는 점에서 국가의 수입을 목적으로 하는 사경제적 기업과 구별되며, 역무의 제공과 그 시설의 유지·권리만을 내용으로 하는 비권력적 작용을 수단으로 하는 점에서 경찰·통제·조세·병역 등의 권력작용과도 구별된다. 학설상으로는 영리를 수반하는 공익사업(예 : 철도 · 우편 · 전신 · 전화 등)만을 가리키는 의미로 사용하고 비영리적 순공익사업(예 : 학교 · 도서관 · 박물관 · 미술관 등)을 제외하는 수가 있으나, 이 양자는 경제상으로는 차이가 있어도 법률적으로는 본질적인 차이가 없으므로 양자를 포함하여 공기업이라고 부른다. 공기업은 국가공공단체 또는 그로부터 특허 받은 자가 공공복리를 위하여 계속적 시설로써 영위하는 사업이므로 그의 조직(인적 요소는 공무원, 물적 요소는 공물)·회계·경리 등이 있어서 사기업과 다른 취급이 인정된다. 그리고 경제상(기업독점권 기타) · 형사상 기타 특별한 보호가 부여되고, 그의 이용관계에 관하여도 사법적 관계와는 다른 법률상 또는 사실상의 강제가 가해지는 경우도 종종 있다.

공공조합(公共組合)
•

공법상의 사단법인을 말한다. 농지개량조합, 산림조합 등이 이에 속한다. 일정한 사원(조합원)의 결합에 의한 조직이라는 점에서는 사법상의 사단법인과 같지만, 공공조합은 국가적 목적을 위해 존재하고 국가적 임무를 담당하며 그 목적을 국가가 부여한다는 점에서 사단법인과 구별된다. 그 밖에도 공공조합은 다음과 같은 점에서 또한 사법상의 사단법인과 구별된다. 즉, 공공조합은 그 목적의 상위에 따라 그 설립이 강제되며, 설립이 강제되지 않는 경우에도 일정한 자가 이것을 설립하였을 때에는 다른 자격자는 당연히 조합원이 되는 점, 공공조합에 대해서는 국가적 권력이 부여됨으로써 조합원의 의사여하에 불구하고

조합이 정한 바를 강행할 수 있으나 또 한 편으로는 공공조합에 대해서는 국가로부터 특별한 의무가 부과되고 국가의 특별한 감독을 받는 점등이다. 공공조합은 공공단체(공법인)의 일종이다. 그러나 공공단체라고 해서 공공조합에 관한 법률관계가 전부 공법관계임을 의미하지는 않는다. 전에는 각종 산업의 개량발달, 동업자의 이익증진 또는 산업의 통제를 목적으로 하고 국가목적을 추진하기 위하여 널리 공공조합의 제도가 이용되었으나 이들 제도는 점차 임의단체인 협동조합으로 전화하는 경향이 있다. 농업협동조합·수산업협동조합·중소기업협동조합 등이 그 예이다. 협동조합을 공동조합의 일종으로 보는 자도 없지 않으나, 협동조합은 목적이 국가로부터 부여된 것이 아니고 또한 강제적 요소를 전혀 띠고 있지 아니하므로 공공조합으로 보지 않는 것이 좋다.

영조물(營造物)
영 ; public instiution
독 ; Anstalt, öffentliche Anstalt
불 ; tablissement public

국가 또는 공공단체에 의하여 공공의 목적에 공용되는 인적 · 물적 시설의 통일체를 말하며 公共營造物(공공영조물)이라고도 한다. 영조물이라는 용어는 실정법상으로 행정주체에 의하여 공동의 목적에 사용되는 도로·하천 기타 공공의 건조물 등의 물적 설비를 의미하는 경우에 사용되고 있는데(국배§5, §6), 이 경우의 영조물이라는 개념은 공물이라는 의미에 해당하며, 특히 영조물의 개념으로서 파악할 필요는 없다. 영조물에는 공용영조물과 공공용영조물이 있다. 공용영조물은 행정 주체가 공공의 목적을 위하여 계속적으로 사용하는 인적·물적 설비의 종합체를 의미하는 영조물(예 : 행정관서·교도소·소년원 등)이

고, 공공영조물은 행정주체에 의하여 계속적으로 일반공중의 사용에 제공되는 인적·물적 시설의 종합체를 의미하는 영조물(예 : 철도 · 수도 · 병원 · 박물관 · 도서관 · 도로 · 시장 · 학교 등)이다. 국가 또는 공공단체가 부여하는 각종의 공공의 목적을 위하여 물적 설비를 갖추고, 그 사무를 집행하는 인원을 갖추는 경우, 내용적으로는 공기업에 가깝다고 말할 수 있다. 그래서 최근에 와서는 영조물의 개념을 정립함에 있어서 의의가 생겼다. 그래서 실정법에서는 영조물이라는 용어 대신에 공공시설이라는 용어를 사용하게 되었다(예 : 국배§5의 제목, 지재§25의2, §26, §27). 일반적으로 영조물은 주로 설비의점에 착안한 정적 개념이고, 공기업은 주로 이 설비를 이용하여 행하는 행위에 중점을 두는 동적개념이라고 말할 수 있다. 따라서 도로 · 공원 · 항만 등과 같이 주로 물적 설비를 요소로 하는 것은 공기업이라고 부르기에는 적합하지 않고 주로 사람의 행위를 요소로 하는 토지개량 등은 영조물이라고 말할 수 없다. 또 공기업이라는 용어는 주로 영리적으로 경영되고, 적어도 수입과 지출이 있는 경제적 재화의 생산에 관한 사업을 의미하는 경향이 있는데 대하여, 영조물이라는 용어는 수입과 지출이 없는 정신적 문화에 관한 사업을 의미하는 경향이 있다. 이와 같이 양자는 관점을 달리하는 점에서 그 개념의 차이가 있다. 그러나 양자는 대체로 동일한 내용을 가지고 있기 때문에 영조물을 학문상 공기업이라고 부르는 자가 적지 않다. 영조물은 인과 물을 구성요소로 하여 성립되는 통합체이므로 인적 요소와 물적 요소 중 어느 하나를 결하거나 그것이 빈약하면 영조물이라고 하기 곤란하다. 예컨대 하천·도로 등에는 인적 요소가 없으므로 이는 공물(특히 공공용물)에 불과하다고 보아야 할 것이다(국배§5① 참조). 영조물은 그 본질에 있어서

는 사인이 경영하는 동종의 시설과 다른 점은 없지만, 다만 그것이 공공적 성질을 가지고 있기 때문에 법률은 그의 관리자에게 營造物規則制定權(영조물규칙제정권)·命令懲戒權(명령징계권)·公用負擔特權(공용부담특권)·營造物警察(영조물경찰)등 공적 특권을 인정하여 사인의 그것과는 다른 법률적 취급을 하는 경우가 있다. 영조물의 설치·관리의 하자로 인한 손해에 대한 배상책임과 같은 것이 그 예이다(국배§5).

공법상의 영조물이용관계
(公法上의 營造物利用關係)

공법상 공공시설이용관계라고도 하며, 특정인이 공공시설, 즉 영조물을 이용하는 경우에 영조물의 관리자와의 법률관계를 말한다. 예를 들어 국공립의 학교·도서관·병원의 이용관계와 같이 윤리적인 성격을 가진 것만을 공법상의 영조물이용관계라 할 수 있고, 영조물이 주는 역무나 설비의 제공·재화의 공급이 순전한 경제적 급부를 내용으로 하는 이용관계는 사법관계에 불과하다.

영단(營團)

공공성의 성질을 갖는 사업을 경영함을 목적으로 하는 特殊企業形態(특수기업형태)의 하나이다. 영단(營團) 발생의 이유는 영리를 목적으로 하는 株主總會(주주총회)를 최고기관으로 하는 회사형태에 적합하지 않는 공공성이 있는 사업을 국가적 통제 하에 둔다는 점에 있다. 목적이나 성질은 각기 다르나 일반적 특색은 정부 출자가 자본금의 금액 또는 반액 이상을 차지하는 점, 사업운영이 주주총회와 같은 다수결 원리에 의하지 않고 강력한 권한을 가진 이사기관에 의하여 행해지는 점, 이

사기관은 정부가 임명하는 점, 정부의 특별한 감독(잉여금 처분의 인가, 그밖에 감독상의 명령)이나 보호(면세·보조금 등)를 받는 점등이다. 오늘날에는 영단(營團)이란 말은 쓰지 않고 주로 공단 또는 공사라는 말을 쓴다. 예컨대 대한주택공사·석탄공사 등이다.

공공기업체(公共企業體)

국가의 소관에 속하는 특수한 사업을 관리하기 위하여 설립되는 단체를 말하며, 국가로부터 독립된 인격을 가진다. 각종 공사(한국조폐공사 · 한국전력공사 · 한국도로공사 · 한국전기통신공사 · 한국토지공사 등)·특수은행(한국은행 · 한국산업은행 · 중소기업은행 등)이 모두 이에 속한다. 이들 공공기업체는 넓은 의미에서 國家行政組織(국가행정조직)의 일부를 구성한다고 볼 수 있다.

관영공공사업(官營公共事業)

공동기업 가운데 공공단체의 경제적 부담에 의하여 국가가 관리하고 경영하는 사업을 말한다. 현행법상의 도로·하천의 유지·관리와 같은 사업을 말한다. 이와 같은 기업의 관리주체로서의 국가와 경제적 부담자로서의 공공단체 사이의 권한의 분계에 관한 의문이 많이 발생한다(국배§5, §6 참조).

영조물규칙(營造物規則)
독 ; Anstaltsordnung

영조물의 조직 · 관리 · 이용조건 등에 관하여 영조물 관리자가 정하는 규칙이다. 이는 영조물의 내부규율 또는 영조물 관리자의 특별권력에 복종하는 자를 구속할 뿐

이고, 일반법인의 권리·의무에 관한 것이 아니므로 성질상 행정규칙의 일종이라고 생각할 수 있다. 따라서 법률의 수권을 필요로 하지 않으며, 법령에 저촉하지 않는 범위에서 적절히 고시 등의 형식으로 정할 수 있다.

영조물권력(營造物權力)
독 ; Anstaltgewalt

영조물 주체가 영조물 사용관계에 있어서 사용자인 특정인 또는 물건에 대하여 가지는 권력을 뜻한다. 一般公權力(일반공권력)과 구별되는 특별권력이다. 일반적으로 영조물 내부의 규율권을 말한다. 영조물권력을 초월하여 사용자에게 작위·급부를 명하는 경우도 있다. 또한 영조물권력은 사용자에 대하여서만이 아니라, 사용자가 사용할 때에 영조물 내부에 들어오는 물건에 대해서도 작용한다.

공기업의 이용관계
(公企業의 利用關係)

공기업의 작용이 사회공중을 위하여 그 각인에 대하여 노무 또는 재화를 공급하거나 그 설비를 사용시키는 경우에, 그 공급을 받고 설비를 이용하는 자와 기업주체와의 사이에 생기는 법률관계를 말한다. 공기업의 이용관계는 법규나 공기업규칙에 따라 기업주체와 이용자 사이의 자유의사에 의한 합의로 성립하는 것이 원칙이나, 때로는 그 이용이 강제되는 경우(예를 들어 전염병 환자의 병원수용, 취학아동의 취학 등)가 있다. 공기업의 이용관계가 성립하면 공기업의 이용자는 공기업 이용권과 기타 그에 부수되는 손해배상청구권·행정쟁송권 등의 권리를 갖게 되며, 한편 공기업주체는 이용조건설정권·수수료징수권 · 명령징계권을 갖는다.

공기업 이용권(公企業 利用權)

공기업 이용관계가 성립되면 이용자가 법령·조례·규칙 또는 정관 등이 정하는 바에 따라 공기업주체에 대하여 가지는 당해 공기업의 이용을 청구할 수 있는 권리를 말한다.

공기업벌(公企業罰)

공기업의 확실하고 안전한 관리·경영을 도모하기 위하여 공기업의 경영의 계속성 또는 안정성을 침해한 행위에 대하여는 특별한 제재를 과하는 경우를 말한다.

공기업특권(公企業特權)

공기업의 목적을 달성하기 위하여 법률이 특별히 공기업의 주체에 부여하는 권리 또는 이익을 뜻한다. 전신 · 전화 · 화폐의 주조와 같은 기업독점권 · 공용제한 · 공용수용 등을 할 수 있는 권리와 경제상 특별한 보호를 받는 이익과 같은 것이다.

공기업특허(公企業特許)

법률상 국가 또는 공공단체에 유보되어 있는 공기업의 경영권의 전부 또는 일부를 다른 특정인에게 부여하고, 그 경영의무를 부담시키는 행위를 말한다. 포괄적 법률관계의 설정행위로서, 경찰상의 제한을 해제하여 본래의 자유를 회복하는 경찰상의 영업허가와 구별된다. 다만, 양자를 구별하지 않는 견해도 있다. 公企業特許(공기업특허)는 직접법규에 의하여 행하는 경우와 법규에 근거한 행정행위에 의하여 행하는 경우가 있다. 그리고 법규에 근거한 행정행위에 의하여 행하는 경우에는 보통 특허명령서를 교부한다. 이 경우 특허를 받게 되면 공기업의 공공성으로 인하여 특허기업자는 그 기업의 경영에 있어서 국가 또는 공공단체로부터 여러 가지 보호와 특전을 받게 되는 동시에, 특별한 공법상의 의무를 지게 되고 또한 특별한 국가적 감독을 받는다. 私立學校設立許可(사립학교설립허가)·渡船場設置許可(도선장설치허가)·土地收用事業認可(토지수용사업인가)등이 그 예이다.

영조물경찰(營造物警察)
독 ; Anstaltspolzei

영조물의 관리 및 경영에 수반하여 사회공공의 안녕·질서에 위해를 미치거나 미칠 우려가 있는 때에 이를 제거하거나 예방하기 위하여 행하는 경찰을 말한다. 공공경찰이라고도 한다. 공공의 질서를 유지하기 위하여 일반통치권에 의거하여 국민에게 일정한 제한을 가하는 작용이라는 점에서 다른 경찰과 다름이 없으나, 그것이 특히 영조물에 관하여 행하여진다는 점에서 營造物警察(영조물경찰)이라고 한다. 예컨대 철도경찰·도로경찰 등이 있다.

지식정보법전 09
법률·판례·상담사례를 같이보는
소방관련 지식정보법전

초판 1쇄 인쇄 2019년 9월 10일
초판 1쇄 발행 2019년 9월 15일

공 저 대한법률편찬연구회
발행인 김현호
발행처 법문북스
공급처 법률미디어

주소 서울 구로구 경인로 54길4(구로동 636-62)
전화 02)2636-2911~2, **팩스** 02)2636-3012
홈페이지 www.lawb.co.kr

등록일자 1979년 8월 27일
등록번호 제5-22호

ISBN 978-89-7535-768-8 (13360)

정가 16,000원

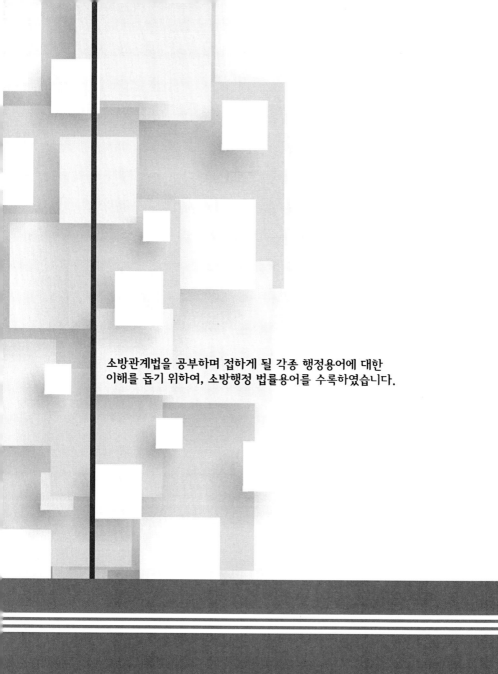

소방관계법을 공부하며 접하게 될 각종 행정용어에 대한
이해를 돕기 위하여, 소방행정 법률용어를 수록하였습니다.

13360

ISBN 978-89-7535-768-8

16,000원